미시경제학 I

미시경제학 I

2023년 2월 28일 초판 발행
2024년 9월 30일 제2판 발행

지은이 김덕수 | 펴낸이 이찬규
펴낸곳 북코리아 | 등록번호 제03-01240호
전화 02-704-7840 | 팩스 02-704-7848
이메일 ibookorea@naver.com | 홈페이지 www.북코리아.kr
주소 13209 경기도 성남시 중원구 사기막골로 45번길 14 우림2차 A동 1007호
ISBN 978-89-94299-03-7 (93320)
값 23,000원

제2판

미시경제학 I

김덕수 지음

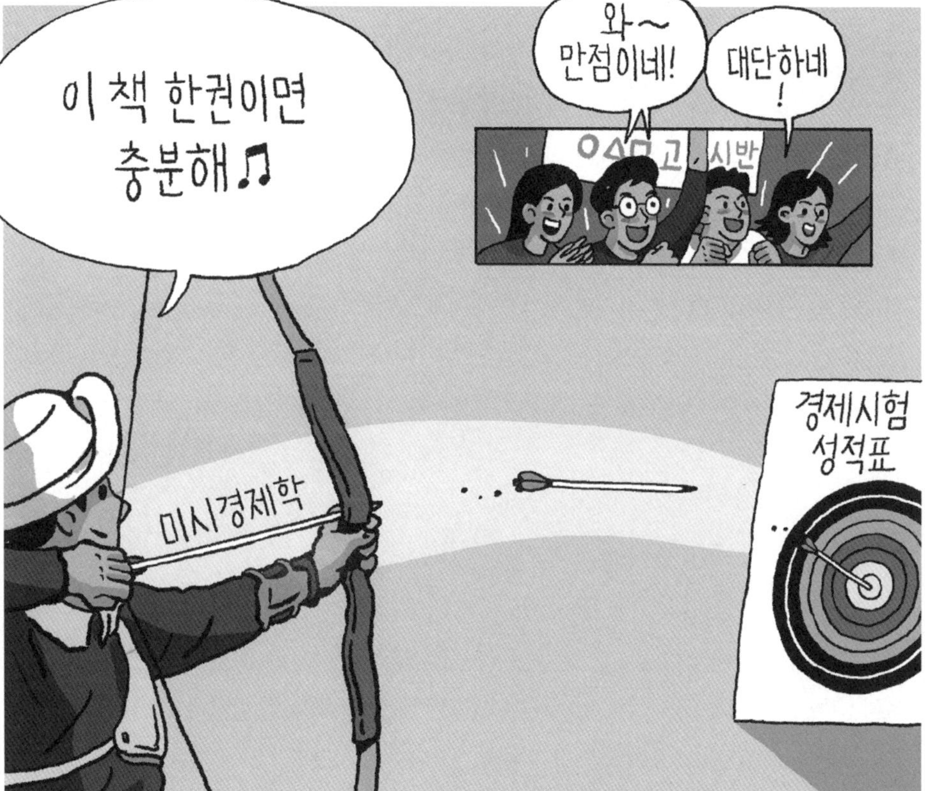

북코리아

제2판 머리말

지난해 2월 말에 『미시경제학(I, II)』이 출간된 이후, 공주대학교의 여러 제자(일선에서 활동 중인 중등교사와 박사과정 학생들 포함)들과 전국의 일반 독자들로부터 많은 제안과 지적을 받았다. 우선 초판에서는 출간을 서두르는 과정에서 본의 아니게 여러 개의 오·탈자가 발견되었고, 특정 내용은 필자의 설명이 지나치게 어렵다는 지적도 있었다. 하지만 가장 많았던 주문은 필자의 다양한 출제 경험을 직간접적으로 체험해볼 수 있는 양질의 연습문제와 상세한 정답지를 개정판에는 꼭 제공해달라는 것이었다. 지난 1년간 필자에게 여러 루트를 통해 건설적인 의견과 비판을 피력해주신 독자 제위와 제자들에게 진심으로 깊은 감사를 드린다.

필자는 지난 3학기 동안 학부와 대학원의 미시경제학 수업을 운영하면서 개정판 작업에 박차를 가해왔다. 우선 초판 『미시경제학(I, II)』 책에 남아있는 오·탈자를 완벽하게 바로잡았고, 부정확하거나 미진했던 내용이나 설명도 정확하게 수정·보완하는 데 최선을 다했다. 지난 1년은 이 작업에만 올인했다고 생각할 정도로 하루 5시간 이상을 아낌없이 투자했다. 더욱이 이번 개정작업은 제1장에서 18장에 이르는 방대한 내용을 재점검하면서 오로지 수험생들의 관점과 입장에서 문장을 재구성하고, 그래프를 재배치하거나 변경하고, 각 장별로 상식적인 차원에서 양질의 예상 문제를 탑재해 수험생들이 공부하면서 스스로 자신의 경제 지식을 체크해볼 수 있도록 배려했다. 사실 필자는 이 책에다 실전(實戰) 문제를 탑재하고 싶지 않았다. 추후 필자의 현강이나 인강을 듣는 수험생들에게만 공개할 생각에서 초판에 실전 문제를 싣지 않은 것이다. 하지만 개정판에는 독자 제위와 제자들의 요구에 따라 양질의 실전 문제를 싣긴 했지만 정말로 좋은 베스트급 실전 문제는 도용이나 카피의 우려가 있기 때문에 개정판에 공개하지 못했다. 이 점에 대해서는 독자 제위들과 제자들의 넓은 이해를 구한다. 다만, 필자가 정년퇴임(2026년 2월 28일자)을 하고 본격적인 강사 생활을 시작하면, 그때 가서 지난 30년 동안 연구실의 컴퓨터 파일 속에 애지중지하게 쟁여놓았던 다양한 유형의 창의적인 실전 문제를 대방출할 생각이다. 이제 그 시간이 얼마 남지 않았으니, 그때까지 조금만 기다려주시면 정말로 고맙겠다.

또 제6장의 불확실성 하의 소비자 선택이론에서는 〔보론 6-3. 위험기피자의 위험관리에 대한 분석〕 내용을 뺐다. 수험준비를 하는 데는 불확실성 하의 소비자 선택만으로 충분하다고 판단했기 때문이다. 제8장의 경우는 일부 설명이 중복되어 긴장감이 떨어진다는 독자 제위와 제자들의 지적에 따라 전체적으로 기존 내용을 대폭 수정·보완해서 내용의 간단명료함과 문장의 긴장감을 배가시켰다. 제9장의 경우는 기업, 산업, 시장 간의 관계를 명확히 하는 작업을 시도했다. 이는 기존의『미시경제학』책에서는 볼 수 없는 내용이기에 수험생들께 좋은 지적 정보를 제공해주리라 확신한다. 그러면 완전경쟁시장과 완전경쟁산업 간의 오해와 궁금증이 말끔하게 풀릴 것이다. 제13장에서는 자본의 공급과 관련된 〔보론 13-6〕과 〔보론 13-7〕의 내용이 지나치게 어렵다는 독자 제위들의 지적이 있었다. 따라서 이번 개정판에서는 기존의 내용을 좀 더 알기 쉬운 신고전학파의 투자이론으로 전면 대체했다. 신고전학파의 투자이론은 특정 기업이 자본재 시장에서 자본재를 구입한 후, 생산 기업에게 임대해주는 과정에서 투자행위가 이루어지는 것을 잘 보여준다. 이는 투자행위와 관련된 각종 시험 문제를 푸는 데도 나름대로 도움을 줄 것으로 믿어 의심치 않는다. 그 밖에도 시험 문제를 푸는 데 조금이라도 도움이 될 만한 사항은 각주나 보론으로 새롭게 추가해서 어떤 형식의 문제에도 탄력적으로 대처할 수 있는 실전능력을 키우도록 했음을 밝힌다.

이번 개정작업에서는 한국은행의 김동녘 조사역이 많은 수고를 아끼지 않았다. 그는 수험생의 관점에서 책 내용 전체를 수차례 꼼꼼하게 읽고 오·탈자는 물론 그래프와 수식, 내용 전개가 매끄럽지 않은 부분까지 세심하게 체크해주었다. 또 필자가 출제한 연습문제를 직접 풀어보고, 문제 구성에 에러나 하자가 없는지 자세하게 검토하면서 친절한 설명으로 가득 찬 정답지까지 직접 작성해주었다. 탁월한 능력과 성실성까지 겸비한 김동녘 조사역에게 아버지로서 고마운 마음을 전한다.

아무쪼록 개정판이 각종 경제 관련 시험을 준비하는 수험생들에게 큰 도움을 주었으면 좋겠다. 앞으로도 오로지 수험생만을 위한 제3, 제4, 제5의 개정작업을 계속해나갈 것을 굳게 약속드린다. 끝으로 수험생들의 건투와 빛나는 인간 승리를 아낌없이 기원한다.

2024년 9월

저자 김덕수 識

머리말

『거시경제학』 책을 출간한 지, 꼭 2년이란 시간이 흘렀다. 지난 1년은 오로지 『미시경제학』 책의 출간을 위해 내 모든 것을 아낌없이 바친 한해였다. 환갑을 넘긴 나이에 학생들을 가르치고 지도하면서 매일 12시간 이상을 집필 작업에 전념한다는 것이 그리 쉬운 일은 아니었다. 가족들과 주변의 지인들은 나이를 생각해서 너무 무리하지 말 것을 권유했다. 하지만 대학에서 은퇴하기 전, 그동안 열정적으로 가르쳐온 미시경제와 거시경제에 관한 좋은 책을 후학들에게 꼭 남겨주고 싶은 강한 열망이 있었기에 비교적 짧은 시간 내에 원고 집필을 끝낼 수 있었다. 코로나로 인한 재택근무와 재택수업, 오랫동안 꼼꼼하게 메모해둔 강의 노트가 큰 도움이 되었다.

아주 오래전의 일이다. 어떤 모임에 나갔다가 국내의 물리학 분야에서 명망이 높은 권재술 교수님(전 교원대학교 총장)한테 직접 들었던 얘기다. 당시 동석(同席)했던 여러 대학 교수님들의 공통된 화제(話題)는 '베스트 티처(best teacher)'에 대한 것이었다. 그때 권 교수님께서 하신 말씀이 단연 압권이었다. 어느 날 알베르트 아인슈타인(A. Einstein)이 어느 젊은 기자로부터 상대성원리(principle of relativity)의 본질에 대해 설명해 달라는 부탁을 받았다고 한다. 그때 기자는 아인슈타인이 $E=mc^2$에 관해 얘기할 것으로 기대했다. 하지만 아인슈타인은 젊은 기자가 인문학을 공부한 사람임을 직감하고 다른 예를 들어 상대성원리를 다음과 같이 설명했다고 한다. "기자 양반, 여기에 두 분의 여성이 있다고 합시다. 한 분은 내 이상형이고 다른 분은 그렇지 않다고 가정합시다. 내가 두 분과 똑같이 1시간 동안 대화를 나눴는데, 내 이상형의 여성과 대화를 나눈 1시간은 마치 1분처럼 짧게 느껴졌고, 다른 여성과 나눈 1시간의 대화는 마치 1년처럼 길게 느껴졌습니다. 그게 바로 상대성원리의 본질입니다." 그때 내가 생각한 것은 딱 하나다. 최고의 교육자는 아무리 어려운 내용이더라도 그것을 알기 쉽게 설명하는 사람이라는 것이다. 권 교수님의 말씀은 사범교육을 맡고 있던 나에게 하나의 커다란 나침판이 되었음을 고백한다.

나는 수백 개에 이르는 그래프를 직접 그려가며 A4용지로 500페이지가 훨씬 넘는 분량의 『미시경제학』 책의 원고를 집필하는 내내 권 교수님의 말씀을 늘 생각했다. 그러면서 스스로에게 2가지 질문을 끊임없이 던졌다. '경제원리를 모르는 까막눈 할머니도 이 책의 내용을 이해할 수 있도록 친절하고 알기 쉽게 쓰고 있는가?', '이 책을 읽은 학생이면 누구나 각종 경제시험에서 탁월한 성적을 거둘 수 있다고 자신할 수 있는가?' 원고 집필을 마치고 화룡점정(畵龍點睛)으로 저자 서문인 '머리말'을 쓰고 있는 지금, 나는 그동안 숱하게 자문(自問)해왔던 2가지 질문에 대해 대답하고자 한다. "그렇다!"라고. 그만큼 이 책에는 내 땀과 영혼이 담겨 있다고 자부한다.

인터넷 서점에 들어가서 『미시경제학』 책을 검색하면 『거시경제학』 책보다 훨씬 더 많음을 확인할 수 있다. 저자들의 이력이나 학력을 보면 모두 다 국보(國寶)급 교수들이다. 그래서 그분들이 집필한 『미시경제학』 책을 거의 다 읽어보았고, 더러는 수업교재로 채택하여 학생들에게 읽혀보기도 했다. 하지만 내 마음에 딱 들어맞는 책은 그리 많지 않았다. 모두 다 훌륭한 책이었지만 설명이 지나치게 어려운 책, 설명은 잘 되어 있지만 핵심 이슈에 대한 증명이 생략되어 아쉬운 책, 경제시험과는 동떨어진 이론 중심의 책들도 많았다. 그것이 내가 『미시경제학』 책을 쓰겠다고 마음먹은 주된 이유다. 이 책은 기존의 훌륭한 『미시경제학』 책들 가운데 수험생들이 아쉽다고 느낀 점들을 보완한 책이라고 보면 좋을 것 같다.

이 책은 『경제원론』을 통해 기초 경제원리를 공부한 학생들이 생산물시장과 생산요소시장을 둘러싼 수요·공급의 원리, 자원 배분을 둘러싼 시장실패와 정부실패, 정보의 비대칭과 관련된 모럴 해저드와 역선택, 공공선택의 이론을 기초 이론부터 꽤 높은 수준의 경제이론에 이르기까지 심화학습을 할 수 있도록 설계했다. 미시경제의 기초 이론에 대해서는 편미분·전미분의 개념과 그래프를 십분 활용해서 최대한 알기 쉽도록 설명했고, 필요한 경우에는 적절한 사례를 가미시켜 학생들의 이해를 높이고자 배려했다. 그리고 이 책의 가장 큰 장점은 하찮은 내용이더라도 그것이 학생들의 지적 수준을 높이는 데 도움이 된다고 판단되면, 각주를 통해 친절한 설명이나 수학적 증명을 빠트리지 않았다는 것이다. 따라서 학생들이 끈기와 도전정신을 갖고 책 내용을 파고들면 다른 책에서는 경험하지 못한 다양한 증명들을 접하면서 경제이론의 명쾌함에 청량감을 느낄 수 있을 것이다. 또 그것은 경제에 대한 학생들의 지적 능력을 함양하고 각종 경제시험에서 좋은 결과를 도출할 수 있는 실전 능력까지 길러줄 것으로 확신한다. 특히 나는 학생들이 어려워하는 과점이론, 생산요소시장이론, 시장실패와 해결방안, 모럴 해저드와 역선택 등에 많은 시간과 노력을 집중했다. 그야말로 양질의 책을 만들기 위한 저자로서의 고뇌와 열정이었다. 이들 영역에 대한 설명이나 접근 방식, 요약·정리하는 스킬은 다른 책들과 분명하게 차별되는 그 무엇이 있을 것이다. 물론 그에 대한 평가는 독자 여러분의 몫으로 남겨두고자 한다.

또 이 책의 특징은 〔보론〕에 있다. 〔보론〕 내용은 주로 대학원, 5급 고시, CPA 시험을 준비하는 학생들을 위해 준비한 것이다. 다양한 주제의 좋은 내용들로 채워져 있다. 그리고 수학의 기초개념만 이해한다면 누구든지 편하게 읽을 수 있도록 친절하게 설명해 놓았다. 그러니 무조건 건너뛰려고 하지 말고 냉철한 마음가짐으로 당차게 도전해주기 바란다. 만약 〔보론〕 내용까지 섭렵한 학생이라면 그는 어떤 유형의 시험문제 앞에서도 결코 주눅드는 일은 없을 것이다.

끝으로 온 정성을 다해 책을 집필했지만 혹시라도 오류가 존재한다면 그것은 전적으로 저자인 나의 책임이며, 발견 즉시 정직하게 수정해나갈 것을 약속드린다. 또 대학교수로서 은퇴한 이후에도 건강이 허락하는 한 경제시험을 준비하는 독자 여러분 곁에서 경제 길라잡이로서 젊은 학생들과 즐겁게 만날 계획을 갖고 있다. 그때는 30년 가까운 교수 생활과 20회가 넘는 풍부한 출제 경험을 바탕으로 독자 여러분에게 좋은 강의와 조언을 해주며 영혼이 자유로운 훈장으로 제2의 삶을 재미있게 살아가고 싶다. 독자 여러분의 대성공과 경제적 지식의 비약적 발전을 소망해본다.

2023년 2월
저자 김덕수 識

『미시경제학 I』 차례

『미시경제학 II』 차례

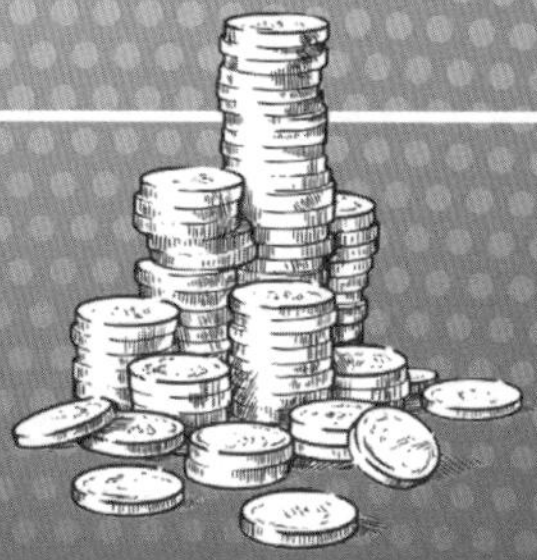

제1장
경제학을 배워야 하는 이유

1
경제학의 기본문제와 당면과제

(1) 자원의 희소성과 합리적 선택

① 자원의 희소성에 대한 정의

인간의 욕망은 무한하다. 영화 '탑건(top gun)'에서 주인공 매버릭(Maverick) 역을 맡았던 톰 크루즈(T. Cruise)와 같은 멋진 전투조종사, 유명 연예인, 대학교수, 재벌 회장, 군 참모총장(☆☆☆☆), 판·검사, 정치인, 대통령 등등. 또 아름답고 멋진 이성과의 연애, 대궐 같은 집이나 최고급 자동차를 갖고 싶은 마음 등 인간의 욕망은 그 끝을 헤아리기 어렵다.

하지만 보통 사람들은 그 모든 욕망을 충족하지 못하면서 살아간다. 돈, 지적 능력, 시간적 제약 등이 존재하기 때문이다. 여기서 희소성(scarcity)이란 경제 개념이 대두된다.

희소성이란 인간의 욕망은 무한한 데 반해, 그것을 충족시켜줄 수단인 자원(예 돈, 지적 능력, 시간 등)이 상대적으로 부족한 현상을 말한다.[1] 우리 인간이 해결해야

---

1 희소성과 유사한 개념이 희귀성이다. 참고로 희귀성은 자원의 양이 절대적으로 부족한 상태를 의미한다. 그런데 어느 상품이 경제재냐 자유재냐를 결정하는 것은 희소성이지 희귀성이 아니다. 즉 희소성이 없으면 자유재이고, 희소성이 있으면 시장에서 거래대상인 경제재임에 유의하기 바란다.

할 숙명적인 경제문제도 이와 같은 희소성에서 비롯된 것이다.

② 합리적 선택을 요구받는 경제적 이유

인간의 욕망이 무한하더라도 그것을 충족시켜줄 자원이 무한하다면 인간은 합리적 선택을 위해 크게 고민할 필요가 없다. 그저 자신의 버킷 리스트(bucket list)나 원하는 모든 것을 아주 손쉽게 얻을 수 있기 때문이다.

하지만 인간에게는 자원이 한정되어 있기 때문에 자신의 만족을 극대화시키기 위해서는 최소 비용으로 최대 효과를 얻기 위해 노력해야 한다. 최소 비용, 최대 효과를 얻기 위해서는 무엇보다도 불필요한 자원의 낭비부터 막아야 한다.

그래서 필요한 것이 합리적 선택이다. 여기서 '합리적'이란 의미는 한정된 자원을 효율적으로 사용해서 낭비가 발생하지 않는 것을 말한다.

(2) 경제적 효율성과 생산가능곡선

① 경제적 효율성과 생산가능곡선

경제적 효율성은 최대 효과의 원칙과 최소 비용의 원칙을 일컫는 용어다. 최대 효과의 원칙은 자원량이 일정하게 주어져 있을 때, 그것의 사용으로 가장 큰 만족을 얻는 것을 의미한다. 또 최소 비용의 원칙은 일정한 만족을 얻고자 할 때, 그에 소요되는 비용을 최소화시키는 것을 말한다. 경제학에서는 이처럼 최대 효과의 원칙과 최소 비용의 원칙을 충족하는 자원배분을 효율적인 자원배분이라고 정의한다. 즉 효율적인 자원배분의 전제조건은 경제적 효율성의 충족이다.

모든 경제문제의 본질은 합리적 선택과 희소한 자원의 효율적 배분 문제로 귀착된다. 이것을 잘 보여주는 것이 생산가능곡선이다. 생산가능곡선(PPC; production possibility curve)[2]은 어느 한 사회에 생산기술과 자원이 일정하게 주어져 있다고 가정

---

2 생산가능곡선은 제15장 일반균형분석과 후생경제학을 학습할 때, 자세하게 배울 것이다. 생산가능곡선은 생산의 파레토 최적을 충족시키는 계약곡선으로부터 도출된다. 그 내용도 제15장 제2절에서 다룰 것이다. 지금은 그냥 생산가능곡선을 있는 그대로 받아들이고 필자의 설명에 귀를 기울여주기 바란다. 참고로 생산가능곡선은 생산가능경계선(PPF; production possibility

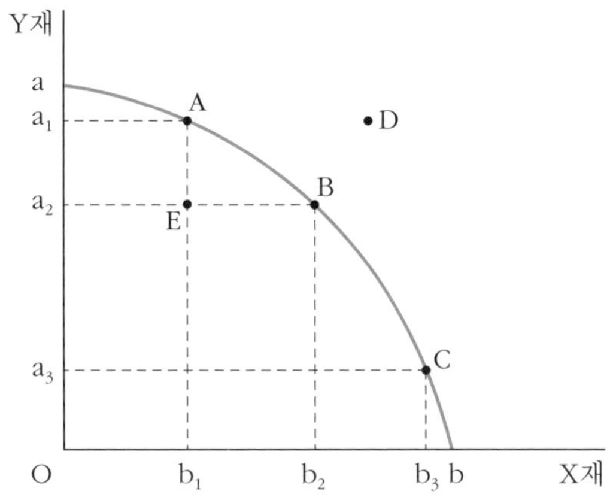

〔그림 1-1〕 생산가능곡선과 기술적 효율성

할 때, 그 사회가 모든 자원을 효율적으로 사용해서 생산할 수 있는 두 상품(예 X재, Y재)의 여러 조합을 보여주는 곡선이다.

어느 한 사회가 생산할 수 있는 상품이 X재와 Y재라고 가정하자. 현실경제에서는 수많은 상품이 생산되고 있지만, 여기서는 X재나 Y재만 생산하거나 X재와 Y재를 함께 생산할 수 있다고 가정한다. 즉 모든 자원을 X재 생산에만 투입한다면 Ob만큼 생산할 수 있고, Y재 생산에만 투입한다면 Oa만큼 생산할 수 있다. 하지만 X재와 Y재를 동시에 생산한다면 Oa와 Ob의 생산은 불가능하다. 가령 X재를 Ob_1만큼 생산한다면 Y재는 Oa보다 적은 Oa_1을 생산할 수 있다. 참고로 이 책에서는 재화와 서비스를 총칭하는 말로 상품이란 용어를 사용하고자 한다. 이에 대한 독자 여러분의 오해 없기를 바란다.

aABCb로 이어지는 생산가능곡선 상의 모든 점들은 주어진 생산기술과 자원으로 달성 가능한 효율적인 생산점이다. 따라서 생산가능곡선 상의 모든 점에서는 기술적 효율성이 충족된다. 경제적 효율성은 생산가능곡선과 사회적 무차별곡선이 만나는 점에서만 충족된다. 만약 사회적 무차별곡선이 제시되지 않았을 경우, 생산가능곡선 상의 모든 점들은 경제적 효율성을 충족시킬 수 있는 잠재적 생산점

---

frontier)이라고도 불린다. 그렇게 불리는 이유는 생산가능곡선이 현재의 요소부존량과 최적의 기술로 생산이 가능한 영역과 그렇지 못한 영역을 구분해주는 일종의 경계선과 같기 때문이다.

으로 간주할 수 있다.

〔그림 1-1〕에서 D점은 주어진 생산기술과 자원으로는 생산이 불가능한 점이다. 그 이유는 D점이 생산가능곡선의 밖에 놓여 있기 때문이다. 반면 E점은 기술적으로, 경제적으로 비효율적인 생산점이다. 그것은 자원을 비효율적으로 활용해서 낭비를 초래했거나 열악한 생산기술을 사용했기 때문이다.

(3) 기회비용과 매몰비용 그리고 합리적 의사결정

① 기회비용과 기회비용체증의 법칙

선택을 한다는 것은 여러 가지 바람직한 대안들 중에서 자신에게 최적의 대안을 고른다는 것을 말한다. 따라서 선택은 필연적으로 다른 대안들을 포기하게 만든다. 여기서 기회비용(opportunity cost)의 개념이 등장한다. 기회비용이란 어떤 것을 선택할 경우, 그 선택에 따른 명시적 비용과 암묵적 비용의 합'으로 정의된다.[3] 참고로 명시적 비용은 생산요소의 구입을 위해 직접적으로 현금 지출이 필요한 비용이고, 암묵적 비용은 경제주체 본인 소유의 생산요소이기에 그것의 구입을 위해 별도의 현금 지출이 필요하지 않은 비용을 의미한다. 이처럼 기회비용은 경제주체의 의사결정과 깊은 관련이 있기 때문에 매우 중요하다. 그런 이유로 각종 경제시험에서 그에 관한 문제가 종종 출제된다. 암튼 합리적 선택이 이루어지면, 기회비용은 낮아질 수밖에 없다.

〔그림 1-1〕을 활용해서 기회비용의 개념을 좀 더 고찰해보자. X재를 Ob_1만큼 생산하기 위해서는 aa_1만큼의 Y재 생산을 포기해야 한다. 즉 X재를 Ob_1만큼 생산하는 데 따른 기회비용을 Y재로 표시하면 aa_1이다. 마찬가지로 b_1b_2, b_2b_3만큼의 X재 생산에 따른 기회비용을 Y재로 표시하면 각각 a_1a_2, a_2a_3이다.

3 기회비용과 관련된 특성은 크게 4가지로 요약된다. ① 자원이 무궁무진하다면, 경제주체들은 기회비용에 대해 고민할 필요가 없다. ② 만약 암묵적 비용이 0이라면, 기회비용은 회계비용과 일치한다. ③ 어떤 자원이 한 가지 용도밖에 사용할 수 없다면, 그 자원의 기회비용은 0이다. ④ 기회비용은 의사결정을 내릴 때, 앞으로 고려해야 하는 미래지향적인 비용이다. 이는 각종 경제시험에서 출제될 가능성이 있기 때문에 독자 여러분의 관심과 주의가 필요하다.

한 가지 흥미로운 것은 동일한 양의 X재 생산을 늘리기 위해서 지불해야 하는 기회비용이 점점 더 커진다는 사실이다. 경제학에서는 이것을 '기회비용체증의 법칙'이라고 정의한다. 즉 X재를 Ob_1, b_1b_2, b_2b_3만큼 증가시키는 데 따른 기회비용을 Y재로 표시하면 aa_1, a_1a_2, a_2a_3이며, 그 크기는 a_2a_3 〉 a_1a_2 〉 aa_1과 같다. 이와 같은 기회비용체증의 법칙은 제7장과 제8장의 생산자이론에서 학습하게 될 한계생산력체감의 법칙과 밀접하게 연관되어 있다.

② 매몰 비용과 매몰 비용의 오류

매몰 비용(sunk cost)이란 '엎질러진 물'처럼 이미 지출해버렸기 때문에 회수가 매우 어려운 비용을 말한다. 일례로 주식시장이나 카지노(casino)에서 날린 돈이 매몰 비용이다. 떠나버린 첫사랑도 일종의 매몰 비용으로 볼 수 있다. 매몰 비용은 회수가 쉽지 않기 때문에 그것에 집착하거나 연연하면 합리적 의사결정을 하는 데 심각한 문제가 발생한다. 가령, 카지노에서 날린 돈을 되찾을 욕심으로 더 큰 돈을 베팅했다가는 패가망신(敗家亡身)으로 이어질 수 있다. 이때는 날린 돈을 매몰 비용으로 간주하고 일찌감치 도박과 손절매를 하는 게 현명한 처사다.

매몰 비용의 오류(sunk cost fallacy)는 투자의 잘못을 인정하지 않고 그것을 정당화하기 위해 더 큰 투자를 무모하게 감행하는 비합리적 행동을 말한다. 일명 콩코드의 오류(concorde fallacy)라고도 부른다. 세계 최초의 초음속 여객기였던 콩코드기의 '콩코드'는 프랑스어로 화합과 협력을 의미한다. 당시 프랑스와 영국은 미국과 소련이 우주기술을 주도하는 것에 자존심이 상해 있었다. 따라서 그들은 지구상에서 가장 빠른 여객기를 제작할 수 있는 기술국가임을 자랑하고 싶었다. 그래서 시작한 것이 콩코드기의 합작 생산이다. 당시의 화폐가치로 약 10억 달러에 이르는 엄청난 개발비용, 파리와 뉴욕간 비행시간의 혁신적 단축(3시간 30분), 세련된 디자인으로 콩코드기는 세인(世人)들의 주목을 받았다. 그러나 폭이 좁은 기체와 그에 따른 수용인원의 제한, 그리고 많은 연료 소모량은 제1차 오일쇼크(1973년)를 맞이하면서 위기를 맞았다. 하지만 프랑스와 영국은 콩코드기의 개발과 상용화를 강행했다. 정책의 실패를 솔직하게 인정해야 하는 양국 정부의 정치·경제적 부담감 때문이었다. 결국 2000년 7월 25일 오후 4시에 발생한 콩코드기의 폭발사고로 승객과 승무원 등 탑승객 113명이 전원 사망한 데다 그동안의 경영적자가 눈덩

이처럼 불어나자 프랑스와 영국은 2003년부터 콩코드기의 운항을 전면 중단시켰다. 거기서 콩코드의 오류가 유래되었다.

경제주체(예 가계, 기업, 정부, 외국)가 합리적인 의사결정을 하기 위한 필요조건은 기회비용이 작은 선택을 해야 한다는 사실이다. 선택에 따른 기회비용이 크면 클수록 그것은 선택이 잘못되었다는 단적인 증거다. 또 합리적인 선택을 위해서는 매몰 비용에 집착하지 말아야 한다. 이루어지지 못한 첫사랑의 추억에 집착하다 보면 새롭게 다가오는 좋은 인연을 걷어차기 십상이다. 이때는 트롯 여가수 임주리 씨가 불러 히트시킨 '립스틱 짙게 바르고'의 유행가 가사처럼 립스틱을 짙게 바르고 첫사랑을 깨끗이 잊어주는 게 최선의 방법이다. 그런 의미에서 합리적인 경제주체는 매몰 비용과 가깝게 지내지 않는 사람이라고 말할 수 있다.

(4) 경제 문제와 경제체제

① 경제 문제와 경제체제에 대한 정의

1970년에 노벨경제학상을 수상한 폴 앤서니 사무엘슨(P. A. Samuelson)은 생산에 초점을 맞춰 어느 사회나 다음과 같은 3가지 경제문제를 해결해야 한다고 주장했다. 첫째는 '무엇을 얼마나 생산할 것인가'로서 한 사회가 생산해야 할 상품의 종류와 수량의 선택에 관한 문제다. 둘째는 '어떻게 생산할 것인가'에 대한 문제다. 이는 생산기술과 생산방법에 대한 선택의 문제로 귀결된다. 셋째는 '누구를 위해 생산할 것인가'의 문제다. 이는 생산물의 분배 문제와 직결된다. 여기에 '언제 생산할 것인가'라는 새로운 과제가 제기되었다. 이것은 재생하기 힘든 석유, 천연가스, 기타 지하자원 등의 시간적 배분과 관련된 문제다.[4] 현세대가 주요 자원을 모두 써

4 이것은 한국의 원자력계 대부인 장인순 박사께서 직접 들려주신 얘기다. 그의 얘기를 소개하면 다음과 같다. 사우디아라비아가 대한민국이 설계·제작한 원자로를 도입해서 원자력발전소를 건설하겠다고 발표하자 어느 기자가 사우디아라비아의 국왕에게 이렇게 질문했다고 한다. "국왕님, 사우디아라비아에는 100년 동안 쓸 수 있는 석유가 매장되어 있는데, 원자력발전소를 짓고자 하는 이유는 무엇입니까?" 그때 국왕은 이렇게 대답했다. "나의 조부는 낙타를 타고 다녔고, 나의 부친은 자가용으로 이동했습니다. 그리고 지금의 나는 비행기를 타고 다닙니다. 아마 내 아들은 우주선을 타고 세계를 여행할지도 모릅니다. 하지만 내 손자 대에 이르러서는 다시 낙

버리고 나면, 다음 세대들이 소비할 자원이 존재하지 않기 때문이다.

사무엘슨이 지적한 기본적인 경제문제는 어느 사회를 막론하고 어떤 형태로든 반드시 해결해야 한다. 인류는 경제문제를 여러 가지 방식으로 해결해왔다. 경제학에서는 경제문제를 해결하는 제도나 방식을 경제체제라고 정의한다. 경제체제에는 전통경제체제, 자본주의 경제체제, 사회주의 경제체제, 혼합경제체제가 존재한다.

② 경제체제의 종류와 특징

전통경제체제는 앞에서 언급한 기본적인 경제 문제들이 전통적인 관습이나 신분 질서에 의해 해결되는 경제체제를 일컫는다.

자본주의 경제체제는 상법과 민법에 기초한 사유재산제도와 경제적 자유를 토대로 개별 경제주체가 자기 책임하에 주도적으로 자기 이익을 추구하는 가운데 기본적인 경제문제들이 해결되도록 하는 시장경제체제를 지칭한다.

사회주의 경제체제는 기본적으로 중앙계획과 생산수단의 국유화를 통해 경제문제의 해결을 도모한다. 즉 국가가 생산수단을 소유 및 관리하면서 계획기구의 주도하에 생산, 분배, 소비가 이루어지는 계획경제체제를 의미한다.

하지만 오늘날 세계 각국은 자본주의 경제체제와 사회주의 경제체제를 혼용해서 기본적인 경제문제를 해결하고 있다. 그렇게 된 가장 큰 이유는 자본주의 경제체제와 사회주의 경제체제가 완전무결하지 않은 데다 저마다의 장단점을 갖고 있기 때문이다.

타를 타게 될지 모릅니다. 나는 우리나라에서 석유가 고갈되는 100년 이후를 준비하고 싶습니다. 그래서 지금 내가 원자력발전소를 짓고자 하는 것입니다." 이런 모습은 국가의 백년대계를 진심으로 걱정하고 준비하는 위대한 리더십의 전형이다. 비과학적인 몽상 영화에 불과한 '판도라'를 보고, 세계 최고 수준의 국내 원자력 산업을 해체시키려고 했던 어떤 자(者)의 태도와 완전히 대비되는 모습이 아닐 수 없다. 그래서 대통령이란 자리는 사상이 건전하며, 똑똑함과 지혜로움을 겸비하고 애국심이 강한 사람이 맡아야 한다. 그렇지 않으면 조선을 일제 식민치하로 전락시킨 매국노 고종과 순종의 비극이 재현되는 것은 시간문제이기 때문이다. 이제는 우리 국민들이 두눈 부릅뜨고 대오각성해야 함을 절감하게 된다.

③ 자본주의 경제체제와 사회주의 경제체제의 장단점 분석

자본주의 경제체제는 공평보다는 효율을 우선적으로 추구한다. 그 과정에서 희소한 자원의 낭비는 막을 수 있지만 실업과 인플레이션과 같은 잦은 경기변동, 빈익빈 부익부 현상의 심화, 지나친 이윤추구에 기인한 사회적 부작용(예 환경파괴, 지하경제, 부정부패, 빈부격차 등)이 심하게 나타난다.

사회주의 경제체제는 효율보다는 공평을 우선적으로 추구한다. 그러다 보니 희소한 자원의 낭비 현상이 빈번하게 발생하고, 정치 이념을 시장보다 우선시함으로써 개인의 경제적 자유나 사유재산권이 침해받는 경우가 비일비재하다. 더욱이 사회주의 경제체제는 계획기구 내에 오류를 자체적으로 수정할 수 있는 장치가 내재되어 있지 않다. 따라서 계획이 일단 잘못 수립되면 계획기간 내에 그것의 수정이 불가능하기 때문에 사회적으로 큰 희생이나 대가를 치를 수밖에 없다.

일찍이 영국 수상을 역임하고 노벨문학상까지 수상한 처칠은 경제체제와 관련해 다음과 같은 유명한 말을 남겼다. "자본주의의 본질적인 결점은 축복을 불공평하게 배분한다. 하지만 사회주의의 본질적인 장점은 고통을 공평하게 배분한다." 이는 우리들에게 자본주의 경제체제와 사회주의 경제체제의 본질에 대해 많은 것을 생각하게 한다.

보론 1-1. 생산가능곡선의 형태와 기회비용 간의 상호관계

1. (2)의 ①항에서 원점에 대해 오목한(concave)한 생산가능곡선을 통해 기회비용체증의 법칙을 규명한 바 있다. 그러면 생산가능곡선은 항상 원점에 대해 오목한가? 결론적으로 말한다면 생산가능곡선은 원점에 대해 오목할 수도 있고 볼록(convex)하거나 선형(linear)으로 정의될 수도 있다. 문제는 생산가능곡선이 원점에 대해 볼록하면 기회비용이 체감하고, 선형이면 기회비용이 일정하다는 사실이다. 이를 〔그림 1-2〕를 통해 살펴보자.

(a) 그래프는 원점에 대해 볼록한 형태의 생산가능곡선이다. 이때 X재 생산을 동일한 규모($Ob_1 = b_1b_2 = b_2b_3$)로 증가시킬 경우, 기회비용은 aa_1, a_1a_2,

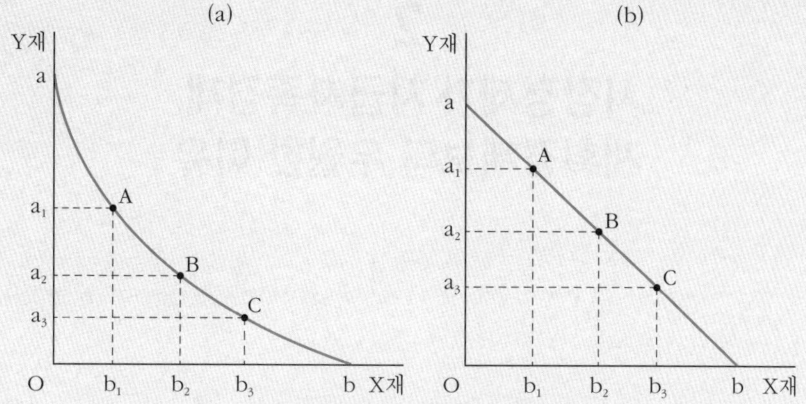

〔그림 1-2〕 생산가능곡선의 형태와 기회비용 간의 관계

a_2a_3로 정의된다. 그런데 그 크기는 X재 생산을 증가할수록 체감한다. 즉 aa_1 〉 a_1a_2 〉 a_2a_3이다. 따라서 생산가능곡선이 원점에 대해 볼록하면 기회비용체감의 법칙이 성립한다. 한편 (b) 그래프는 원점에 대해 기울기가 1(절대값)인 선형의 생산가능곡선이다.

이때 X재 생산을 동일한 규모($Ob_1 = b_1b_2 = b_2b_3$)로 증가시킬 경우, 기회비용은 aa_1, a_1a_2, a_2a_3로 정의된다. 그런데 그 크기가 똑같다. 즉 $aa_1 = a_1a_2 = a_2a_3$이다. 이것은 생산가능곡선 이 원점에 대해 선형이면, 기회비용이 일정한 특성을 보인다.

참고로 생산가능곡선은 복잡한 경제 현상을 단순화시켜서 몇 가지 중요한 경제원리를 명확하게 전달해주는 설명 도구로 활용된다. 우리는 생산가능곡선을 통해 효율성, 기회비용, 희소성(대가 지불), 상충관계(trade-off), 경제성장의 개념을 학습할 수 있다.

2
시장경제가 자급자족경제, 계획경제보다 우월한 이유

(1) 시장경제는 거래비용을 대폭 절감시켜준다!

① 자급자족경제와 물물교환경제의 특징

경제문제를 해결하는 방식으로 자급자족경제를 생각해볼 수 있다. 자급자족경제는 한마디로 자기가 필요로 하는 상품을 스스로 생산, 분배, 소비해야 한다. 이때는 자신의 능력, 소질, 취향과는 무관하게 자신이 필요로 하는 모든 것을 생산해야 한다. 그래야만 분배와 소비가 가능하다.

물물교환경제는 자급자족경제보다 한 차원 높은 경제이다. 자신이 잘 만드는 것에 집중(특화)해서 상품을 생산한 후, 타인과 맞교환을 할 수 있기 때문이다. 따라서 물물교환경제하의 경제주체들은 자급자족경제보다 더 나은 삶을 영위할 수 있다.

② 시장경제와 거래비용의 최소화

시장경제는 물물교환경제보다 경제문제 해결에 있어서 월등하게 우세한 경제체제이다. 그 이유는 시장경제가 거래비용을 대폭 절감시켜 주기 때문이다. 한 나라(一國)의 경제에 5명(예 A, B, C, D, E)의 경제주체가 존재한다고 가정하자.

또 경제주체 A는 빵 굽는 재주가 뛰어난 반면, 신발을 만드는 능력은 젬병이라고 가정하자. 그러면 A는 자신이 구워낸 빵과 신발을 교환하고 싶을 것이다. 물물교환경제에서는 A가 B, C, D, E를 일일이 찾아다니면서 스테레오 타입으로 "혹시 여분의 신발을 갖고 있느냐?"고 질문해야 한다. 그런데 여분의 신발을 갖고 있지 않거나 설령 여분의 신발을 갖고 있더라도 상대방이 빵을 원하지 않을 경우에는 거래가 성립되기 어렵다. 특히 신발을 갖고 있는 사람이 빵을 원할 경우에도 그는 지금 A가 급한 사정임을 악용해서 터무니없는 거래조건을 제시할 가능성이 있다. 이는 결국 거래비용의 증가로 이어진다.

하지만 시장경제라면 모든 거래가 2단계로 종료된다. 자신이 갖고 있는 빵을 시장에서 판매하고 받은 돈으로 신발을 구입하면 그만이다. 시장에는 빵 가게와 신발 가게를 비롯한 다양한 시장이 개설되어 있기 때문에 물물교환경제에서처럼 거래 상대방을 일일이 찾아다니면서 아쉬운 소리를 할 필요가 없다. 또 거래조건도 시장의 '보이지 않는 손'에 의해 객관적으로 결정되기 때문에 A는 그것에 따라 거래하면 그만이다. 그 과정에서 A는 거래비용을 대폭 절감할 수 있다. 이것이 시장경제의 가장 큰 매력 포인트다.

(2) 시장경제는 분업, 특화, 비교우위의 원리가 잘 작동된다!

① 분업과 시장경제

시장경제에서는 자급자족경제, 물물교환경제, 계획경제보다 분업 활동이 활발하게 일어난다. 분업(分業)은 여러 사람이 일을 나누어서 처리하는 것을 말한다. 일례로 집 짓는 공사를 상정해보자. 집을 혼자서 짓게 되면 건축 설계부터 벽돌쌓기, 전기공사, 페인트칠, 벽지 바르기 작업 등을 다해야 한다. 그러나 몇 사람이 전문분야별로 나누어서 집을 지으면 공기(工期)를 단축시키면서 효율적으로 일할 수 있다. 분업의 이점은 경쟁이 치열하게 작동되는 곳에서 진가(眞價)를 발휘한다. 분업을 통해 잠재 경쟁자보다 좀 더 싸고 질 좋은 상품을 만들 수 있기 때문이다. 분업 활동이 시장경제에서 활발하게 일어나는 것도 그 때문이다.

하지만 분업이 언제나 최선의 결과만 도출하는 것은 아니다. 분업에도 폐해(弊害)가 존재한다. 근로자가 한 가지 일만 오랫동안 하다 보면 업무의 단조로움과 지루함을 느낄 수 있고, 특정 분야에서의 작은 에러나 하자가 전체적으로 큰 문제나 불량을 유발할 가능성도 있다. 또 자기 분야에만 신경을 집중하다 보니 타인이나 동료 간의 협동이나 배려심도 결여될 수 있다.

② 특화와 비교우위, 그리고 시장경제

특화(specialization)와 비교우위(comparative advantage)도 시장경제에서 매우 중요한 요소다. 왜냐하면 특화나 비교우위가 경쟁에서 살아남을 수 있는 비책(祕策)이기 때문이다. 경쟁이 크게 요구되지 않은 자급자족경제나 물물교환경제에서는 특화나 비교우위에 신경 쓸 필요가 상대적으로 적다. 이는 직업선택의 자유나 거주이전의 자유가 제한받는 계획경제에서도 마찬가지다.

특화란 특정 분야에 핵심역량(core competence)을 집중해서 고도의 전문성을 갖는 것을 의미한다. 또 핵심역량(core competence)은 타인보다 특출나게 잘할 수 있는 자신만의 능력으로서 경제학에서는 그것을 업(業)이라고 정의한다. 경제주체가 특화된 업을 발휘하면 자연적으로 그 분야에서 타인에 대한 비교우위를 갖게 된다. 참고로 비교우위는 동일한 상품을 다른 사람들보다 더 적은 기회비용으로 생산할 수 있는 능력을 지칭한다.

세계적인 축구 스타로 발돋움한 손흥민 선수를 예로 들어보자. 만약 손 선수가 축구 대신 야구나 공부를 선택했다면 아마도 그는 현재와 같은 세계적 명성을 얻지 못했을 것이다. 축구에 대한 그의 재능과 열정을 일찌감치 눈여겨본 선생님과 부모님이 그가 축구선수의 길을 걷도록 조언하며 격려를 아끼지 않았고 손 선수 본인도 끊임없는 노력으로 뛰어난 기량을 쌓았기 때문에 대성할 수 있었다. 즉 손 선수는 축구에 특화해서 핵심역량을 구비(具備)했기 때문에 타인과의 경쟁에서 강력한 비교우위를 확보할 수 있었던 것이다. 만약 그가 자급자족경제, 물물교환경제, 계획경제체제하에서 성장했다면 오늘날의 명예와 부(富)는 불가능했을 것이다.

3
경제학 방법론

(1) 경제이론의 탄생과정

① 경제이론을 학습하는 이유

경제학을 올바로 이해하기 위해서는 경제사(經濟史), 경제이론, 경제정책론을 체계적으로 학습해야 한다. 경제사는 과거의 경제 현상이나 경제 사료를 통해 경제법칙을 규명한다. 경제이론은 여러 경제 현상 사이에 존재하는 경제법칙을 규명하며 그것을 토대로 현재의 경제 현상에 대한 설명은 물론 미래에 일어날 경제 현상까지 예측한다. 경제정책론은 어떤 경제 상태가 바람직하며 그것에 효율적으로 달성하기 위해서는 어떤 정책 수단을 사용하는 것이 최적인가를 다룬다.

경제사, 경제이론, 경제정책론은 상호 보완관계를 갖는다. 경제이론이 규명해야 할 경제법칙은 주로 과거의 경제 사료에 대한 분석을 통해 도출된다. 따라서 경제이론은 경제사의 도움을 받아야만 경제 법칙들을 손쉽게 규명할 수 있다. 마찬가지로 경제정책론도 경제이론을 통해 검증된 경제정책 수단을 동원해야 만이 바람직한 수준의 경제 상태를 실현할 수 있다.

② 경제이론의 탄생과정에 대한 개요

경제이론의 탄생과정은 마치 우리 인간의 생로병사(生老病死)의 과정과 매우 흡사하다. 경제이론은 크게 '가정 → 가설 → 검증 → 이론 및 기각'으로 구성된다. 그들 각각에 대해 살펴보면 다음과 같다.

첫째는 가정(assumption)이다. 어떤 경제 현상에 영향을 미치는 요인은 무수히 많다. 그런데 이들 요인을 모두 반영해서 어떤 보편적 법칙을 추출하는 것은 결코 쉬운 문제가 아니다. 따라서 어떤 경제 현상에 영향을 미치는 핵심 요인만 남겨두고 다른 요인들은 '일정불변하다', '존재하지 않는다'고 단순화시키는 과정이 가정이다.

둘째는 가설(hypothesis)이다. 가정에 의해 복잡다기한 경제 현상을 단순화시킨 다음, 그 안에서 성립할 만한 인과관계를 추출하는 단계가 가설이다. 대부분의 가설은 'if~ then~'으로 언급되는데, 이것은 경제학의 오래된 관행이다. 이 단계에서 요구되는 것은 관련 변수들 간에 논리적 모순이 존재하지 않는 내적 정합성(internal consistency)이다.

셋째는 검증(testing)이다. 검증은 과거의 데이터를 통해 경제 현상과 가설 간의 일치 여부를 확인하는 과정이다. 경제학에서는 이것을 외적 적합성(external suitability)이라고 정의한다. 만약 현실의 경제 현상이 가설과 일치하면 경제이론으로 수용되고, 그렇지 않은 경우에는 가차없이 기각(棄却)된다.

이런 과정을 통해 경제이론으로 수용되었다고 해서 그것이 영원불멸의 진리로 인정받는 것은 아니다. 현재는 경제이론으로 각광(脚光)받고 있다 해도 어떤 상황 변화로 외적 적합성을 상실하는 순간, 경제이론은 경제학설사에 자신의 이름 하나만 남기고 퇴장을 강요받게 된다. 그것이 경제이론의 얄궂은 운명이자 숙명이다.

(2) 경제학 방법론상의 치명적 오류

① 인과(因果)의 오류

귀납법(induction)은 개별적인 사실들로부터 보편적 원리나 법칙을 도출해내는 방법을 말한다. 귀납법의 사례를 들면, '이순신 장군도 죽었다. 세종대왕도 죽었다. 이순신 장군과 세종대왕은 사람이다. 고로 사람은 모두 죽는다'이다. 이러한 귀납법은 경제이론을 도출하는 과정에서 가정과 가설을 설정할 때, 많이 사용된다.

그런데 귀납법을 제대로 활용하기 위해서는 원인과 결과 간의 함수관계에 유의하면서 핵심 요인만을 추출하고 나머지 다른 요인들은 일정불변이거나 존재하지 않는 것으로 단순화시켜야 한다. 그렇지 않으면 다음과 같은 '인과의 오류(post hoc fallacy)'가 발생할 수 있다.

여러 경제 현상들 간의 인과관계를 규명하는 과정에서 A라는 경제 현상이 B라는 경제 현상보다 먼저 관찰되었을 경우, A를 B의 원인이라고 속단하기 쉽다. 경제학에서는 이런 경우를 인과의 오류라고 부른다. 우리 속담에 '까마귀 날자 배 떨어진다'는 말이 인과의 오류에 대한 대표적 사례다. 잘 익은 배가 나무에서 떨어진 것은 중력의 법칙이나 거센 바람 때문에 떨어졌을 가능성이 크다. 단순히 까마귀가 하늘 높이 날아올랐기 때문에 배가 떨어진 것은 아니라는 얘기다. 경제이론을 구성하는 과정에서 이런 인과의 오류를 제거해야만 내적 정합성을 충족시킬 수 있다.

② 구성(構成)의 오류

연역법(deduction)은 일반적인 사실이나 법칙으로부터 다른 구체적인 사실이나 법칙을 이끌어내는 방법을 말한다. 연역법의 사례를 들면, '사람은 죽는다. 나는 사람이다. 고로 나는 죽는다'이다. 이러한 연역법은 귀납법과 상호보완적인 특성을 갖는다. 연역법과 관련된 오류 가운데 경제학에서 범하기 쉬운 오류가 '구성의 오류'이다.

구성의 오류(fallacy of composition)는 부분이 옳다고 해서 전체도 옳을 것으로 판단하는 잘못이나 실수를 말한다. 구성의 오류에 대한 대표적 사례는 사재기이다. 사재기는 인간의 이성이 불안이나 공포심과 맞물리면서 빚어지는 군중들의 비합리적인 행동이다. 사람들이 필요한 만큼만 상품을 구매하면 품귀현상이 일어나지 않는다. 하지만 뜬소문에 의해 사회적 불안감이 확산되면 너도나도 매장으로 몰려가서 사재기를 시작한다. 그러면 곧바로 상품들의 품귀현상이 나타나고 상품 진열대는 텅 비게 된다. 개인적인 차원에서는 사재기가 합리적 선택일 수 있다. 그러나 사회 전체적으로 사재기가 만연되면 상품의 품귀현상은 물론 암시장까지 출현해서 경제적 효율성이 크게 떨어진다. 우리는 이미 코로나19의 예방을 위한 마스크 파동을 통해 그 문제의 심각성을 적나라하게 경험한 바 있다.

요약 및 복습

- 경제 문제는 인간의 욕망은 무한한 데 반해, 그것을 충족시켜줄 자원이 부족한 데서 비롯된다. 그것을 설명해주는 경제용어가 희소성이다. 경제주체들은 희소성의 법칙이 존재하는 상황에서 효용극대화와 이윤극대화를 달성하려면 반드시 합리적 선택을 해야 한다. 여기서 합리적 선택이란 자원의 낭비를 막는 선택을 의미한다. 그런 의미에서 경제학은 합리적 선택의 방법론을 체계적으로 학습하고 배우는 매력적인 학문이다.

- 경제학에서는 경제적 효율성, 즉 최대효과의 원칙과 최소비용의 원칙을 충족시키는 자원배분을 효율적인 자원배분이라고 정의한다. 여기서 최대효과의 원칙은 일정한 자원량으로 최대의 만족을 얻는 것을 의미한다. 또 최소비용의 원칙은 일정한 만족을 얻고자 할 때, 그에 소요되는 비용을 최소화시키는 것을 말한다. 이를 통해 우리는 효율적인 자원배분의 전제조건은 경제적 효율성이라는 것을 알 수 있다.

- 어떤 경제적 대안을 선택하면 반드시 그로 인해 포기할 수밖에 없는 대안들이 존재하기 마련이다. 여기서 기회비용이란 경제 개념이 등장한다. 기회비용은 어떤 것을 선택할 경우, 그에 따른 명시적 비용과 암묵적 비용의 합'으로 정의된다. 참고로 합리적 선택일수록 그에 따른 기회비용은 낮아지게 마련이다.

- 어려운 경제 개념인 기회비용을 아주 쉽게 설명해주는 도구가 생산가능곡선이다. 생산가능곡선은 어느 한 사회에 생산기술과 자원이 일정하게 주어져 있다고 가정할 경우, 그 사회가 모든 자원을 효율적으로 사용해서 생산할 수 있는 두 상품(예 X재, Y재)의 여러 조합을 보여주는 곡선이다. 또한 생산가능곡선의 형태는 원점에 대해 오목(concave), 선형(linear), 볼록(convex)한 형태를 띨 수 있다. 오목하면 기회비용 체증, 선형이면 기회비용 불변, 볼록하면 기회비용 체감의 특성이 나타난다.

- 매몰 비용(sunk cost)은 이미 지출되어버렸기 때문에 회수가 매우 어려운 비용을 말한다. 카지노(casino)에서 날린 돈이 매몰 비용의 대표적 사례다. 합리적 선택을

하려면 매몰비용을 깨끗이 포기해야 한다. 도박으로 패가망신을 한 사람들은 대부분 매몰 비용에 집착했다는 공통점이 있다. 또 매몰비용의 오류는 잘못된 투자 결정을 인정하지 않고 오히려 그것을 정당화시키기 위해 더 큰 투자를 감행하는 무모한 행동을 지칭한다. 이것은 일명 '콩코드의 오류'라고도 부른다.

- ☑ 경제문제는 크게 4가지로 요약된다. ① 무엇을 얼마나 생산할 것인가? ② 어떻게 생산할 것인가? ③ 누구를 위해서 생산할 것인가? ④ 언제 생산할 것인가?이다. 이런 경제 문제를 해결하기 위한 방식이나 제도를 경제체제라고 말한다. 경제체제는 크게 전통경제체제, 자본주의경제체제(=시장경제체제), 사회주의경제체제, 혼합경제체제로 구분된다. 그런데 많은 국가들은 자본주의경제체제와 사회주의경제체제의 장점만을 혼용한 혼합 경제체제를 통해 자신들이 당면한 경제 문제를 해결하고 있다.

- ☑ 시장경제가 자급자족경제나 물물교환경제보다 월등히 우세한 것은 거래비용을 대폭 절감할 수 있다는 점과 거래조건이 '보이지 않는 손'에 의해 객관적으로 결정된다는 사실이다. 또 시장경제는 민법과 상법에 기초한 사유재산권의 보호와 이윤추구의 보장, 그리고 직업선택의 자유와 치열한 경쟁이 가능하기 때문에 분업, 특화, 비교우위의 원리가 잘 작동된다. 그동안 자본주의경제체제가 사회주의 경제체제를 압도할 수 있었던 것도 그들 내용과 무관하지 않다.

- ☑ 시장경제가 자급자족경제나 물물교환경제보다 월등히 우세한 점은 거래비용을 대폭 절감해주는 데 있다. 또 시장경제는 분업[5], 특화[6], 비교우위[7]의 원리가 잘 작동되기 때문에 계획경제체제보다 매우 우수하다. 그렇다고 해서 시장경제체제가 완벽한 것은 아니다. 분업에 따른 폐해(예 업무의 단조로움, 협동과 배려심 결여, 작은 하자가 큰 문제로 비화될 개연성 존재 등), 빈익빈 부익부, 사회적 위화감 조성, 환경파괴, 사회적 범죄, 고독감 등을 수반할 수 있다.

---

5 분업은 여러 사람이 일을 나누어서 처리하는 것을 말한다.

6 특화란 특정분야에 핵심역량을 집중해서 고도의 전문성을 갖는 것을 말한다. 여기서 핵심역량은 타인보다 특출나게 잘할 수 있는 능력으로서 경제학에서는 그것을 '업(業)'이라고 정의한다.

7 비교우위는 동일한 상품을 다른 사람보다 더 적은 기회비용으로 생산할 수 있는 능력을 말한다.

- 경제이론의 탄생과정은 우리 인간의 생로병사(生老病死)의 과정과 매우 흡사하다. 경제이론은 크게 가정 → 가설 → 검증 → 이론 및 기각의 과정을 밟는다. 가설 단계에서 중요한 것은 내적 정합성(internal cocsistency)이고, 검증 단계에서 경제이론으로 평가받기 위해 필요한 것은 외적 적합성(external suitability)이다. 내적 정합성은 종속변수와 독립변수 간에 논리적 모순이 존재하지 않는 것을 의미하고, 외적 적합성은 가설이 현실 경제와 잘 부합해야 한다는 것을 뜻한다. 그들 가운데 어느 것 하나라도 충족하지 못할 경우에는 경제이론으로 대접받지 못한다.

- 경제학 방법론상의 치명적인 오류는 크게 2가지다. 하나는 '인과(因果)의 오류'이고 다른 하나는 '구성(構成)의 오류'이다. 전자(前者)는 A라는 경제 현상이 B라는 경제 현상보다 먼저 관찰되었다는 이유만으로 A가 B의 원인이라고 속단하는 데 따른 오류를 말한다. 반면, 후자(後者)는 부분이 옳다고 해서 전체도 옳을 것으로 잘못 판단하는 것을 뜻한다.

연습문제

1 다음의 내용을 읽고 아래의 질문에 답하시오.

> 철수는 새로 개봉된 다큐멘터리 영화 1편을 관람하는 데 30,000원어치의 만족을 느낀다고 한다. 그런데 핸드폰을 분실하는 바람에 14,000원을 주고 인터넷으로 구매한 영화 티켓까지 분실하고 말았다. 지금 철수는 ○○시네마 앞에서 영화 티켓의 추가 구입 여부를 놓고 한참 고민 중에 있다.

1) 위에서 언급한 경제 현상을 설명해주는 경제용어를 쓰시오.

2) 지금 철수는 영화 티켓을 추가로 구입해서 영화를 관람하는 것이 바람직한지, 아니면 영화 관람을 포기하고 귀가하는 것이 바람직한지 밝히시오.

3) 철수가 2)에서처럼 의사결정을 한 이유를 100자 이내로 설명하시오.

힌트! 『맨큐의 경제학(제9판)』, 2021, 322~323쪽을 참조.

2 다음의 내용을 읽고 아래의 질문에 답하시오.

> 철수가 하루 일과 중 2시간의 자유시간을 어떻게 사용할 것인가를 놓고 고민하는 상황을 가정한다. 철수는 PC방에서 시간당 2,500원의 게임비를 지불하고 컴퓨터 게임을 즐길 수도 있고, 시급 7,000원을 받고 편의점에서 아르바이트를 할 수도 있다. 또 시급 3,000원을 받고 학과 사무실에서 조교 보조로 일할 수도 있다고 가정하자. 그런데 철수는 여러 고민 끝에 최종적으로 PC방에서 컴퓨터 게임을 하며 2시간을 보내기로 결정했다.

1) 이때 철수가 지불해야 할 기회비용의 크기를 제시하시오.

2) 1)에 대한 경제 이론적 근거를 간단명료하게 제시하시오.

힌트! 이에 대해서는 본문 내용을 참조하기 바람!

3 **대형 할인 마트보다 아파트 입구에 있는 편의점의 가격이 다소 비싸다. 그런데도 사람들이 편의점에서 상품을 구입하는 것은 무엇 때문일까? 기회비용의 관점에서 설명하시오.**

힌트! 시간도 희소한 자원이다! '기회비용=명시적 비용+암묵적 비용'의 개념을 활용할 것!

4 **아파트 주차장을 보면 장애인들을 위한 주차공간이 존재한다. 이를 토대로 효율성과 공평성의 상충관계를 설명하시오.**

힌트! 장애인 주차장은 장애인들을 배려하기 위한, 즉 공평성을 증진시키는 정책임. 평소에 일반인들은 장애인 주차공간에 주차할 수 없으며, 위반 시에는 과태료 10만 원을 지불해야 함. 하지만 효율성 측면에서는 필요 공간에 대한 낭비 문제가 제기될 수도 있음.

5 **경제학에서 모형은 경제의 여러 현상들을 보다 쉽게 설명하기 위해서 현실을 단순화시킨 것을 말한다. 제1장에서 취급한 생산가능곡선도 하나의 모형으로 볼 수 있다. 우리가 생산가능곡선을 통해 학습할 경제 개념으로 어떤 것들이 있는지 설명하시오.**

힌트! 자원의 희소성(대가 지불), 효율성, 기회비용, 상충관계(trade-off), 경제성장 등.

제2장 수요곡선과 공급곡선

1
수요와 수요곡선

(1) 수요, 수요량, 수요함수, 수요곡선

① 수요와 수요량, 그리고 수요의 결정요인

수요(demand)는 소비자가 상품을 구매하고자 하는 추상적인 욕구를 말한다. 또 수요량(demanded quantity)은 소비자가 상품을 구매하고자 계획하는 상품의 구체적인 양(量)을 의미한다. 그런 의미에서 수요곡선은 여러 가격 수준에서 소비자가 상품을 구매하려고 계획하는 수요량을 나타낸다. 따라서 우리는 수요량이 실제 구매량과 다를 수 있다는 점에 유의해야 한다.

수요량은 반드시 기간을 명시해야만 의미를 갖는 유량(flow)변수이다. 만약 "철수가 사과 20개를 먹었다"고 얘기하면 그가 사과를 얼마만큼 좋아하는지 알 수 없다. 그런데 "철수가 오늘 하루 동안 사과를 20개 먹었다"고 얘기하면 그는 사과를 무척 좋아하는 사람이라고 볼 수 있다. 물론 "철수가 지난 3년 동안 사과를 20개 먹었다"고 말한다면 그는 사과를 별로 좋아하지 않는 사람임에 분명하다. 이와 같이 '하루, 한 주, 1년, 평생 동안'처럼 기간을 명시해야만 정확한 의미를 갖는 변수가 유량변수이다. 그런 점에서 수요량은 유량변수에 속한다. 반면, 어느 특정 시점에서 측정되는 변수는 저량(stock)변수라고 정의한다. 인구수, 부(富)의 크기, 통화량, 외환보유고 등은 대표적인 저량 변수에 해당된다. 참고로 변수(variable)란

1개 이상의 값을 갖는 숫자를 지칭한다.

수요량은 개별 소비자의 수요량과 시장수요량으로 구분된다. 소비자 선호의 독립성이 보장될 경우, 시장수요량은 개별 소비자 수요량의 횡적 합으로 정의된다. 이에 대해서는 소비자이론에서 학습할 것이다.

X재 수요량과 그것을 결정하는 핵심요인들을 요약하면 다음과 같다.

$$D_X = F(P_X, P_Y, I, N, t, e, W, I_d \text{ etc.}) \quad \cdots\cdots \text{㉠}$$

여기서 D_X는 X재 수요량, P_X는 X재 가격, P_Y는 X재와 연관재(예 대체재, 보완재)인 Y재 가격, I는 소비자 소득, N은 인구수, t는 소비자 선호, e는 소비자의 미래 예상, W는 소비자의 재산이나 부(富), I_d는 소득분배 상황을 뜻한다. X재 수요량에 영향을 미치는 여러 변수들에 대해 좀 더 자세히 알아보자. 이는 각종 경제시험에서 종종 출제되는 내용이니만큼 철저한 이해가 요구된다.

첫째로, X재 수요량과 X재 가격(P_X) 간의 관계다. 일반적으로 P_X가 상승하면 X재 수요량은 감소하고, P_X가 하락하면 X재 수요량은 증가한다.

둘째로, X재 수요는 X재와 밀접한 연관 관계를 맺고 있는 Y재 가격(P_Y)의 영향을 받는다. 가령 어느 한 상품의 가격이 상승하면 다른 상품의 수요가 증가할 수 있다. 경제학에서는 이런 상품을 대체재(substitute goods)라고 한다. 버터와 마가린, 영화관람권과 영화 스트리밍 서비스, 햄버거와 핫도그, 사이다와 콜라, 커피와 녹차, 자장면과 짬뽕, 도넛과 머핀, 음악회와 피아노 연주회 등이 대체재의 대표적 사례들이다. 또 어떤 상품의 수요는 다른 상품의 가격 상승에 따라 감소할 수 있다. 경제학에서는 이런 상품을 보완재(complementary goods)라고 정의한다. 탁구라켓과 탁구공, 커피와 조각 케이크, 왼쪽 신발과 오른쪽 신발, 경유용 자동차와 경유, 컴퓨터와 소프트웨어, 햄과 햄버거용 빵, 핫도그와 토마토케첩 등이 보완재의 전형이다. 또 어떤 경우에는 독립적 관계도 존재한다. 탁구라켓과 커피, 쌀과 콜라는 독립재(independent goods)에 속한다. 왜냐하면 탁구라켓이나 쌀 가격이 상승한다 해도 커피나 콜라 수요에는 별다른 영향을 미치지 않기 때문이다.

셋째로, X재 수요와 소비자 소득(I) 간의 관계다. 소비자의 소득이 증가하면 일반적으로 상품 수요도 증가한다. 하지만 경우에 따라서는 그 반대 현상이 나타날 수도 있다. 만약 소비자의 소득이 증가할 때 X재 수요가 증가하면 X재는 정상재(normal goods)이고, 그 반대는 열등재(inferior goods)에 해당된다. 일례로 맥주·쇠고기·쌀은 정상재, 막걸리·돼지고기·보리는 열등재로 간주한다.[8] 참고로 소비자의 소득이 증가했을 때, 소비자가 버스와 같은 대중교통수단의 이용을 줄이는 대신 자가용이나 택시를 즐겨 활용한다면, 그때의 대중교통수단은 열등재에 해당된다고 볼 수 있다.

넷째로 인구수도 X재 수요에 영향을 미친다. 대체로 인구수가 많아지면 X재 수요도 증가한다. 물론 그 전제조건은 인구수의 증가와 함께 실질 구매력이 증가해야 한다는 점이다. 또 인구의 성별·연령별 인구구성비도 X재 수요에 영향을 미칠 수 있다. 가령 젊은 세대들의 결혼이 급증해서 신생아의 출산이 늘면 자연스럽게 유아용품의 수요도 큰 폭으로 증가할 것이다.

다섯째로 소비자의 선호(taste; 취향)와 X재 수요의 관계다. 선호(選好)는 어떤 상품을 특별나게 좋아한다는 뜻이다. 원두커피를 선호하는 소비자가 많을수록 원두커피에 대한 수요가 증가하고 골프를 선호하는 소비자들이 많아지면 골프의류와 골프채 수요도 자연스럽게 증가할 것이다.

여섯째는 소비자들의 미래 예상(expectation)도 X재 수요에 영향을 미친다. 만약 소비자들이 조만간 X재 가격이 오를 것으로 예상하면 그들은 가격이 더 오르기 전에 X재를 더 많이 사놓으려고 할 것이다. 그렇게 되면 X재 수요가 급증한다. 물론 그 반대일 경우는 X재 수요가 감소할 것이다. 또한 가까운 미래에 고소득업종에 취업하거나 조직 내 승진으로 소득 증가가 예상되면, 소비자들은 정상재인 X재 수요를 늘릴 것이다.

일곱째는 X재 수요와 부(富), 재산 간의 관계를 지적할 수 있다. 부자는 가난한 사람보다 구매력이 크기 때문에 상품을 많이 수요한다. 따라서 소비자들이 부동산

---

8 어떤 특정 상품이 정상재냐, 열등재냐의 문제는 해당 상품의 고유한 특성에 기인한 것이 아님에 유의해야 한다. 다만 소비자들이 어느 한 경제의 사회문화적 배경과 소득수준에 따라서 그 상품을 어떻게 인식하느냐에 따라 결정된다고 보는 게 옳다. 일례로 과거 가난했던 시절에는 보리보다 쌀을 선호해서 쌀이 정상재, 보리가 열등재로 인식되었지만 최근에는 건강상의 이유로 보리를 쌀보다 중시하는 소비자가 일부 존재한다. 하지만 대다수 소비자들은 지금도 여전히 쌀은 정상재, 보리는 열등재로 간주하는 것이 엄연한 현실이다.

이나 금융자산의 취득을 통해 부(富)를 축적할수록 정상재인 X재 수요도 늘어날 것이다.

여덟째는 소득분배(income distribution)도 X재 수요에 영향을 미칠 수 있다. 소득분배가 공평하냐, 그렇지 못하냐에 따라 X재 수요가 달라질 수 있다. 가령 소득분배가 공평한 사회에서는 소득수준의 차이에 따른 수요의 차이가 크지 않을 것이다. 하지만 소득분배가 불공평한 사회에서는 고소득층과 저소득층이 수요하는 상품의 종류와 양에서 큰 차이를 보일 것이다. 저소득층이 X재를 좋아한다고 하자. 이때 전체 인구 가운데 저소득층이 차지하는 비율이 높으면 높을수록 X재 수요도 덩달아 증가할 것이다.

② 수요함수와 수요곡선, 그리고 수요의 법칙

우리는 앞에서 X재 수요와 수요량의 결정요인들에 대해 살펴보았다. 그런데 X재 수요량에 영향을 미치는 핵심요인은 X재 가격(P_X)이다. 이제 X재 수요량과 P_X 간의 관계를 명확하게 분석하기 위해 다른 결정요인들은 일정불변이라고 가정하면, 위의 ㉠식은 아래의 ㉡식으로 정의된다.

$$D_X = F(P_X; P_Y, I, N, t, e, W, I_d \text{ etc.}) \cdots\cdots ㉡$$

㉡식을 보면 X재 수요량은 P_X만의 함수임을 알 수 있다. 왜냐하면 새미콜론(;) 뒤의 변수들은 일정불변이라고 가정했기 때문이다. 일반적으로 수요함수라고 하면 ㉡식을 말한다. 즉 X재의 수요함수(demand function)는 X재 수요량과 P_X 간에 존재하는 함수관계로서 X재의 여러 가격수준에 대응해서 소비자들이 해당 기간 동안 구매하고자 계획하는 X재 수요량을 나타낸다.

X재 가격을 종축에, X재 수요량을 횡축에 설정하고 ㉡식을 그래프로 나타내면 〔그림 2-1〕과 같다. 이것이 바로 X재의 수요곡선[9]이다. X재의 수요곡선은 우하

9 〔그림 2-1〕의 수요곡선은 4가지의 경제적 함의를 내재한다. 첫째, 가격이 P_o로 주어졌을 때의 수요량 X_o는 소비자가 구입하고자 하는 최대수량을 의미한다. 둘째, 수요량이 X_o로 주어졌을 때의 가격 P_o는 소비자가 기꺼이 지불할 용의가 있는 최대가격(수요가격)이다. 즉 어느 수요량에서든 수요곡선의 높이는 한계소비자의 최대 지불용의를 나타낸다. 셋째, 수요량 X_o는 기간을 명시해

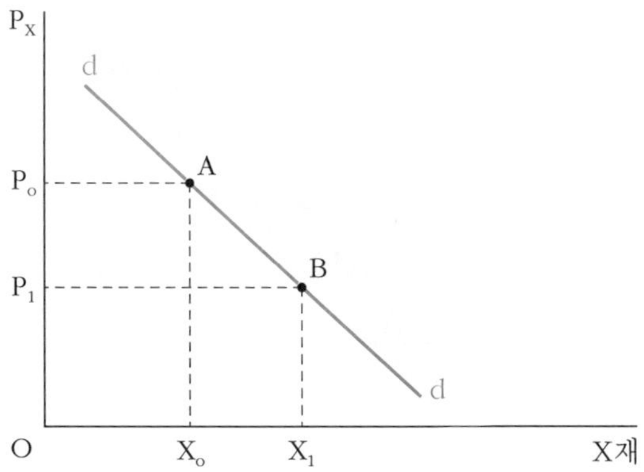

〔그림 2-1〕 X재의 수요곡선과 그것에 내재된 경제적 함의

향(右下向)한다. 그 이유는 X재 가격이 P_0에서 P_1으로 하락하면 X재 수요량은 X_0에서 X_1으로 증가하기 때문이다. 그와 반대로 X재 가격이 P_1에서 P_0로 상승하면 X재 수요량은 X_1에서 X_0로 감소한다.

수요의 법칙(law of demand)은 X재 가격과 X재 수요량 사이에 존재하는 역(逆)의 관계를 말한다. 그러면 수요의 법칙이 존재하는 구체적 이유가 무엇인지 살펴볼 필요가 있다. 첫째는 다른 조건이 일정불변인 상황에서 X재 가격만 하락하면 상대적으로 비싸진 대체재 수요는 줄이고 상대적으로 저렴해진 X재를 더 구입하는 것이 소비자들에게 유리해진다. 따라서 X재 수요량이 늘어나게 된다. 둘째는 다른 조건이 일정불변인 상황에서 X재 가격이 하락하면 소비자들의 실질소득이 늘어난 것과 같은 효과가 발생한다. 이처럼 실질소득이 늘어난 상황에서 X재가 정상재라면 X재 수요량은 증가한다. 수요 법칙의 이면에는 이와 같은 경제원리가 작동하고 있음에 유의해야 한다.

주어야만 그 의미가 명확해지는 유량변수이다. 넷째, 수요량 X_0는 막연하게 의도된 수요량이 아니라 구매력을 가진 상태에서 구입하고자 계획하는 수량을 말한다. 따라서 수요곡선 dd의 오른쪽 영역은 수요를 포기(or 거부)하는 영역으로 볼 수 있다.

(2) 수요량의 변화와 수요의 변화

① 수요량의 변화와 그 결정요인

수요량의 변화는 해당 상품가격을 제외한 다른 변수들이 일정불변인 상황에서 해당 상품의 가격 변화에 따른 수요량의 증감(增減)을 말한다. 즉 주어진 수요곡선상에서의 움직임이 수요량의 변화다. 〔그림 2-2〕의 A점에서 B점으로 또는 B점에서 A점으로의 이동이 수요량의 변화이다.

X재 수요량의 변화를 결정하는 유일한 요인은 X재 가격임을 명심해야 한다. 과거에는 이에 관한 시험문제가 자주 출제된 바 있다. 따라서 독자 여러분의 주의를 요한다.

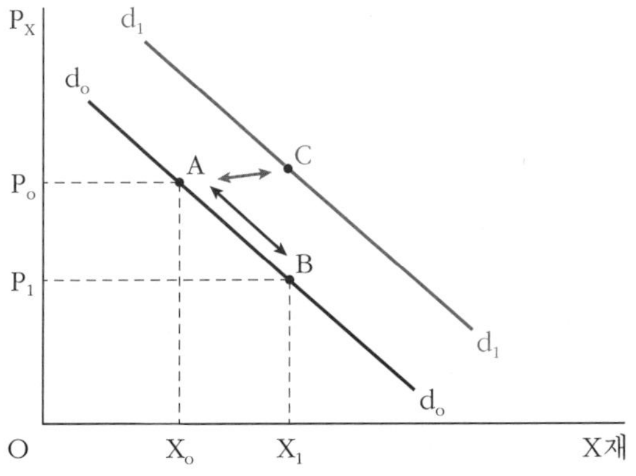

〔그림 2-2〕 수요량의 변화와 수요의 변화

② 수요의 변화와 그 결정요인

수요의 변화는 해당 상품가격 이외에 일정불변하다고 가정했던 요인들이 변하면, 수요곡선 자체가 변하게 된다. 〔그림 2-2〕를 보면 수요곡선이 d_od_o에서 d_1d_1으로 이동하는데 경제학에서는 이것을 수요의 증가라고 정의한다. 즉 수요의 변화는 동일한 수요곡선상에서의 변화가 아니라 A점에서 C점으로 또는 C점에서 A점으로의 이동처럼 수요곡선 자체가 변하는 것을 말한다.

수요곡선이 d_od_o에서 d_1d_1으로 이동하는 경우는 대체재의 가격 상승, 보완재의 가격 하락, 소득 증가(정상재인 경우), 구매력이 있는 인구수의 증가, X재에 대한 선호의 증가, 조만간 X재 가격이 오를 것이라는 소비자의 미래 예상, 소비자들의 부(富)나 재산이 증가할 때다.

(3) 수요의 탄력도에 대한 제반(諸般) 개념

① 수요의 가격탄력도

수요의 가격탄력도(price elasticity of demand)는 X재 수요량에 영향을 미치는 결정요인들 가운데 X재 가격이 1% 변함에 따라 X재 수요량이 몇 % 변하는가를 나타내는 척도를 말한다. 즉 X재 수요량의 변화율을 X재 가격의 변화율로 나눈 값이 수요의 가격탄력도이다. 참고로 변화율은 %, 변화분은 △로 정의됨에 유의하기 바란다. 탄력도를 변화율(%)로 정의해야 하는 이유는 간단하다. 탄력도를 변화분으로 정의하면 단위에 따라 그 값이 달라질 수 있기 때문이다. 그러나 변화율로 정의하면 그와 같은 편의(bias)의 문제가 발생하지 않는다는 장점이 있다.[10]

수요의 가격탄력도(ε_d)는 다음의 ㉢식으로 정의된다.

$$\varepsilon_d = -\frac{\text{X재 수요량의 변화율(\%)}}{\text{X재 가격의 변화율(\%)}} = -\frac{(\triangle X/X)}{(\triangle P_x/P_x)} \cdots\cdots\cdots\cdots \quad ㉢$$

위의 ㉢식에 마이너스(-) 부호가 들어간 이유는 단순히 수요의 가격탄력도 값을 양수(+)로 만들어주기 위함이다. 즉 X재 가격과 X재 수요량 간에는 역(逆)의 관계가 성립하는데, 수요의 가격탄력도는 0과 무한대(∞) 사이의 값을 갖는다. 따

10 X재 가격이 1,000원에서 800원으로 하락할 때, X재 수요량이 2kg에서 3kg으로 증가했다고 가정하자. 수요의 가격탄력도(ε_d)를 변화분, 즉 $\varepsilon_d = -\triangle X/\triangle P$로 정의하면 다음과 같은 문제가 발생한다. kg을 기준으로 수요의 가격탄력도를 구하면 $\varepsilon_d = -\triangle X/\triangle P = -(3-2)/(800-1,000) = 1/200$이다. 하지만 g을 기준으로 수요의 가격탄력도를 구하면 $\varepsilon_d = -\triangle X/\triangle P = -(3,000-2,000)/(800-1,000) = 1,000/200 = 5$가 된다. 이처럼 수요의 가격탄력도($\varepsilon_d$)를 $\varepsilon_d = -\triangle X/\triangle P$와 같이 변화분으로 정의하면 X재의 단위를 kg, g으로 하는가에 따라 수요의 가격탄력도 값이 크게 달라진다. 그러나 수요의 가격탄력도를 변화율(%)로 정의하면 단위가 kg, g이든 수요의 가격탄력도 값은 2.5로 일정하다. 즉 $\varepsilon_d = -[(3-2)/2]/[(800-1,000)/1,000] = -[(3,000-2,000)/2,000]/[(800-1,000)/1,000] = 2.5$이다.

라서 수요의 가격탄력도 크기를 비교할 때는 마이너스(-) 부호를 무시해야 한다. 즉 수요의 가격탄력도는 반드시 절대값으로만 판단해야 한다는 얘기다.

수요의 가격탄력도가 1보다 크면 탄력적, 수요의 가격탄력도가 1이면 단위 탄력적, 수요의 가격탄력도가 1보다 작으면 비탄력적이라고 정의한다. 또 수요의 가격탄력도는 〔그림 2-3〕에서 보는 것처럼 수요곡선의 형태는 물론 동일한 수요곡선상에서 측정하는 점의 위치에 따라서도 그 크기가 달라진다는 점에 유의해야 한다.

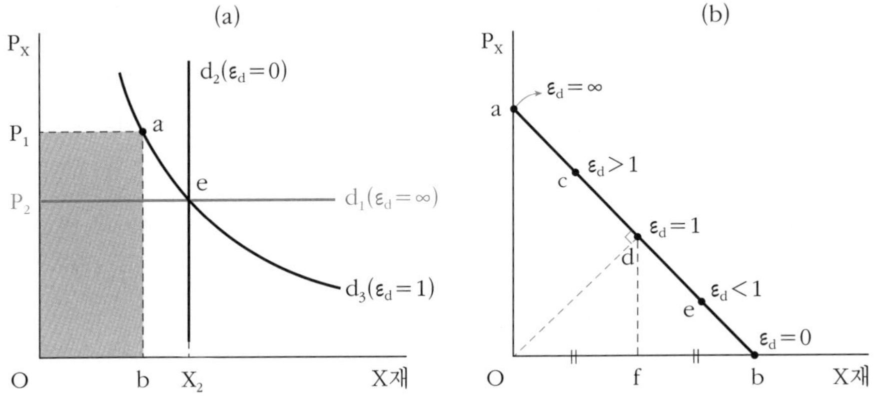

〔그림 2-3〕 수요곡선의 형태와 수요의 가격탄력도

〔그림 2-3〕의 (a) 그래프부터 살펴보자. d_1의 수요곡선은 수평선이다. 이때 수요의 가격탄력도는 무한대(∞)이다. d_1의 수요곡선에서는 가격의 변화율이 0이다. 즉 $\triangle P_X/P_X = 0$이다. 이것을 수요의 가격탄력도 공식에 대입하면 분모가 0이기 때문에 무한대가 된다. 또 d_2의 수요곡선은 수직선이다. 이때 수요의 가격탄력도는 0이다. 그 이유를 살펴보자. d_2의 수요곡선에서는 수요량의 변화율이 0이다. 즉 $\triangle X/X = 0$이다. 이것을 수요의 가격탄력도 공식에 대입하면 분자가 0이기 때문에 수요의 가격탄력도는 0이 된다. d_3의 수요곡선은 직각쌍곡선으로 정의되며, 이 경우는 수요곡선상의 모든 점에서 수요의 가격탄력도가 1로 일정하다. 참고로 직각쌍곡선이 되기 위한 전제조건은 수요곡선상의 모든 점에서 총판매수입(이하 총수입; = 가격×수요량)의 크기가 똑같아야 한다. (a) 그래프에서 총수입인 □OP_1ab와 □OP_2eX_2가 같다는 얘기다. 이제 직각쌍곡선의 경우, 수요의 가격탄력도가

1인 이유를 증명해보자. 직각쌍곡선의 정의에 따르면 가격(P_x)과 수요량(X)의 곱은 일정한 상수값을 갖는다. 즉 $P_X \times X = C$(일정한 상수)이다. 여기에 자연대수(ℓn)를 취한 후 시간(t)에 대해 미분해주면 다음 식이 도출된다. $\ell n P_X + \ell n X = \ell n C$, $\triangle P_X/P_X + \triangle X/X = 0$. 따라서 $\triangle P_X/P_X = -\triangle X/X$의 관계가 도출된다. 이것을 수요의 가격탄력도 공식에 대입하면 1이 된다.

다음으로 (b) 그래프를 살펴보자. 수요의 가격탄력도는 동일한 수요곡선상이라도 놓인 위치에 따라 각기 다른 값을 갖는다. 그 이유에 대해 살펴보자. a점에서는 수요의 가격탄력도가 무한대(∞)이다. 그것은 a점에서 X값이 0이기 때문이다. 수요의 가격탄력도 공식에다 X = 0을 대입하면 분모가 0이 되기 때문에 무한대(∞)가 된다. b점에서는 P_x가 0이다. 수요의 가격탄력도 공식에다 $P_X = 0$을 대입하면 분자가 0이 된다. 따라서 수요의 가격탄력도는 0이다. 마지막으로 d점에서 수요의 가격탄력도는 1이다. 이것도 간단하게 증명할 수 있다. 수요의 가격탄력도 공식을 활용하면 된다. 즉 $\varepsilon_d = -[\triangle X/X]/[\triangle P_X/P_X] = -[\triangle X/\triangle P_X] \times [P_X/X]$이다. (b) 그래프에서 $\triangle X/\triangle P_X$의 크기는 bf/df이다. 또 d점에서 X는 Of(=bf)이고 P_X는 df이다. 따라서 $\varepsilon_d = -(-bf/df) \times (df/bf) = 1$이 된다. 그리고 c점에서는 수요의 가격탄력도가 1보다 크고, e점에서는 수요의 가격탄력도가 1보다 작다. 이는 증명도 가능하고 대략적으로 판단할 수도 있다. 다시 말해 c점은 a점과 d점 사이에 놓여 있다. a점에서는 수요의 가격탄력도가 무한대(∞)이고 d점에서는 1이다. 따라서 a점과 d점 사이에 있는 c점에서 수요의 가격탄력도는 1과 무한대(∞) 사이에 있다고 볼 수 있다. 마찬가지로 수요의 가격탄력도가 0인 b점과 1인 d점 사이에 있는 e점에서 수요의 가격탄력도는 0과 1 사이에 있을 수밖에 없다는 것도 자연스럽게 이해할 수 있을 것이다.

② 수요의 교차탄력도(일명, 교차 가격탄력도)

수요의 교차탄력도(ε_{XY}; cross elasticity of demand)는 X재와 연관이 있는 다른 상품(Y재)의 가격이 1% 변할 때, X재 수요량이 몇 % 변하는가를 나타내는 지표로서 ε_{XY}는 $-\infty$에서 $+\infty$까지의 값을 갖는다. 또 수요의 교차탄력도(ε_{XY})는 다음의 ㉣식으로 정의된다.

$$\varepsilon_{XY} = \frac{\text{X재 수요량의 변화율}}{\text{Y재 가격의 변화율}} = \frac{\triangle X/X}{\triangle P_Y/P_Y} = \frac{\triangle X}{\triangle P_Y} \times \frac{P_Y}{X} \quad \cdots\cdots\cdots\cdots\cdots \text{㉣}$$

수요의 가격탄력도는 그 값을 양(+)으로 만들어주기 위해 공식의 앞부분에 마이너스(-)를 붙였지만 수요의 교차탄력도는 그렇게 하면 안 된다. 왜냐하면 수요의 교차탄력도는 그 값이 양(+)이냐, 음(-)이냐에 따라 상품의 특성(대체재, 보완재, 독립재)이 결정되기 때문이다. 만약 ε_{XY}가 0보다 크면, X재와 Y재는 대체재이다. 그 이유를 살펴보자. ε_{XY}가 0보다 크면 'Y재 가격 상승 → Y재 수요량 감소 → X재 수요량 증가'의 관계가 성립한다. 그런데 X재와 Y재 수요량이 각기 다른 방향으로 변동하는 것은 대체재의 특성이다. 또 ε_{XY}가 0보다 작다면, X재와 Y재는 보완재이다. 그것 역시 손쉽게 증명된다. ε_{XY}가 0보다 작다면 'Y재 가격 상승 → Y재 수요량 감소 → X재 수요량 감소'의 관계가 성립한다. 이처럼 X재와 Y재 수요량이 같은 방향으로 변동하는 것은 보완재의 특성이다.

③ 수요의 소득탄력도

수요의 소득탄력도(income elasticity of demand)는 소득이 1% 변할 때, X재 수요량이 몇 % 변할 것인지를 나타내는 지표를 말한다. 수요의 소득탄력도(ε_I)는 다음의 ㉤식으로 정의된다.

$$\varepsilon_I = \frac{\text{수요량의 변화율}}{\text{소득의 변화율}} = \frac{\triangle X/X}{\triangle I/I} = \frac{\triangle X}{\triangle I} \times \frac{I}{X} \quad \cdots\cdots\cdots\cdots\cdots\cdots\cdots\cdots \text{㉤}$$

수요의 소득탄력도 역시 수요의 교차탄력도처럼 그 값의 크기가 0보다 작은가, 0과 1 사이에 있는가, 1보다 큰가에 따라 상품의 특성이 달라진다는 점에 유의해야 한다. 이제 그 내용을 살펴보자.

만약 수요의 소득탄력도가 0보다 작다면, 그것은 열등재(inferior goods)이다. 열등재(예 대중교통, 중고가구, 임대주택 등)는 소득이 증가하면 그 수요량이 감소하기 때문이다. 반면 수요의 소득탄력도가 0보다 크면, 그것은 정상재이다. 정상재는 소득이 증가함에 따라 수요량이 증가하기 때문이다. 또 같은 정상재라 하더라도 사치재(예 고급 별장, 보석, 해외여행 등)와 필수재(예 식료품, 의류 등)는 수요의 소득탄력도가 다르다. 즉 수요의 소득탄력도가 0보다 크고 1보다 작으면 필수재, 수요의 소득탄력도가 1보다 크면 사치재에 해당된다. 그것을 종합한 것이 〔표 2-1〕이다.

〔표 2-1〕 상품의 종류와 수요의 소득탄력도

상품의 분류 \ 수요의 소득탄력도		$\varepsilon_I < 0$	$0 < \varepsilon_I < 1$	$1 < \varepsilon_I$
정상재	사치재			○
	필수재		○	
열등재		○		

수요의 소득탄력도에 대한 정보는 자영업자부터 중견 기업가, 재벌 회장, 정부의 정책 결정자에 이르기까지 매우 중요한 자료이다. 우선 사업을 시작해서 망하지 않으려면 최소한 수요의 소득탄력도가 0보다 큰 사업에 투자해야 한다. 그래야만 시장에서 퇴출을 강요받는 위험으로부터 비교적 자유로울 수 있다. 정부의 정책 결정자 역시 산업활동에 대한 세제(稅制) 및 금융지원, 산업구조 개편을 올바로 추진하려면 소득탄력도에 대한 정보를 적절하게 활용할 줄 아는 지혜를 발휘해야 한다.

보론 2-1. 엥겔 법칙과 엥겔 계수

엥겔 법칙은 독일의 통계학자 에른스트 엥겔(E. Engel)이 발견한 것으로서 저소득층 가계일수록 총지출액 가운데서 식료품비가 차지하는 비율이 높고, 고소득층 가계일수록 그 비율이 낮다는 것을 의미한다. 즉 식료품의 소득탄력도가 1보다 작다는 얘기다. 또 엥겔은 1895년에 발표한 자신의 논문에서 소득수준별 지출비 항목의 분석 결과를 발표했다. 그에 따르면 소득이 증가함에 따라 생계비에서 식료품비가 차지하는 비율은 감소하고 교육, 위생 및 오락, 교통, 통신비용 등의 문화비는 증가하며 의류비, 주거비, 광열비 등은 큰 변화가 없다고 주장했는데 경제학에서는 이것을 엥겔 법칙이라고 정의한다. 또 엥겔 계수(Engel's coefficient)는 가계의 총지출액 중에서 식료품비가 차지하는 비율을 말한다. 참고로 엥겔 계수가 20% 이하이면 상류(최고도의 문화생활), 25~30%는 중류(문화생활), 30~50%는 하류(건강생활), 50% 이상이면 최저 생활로 분류된다.

출처: 시사상식사전, pmg 지식엔진연구소 부분 참조.

(4) 수요의 가격탄력도와 가계의 총지출액(=총수입) 간의 관계

① 가계의 총지출액과 기업의 총수입

가계의 총지출액(TE; total expenditure)과 기업의 총수입(TR; total revenue)은 동전의 앞뒤 관계로서 그 크기는 동일하다. X재 가격을 P_X라고 하면, 소비자의 총지출액은 $TE = P_X \times X = P_X \cdot X$로 정의된다. 그러나 X재를 생산해서 시장에 공급한 기업의 입장에서 본다면 그것은 총수입이다. 따라서 소비자의 총지출액과 기업의 총수입은 같을 수밖에 없다. 즉 $TE = P_X \times X = P_X \cdot X = P_X X = TR$의 관계가 성립한다.

수요의 가격탄력도는 X재 가격의 변동에 따라 소비자의 총지출액과 기업의 총수입이 어떻게 변할 것인가에 대한 귀중한 정보를 제공해준다. 각종 경제시험에서도 이와 관련한 다양한 문제들이 정교하게 출제되고 있다. 따라서 독자 여러분은 이 내용에 대해 완벽하게 이해하고, 고도의 응용 능력까지 구비해 놓아야 한다.

② 수요의 가격탄력도와 총지출액 간의 관계

수요의 가격탄력도가 표시된 수요곡선과 가계의 TE곡선을 하나의 그래프로 정리한 것이 〔그림 2-4〕이다. (a) 그래프에는 우하향하는 수요곡선상에 수요의 가격탄력도 값이 명시되어 있고, (b) 그래프는 그에 따른 소비자의 TE 변화를 보여

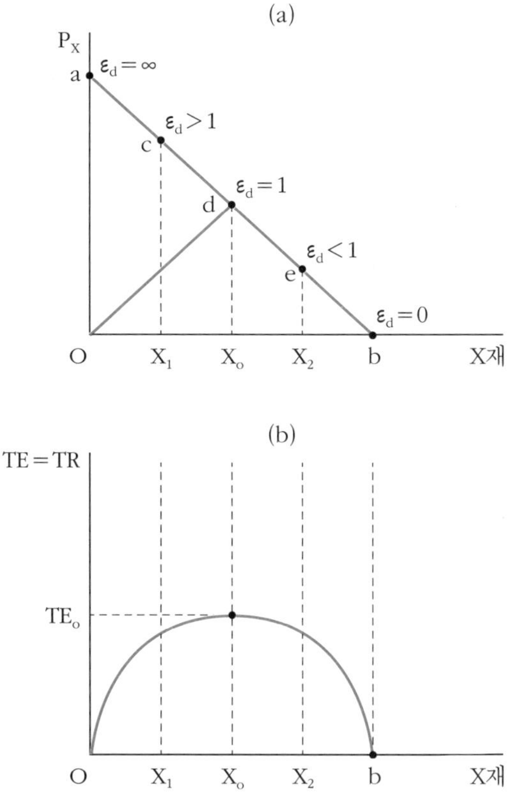

〔그림 2-4〕 수요의 가격탄력도와 총지출액

준다.

(b) 그래프를 보면 TE는 수요의 가격탄력도가 1일 때, TE_o로서 가장 크다. 그 이유는 간단하게 증명할 수 있다. 앞에서 언급한 것처럼 TE는 $TE = P_X \cdot X$이다. TE가 X_o에서 극대값을 갖기 위해서는 $\triangle TE/\triangle X = 0$의 조건이 충족되어야 한다. 즉 $d(P_X \cdot X)/dX = 0$이어야 한다. 그리고 $d(P_X \cdot X)/dX$는 $P_X + X \cdot (dP_X/dX) = 0$으로 정의된다. 여기서 $(dP_X/dX) = -(P_X/X)$의 관계를 도출할 수 있다. 이것을 수요의 가격탄력도 공식〔$\varepsilon_d = -(dX/dP_X) \cdot (P_X/X)$〕에 대입하면 ε_d값은 1로 결정된다. 따라서 (a) 그래프의 d점에서는 $\varepsilon_d = 1$의 조건이 충족되고, 그때 TE를 극대화시키는 X재 수요량이 X_o라는 것을 (b) 그래프에서 확인할 수 있다. 참고로 '수요의 가격탄력도가 1인 경우에는 가격이 변한다 해도 TE(TR)는 변하지 않는다(동일하다)'는 사실에 유의해야 한다. 그 이유는 직각쌍곡선의 경우에는 수요곡선 상의

어느 점에서도 TE = TR = P · X의 값이 일정하기 때문이다.

수요의 가격탄력도가 $1 < \varepsilon_d < \infty$인 구간에서 X재 가격이 상승하면, X재 수요량이 감소하고 TE도 감소한다. 또 동일 구간에서 X재 가격이 하락하면, X재 수요량이 증가하고 TE도 증가한다. 이런 결과가 나오게 된 근거를 간단명료하게 정리하면 아래의 〔표 2-2〕와 같다. 아래의 표에서 +는 상승, −는 하락을 의미한다.

〔표 2-2〕 수요의 가격탄력도와 총지출액 간의 관계(1)

ε_d, 총지출액 / 가격의 변화	$\varepsilon_d > 1$	총지출액의 변화율	총지출액의 증감
	$\left\lvert\frac{\triangle X}{X}\right\rvert > \left\lvert\frac{\triangle P_X}{P_X}\right\rvert$	$\frac{\triangle TE}{TE} = \frac{\triangle P_X}{P_X} + \frac{\triangle X}{X}$	
$\overset{+}{P_X}$	$\overset{-}{\left\lvert\frac{\triangle X}{X}\right\rvert} > \overset{+}{\left\lvert\frac{\triangle P_X}{P_X}\right\rvert}$	−	총지출액 감소
$\overset{-}{P_X}$	$\overset{+}{\left\lvert\frac{\triangle X}{X}\right\rvert} > \overset{-}{\left\lvert\frac{\triangle P_X}{P_X}\right\rvert}$	+	총지출액 증가

수요의 가격탄력도가 $0 < \varepsilon_d < 1$인 구간에서는 X재 가격이 상승하면, X재 수요량이 감소하고 TE는 증가한다. 또 동일 구간에서 X재 가격이 하락하면, X재 수요량이 증가하고 TE는 감소한다. 이런 결과가 나오게 된 배경을 요약하면 다음의 〔표 2-3〕과 같다.

〔표 2-3〕 수요의 가격탄력도와 총지출액 간의 관계(2)

ε_d, 총지출액 / 가격의 변화	$0 < \varepsilon_d < 1$	총지출액의 변화율	총지출액의 증감
	$\left\lvert\frac{\triangle X}{X}\right\rvert < \left\lvert\frac{\triangle P_X}{P_X}\right\rvert$	$\frac{\triangle TE}{TE} = \frac{\triangle P_X}{P_X} + \frac{\triangle X}{X}$	
$\overset{+}{P_X}$	$\overset{-}{\left\lvert\frac{\triangle X}{X}\right\rvert} < \overset{+}{\left\lvert\frac{\triangle P_X}{P_X}\right\rvert}$	+	총지출액 증가
$\overset{-}{P_X}$	$\overset{+}{\left\lvert\frac{\triangle X}{X}\right\rvert} < \overset{-}{\left\lvert\frac{\triangle P_X}{P_X}\right\rvert}$	−	총지출액 감소

(5) 수요의 가격탄력도를 결정하는 주요 요인

① 대체재의 유무(有無)와 다소(多少)

대체재의 수(數)가 많으면 많을수록 수요의 가격탄력도는 커진다. X재 가격이 상승할 때, X재와 대체 가능한 다른 상품들이 많으면 많을수록 X재 수요량은 큰 폭으로 감소하고, 대체 관계에 있는 다른 상품에 대한 수요량은 크게 증가한다.

상품의 범위를 좁게 정의할수록 대체재는 많아지게 되고, 그로 인해 수요의 가격탄력도는 커진다. 현대자동차(주)가 생산·판매하는 그랜저에 대한 수요의 가격탄력도는 일반자동차의 그것보다 클 수밖에 없다. 그 이유는 일반자동차의 대체재는 버스, 지하철, 택시 등이지만, 상품의 범위를 좁게 정의한 그랜저의 대체재는 제네시스, 소나타, K7, K9, 렉서스, BMW, 볼보 승용차 등이기 때문이다. 그런 의미에서 상품의 범위를 좁게 정의할수록 대체재의 수(數)와 폭이 넓어지기 때문에 수요의 가격탄력도는 자연적으로 커질 수밖에 없다.

② 상품가격이 소득에서 차지하는 비중

상품가격이 소득에서 차지하는 비중이 높을수록 수요의 가격탄력도는 커진다. 그 이유는 소비자가 그런 상품의 가격 변화에 민감하게 반응하기 때문이다.

일례로 5,000만 원짜리 SUV 차량 가격이 10% 인상되었다고 하자. 그러면 소비자가 추가로 부담해야 할 액수가 500만 원이다. 반면 2,500원짜리 커피 1잔의 가격이 10% 인상되었다고 하자. 이때 커피 가격의 인상분인 250원은 소비자에게 껌값 정도에 해당된다. 따라서 소비자는 커피 가격의 변화에는 민감한 반응을 보이지 않는다. 소비자는 비용 부담을 느끼는 경우에만 구매 연기나 구매를 포기하는 경향이 있다. 그런데 소비자가 가격 변화에 따라 구매 연기나 구매 포기를 많이 할수록 수요의 가격탄력도는 커지게 된다.

③ 기간의 장단(長短)

같은 상품이라도 단기보다는 장기에 수요의 가격탄력도가 높다. 단기에는 대체재를 찾거나 개발하기가 곤란하지만, 장기에는 그것이 가능하기 때문이다.

같은 크기의 가격 변화에 대해서도 장기에서는 단기보다 수요량의 변동이 더 크게 나타나기 때문에 수요의 가격탄력도가 커진다.

④ 사치재와 필수재

필수재는 가격의 변하더라도 수요량을 크게 늘리거나 줄일 수 없다. 생존을 위해 어쩔 수 없이 소비해야 하는 상품이기 때문이다. 따라서 필수재에 대한 수요의 가격탄력도는 그리 크지 않다.

하지만 사치재는 가격 변화에 대해 필수재보다 매우 민감하다. 가격이 크게 상승한다고 해도 필수재는 구입해야 하지만 사치재는 구매를 연기하거나 포기하면 그만이다. 따라서 수요량의 변동 폭이 훨씬 더 큰 것은 사치재다. 따라서 사치재에 대한 수요의 가격탄력도가 필수재보다 큰 이유도 그 때문이다.

2
공급과 공급곡선

(1) 공급, 공급량, 공급함수, 공급곡선

① 공급과 공급량, 그리고 공급의 결정요인

공급(supply)은 기업이 상품을 생산·판매(공급)하고자 하는 추상적 욕구를 말한다. 또 공급량(quantity supplied)은 기업이 생산·판매하려고 계획하는 상품의 구체적인 양을 뜻한다. 즉 공급곡선은 각기 다른 가격에서 기업이 상품을 생산·판매하려고 계획하는 공급량을 나타낸다. 따라서 공급량은 실제로 판매된 양과 다를 수 있다.

공급은 반드시 기간을 명시해야만 의미를 갖는 유량(flow)변수이다. 만약 "볼펜을 생산하는 영희가 볼펜 100,000개를 시장에 내다 팔았다"고 얘기하면, 영희가 어느 규모의 공장을 운영하는지 알 수 없다. 그런데 "영희가 1시간 동안에 생산한 볼펜이 100,000개였다"고 하면, 영희가 꽤 큰 볼펜공장을 운영하고 있음을 알 수 있다. 이와 같이 '1시간, 하루, 한 주, 1년, 평생 동안'처럼 기간을 명시해야만 정확한 의미를 갖는 변수를 유량변수라고 부른다. 그런 의미에서 공급은 유량변수에 속한다.

공급량은 개별기업의 공급량과 시장공급량으로 구분된다. 생산요소가격이 일정불변일 경우, 시장공급량은 개별기업 공급량의 횡적 합으로 정의된다. 이에 대해서는 제9장의 완전경쟁시장과 자원배분에서 학습할 것이다.

X재 공급량과 그것을 결정하는 핵심요인들을 정리하면 다음과 같다.

$$S_X = F(P_X, P_Y, T, P_F, Tax, S, E, G \text{ etc.}) \quad \cdots\cdots ㉦$$

여기서 S_X는 X재 공급량, P_X는 X재 가격, P_Y는 연관재(예 대체재, 보완재)의 가격, T는 생산기술, P_F는 생산요소가격, Tax는 조세, S는 보조금(subsidy), E는 X재 가격에 대한 기업의 미래 예상, G는 기업의 목표를 의미한다. X재 공급량과 이들 변수에 대해 좀 더 자세히 살펴보자.

첫째, 다른 조건이 일정한 상황에서 X재 가격만 상승하면 다른 상품보다 X재를 생산해서 공급하는 것이 훨씬 더 유리하다. 따라서 기업은 X재 공급량을 늘린다. 하지만 X재 가격이 하락하면, 기업은 X재 공급량을 줄인다.

둘째, 연관재(대체재, 보완재)의 가격(P_Y) 변화도 X재 공급에 영향을 미친다. Y재 가격이 상승하면, 그것과 대체 관계에 있는 X재 공급은 감소한다. 하지만 Y재 가격이 상승할 경우, 그것과 보완관계에 있는 X재 공급은 증가한다.

셋째, 생산기술(T; technology)이 향상되면 X재 생산에 따른 비용 절감과 성능 개선이 가능해진다. 그 결과 X재 공급은 증가한다.

넷째, 임금, 이자, 임대료와 같은 생산요소가격(P_F; factor price)의 변화도 X재 공급에 영향을 미친다. 생산요소가격이 하락하면 생산비용이 절감된다. 이는 종전과 같은 생산비용으로 더 많은 상품 생산이 가능해짐으로써 X재 공급이 증가한다. 반면 생산요소가격이 상승하면 X재 공급은 감소한다.

다섯째, X재에 부과하는 조세(T; tax)는 기업의 입장에서 생산비용과 같다. 물론 조세가 모두 기업에게 귀속되는 것은 아니지만 기업도 일정부분 그것을 부담해야 한다. 그러면 기업은 X재 공급을 줄인다. 한편, 보조금(S)은 조세 부과와 정반대의 효과를 갖는다.

여섯째, 기업의 미래 예상(E; expectation)도 X재 공급에 영향을 미친다. 만약 X재 가격이 조만간 상승할 것으로 예상되면 기업은 X재 공급을 줄인다. 가격이 상승한 후 판매하면, 더 큰 이익을 얻을 수 있기 때문이다. 반대로 X재 가격의 하락이 예상되면, 기업은 가격이 떨어지기 전에 팔아치울 목적에서 X재 공급을 늘린다.

일곱째, 기업의 목표(G: Goal)도 X재 공급과 밀접하게 연관되어 있다. 경제학에서는 기업의 목표가 이윤극대화라고 가정한다. 또 기업의 성패(成敗)를 결정짓는 핵심요인도 이윤이다. 하지만 모든 기업이 이윤극대화를 추구하는 것은 아니다. 만약 기업이 판매수입극대화를 추구한다면 이윤극대화를 추구하는 기업보다 X재를 더 많이 공급할 가능성이 크다.

② 공급함수와 공급곡선

우리는 X재 공급량과 그것에 영향을 미치는 여러 요인들에 대해 살펴보았다. 그런데 X재 공급량에 가장 큰 영향을 미치는 것은 X재 가격이다. 이제 X재 공급량과 X재 가격 사이에 존재하는 관계를 분석하기 위해 다른 요인들은 일정불변이라고 가정하자. 그러면 위의 ⓐ식은 다음의 ⓞ식으로 정의된다.

$$S_X = F(P_X; P_Y, T, P_F, Tax, S, E, G \text{ etc.}) \quad \cdots\cdots \quad ⓞ$$

ⓞ식을 보면 X재 공급량은 X재 가격만의 함수임을 알 수 있다. 왜냐하면 새미콜론(;) 뒤의 변수들은 일정불변이라고 가정했기 때문이다. 일반적으로 공급함수라고 하면 ⓞ식을 의미한다. 즉 X재의 공급함수(supply function)는 X재 공급량과 X재 가격 간에 존재하는 함수관계로서 X재의 여러 가격수준에 대응해서 기업들이 해당 기간 동안 생산·판매하기를 희망하는 X재의 구체적 수량을 나타낸다.

X재 가격을 종축에, X재의 공급량을 횡축에 설정하고 ⓞ식을 그래프로 나타내면 〔그림 2-5〕와 같다. 이것이 바로 X재의 공급곡선이다. X재의 공급곡선은 우상향(右上向)한다. 그 이유는 X재 가격이 P_o에서 P_1으로 상승하면 X재 공급량은 X_o에서 X_1으로 증가하기 때문이다.[11] 그와 반대로 X재 가격이 P_1에서 P_o로 하락하면 X재 공급량은 X_1에서 X_o로 감소한다. 즉 공급곡선은 가격과 공급량 사이에

---

11 X재의 공급곡선이 우상향하는 이유는 크게 2가지다. 하나는 X재 가격 상승으로 기존에 X재를 공급해온 기업들이 X재의 공급량을 늘리기 때문이다. 그것은 다른 조건(예 평균비용)이 일정한 상태에서 X재 가격이 오르면 기업의 이윤이 커지기 때문이다. 다른 하나는 그동안 X재를 생산하지 않고 있던 기업들이 X재 가격의 상승에 자극을 받아 X재를 생산하기 때문이다. 이와 같은 2가지 이유로 인해 X재 가격의 상승은 X재 공급량을 증가시킨다.

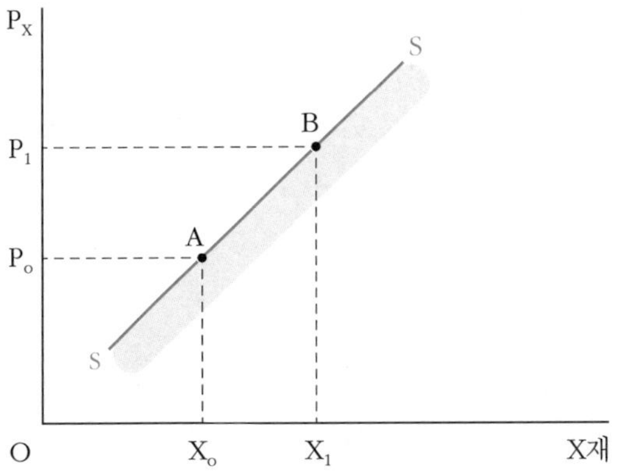

〔그림 2-5〕 X재의 공급곡선과 그것에 내재된 경제적 함의

양(+)의 관계가 성립함을 보여준다.

〔그림 2-5〕의 공급곡선은 4가지의 경제적 함의를 갖는다. 첫째로 가격이 P_o로 주어졌을 경우, 공급량 X_o는 기업이 생산·판매하고자 하는 최대수량을 의미한다. 둘째로 공급량이 X_o로 주어졌을 경우, 가격 P_o는 기업이 X재를 X_o만큼 공급하기 위해서는 최소한 받아야겠다고 생각하는 최소가격(공급가격)이다. 즉 어느 공급량에서든 공급곡선의 높이는 그와 같은 최소가격을 나타낸다. 이는 수요곡선이 최대가격이라는 것과 확실하게 구분된다. 셋째로 공급량 X_o는 기간을 명시해야만 그 의미가 명확해지는 유량변수다. 넷째로 공급량 X_o는 막연하게 의도된 공급량이 아니라 생산능력을 갖춘 상태에서 생산·판매하고자 하는 구체적 수량을 의미한다. 따라서 공급곡선 SS의 오른쪽 영역은 생산·판매하는 것을 포기하는 영역이다.

(2) 공급량의 변화와 공급의 변화

① 공급량의 변화와 그 결정요인

공급량의 변화는 'X재 가격을 제외한 다른 변수들이 일정불변하다'라고 가정한 상황에서 X재 가격의 변화에 따른 공급량의 증감(增減)을 의미한다. 이는 주어진 공급곡선상에서의 움직임으로 정의된다. 〔그림 2-6〕의 A점에서 B점으로 또는 B점에서 A점으로의 이동이 공급량의 변화이다.

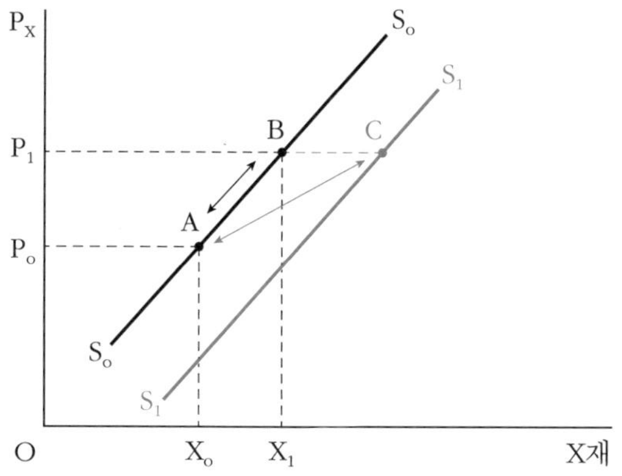

〔그림 2-6〕 공급량의 변화와 공급의 변화

X재 공급량을 변화시키는 유일한 요인은 X재 가격임에 유의해야 한다.

② 공급의 변화와 그 결정요인

공급의 변화는 X재 가격 이외에 일정불변하다고 가정했던 요인들이 변하게 되면, 공급곡선 자체가 이동하는 것을 말한다. 〔그림 2-6〕을 보면 공급곡선이 S_oS_o에서 S_1S_1로 이동하는데 경제학에서는 이것을 '공급의 증가'라고 정의한다. 공급의 변화는 공급곡선상에서의 변화가 아니라 A점에서 C점으로 또는 C점에서 A점으로의 이동처럼 공급곡선 자체가 변하는 것을 말한다.

공급곡선이 S_oS_o에서 S_1S_1으로 이동시키는 요인은 생산기술의 향상, 생산요소가격의 하락, 조세 감소, 보조금 증가, X재의 가격 하락 예상, X재와 대체 관계에 있는 Y재의 가격 하락, X재와 보완관계에 있는 Y재의 가격 상승, 판매수입극대화를 추구하는 기업 수의 증가 등이다.

(3) 공급의 가격탄력도

① 공급의 가격탄력도

공급의 가격탄력도(price elasticity of supply)는 X재 공급에 영향을 미치는 결정요인들 가운데 X재 가격이 1% 변할 때, X재 공급량이 몇 % 변하는가를 나타내는 척도를 말한다. 또 공급의 가격탄력도는 X재 공급량의 변화율(%)을 X재 가격의 변화율(%)로 나눈 값으로 정의된다. 이미 수요의 가격탄력도에서 언급한 것처럼 공급의 가격탄력도를 변화율(%)로 정의하는 이유는 변화분(△)으로 탄력도를 정의할 경우, 단위(예 kg과 g 등)의 변화에 따른 편의(bias)가 발생하기 때문이다. 하지만 변화율로 측정하면, 그런 문제는 발생하지 않는다.

따라서 공급의 가격탄력도(ε_s)는 다음의 ㉣식으로 정의된다.

$$\varepsilon_s = \frac{\text{X재 공급량의 변화율(\%)}}{\text{X재 가격의 변화율(\%)}} = \frac{(\triangle X/X)}{(\triangle P_X/P_X)} \quad \cdots\cdots ㉣$$

공급의 가격탄력도(ε_s)도 수요의 가격탄력도와 마찬가지로 0에서 무한대(∞)까지의 값을 갖는다. 공급의 가격탄력도가 1보다 크면 탄력적, 1이면 단위 탄력적, 1보다 작으면 비탄력적이라고 말한다. 또 〔그림 2-7〕에서 보는 바와 같이 특정한 형태의 공급곡선은 공급의 가격탄력도가 일정하다. (a) 그래프처럼 공급곡선이 수직선(S_o)인 경우, 공급의 가격탄력도는 0이다. 공급곡선이 수직선이면 공급량의 변화율($\triangle X/X$)은 0이다. 이것을 공급의 가격탄력도 공식에 대입하면 분자가 0이기 때문에 공급의 가격탄력도는 0이 된다. 한편, (b) 그래프와 같이 공급곡선이 수평선(S_1)인 경우도 있다. 이때 공급의 가격탄력도는 무한대(∞)이다. 공급곡선이 수평선이면, 가격의 변화율($\triangle P_X/P_X$)이 0이다. 이것을 공급의 가격탄력도 공식에 대입하면 분모가 0이기 때문에 공급의 가격탄력도는 무한대(∞)가 된다. (c) 그래

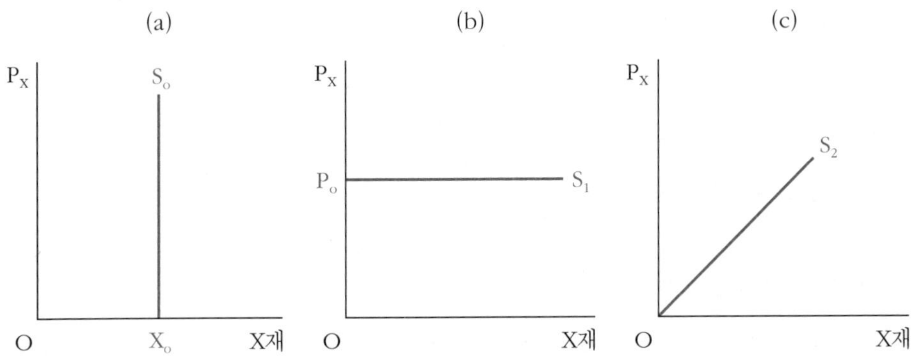

〔그림 2-7〕 공급의 가격탄력도가 일정한 공급곡선

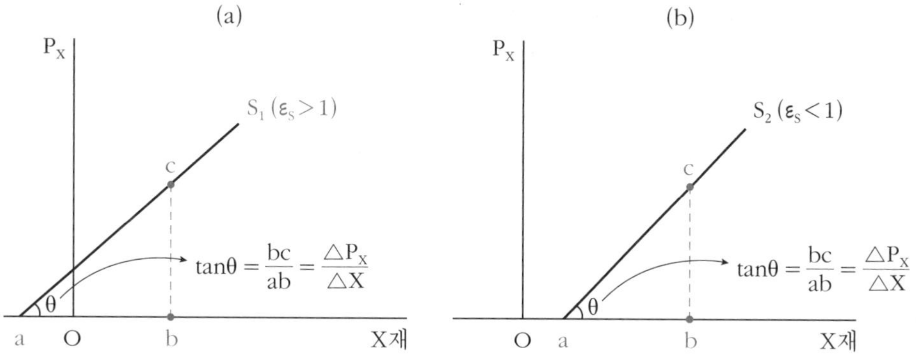

〔그림 2-8〕 상이한 형태의 공급곡선과 공급의 가격탄력도

프와 같이 공급곡선이 원점을 통과할 경우(S_2), 공급의 가격탄력도는 그 기울기와 무관하게 항상 1이다. 이것은 헷갈리기 쉬운데다 각종 경제시험에서 출제될 가능성이 있기 때문에 독자 여러분은 이에 대해 철저하게 학습해야 한다.

또 공급의 가격탄력도는 공급곡선이 종축(P_X축)을 지나는가, 아니면 횡축(X축)을 지나는가에 따라 공급의 가격탄력도가 달라진다. 가령, 〔그림 2-8〕에서 보는 것처럼 공급곡선이 P_X축을 지날 때는 공급의 가격탄력도가 1보다 크고, X축을 지나는 경우에는 공급의 가격탄력도가 1보다 작다. (a) 그래프부터 살펴보자. 이때 공급곡선 S_1은 P_X축을 가로지르면서 우상향한다. 우선 공급곡선 S_1의 기울기(tanθ)는 $\triangle P_X/\triangle X = bc/ab$로 정의된다. 또 가격과 생산량은 각각 $X = Ob$, $P_X = bc$이다. 이것을 공급의 가격탄력도 공식에 대입해서 계산하면, ab/Ob가 도출된다. 그런데 ab 〉 Ob이기 때문에 공급의 가격탄력도(ε_s)는 1보다 크다. (b) 그래프를 보면, 공급곡선 S_2가 X축을 가로지르며 우상향한다. 공급곡선 S_2의 기울기(tanθ)는 $\triangle P_X/\triangle X = bc/ab$로 정의된다. 또 가격과 생산량은 각각 $X = Ob$, $P_X = bc$이다. 이것을 공급의 가격탄력도 공식에 대입해서 계산하면 ab/Ob가 도출된다. 그런데 ab 〈 Ob이므로 공급의 가격탄력도(ε_s)는 1보다 작다. 또 이런 경우에는 같은 공급곡선상에 놓여 있더라도 측정하려는 점의 위치에 따라 공급의 가격탄력도 크기가 다르다는 점에 유의해야 한다. 단, 공급곡선이 원점을 지나는 경우에는 공급곡선상의 어느 점에서도 공급의 가격탄력도가 항상 1임에 주의를 요한다.

② 공급의 가격탄력도에 영향을 미치는 주요 요인

공급의 가격탄력도는 생산요소의 가용성(可用性) 여부에 따라 달라진다. 생산요소의 가용성은 '생산요소를 얼마만큼 쉽고 편리하게 조달할 수 있는가?'를 의미한다. 일례로 X재 가격이 상승한다 해도 X재의 추가적 생산에 필요한 생산요소를 적기에 공급받을 수 없다면, X재 공급량의 증가는 불가능하다. 그런 경우 공급의 가격탄력도는 낮을 수밖에 없다.

기간의 장단(長短)도 공급의 가격탄력도에 영향을 미친다. 단기보다는 장기가 가격 변화에 대응하기 쉽다. 따라서 단기보다는 장기에 공급의 가격탄력도가 크다.

공급량의 증대에 따른 생산비용의 변화 폭도 공급의 가격탄력도에 영향을 미친다. X재 가격의 상승에 따라 X재 공급량을 늘릴 경우, 생산요소가격의 인상에 따라 생산비용이 크게 증가한다면 X재 공급량의 증가 폭은 작을 것이다. 그러면 공급의 가격탄력도가 예상했던 것보다 낮아질 수밖에 없다.

상품의 저장 가능성 여부, 저장비용, 저장기간의 장단(長短) 등도 공급의 가격탄력도에 영향을 미친다. 만약 농수산물처럼 상품의 저장이 어렵거나 저장비용이 많이 소요되는 경우, 또 저장기간이 짧은 경우 공급의 가격탄력도는 작아질 수밖에 없다.

보론 2-2. 수요곡선과 공급곡선의 기울기와 가격탄력도

오랫동안 경제학을 가르치면서 경제학에 갓 입문한 학생들이 흔히 범하기 쉬운 오류 하나를 발견했다. 즉 경제학의 초심자들은 수요곡선과 공급곡선의 기울기가 가파를수록 수요의 가격탄력도와 공급의 가격탄력도가 크다고 착각한다는 것이다. 결론부터 말하자면 수요와 공급의 가격탄력도는 수요곡선과 공급곡선의 기울기가 완만할수록 커진다는 점이다. 이것은 아주 간단하게 증명할 수 있다.

〔그림 2-9〕의 (a) 그래프는 수요곡선의 기울기와 수요의 가격탄력도 간의 관계를 보여준다. 수요곡선 d_1은 d_2보다 가파르다. 이제 수요의 가격탄력도 공

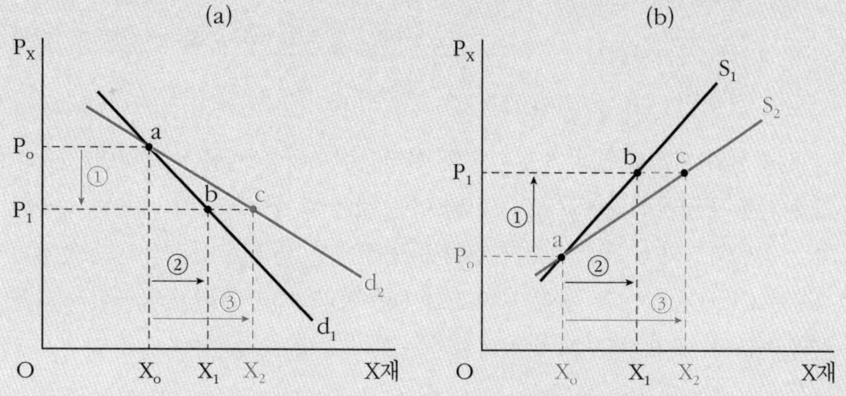

〔그림 2-9〕 수요곡선과 공급곡선의 기울기와 가격탄력도

식을 활용해서 d_1곡선의 가격탄력도와 d_2곡선의 가격탄력도를 구해보자. 최초의 가격과 수요량이 P_o, X_o라고 가정한다.

$$d_1\text{곡선의 가격탄력도} = -\frac{\text{수요량의 변화율}}{\text{가격의 변화율}} = -\frac{(X_1-X_o)/X_o}{(P_1-P_o)/P_o}$$

$$d_2\text{곡선의 가격탄력도} = -\frac{\text{수요량의 변화율}}{\text{가격의 변화율}} = -\frac{(X_2-X_o)/X_o}{(P_1-P_o)/P_o}$$

d_1곡선의 가격탄력도와 d_2곡선의 가격탄력도의 크기를 비교하면 기울기가 완만한 수요곡선 d_2가 d_1보다 크다는 것을 확인할 수 있다. 그 이유는 d_1곡선의 가격탄력도와 d_2곡선의 가격탄력도 공식에서 분모는 동일하지만 분자의 경우 (X_2-X_o)가 (X_1-X_o)보다 크기 때문이다. 이를 통해 수요곡선의 기울기와 수요의 가격탄력도는 반비례한다는 것이 증명된다.

〔그림 2-9〕의 (b) 그래프는 공급곡선의 기울기와 공급의 가격탄력도 간의 관계를 보여준다. 공급곡선 S_1은 S_2보다 가파르다. 이제 공급의 가격탄력도 공식을 활용해서 S_1곡선의 가격탄력도와 S_2곡선의 가격탄력도를 구해보자. 최초의 가격과 공급량이 P_o, X_o라고 가정한다.

$$S_1\text{곡선의 가격탄력도} = \frac{\text{공급량의 변화율}}{\text{가격의 변화율}} = \frac{(X_1-X_o)/X_o}{(P_1-P_o)/P_o}$$

$$S_2\text{곡선의 가격탄력도} = \frac{\text{공급량의 변화율}}{\text{가격의 변화율}} = \frac{(X_2 - X_o)/X_o}{(P_1 - P_o)/P_o}$$

S_1곡선의 가격탄력도와 S_2곡선의 가격탄력도의 크기를 비교하면 기울기가 완만한 공급곡선인 S_2가 S_1보다 크다는 것을 알 수 있다. 그 이유는 S_1곡선의 가격탄력도와 S_2곡선의 가격탄력도 공식에서 분모는 동일하지만 분자의 경우는 $(X_2 - X_o)$가 $(X_1 - X_o)$보다 크기 때문이다. 이를 통해 공급곡선의 기울기와 공급의 가격탄력도도 반비례한다는 것이 증명된다.

요약 및 복습

- 수요는 소비자가 상품을 구매하고자 하는 추상적 욕구를 말하고 수요량은 소비자가 구체적으로 구매하고자 계획하는 상품의 양을 의미한다. 또 수요와 수요량은 기간을 명시해야만 의미를 갖는 유량변수이며 소비자 선호의 독립성이 보장될 경우, 시장수요량은 개별 소비자 수요량의 횡적 합으로 정의된다.

- 수요의 법칙은 X재 가격과 X재 수요량 사이에 존재하는 역(逆)의 관계를 말하며 그것을 그래프(종축: X재 가격, 횡축: X재 수요량)로 나타낸 것이 수요곡선이다. 따라서 수요곡선은 우하향(右下向)한다.

- X재의 수요함수는 $D_X = F(P_X; P_Y, I, N, t, e, W, I_d \text{ etc.})$로 정의된다. 여기서 D_X는 X재 수요량, P_X는 X재 가격, P_Y는 X재와 연관재(예 대체재, 보완재)인 Y재 가격, I는 소득, N은 인구수, t는 소비자 선호, e는 소비자의 미래 예상, W는 소비자 재산이나 부(富), I_d는 소득분배 상황을 뜻한다. 즉 X재에 대한 수요함수는 새미콜론(;) 뒤에 있는 경제변수들이 일정불변이라고 가정할 때, X재 가격과 X재 수요량 사이에 존재하는 함수관계를 말한다.

- 위의 수요함수 $D_X = F(P_X; P_Y, I, N, t, e, W, I_d \text{ etc.})$로부터 수요의 변화와 수요량의 변화에 대한 개념이 도출된다. 수요의 변화는 새미콜론(;) 뒤에 있는 경제변수(예 P_Y, I, N, t, e, W, I_d)들이 변할 때 발생하며, 이때는 수요곡선 자체가 이동한다. 반면, X재 가격만 변하는 경우는 수요곡선상의 변화로서 경제학에서는 그것을 수요량의 변화라고 정의한다.

- 수요의 탄력도에는 크게 수요의 가격탄력도(ε_d), 수요의 교차탄력도(ε_{xy}), 수요의 소득탄력도(ε_I)로 구분된다. 수요의 가격탄력도는 ε_d = −수요량의 변화율/가격의 변화율로 정의되며, 수요곡선의 형태에 따라 각기 다른 값을 갖는다. 수요곡선의 형태가 수평선이면 수요의 가격탄력도는 무한대(∞), 수직선이면 수요의 가격탄력도는 0, 직각쌍곡선이면 수요의 가격탄력도는 1이다. 또 수요의 가격탄력도는 동일한 수요곡선상이라도 놓인 위치에 따라 각기 다른 값을 갖는다. 자세한 내용은 본문 내용을 참조하기 바란다.

- 수요의 교차탄력도(ε_{XY})는 ε_{XY} = X재 수요량의 변화율/Y재 가격의 변화율로 정의되며 $\varepsilon_{XY} > 0$이면 대체재, $\varepsilon_{XY} < 0$이면 보완재를 의미한다. 또 수요의 소득탄력도(ε_I)는 ε_I = 수요량의 변화율/소득의 변화율로 정의되며 $\varepsilon_I > 0$이면 정상재, $\varepsilon_I < 0$이면 열등재를 의미한다. 또 같은 정상재라 하더라도 필수재의 경우 수요의 소득탄력도는 $0 < \varepsilon_I < 1$이고, 사치재는 $\varepsilon_I > 1$이라는 것도 잊지 말아야 한다.

- 엥겔 법칙은 저소득층 가계일수록 총지출액 가운데서 식료품비가 차지하는 비율이 높고, 고소득층 가계일수록 식료품비가 차지하는 비율이 낮다는 것을 의미한다. 또 엥겔 계수는 가계의 총지출액 가운데서 식료품비가 차지하는 비율을 말한다.

- 수요의 가격탄력도는 X재 가격의 변동에 따라 소비자의 TE(총지출액)이나 기업의 TR(총수입)이 어떻게 변할 것인가에 대한 귀중한 정보를 제공해준다. 수요의 가격탄력도(ε_d)가 1보다 큰 구간에서는 X재 가격이 하락하면 X재 수요량이 증가하고 소비자의 TE(=TR)는 증가한다. 반면 수요의 가격탄력도(ε_d)가 1보다 작은 구간에서는 X재 가격이 하락하면 X재 수요량이 증가하고 소비자의 TE는 감소한다. 한편, 수요의 가격탄력도(ε_d)가 1보다 큰 구간에서 X재 가격이 상승하면 X재 수요량이 감소하고 소비자의 TE도 감소하는 반면, 수요의 가격탄력도(ε_d)가 1보다 작은 구간에서 X재 가격이 상승하면 X재 수요량이 감소하고 소비자의 TE는 증가한다. 이 내용은 각종 경제시험에서 자주 출제되는 만큼 독자 여러분의 치밀한 학습을 주문한다.

- 수요의 가격탄력도를 결정하는 주요 요인으로는 대체재의 유무와 다소(多少), 소득에서 상품 가격이 차지하는 비중, 기간의 장단(長短), 사치재와 필수재 등이 존재한다. 또 대체재가 많을수록(대체재의 수가 많을수록, 상품의 범위를 좁게 정의할수록), 소득에서 상품 가격이 차지하는 비중이 클수록, 장기(長期)일수록, 사치재일수록 수요의 가격탄력도는 크다.

- 공급은 기업(생산자)이 상품을 생산·판매하고자 하는 추상적 욕구를 말하고 공급량은 기업이 생산·판매하려고 계획하는 구체적인 상품의 양을 의미한다. 또 공급과 공급량은 기간을 명시해야만 의미를 갖는 유량변수이며 생산요소가격이 일정불변일 경우, 시장공급량은 개별기업 공급량의 횡적 합으로 정의된다.

- 공급의 법칙은 X재 가격과 X재 공급량 사이에 존재하는 양(+)의 관계를 말하며

그것을 그래프(종축; X재 가격, 횡축; X재 공급량)로 나타낸 것이 공급곡선이다. 따라서 공급곡선은 우상향(右上向)한다.

- X재의 공급함수는 $S_X = F(P_X;\ P_Y, T, P_F, Tax, S, E, G\ etc.)$로 정의된다. 여기서 S_X는 X재 공급량, P_X는 X재 가격, P_Y는 연관재(예 대체재, 보완재) 상품의 가격, T는 생산기술, P_F는 생산요소가격, Tax는 조세, S는 보조금, E는 X재 가격에 대한 기업의 미래 예상, G는 기업의 목표를 의미한다. X재의 공급함수는 새미콜론(;) 뒤에 있는 경제변수들이 일정불변이라고 가정할 때, X재 가격과 X재 공급량 사이에 존재하는 함수관계를 말한다.

- 위의 공급함수 $S_X = F(P_X;\ P_Y, T, P_F, Tax, S, E, G\ etc.)$로부터 공급의 변화와 공급량의 변화에 대한 개념이 도출된다. 공급의 변화는 새미콜론(;) 뒤에 있는 경제변수(예 P_Y, T, P_F, Tax, S, E, G)들이 변할 때 발생하는 것으로서 이때는 공급곡선 자체가 이동한다. 반면, X재 가격만 변하는 경우는 공급곡선상의 변화로서 경제학에서는 그것을 공급량의 변화라고 정의한다.

- 공급의 가격탄력도는 ε_s = 공급량의 변화율/가격의 변화율로 정의되며 공급곡선의 형태에 따라 각기 다른 값을 갖는다. 공급곡선이 수평선이면 공급의 가격탄력도는 무한대(∞), 수직선이면 공급의 가격탄력도는 0, 공급곡선이 원점을 통과하며 우상향하면 공급의 가격탄력도는 항상 1이다. 특히 공급곡선이 P_X축을 가로지르는 경우 공급의 가격탄력도는 1보다 크고, X축을 가로지르는 경우 공급의 가격탄력도는 1보다 작다. 또 공급의 가격탄력도는 동일한 공급곡선상이라도 놓인 위치에 따라 각기 다른 값을 갖는다(단, 공급곡선이 원점을 지나는 경우는 제외)는 점도 잊지 말아야 한다. 자세한 것은 본문 내용을 참조하기 바란다.

- 공급의 가격탄력도에 영향을 미치는 요인으로는 크게 생산요소의 가용성 여부, 기간의 장단(長短), 공급량의 증대에 따른 생산비용의 변화 폭, 상품의 저장 가능성 여부, 저장비용, 저장기간의 장단(長短) 등을 들 수 있다. 생산요소의 가용성이 클수록, 장기일수록, 공급량 증대에 따른 생산비용의 변화 폭이 작을수록, 상품의 저장 가능성이 클수록, 저장비용이 적을수록, 저장기간이 길수록 공급의 가격탄력도는 커진다.

- 수요곡선과 공급곡선의 기울기가 완만할수록 수요와 공급의 가격탄력도는 커진다. 이에 대한 자세한 증명은 본문 내용을 참조하기 바란다.

연습문제

1 수요곡선이 직각 쌍곡선으로 정의될 경우, 수요의 가격탄력도가 1이 됨을 증명하시오.

힌트! 직각 쌍곡선은 P · X = C(일정한 상수)로 정의됨. 이 식에다 log를 취해 미분한 후, 수요의 가격탄력도 공식에 대입해서 풀어보기 바람!

2 다음의 그림에는 3개의 공급곡선 S_1, S_2, S_3가 등장한다. 아래의 질문에 답하시오.

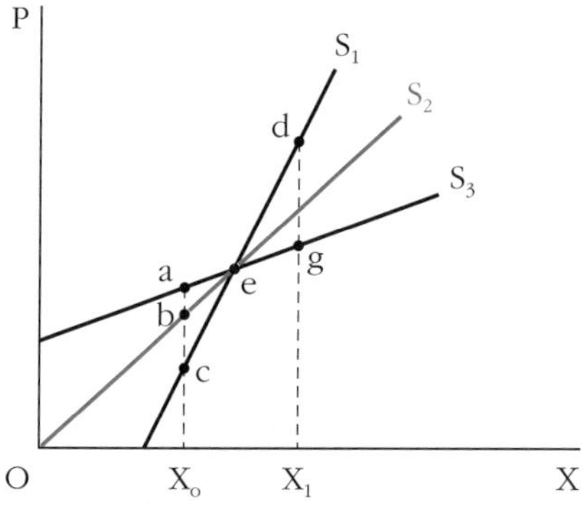

1) a, b, c, d, g점에서 측정한 공급의 가격탄력도 크기를 순서대로 나열해보시오.

2) 공급곡선 S_1에서 c ~ e ~ d점으로 갈수록, 또 공급곡선 S_3에서 a ~ e ~ g점으로 갈수록 어떤 특징을 보이는지 기술하시오.

힌트! 1)의 해답은 a 〉g 〉b 〉d 〉c임. 공급곡선에서 공급의 가격탄력도 크기는 S_3, S_2, S_1 순서임!

3 두 개의 공급곡선이 다음과 같이 주어졌다고 가정한다. 아래의 질문에 답하시오.

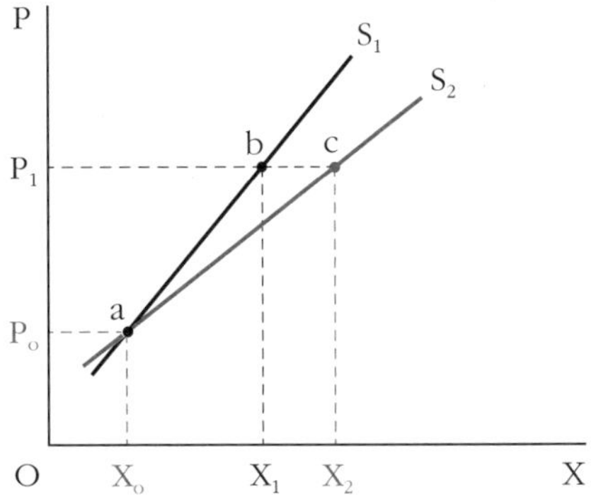

1) a점에서 b점과 c점으로 이동할 경우, 공급곡선 S_1과 S_2의 가격탄력도를 구하시오.

2) 공급곡선 S_1과 S_2 가운데 공급의 가격탄력도가 큰 것은 어느 것인지 밝히시오.

힌트! 이에 대해서는 본문 내용을 참조하기 바람!

4 다음에 전개되는 두 사람의 대화를 듣고, 아래의 질문에 답하시오.

과(科) 동기인 철수와 영희는 대학로의 한 연극공연장에 갔다. 그런데 객석이 꽤 많이 비어 있었다. 이때 철수가 영희에게 이런 말을 건넸다.

철수: 영희야! 객석이 빈 것을 보니, 공연 티켓 값이 너무 비싼가 봐! 조금만 할인해 주면 많은 관객들이 와서 객석을 가득 채울 텐데….

영희: 글쎄. 내가 듣기로는 이 연극공연의 연출자가 경제학박사 출신이라고 하던데….

철수: 이 공연하고 경제학박사 출신하고 무슨 관계가 있지?

영희: 아니지. ① 공연 티켓 값을 할인해주면 공연료 수입이 줄어든다는 경제원리를 연출자가 잘 알고 있다는 거지. 그게 아니라면 공연 티켓 값을 벌써 할인해 주었을 거야!

철수: 내가 경제학 원론 수업을 듣지 않은 탓에 네 말의 의미를 잘 모르겠다.

영희: 아직도 늦지 않았어! 다음 학기엔 꼭 경제학 원론 수업을 들어보라구!

1) ①의 얘기가 옳다면, 위 공연의 관람료 탄력도는 탄력적인지, 비탄력적인지 밝히시오.

2) 그에 대한 경제 이론적 근거를 제시하시오.

힌트! 수요의 가격탄력도와 총수입의 변화에 관한 내용을 참조하면 금방 답을 도출할 수 있음.

5 X재에 대한 수요함수가 $X_d = 400 - 4P_X + 6P_Y + 4I$(단, P_X; X재 가격, P_Y; Y재 가격, I; 소득)로 주어졌다고 가정한다. 아래의 질문에 답하시오.

1) X재와 Y재의 관계는 대체재, 보완재, 독립재 가운데 어느 것인가?

2) 그에 대한 경제적 근거를 제시하시오. 단, $P_X = 100$, $P_Y = 100$, $I = 200$이라고 가정한다.

힌트! X재와 Y재 가격 앞의 +, −를 보고 판단할 것, 교차탄력도 공식에다 대입하면 답이 나옴.

6 가정용 전력 수요의 가격탄력도와 소득탄력도가 각각 0.8과 0.3, 도시가스 요금에 대한 가정용 전력 수요의 교차 탄력도는 0.2라고 하자. 향후 가계 소득이 10% 인상될 것으로 예상한다고 가정한다. 만약 한국전력(주)이 전력 요금을 5% 인상하면서도 전력수요량을 현(現) 수준으로 유지하고자 한다면, 도시가스 요금은 어떻게 설정해야 옳은지 밝히시오.

힌트! 수요·교차·소득 탄력도의 공식에다 관련된 숫자를 대입한 후, 하나씩 풀어나가면 답이 나옴.

7 X재에 대한 3명(A, B, C)의 수요곡선이 P_1A, P_1B, P_1C로 주어졌다고 가정하자. 이때 X재 가격이 P_o로 주어질 경우, a점, b점, g점에서 수요의 가격탄력도 크기를 비교하시오.

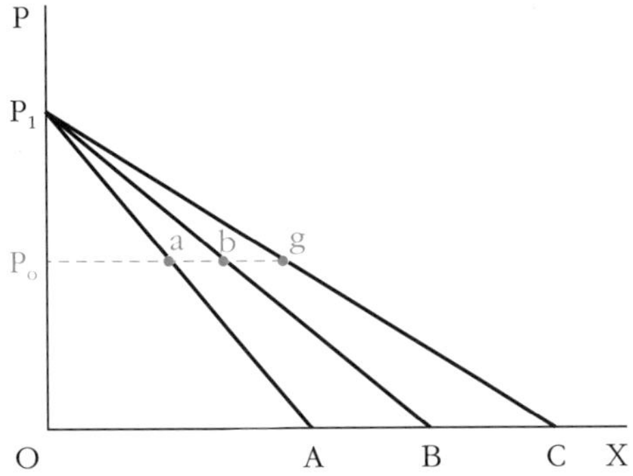

힌트! 삼각형의 닮은 꼴 정리와 수요의 가격탄력도 공식을 활용할 것. 이 문제에 대한 정답은 수요의 가격탄력도는 동일하다는 사실임. 이 문제는 과거 공인회계사(CPA) 시험에 출제되었던 것으로서 필자가 보기에 양질의 문제라고 판단되어 재출제한 것임.

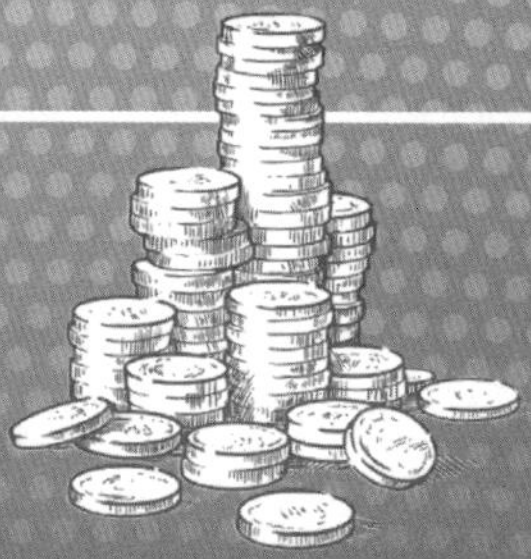

제3장
시장의 균형과 수요·공급이론의 응용

1
시장의 균형과 경제적 효율성

(1) 시장의 균형 결정과 변동

① 균형가격과 균형거래량의 결정

시장의 균형을 이해하기 위해서는 사전적으로 개별 소비자의 수요곡선과 시장수요곡선, 개별기업의 공급곡선과 시장공급곡선에 대한 개념부터 이해해야 한다. 왜냐하면 시장의 균형은 개별 소비자의 수요곡선과 개별기업의 공급곡선이 만나는 균형이 아니라 시장수요곡선과 시장공급곡선의 균형을 의미하기 때문이다.

앞에서 시장수요량은 개별 소비자의 수요량에 대한 횡적 합, 시장공급량은 개별기업의 공급량에 대한 횡적 합이라고 정의했다. 여기서 그 의미에 대해 살펴보자. 논의의 편의를 위해 한 경제 내에 소비자 1과 소비자 2, 기업 1과 기업 2만 존재한다고 가정하자. 소비자 1과 소비자 2의 수요곡선을 d_1, d_2라 하고 시장수요곡선을 D^M이라고 하자. 여기서 M은 시장(market)을 의미한다. 이들의 관계를 정리하면 〔그림 3-1〕로 요약된다. 시장수요곡선이 개별 소비자 수요곡선의 횡적 합이라는 것은 $D^M = d_1 + d_2 = \sum_{i=1}^{2} d_i$의 관계가 성립한다는 얘기다. 또 시장수요량 X^M은 $X^M = X_1 + X_2 = \sum_{i=1}^{2} X_i$로 정의된다. 따라서 〔그림 3-1〕의 선분 $P_o a$와 선분 bc는 같다.

개별 기업의 공급곡선과 시장공급곡선의 관계도 마찬가지다. 기업 1과 기업 2의 공급곡선을 S_1, S_2라 하고 시장공급곡선을 S^M이라고 하자. 시장공급곡선이 개

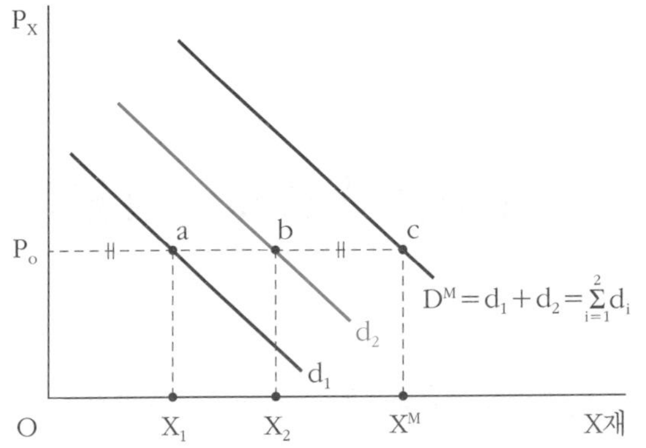

〔그림 3-1〕 개별 소비자의 수요곡선과 시장수요곡선

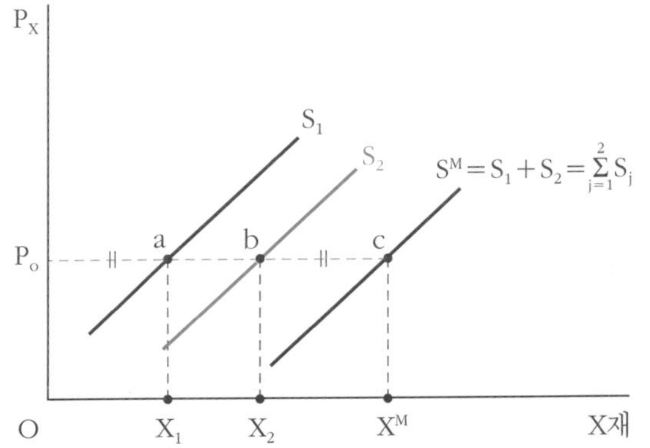

〔그림 3-2〕 개별기업의 공급곡선과 시장공급곡선

별기업의 공급곡선에 대한 횡적 합이라는 것은 $S^M = S_1 + S_2 = \sum_{j=1}^{2} S_j$가 성립한다는 얘기다. 또 시장공급량 X^M은 $X^M = X_1 + X_2 = \sum_{j=1}^{2} X_j$로 정의된다. 따라서 〔그림 3-2〕에서 선분 P_oa와 선분 bc는 같다.

시장에서 균형가격(일명, 시장청산가격; market-clearing price)과 균형거래량의 결정은 전적으로 시장수요곡선과 시장공급곡선의 교차점에서 이루어진다. 〔그림 3-3〕을 보면 시장수요곡선 D^M과 시장공급곡선 S^M은 e점에서 교차하며, 그때 균형가격과 균형거래량은 P_o, X_o로 결정된다. 이처럼 시장에서 균형가격과 균형거래량이 결정되면 다른 환경 변화가 일어나지 않는 한, 그 상태를 유지하려는 경향이 강하다. 그런 의미에서 우리는 e점을 균형점이라고 부른다.

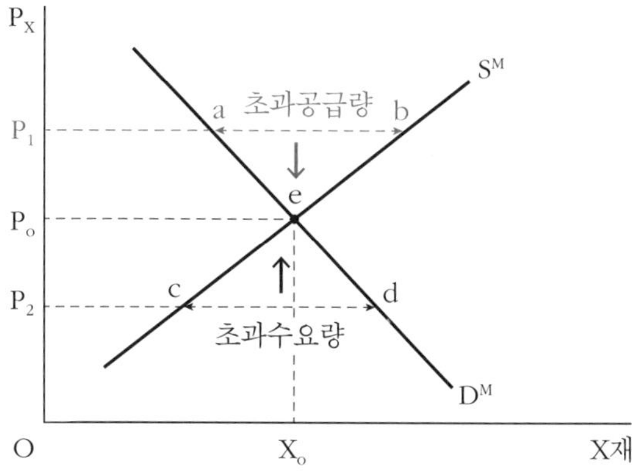

〔그림 3-3〕 시장균형의 결정

문제는 현실의 균형가격이 P_o가 아닌 경우에 발생한다. P_o 이외의 모든 가격은 불균형가격이다. 불균형가격은 균형가격을 향해 끊임없이 움직이려는 경향을 보인다. 일례로 현실의 시장가격이 P_1이라고 가정하자. P_1에서는 시장공급량이 시장수요량보다 ab만큼 많다. 즉 X재의 초과공급량이 발생한다. 그러면 시장에서 X재를 팔지 못하는 기업들이 늘어나고, 그들은 X재 가격을 낮춰서라도 팔려고 노력한다. 그 결과 현실 가격 P_1은 균형가격 P_o를 향해 하락한다. 그것이 멈추는 순간은 균형점인 e점에 도달할 때다. 현실 가격이 P_2인 경우에도 마찬가지다. 이때는 시장수요량이 시장공급량보다 cd만큼 커서 X재의 초과수요량이 발생한다. 그러면 X재를 구입하지 못한 소비자들은 가격을 더 지불하고서라도 그것을 구입하려고 노력한다. 그 결과 현실 가격 P_2는 균형가격 P_o를 향해 상승한다. 그것이 멈추는 순간은 균형점인 e점에 도달하는 경우다.

② 시장균형의 변동

시장균형의 변동은 시장수요의 변화, 시장공급의 변화, 시장수요와 시장공급의 동시 변화에 의해 야기된다. 우선 시장수요의 변화에 의한 시장균형의 변동에 대해 살펴보자. 시장수요의 변화는 시장수요곡선 자체가 이동하는 것을 말한다.

〔그림 3-4〕에서 시장수요가 증가하면 시장수요곡선은 D^M에서 D^{M1}으로 이동(①)한다. 그것을 가능하게 하는 것은 대체재의 가격 상승, 보완재의 가격 하락, 소득의 증가, 인구수의 증가, X재에 대한 선호 증가, X재의 가격 상승 예상, 부(富)나

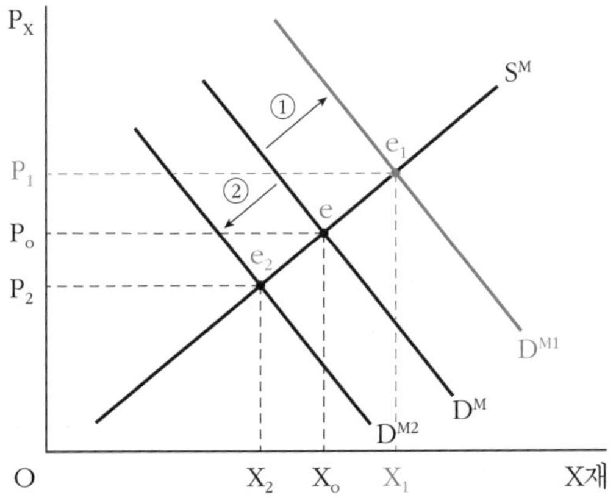

〔그림 3-4〕 수요의 변화와 시장균형의 변동

재산의 증가 등이다. 시장수요가 증가하면 〔그림 3-4〕에서 보는 것처럼 균형가격이 P_o에서 P_1으로 상승하고 균형거래량은 X_o에서 X_1으로 증가한다. 한편, 시장수요가 감소하면 시장수요곡선은 D^M에서 D^{M2}로 이동(②)한다. 그 결과 균형가격은 P_o에서 P_2로 하락하고 균형거래량도 X_o에서 X_2로 감소한다. 시장수요의 증가나 감소는 균형가격과 균형거래량을 같은 방향으로 변화시킨다는 것을 확인할 수 있다.

시장공급의 변화와 시장균형의 변동에 대해 알아보자. 시장공급이 증가하면 시장공급곡선이 S^M에서 S^{M1}으로 이동(①)한다. 그것을 가능하게 하는 것은 대체

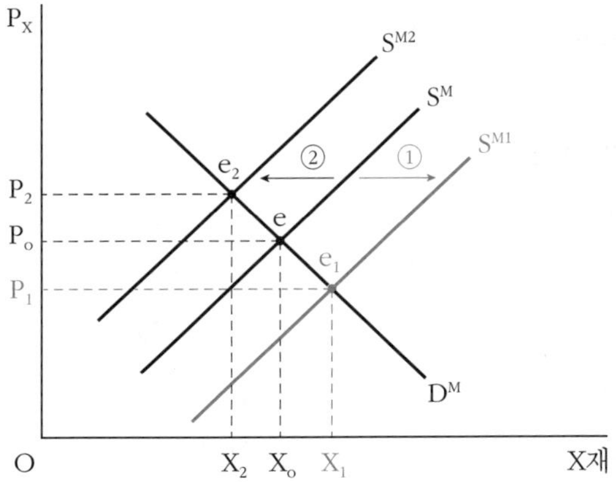

〔그림 3-5〕 공급의 변화와 시장균형의 변동

재의 가격 하락, 보완재의 가격 상승, 생산기술의 향상, 생산요소가격의 하락, 조세(예 부가가치세) 감소, 보조금 증가, X재 가격의 하락 예상, 판매수입극대화를 추구하는 기업 수의 증가 등이다. 시장공급이 증가하면 〔그림 3-5〕에서 보듯이 균형가격은 P_0에서 P_1으로 하락하고, 균형거래량은 X_0에서 X_1으로 증가한다.

한편, 시장공급이 감소하면 시장공급곡선은 S^M에서 S^{M2}로 이동(②)한다. 그 결과 균형가격은 P_0에서 P_2로 상승하고 균형거래량은 X_0에서 X_2로 감소한다. 이를 통해 시장공급의 증가나 감소는 균형가격과 균형거래량을 서로 다른 방향으로 변화시킨다는 것을 알 수 있다. 참고로 시장수요와 시장공급이 동시에 증가할 경우는 시장수요곡선과 시장공급곡선이 각각 우상방, 우하방으로 이동하기 때문에 균형거래량은 확실하게 증가한다. 하지만 균형가격의 변화에 대해서는 정확하게 알 수 없다. 다만, 시장수요곡선이 시장공급곡선보다 더 큰 폭으로 이동하면 균형가격이 상승하고 그 반대의 경우는 균형가격이 하락한다. 이에 대해서는 독자 여러분이 직접 시장수요곡선과 시장공급곡선을 그려보면서 확인해보기 바란다.

보론 3-1. 시장균형의 안정성에 관한 문제

앞의 〔그림 3-3〕에서 언급한 시장균형은 전형적인 안정적 균형을 의미한다. 안정적 균형이란 시장균형 상태에서 이탈했다고 하더라도 다시 원래의 시장균형 상태로 복귀하는 것을 말한다. 하지만 현실에서는 그렇지 않을 수도 있다. 우리가 시장균형의 안정성 문제를 살펴보는 이유도 그 때문이다. 시장균형의 안정성에 관한 문제는 크게 정태적 안정성(static stability)과 동태적 안정성(dynamic stability)으로 구분된다. 전자는 시간(time)의 변동을 무시한 채, 불균형의 조정과정을 탐색함으로써 시장균형의 안정성 여부를 판단한다. 하지만 후자는 시간 경로(time path)를 관찰하면서 안정성 여부를 체크한다.

▷ 정태적 안정성의 문제

정태적 안정성은 조정과정의 특성에 따라 왈라스의 가격조정과 마셜의 수량조정으로 구분된다. 왈라스의 가격조정에서는 가격 변화가 시장의 불균형을 해소시켜 주는 역할을 하는 반면, 마셜의 수량조정에서는 수량 변화가 시장의 불균형을 조정해주는 역할을 담당한다. 〔그림 3-3〕에서는 초과수요량이 발생하면 가격이 상승하고, 초과공급량이 발생하면 가격이 하락함으로써 시장균형이 성립한다. 즉 〔그림 3-3〕은 왈라스의 가격조정에 따른 것이다. 이제 왈라스의 가격조정에서 시장균형의 정태적 안정성을 보장하는 조건이 무엇인지 살펴보자. 〔그림 3-6〕이 그것을 잘 보여준다.

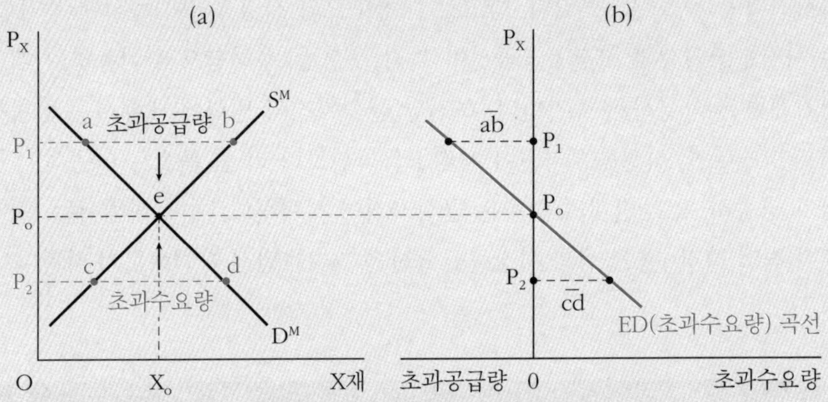

〔그림 3-6〕 왈라스의 가격조정과 시장균형의 정태적 안정성

(a) 그래프에서 최초의 시장균형은 e점에서 달성된다. 이때 균형가격과 균형거래량은 P_o, X_o이고, 초과수요량은 0이다. 그런데 시장가격이 P_1이면 ab만큼의 초과공급량, 시장가격이 P_2이면 cd만큼의 초과수요량이 발생한다. 그런데 왈라스의 가격조정에서 시장균형의 정태적 안정성을 보장받기 위해서는 X재의 초과수요량이 발생하면 시장가격이 상승하고, 초과공급량이 발생하면 시장가격이 하락해야 한다. 즉 (b) 그래프에서 보는 것처럼 X재의 ED(초과수요량) 곡선이 균형가격 P_o를 통과하면서 우하향해야 한다.

하지만 왈라스의 가격조정이 언제나 현실과 부합하는 것은 아니다. 때에 따라서는 가격조정이 어려운 경우도 존재한다. 대표적 사례가 주택시장이다. 주택은 일반 상품들과 달리 집을 건축하는 데 꽤 많은 시간이 소요된다. 따라서 단기의 경우, 주택시장에서는 가격조정보다는 수량조정에 의해 시장균형이 이루어질 가능성이 크다. 이런 경우에는 마셜의 수량조정이 더 적합할 수 있다. 이제 마셜의 수량조정에서 시장균형의 정태적 안정성을 보장받기 위한 조건이 무엇인지 살펴보자. 〔그림 3-7〕에서 보는 것처럼 시장수요량과 시장공급량이 불일치해서 시장 불균형이 발생하면, 소비자들이 기꺼이 지불할 용의가 있는 수요가격과 기업들이 최소한 받아야겠다고 생각하는 공급가격 간에 괴리가 발생한다. 이런 경우, 마셜은 가격조정이 아닌 수량조정을 통해 시장균형이 회복된다고 주장했다. 그런데 시장균형의 정태적 안정성을 보장받기 위해서는 수요가격에서 공급가격을 뺀 초과수요가격(수요가격－공급가격)이 플러스(+)이면 시장공급량이 증가하고, 초과수요가격이 마이너스(-)이면 시장공급량이 감소해야 한다고 주장했다. 즉, 초과수요가격곡선이 〔그림 3-7〕의 (b) 그래프에서 보는 것처럼 균형거래량 X_o를 통과하면서 우하향해야 한다.

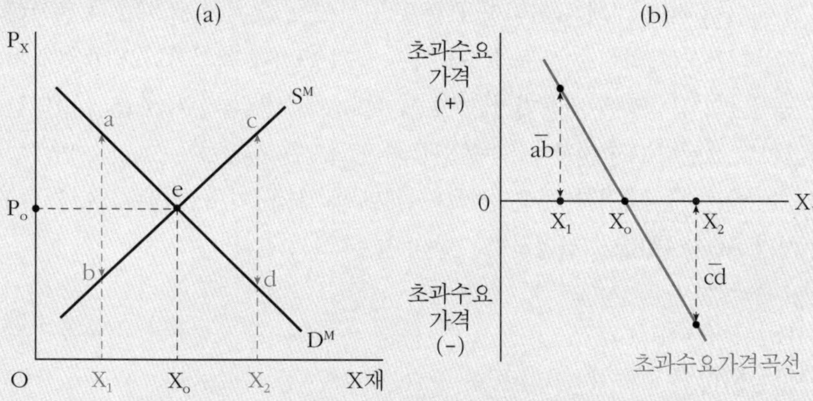

〔그림 3-7〕 마셜의 수량 조정과 시장균형의 정태적 안정성

(a) 그래프에서 시장 균형점은 e점이고 이때 균형가격과 균형거래량은 P_o, X_o로 결정된다. 이때 초과수요가격은 0이다. 참고로 X_o 수준에서 수요가격과 공급가격은 모두 $OP_o = eX_o$이다. 만약 X재의 시장공급량이 X_1일 경우 수요가격은 aX_1, 공급가격은 bX_1이다. 이때는 $aX_1 > bX_1$이기 때문에 초과수요가격은 플러스(+)다. 따라서 시장공급량은 X_o를 향해 증가한다. 반면 X재 공급량이 X_2일 경우 수요가격은 dX_2, 공급가격은 cX_2이다. 이 경우에는 $cX_2 > dX_2$이기 때문에 초과수요가격은 마이너스(-)이다. 그러면 시장공급량은 X_o

를 향해 감소한다.

▶ 동태적 안정성의 문제

동태적 모형을 논의할 때는 시간 경로라는 변수를 반드시 고려해야 한다. 그런데 시간 경로는 연속적인 개념이나 단속적인(discrete) 개념으로 설명할 수 있다. 시간은 연속적으로 흐르지만 분석의 편의를 위해서는 1개월, 분기별, 1년 등과 같은 기간의 단위로 묶어 파악하기도 한다. 이 책도 학부 수준의 미시경제학이니만큼 단속적인 시간 개념에 입각해서 동태적 안정성의 문제를 살펴보고자 한다. 이때 많이 활용되는 모형이 에치켈(M. J. Ezekiel)의 거미집이론이다.

에치켈은 폐쇄경제하에서 농산물(예 고추, 마늘 등)의 가격 파동을 분석하기 위해 시간 경로가 내재된 거미집 모형을 제시했다. 그는 이월 재고가 존재하지 않는다는 전제하에 농산물의 수요량은 가격 변화에 즉각적인 영향을 받지만 농산물의 공급량은 재배기간(예 고추, 마늘 농사의 경우는 1년) 때문에 상당한 시간이 소요된다고 가정했다. 즉 농산물의 공급량은 시차를 두고 가격 변화에 영향을 받는다는 얘기다. 이를 반영해서 고추에 대한 t기의 시장수요함수(D_t)와 시장공급함수(S_t)를 정의하면 다음의 ㉠, ㉡식과 같다.

$D_t = F(P_t)$ ·· ㉠

$S_t = F(P_{t-1})$ ·· ㉡

위의 ㉠, ㉡식을 그래프로 나타낸 것이 〔그림 3-8〕이다. 그것을 통해 에치켈 모형의 본질을 살펴보자.

(a) 그래프는 동태적으로 안정적인 균형을 보여준다. 이는 마치 거미가 내뿜는 거미줄이 시장 균형점을 향해 수렴하는 형태를 띤다. 만약 0기(t = 0)에 고추 공급량이 X_o(①)일 경우, 0기의 시장가격은 P_o로 결정(②)된다. 고추 가격이 P_o로 결정된 것을 본 농민들은 S^M과 만나는 X_1까지 1기의 고추 공급량을 늘린다(③). 그러면 고추의 시장가격은 D^M에 의해 P_1으로 결정(④)된다. 결국 시간이 흐르면서 이런 과정이 반복되면 D^M과 S^M이 교차하는 e점에서 최종적으로 시장균형이 이루어진다. 에치켈의 거미집 모형에서 동태적으로

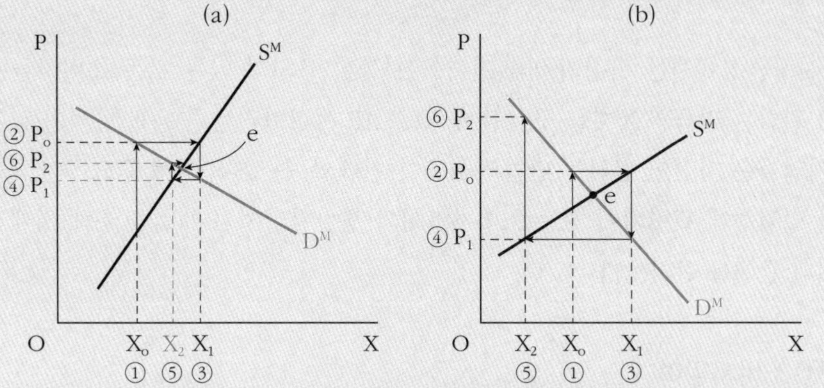

〔그림 3-8〕 에치켈의 거미집 모형과 시장균형의 동태적 안정성

안정적인 균형을 보장하려면 시장공급곡선 기울기의 절대값이 시장수요곡선 기울기의 절대값보다 커야 한다. 이는 수요의 가격탄력도가 공급의 가격탄력도보다 커야 한다는 얘기다.

(b) 그래프는 동태적으로 불안정적인 균형을 나타낸다. 이는 거미가 내뿜는 거미줄이 시장 균형점으로부터 발산하는 모습을 보인다. 0기에 고추 공급량이 X_o(①)이면, 0기의 시장가격은 P_o로 결정(②)된다. 고추 가격이 P_o로 결정된 것을 본 농민들은 S^M과 만나는 X_1까지 1기의 고추 공급량을 늘린다(③). 그러면 고추의 시장가격은 D^M에 의해 P_1으로 결정(④)된다. (b) 그래프의 경우는 시간이 흐를수록 가격의 변화 폭이 점점 더 커지면서 D^M과 S^M이 교차하는 시장 균형점으로부터 점점 더 멀어져가는 특성을 보인다. 에치켈의 거미집 모형에서 동태적으로 불안정적인 균형은 공급곡선 기울기의 절대값이 수요곡선 기울기의 절대값보다 작은 경우에 나타난다. 즉 수요의 가격탄력도가 공급의 가격탄력도보다 작은 경우에는 필연적으로 불안정한 균형이 유발된다는 것을 보여준다.

(2) 시장의 균형과 경제적 효율성

시장균형에서는 시장가격을 기꺼이 지불할 용의가 있는 모든 소비자들이 자신이 원하는 만큼의 X재를 구입할 수 있고, 또 시장가격을 수용할 용의가 있는 모든 기업들은 자신이 원하는 만큼의 X재를 판매할 수 있다. 이제 수요곡선, 공급곡선과 밀접하게 관련되어 있는 소비자잉여와 생산자잉여의 개념을 통해 경제적 효율성의 문제를 살펴보자.

① 소비자잉여

소비자가 어떤 상품(예 X재)을 소비할 때와 그렇지 않는 경우를 비교해서 편익(이윤과는 다른 개념으로서 효용이나 이익을 의미)이 얼마만큼 늘어나는지를 최초로 연구한 사람은 알프레드 마셜(A. Marshall)이다. 이때 그가 사용했던 개념이 소비자잉여(consumer surplus)이다. 소비자잉여는 소비자가 어떤 상품을 소비하기 위해 기꺼이 지불할 용의가 있는 수요가격과 실제로 지불한 가격과의 차이로서 시장성과를 평가하는 도구로 유용하게 활용된다. 즉 소비자잉여는 소비자의 경제후생을 측정하는 지표로 이용된다는 얘기다. 또 소비자잉여는 개별 소비자는 물론 시장 차원에서도 정의할 수 있다. 여기서는 후자(後者)를 중심으로 언급한다. 또 소비자잉여는 어떤 상품을 1단위보다 많이 구입하면서 수요가격과 다른 수준인 균형가격을 지불하기 때문에 발생하는 보편적 현상이다. 이는 수요곡선이 우하향한다는 전제하에서다. 만약 시장수요곡선이 수요의 법칙을 위반하는 수평선일 경우에는 소비자잉여가 존재하지 않는다. 이 점에 유의하면서 소비자잉여에 대해 좀 더 살펴보자.

제2장 1절 (1)항의 각주 9에서 수요곡선에 내재된 4가지의 경제적 함의에 대해 언급한 바 있다. 그 가운데 소비자잉여와 관련해서 주목할 것은 수요곡선이 수요가격의 궤적이라는 사실이다. 수요가격은 〔그림 3-9〕에서 보는 것처럼 소비자가 X_1만큼의 상품을 구입하고자 할 때, 기꺼이 지불할 용의가 있는 최대가격 P_1을 의미한다. 즉 $OP_1 = aX_1$이 수요가격이다. 만약 소비자가 X_2만큼의 상품을 구입하고자 할 때의 수요가격은 $OP_2 = bX_2$, X_o만큼의 상품을 구입하고자 할 때의 수요가격은 $OP_o = eX_o$이다. 시장에서는 다양한 소비자들이 존재하며 그들마다 X재 소비로부터 얻는 한계편익이 다르다는 것이 수요가격의 본질이다. 그런 의미에서 수

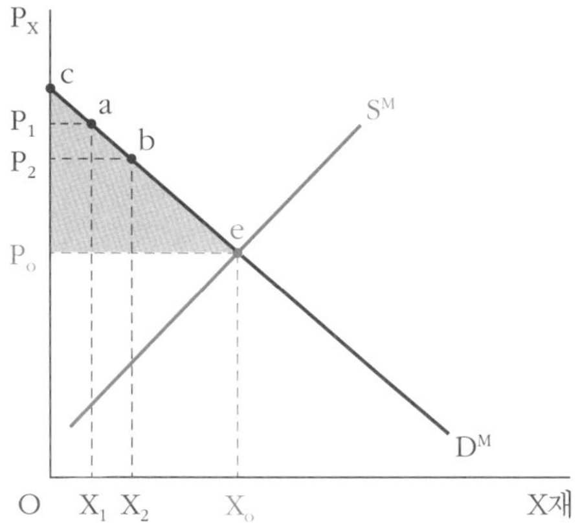

〔그림 3-9〕 소비자잉여

요가격은 한계편익과 깊은 관련이 있다. 시장균형은 시장수요곡선과 시장공급곡선이 만나는 e점에서 이루어진다. 또 그때의 균형가격과 균형거래량은 P_0, X_0이다. 그런데 소비자들은 OX_0만큼의 X재를 구입하기 위해 $OceX_0$만큼을 기꺼이 지불할 용의가 있었다. 하지만 소비자들이 시장에서 실제로 지불한 금액은 $\square OP_0eX_0$이다. 이때의 소비자잉여는 $OceX_0$에서 $\square OP_0eX_0$를 뺀 $\triangle ceP_0$이다.

② 생산자잉여

소비자잉여에 대한 마셜의 정의를 차용하면 생산자잉여도 매끄럽게 설명할 수 있다. 생산자잉여는 기업이 어떤 상품을 공급하기 위해서 최소한 받아야겠다고 생각하는 공급가격(최소가격)과 실제로 판매한 가격과의 차이로서 생산자의 후생수준을 측정하는 분석도구라고 말할 수 있다. 우리는 제2장 2절 (1)항을 통해 공급곡선에 내재된 4가지의 경제적 함의를 학습한 바 있다. 생산자잉여는 그 가운데서 공급곡선이 최저가격을 나타내준다는 점과 깊은 관련이 있다. 즉 최저가격은 기업이 해당 상품(예 X재)을 시장에 공급하기 위해서 최소한도로 받아야겠다고 생각하는 가격으로서 일명 '공급가격'이라고도 부른다. 생산자잉여가 발생하려면 '공급의 법칙', 즉 가격과 공급량 간에 양(+)의 관계가 성립해야 한다. 만약 시장공급곡선이 공급의 법칙을 위반해서 수평선이 된다면, 생산자잉여는 존재하지 않는다.

앞으로 학습할 비용이론과 완전경쟁시장이론에서 증명하겠지만 공급곡선의 궤적은 한계비용(MC; marginal cost)곡선이다. 여기서는 〔그림 3-10〕을 통해 그 의

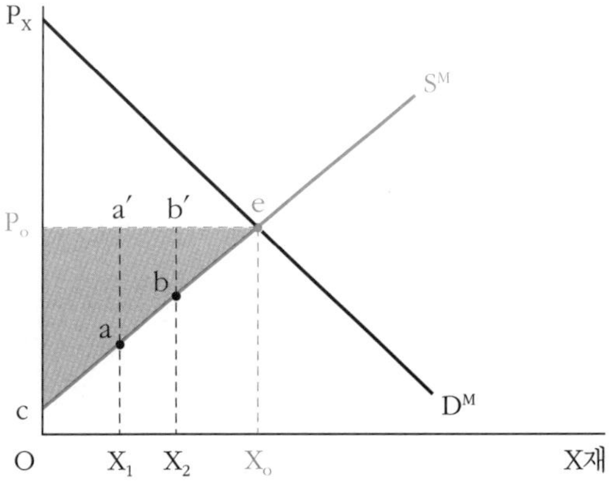

〔그림 3-10〕 생산자잉여

미를 정확하게 이해해주기 바란다. 〔그림 3-10〕에서 보는 것처럼 X_1에서의 공급가격은 aX_1으로서 기업이 X_1만큼의 상품을 공급하려고 할 때, 최소한 받아야겠다고 생각하는 가격이다. 만약 기업이 X_2만큼의 상품을 공급하고자 할 때의 공급가격은 bX_2, X_0만큼의 상품을 공급하고자 할 때의 공급가격은 eX_0이다. 그런데 시장은 X_1을 공급하는 기업에게 $a'a$만큼, X_2를 공급하는 기업에게 $b'b$만큼의 가격을 더 지급해준다. 이것이 생산자잉여의 이론적 근거다. 또 우리는 〔그림 3-10〕을 통해 다양한 기업들이 시장에 존재하며 X재를 공급하는데 필요한 한계비용이 그들마다 다르다는 것도 알아야 한다. 한편, 시장균형은 시장수요곡선과 시장공급곡선이 만나는 e점에서 이루어진다. 또 그때의 균형가격과 균형거래량은 P_0, X_0이다. 그런데 기업들은 OX_0만큼의 X재를 공급하기 위해서는 최소한 $OceX_0$만큼은 받아야겠다고 생각했다. 그런데 시장에서 소비자들이 그들 기업에게 지급한 금액은 $\square OP_0eX_0$이다. 따라서 생산자잉여는 $\triangle P_0ec$이며, 이는 $\square OP_0eX_0$에서 $OceX_0$를 빼준 값으로 정의된다.

③ 사회적 잉여와 경제적 효율성

어느 한 상품이 시장을 통해 거래되는 순간, 소비자들과 기업들은 그 상품이 거래되지 않을 때와 비교해서 많은 이익을 누리게 된다. 즉 소비자들은 소비자잉여, 기업들은 생산자잉여를 얻는다. 이때 소비자들이 얻는 소비자잉여와 기업들이 얻는 생산자잉여의 합(合)을 사회적 잉여(social surplus) 또는 순사회편익(net social

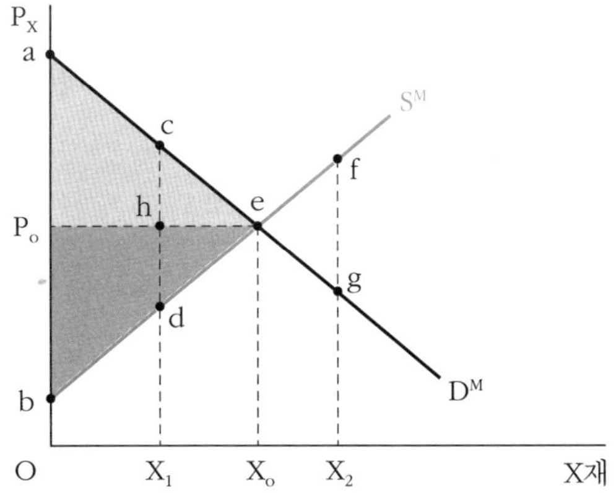

〔그림 3-11〕 사회적 잉여와 경제적 효율성

benefit)이라고 부른다. 이 책에서는 사회적 잉여로 통일해서 언급하고자 한다. 〔그림 3-11〕에서 사회적 잉여는 ▷aeb이다. 그 가운데 소비자잉여는 △aeP_o, 생산자잉여는 △$P_o$eb이다.

시장균형 하에서 사회적 잉여는 여러 관점에서 정의할 수 있다. 그 내용을 좀 더 자세히 살펴보자.

사회적 잉여 = 소비자잉여 + 생산자잉여
= 수요가격의 합(OaeX_o) − 공급가격의 합(ObeX_o)
= 소비자들의 총편익(OaeX_o) − X재 생산의 기회비용(ObeX_o)
= 〔소비자들의 총편익 − 소비자들의 TE(총지출액)〕
+ 〔기업들의 TR(총수입) − X재 생산의 기회비용〕

참고로 소비자들의 총편익은 OaeX_o, 소비자들의 TE는 □OP_oeX_o이다. 또 기업들의 TR은 □OP_oeX_o이고, X재 생산의 기회비용은 공급가격의 합인 ObeX_o이다. 이처럼 사회적 잉여는 다양한 경제 개념으로 설명할 수 있다.

〔그림 3-11〕에서 시장수요곡선 D^M은 소비자들의 한계편익을 나타내고, 시장공급곡선 S^M은 기업들의 한계비용을 나타낸다. 이때 경제적 효율성을 달성하기 위한 필요충분조건은 마지막으로 판매된 X재의 한계편익과 한계비용이 일치해야 한다는 점이다. 그래야만 사회적 잉여의 극대화가 실현되기 때문이다. 그것을 보

장해주는 점이 바로 시장수요곡선과 시장공급곡선이 만나는 e점이다. e점에서는 소비자가 기꺼이 지불하고자 하는 수요가격(한계편익)과 기업이 최소한 받아야겠다고 생각하는 공급가격(한계비용)이 일치하고 사회적 잉여가 △aeb로 가장 크다.

이제 경제적 효율성이 충족되지 않는 경우에 대해 살펴보자. X_1, X_2에서는 경제적 효율성이 충족되지 않는다. X_1에서는 소비자들의 한계편익이 cX_1이고 기업들의 한계비용이 dX_1이다. 이때는 한계편익이 한계비용을 초과하기 때문에 소비자들은 X재를 더 구입하기를 희망하고 기업들도 X재를 추가적으로 공급할 유인이 있다. 왜냐하면 X재 소비와 생산을 X_1에서 X_o로 증가시키면 소비자는 △ceh만큼의 소비자잉여, 기업은 △hed만큼의 생산자잉여를 추가로 얻을 수 있기 때문이다. 반면, X_2에서는 소비자들의 한계편익이 gX_2이고 기업들의 한계비용은 fX_2이다. 이때는 소비자들이 기꺼이 지불하고자 하는 한계편익이 X재 생산에 따른 기회비용보다 작다. 그런 상황에서는 X재를 구입하거나 판매하려는 소비자나 기업이 존재하지 않는다. 당연히 X재의 시장거래는 성립되지 않는다. 이때 소비자와 기업이 X재 소비와 생산수준을 X_2에서 X_o로 줄이면 사회적 잉여의 낭비를 △efg만큼 줄일 수 있다. 이는 곧 경제적 효율성이 그만큼 증가한다는 얘기다.

2
수요와 공급이론의 응용

시장경제체제에서는 가격결정을 시장의 '보이지 않은 손'에 일임한다. 하지만 특정 상품(예 임금, 아파트, 임대료, 신용, 대학등록금 등)의 경우에는 정부가 가격결정에 개입하는 사례가 종종 관찰된다. 정부가 어떤 특정한 목적을 달성하기 위해 시장가격의 결정에 직간접적으로 개입하는 것을 가격통제(price control)라고 한다. 가격통제는 '보이지 않은 손'에 의한 자원배분에 인위적인 제약을 가하는 것으로서 그다지 바람직한 정책이 아니다. 왜냐하면 어떤 권력이나 독재자가 시장의 '보이지 않는 손'에 태클을 거는 순간, 곧바로 시장의 보복과 응징이 시작되기 때문이다. 한편, 정부의 직접적인 가격통제로는 최고가격제와 최저가격제가 있다. 또 정부는 조세 제도를 통해 간접적인 가격통제에 나서기도 한다. 특히 정부의 조세 부과는 시장수요와 시장공급에 영향을 미침으로써 균형가격과 균형거래량의 변화를 야기한다. 그에 관한 내용은 제2절 (2)항에서 심도 있게 분석한다.

(1) 정부의 직접적인 가격통제와 자원배분의 왜곡

① 최고가격제(일명, 가격상한제)

전시(戰時)하에서의 생필품이나 서민 주택시장, 서민 아파트의 임대시장, 서민들을 위한 자금 대출, 대학등록금 등에서 물가안정과 서민 보호를 목적으로 특정 상품의 가격 상한선을 설정하고 그 수준 이상에서의 거래를 법으로 금지하는 경우가 있다. 이때 정부가 설정한 가격을 최고가격(maximum price)이라 하고, 그것을 실시하는 제도를 최고가격제라고 한다. 여기서는 특정상품을 X재로 상정하고 최고가격제를 실시할 때, 나타날 수 있는 제반(諸般) 문제와 정부의 정책효과를 살펴보기로 한다.

만약 최고가격이 균형가격 P_o보다 높게 설정된다면, 균형가격 P_o는 그대로 유지된다. 따라서 이런 경우 최고가격제는 시장균형에 아무런 영향을 미치지 못한다. 따라서 최고가격제가 위력을 발휘하는 것은 최고가격이 균형가격 P_o 이하로 설정되는 경우다. 정부가 최고가격을 P_m 수준으로 설정했다고 가정하자. P_m에서는 X_bX_d만큼의 초과수요량이 발생한다. 시장의 '보이지 않는 손'에 맡기면 가격상승으로 초과수요량이 곧바로 해소되겠지만 정부가 그것을 법으로 금지했기 때문에 '보이지 않는 손'에 의한 자원배분 기능은 제 역할을 할 수 없다. 정부는 OX_b 수준의 X재를 소비자들에게 배분하기 위해 여러 정책 수단(예 선착순, 정부 배급, 추첨, 끼워팔기, 판매자의 편견(친구, 친척, 같은 인종)에 따른 배분 등)[12]을 강구한다. 더욱이 최고가

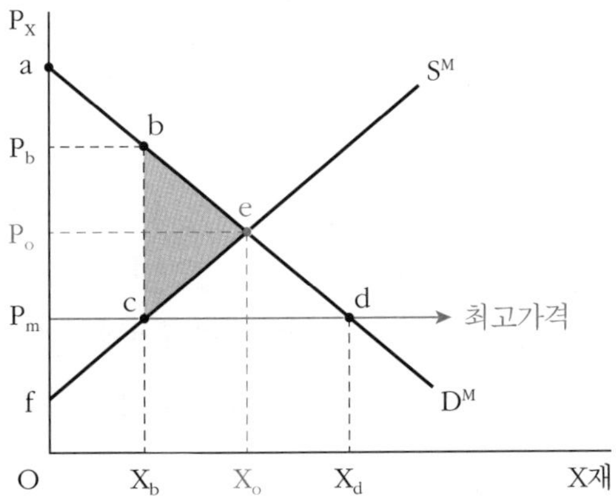

〔그림 3-14〕 최고가격제의 경제적 효과

12 선착순 제도는 먼저 오는 소비자들에게 상품을 우선적으로 공급하는 방식이다. 이는 사람들로 하여금 줄을 서서 기다리게 하기 때문에 시간의 낭비를 초래한다. 그래서 비효율적이다. 또 선착순은 형평의 관점에서도 바람직한 제도가 아니다. 선착순은 남보다 먼저 달려온 소비자들이 자신이 필요한 이상으로 상품을 구매한 후 뒤늦게 오는 바람에 상품을 구입하지 못한 소비자들을

격제하에서는 정부가 어떤 정책 수단을 채택하더라도 암시장(black market)이 출현할 가능성이 크다. 최고가격제로 인해 X재를 구입하지 못한 소비자들은 좀 더 비싼 가격을 지불하고서라도 그것을 구입하려고 하기 때문이다. 만약 최고가격제하에서 기업이 공급한 OX_b만큼의 X재가 모두 암시장에서 거래된다면, X재의 암시장 가격은 $OP_b(=bX_b)$이다. 이는 최고가격 P_m에 비해 매우 높은 수준이다. 특히 이때의 소비자잉여는 $\triangle abP_b$, 생산자잉여는 $\triangle P_mcf$, 암시장업자의 불법 편익은 $\square P_bbcP_m$이다. 물론 X재를 생산하는 기업이 OX_b를 생산해서 X재 전량을 암시장에서 직접 판매한다면 그의 생산자잉여는 사다리꼴 P_bbcf가 된다. 그러나 암시장을 통한 자원배분은 사회적 정의 차원에서도 결코 바람직스럽지 않다. 물론 OX_b만큼의 X재가 모두 암시장에서 판매될 가능성은 낮다. 일부 X재는 최고가격 P_m 수준에서 운 좋은 소비자들에게 공급될 것이고, 나머지 X재는 암시장에서 P_m보다 높은 가격에서 팔릴 개연성이 크다.

최고가격제에 따른 암시장의 발생과 그에 대한 경제적 평가는 정부의 정책 목표가 구체적으로 무엇을 지향했는가에 따라 달라질 수 있다. 만약 정부의 정책 목표가 한정된 재화의 공평한 배분에 있었다면 그것은 실패한 정책이다. 또 정부의 정책 목표가 물가안정에 있었다면 그것은 절반의 성공을 거둔 셈이다. 일부 소비자들이 균형가격보다 낮은 최고가격 P_m에서 X재를 구입했기 때문이다. 하지만 정부의 정책 목표가 X재의 소비억제에 있었다면, 그것은 어느 정도 소기의 정책효과를 거둔 것으로 평가할 수 있다.

② 최저가격제(일명, 가격하한제)

최저가격제는 최저임금제나 농산물가격지지제도 등에서 보는 것처럼 정부가 최저가격(minimum price)을 설정하고, 가격이 그 이하로 내려가지 못하도록 법으로

상대로 웃돈을 얹어 되팔 수 있기 때문이다. 추첨 방식도 선착순처럼 형평의 관점에서 심각한 문제가 있다. 이는 억세게 운 좋은 사람에게 상품을 소유할 우선권을 제공해주기 때문이다. 정부의 강제 배분 역시 좋은 제도라고 보기 어렵다. 강제 배분은 소비자의 선호를 무시하는 처사이다. 필요하지 않는데도 불구하고 그것을 강제로 할당받아야만 하기 때문이다. 주택업자들의 끼워팔기가 그 한 예다. 아파트를 구입하기 위해 입주자가 필요하지도 않은 상품을 추가적으로 구입해야 하는 소비자로서는 그것에 동의하기 어렵다.

금지하는 제도를 말한다. 이 제도는 생활임금이나 생존 임금에도 미치지 못하는 비숙련 근로자(10대 청소년 포함)들의 권익이나 농가(農家)보호를 목적에서 시행된다. 그런 만큼 최저가격은 시장에서 '보이지 않는 손'에 의해 결정되는 균형가격보다 높은 수준에서 책정된다. 하지만 최저가격제는 상품이나 생산요소의 만성적인 초과공급량을 유발하는 문제를 내재한다. 이는 최고가격제가 만성적인 초과수요량을 유발하는 것과 좋은 대조를 이룬다. 〔그림 3-15〕를 통해 노동시장에서의 최저가격제 문제를 좀 더 살펴보자.

〔그림 3-15〕에서 보는 것처럼 노동의 시장수요곡선과 시장공급곡선이 L^d, L^s로 주어진 상황에서 최저임금 w_m이 균형임금 w_o보다 높게 책정되면 노동의 시장수요량과 시장공급량은 L_a, L_b로 결정된다. 이때 노동시장에서 고용되는 노동자 수는 L_a이고, L_aL_b는 노동의 초과공급량이다. 사실 대부분의 정규직 근로자들은 임금수준이 최저임금보다 높은데다 근로계약에 따라 연봉이 결정되기 때문에 최저임금제와는 무관하다. 따라서 최저임금제는 주로 취업 경험이 일천한 비숙련 근로자들에게 주로 적용된다. 한편 최저임금제의 실행에 따른 노동의 초과 공급량을 어떻게 해결할 것인가가 이 제도의 최대 난제(難題)다. 최저임금제의 실행으로 노동시장에서의 고용량은 L_o에서 L_a로 감소했다. 이런 이유에서 많은 경제학자들은 '최저임금제가 비숙련 근로자들의 실업 증가를 부추긴다'고 주장한다. 참고로 문재인 정권이 취임 초부터 거세게 밀어붙였던 소득주도형 경제성장론의 이면에는 반(反)시장적인 노동정책의 난맥상이 내재하고 있었다. 역대 좌파 정권들은 하나

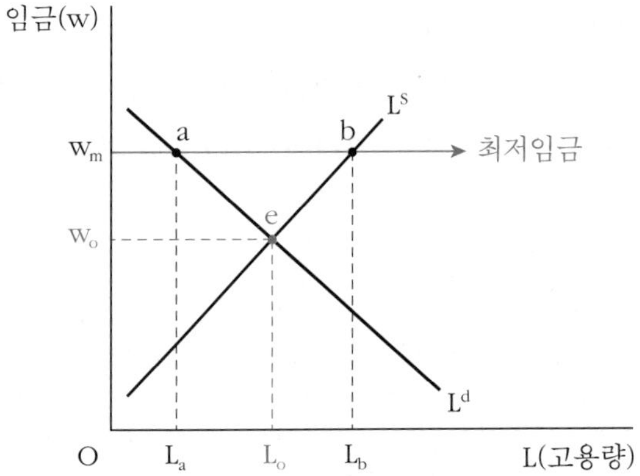

〔그림 3-15〕 최저임금제의 경제적 효과

같이 어려운 이웃들에게 삶의 희망을 제공하는 노동정책을 펼치겠다고 강조했다. 하지만 최저임금제는 그들의 주장과는 달리 어려운 이웃들의 삶을 더 고단하게 만들었다. 상당수의 비숙련 근로자들은 직장을 잃었고 그들을 고용했던 자영업자들 역시 파산 위기에 처했으며, 소비자들은 브레이크 타임(break time)제라는 낯선 제도 앞에서 온갖 불편함을 감내해야만 했다. 그런 의미에서 향후 최저임금제를 다룰 정책결정자들은 그 제도가 과연 누구를 위한 것인지부터 냉철하게 분석해야 한다. 왜냐하면 이제 시장 논리를 거부하고 낡은 정치 이념과 엉터리 포퓰리즘을 앞세운 불량정책의 잇따른 실패를 용서할 국민들이 많지 않기 때문이다.

또 최저임금제의 실행이 과연 비숙련 근로자들의 소득증대에 기여하는지도 냉정하게 따져볼 필요가 있다. 물론 최저임금제하에서 고용된 비숙련 근로자들은 균형 임금보다 더 높은 수준의 최저임금을 보장받기 때문에 근로소득이 증가한다. 하지만 고용된 비숙련 근로자들의 총근로소득($\square w_m a L_a O$)이 최저임금제가 도입되기 이전의 총근로소득($\square w_o e L_o O$)과 비교해서 반드시 크다는 보장이 없다. 이때 $\square w_m a L_a O$가 $\square w_o e L_o O$보다 크려면 노동수요의 임금탄력도가 1보다 작아야 한다.[13] 만약 노동수요의 임금 탄력도가 1보다 크면, 최저임금제의 실행으로 비숙련 근로자들의 총근로소득은 감소한다. 그런데 노동수요의 임금탄력도가 1보다 큰 것은 주로 비숙련 근로자들에게서 흔히 발견되는 경제적 특성이다. 우리나라 노동시장과 근로자들의 현실은 전문직보다는 비숙련 근로자들이 압도적으로 많다. 따라서 우리나라의 경우에는 최저임금제의 실행으로 비숙련 근로자들의 총근로소득이 감소할 가능성이 매우 크다. 게다가 최저임금제의 실행으로 말미암아 신규 근로자나 비숙련 근로자의 취업 기회는 줄어들 수밖에 없다. 또한 장기적으로 기업들은 생산과 고용 수준을 조정할 수 있기 때문에 비숙련 근로자들에 대한 노동수요의 임금 탄력도는 더 탄력적으로 변한다는 사실도 잊지 말아야 한다.

---

13 이 부분에 대해 이해가 되지 않는 독자 여러분은 제2장 제1절 (4)항의 〔그림 2-4〕를 참조하기 바란다. 시장가격 P를 임금 w로, X재를 노동 L로 바꾸어 생각하면 된다. 그러면 지금 필자의 설명이 이해될 것이다.

(2) 정부의 간접적인 가격통제와 자원배분의 왜곡

① 정부의 종량세 부과와 조세 부담

정부는 우리가 평소에 소비하는 일반 상품(예 술, 담배, 과자, 비누, 자동차 등)에 대해 소비세를 부과한다. 가장 대표적인 세금이 부가가치세다. 그런데 소비세 부과는 상품 수요와 공급에 영향을 미친다. 또 소비자와 기업 가운데 누가 더 많은 세금을 부담할 것인가에 대한 조세 부담의 귀착(tax incidence) 문제도 제기된다. 소비세는 과세표준이 무엇인가에 따라 종가세(從價稅)와 종량세(從量稅)[14]로 구분된다. 종가세는 가격에다 일정 비율의 세금을 매기는 것을 말한다. 가령 소주의 세율이 출고가격의 10%라면 그것은 종가세다. 하지만 휘발유 1리터당 1,000원의 세금이 부과된다면 그것은 종량세다. 여기서는 종량세를 토대로 정부의 간접적인 가격통제와 자원배분의 왜곡 문제를 살펴보기로 한다.

〔그림 3-16〕에서 보는 것처럼 정부가 종량세를 부과하기 이전의 시장수요곡선과 시장공급곡선을 D^M, S^M이라고 하자. 그러면 시장에서 균형가격과 균형거래량은 e점에서 P_o, X_o로 결정된다. 이제 정부가 X재 1단위에 대해 t원의 종량세를 부과한다고 가정하자. 그러면 시장수요곡선과 시장공급곡선에 어떠한 변화가 일어날지 생각해보자.

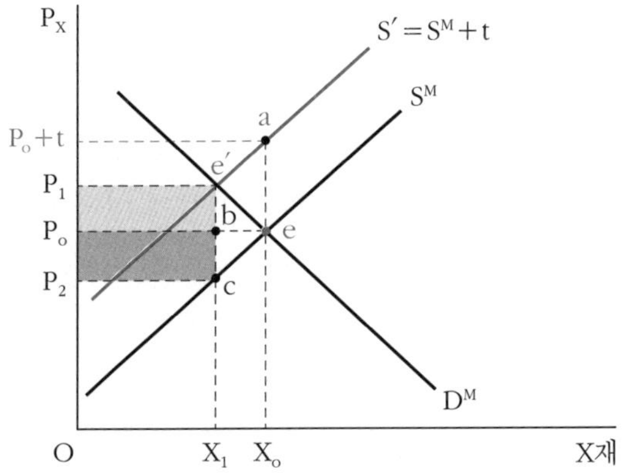

〔그림 3-16〕 종량세 부과의 경제적 효과

14 종량세는 물품세(excise tax)나 판매세(sales tax)로 대체해서 논의하기도 한다.

우선 시장수요곡선 D^M에는 변함이 없다. 왜냐하면 종량세는 간접세로서 최종 납세자가 기업이기 때문이다. 따라서 종량세 부과는 시장공급곡선에 영향을 미친다. 종량세가 부과되면, 시장공급곡선 S^M은 $S'(=S^M+t)$로 이동한다. 그 이유를 정확하게 이해하는 것이 무엇보다 중요하다. 물론 이것은 수학적으로도 증명할 수 있다.[15] 하지만 여기서는 간단한 논리를 통해 시장공급곡선의 이동을 설명하고자 한다. 종량세가 부과되기 이전에, 기업들은 균형가격 P_o에서 X_o만큼을 공급하고자 했다. 즉 그들에게는 P_o가 공급가격(최소가격)이었다. 이제 정부가 X재 1단위에 대해 t원의 세금을 부과할 경우, 기업들이 X_o만큼을 공급하기 위한 최소가격은 P_o+t가 되어야 한다. 그래야만 기업이 정부에다 t원의 종량세를 납부한 후, 자신의 수중에 떨어지는 단위당 가격이 종전과 동일한 P_o가 되기 때문이다.

따라서 정부가 t원의 종량세를 부과하면, 새로운 시장 균형은 D^M과 $S'(=S^M+t)$가 만나는 e′점에서 이루어지고 균형가격과 균형거래량은 P_1, X_1으로 결정된다. 이 대목에서 우리는 2가지를 확인해야 한다. 첫째는 균형가격의 상승 폭$(=P_1P_o)$이 종량세 t원$(=P_1P_2)$보다 작다는 점이다. 그 이유는 시장수요곡선이 수직선이 아니라 우하향하기 때문이다. 둘째는 종량세 t원이 소비자부담분$(=P_1P_o)$과 기업의 부담분$(=P_oP_2)$으로 나눠진다는 사실이다. 즉 기업들이 종량세 t원을 전액 부담하는 게 아니라 소비자들에게도 일정 부분을 전가(轉嫁)시킨다. 그러면 왜 P_1P_o가 소비자의 부담분인지를 정확하게 이해해야 한다. 그것은 t원의 종량세가 부과된 이후, 소비자가 추가로 지불해야 할 몫이 X재의 가격상승분인 P_1P_o이기 때문이다. 따라서 이때 기업의 부담분은 t원의 종량세인 P_1P_2에서 소비자부담분$(=P_1P_o)$을 뺀 P_oP_2이다.

---

15 X재 1단위당 종량세를 t원이라고 하면, 종량세의 부과 이후 기업의 이윤(π)은 다음 식으로 정의된다. 이윤(π) = 총수입$(=P\cdot X)$ − 총비용(TC; total cost) − 종량세$(=t\cdot X)$. 이때 기업의 이윤극대화 1차 조건$(d\pi/dX=0)$을 구하면 $d\pi/dX=P-dTC/dX-t=0$이 도출된다. dTC/dX는 MC를 의미하며, $P=MC+t$ 관계가 성립된다. 참고로 P는 수요곡선, MC는 한계비용으로서 공급곡선을 말한다. 따라서 '수요곡선 = 공급곡선 + t'의 관계가 성립한다.

② 수요와 공급의 가격탄력도, 그리고 경제주체별 조세 부담

〔그림 3-16〕은 t원의 종량세가 부과될 때, 소비자와 기업이 조세 부담을 일정 부분 분담하는 경우를 보여준다. 하지만 경우에 따라서는 t원의 종량세를 소비자나 기업이 전부 부담해야 하는 특수한 상황도 발생할 수 있다. 〔그림 3-17〕과 〔그림 3-18〕이 그것을 보여준다. 〔그림 3-17〕의 (a) 그래프를 보면 시장수요곡선의 형태가 수평선이다. 이는 시장수요의 가격탄력도가 완전탄력적인 경우다. 이 상황에서 정부가 t원의 종량세를 부과하면 시장공급곡선이 S^M에서 S'로 이동(①)하고, 균형거래량은 X_o에서 X_1으로 감소(②)한다. 그러나 종량세 부과 이후의 새로운 균형가격은 P_o로서 종량세 부과 전과 동일하다. 따라서 소비자가 추가로 부담할

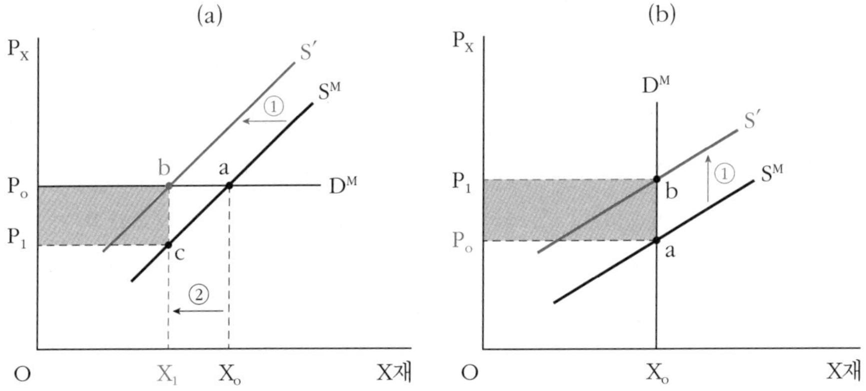

〔그림 3-17〕 수요의 가격탄력도와 조세 부담

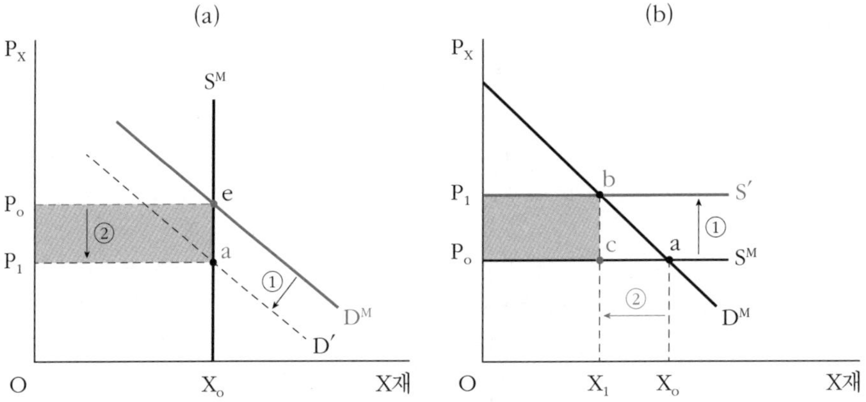

〔그림 3-18〕 공급의 가격탄력도와 조세 부담

가격 인상분은 제로(0)이다. 이런 경우 소비자부담분은 0이고, 종량세 t원은 모두 기업이 부담해야 한다. 이때 정부의 조세수입은 □P_0bcP_1이다. 〔그림 3-17〕의 (b) 그래프의 경우, 시장수요곡선은 수직선이다. 이는 수요의 가격탄력도가 완전비탄력적임을 말해준다. 이때 정부가 t원의 종량세를 부과하면, 시장공급곡선이 S^M에서 S′로 이동(①)한다. 그러나 X재의 균형거래량은 X_0로 일정불변이다. 다만 종량세 부과 이후의 새로운 균형가격은 P_1이며, 이는 종량세 부과 전의 균형가격 P_0에다 종량세 t원을 더한 금액과 일치한다. 이런 경우는 소비자들이 종량세 t원을 전액 부담하게 된다. 이때 정부의 조세수입은 □P_1baP_0이다.

〔그림 3-18〕은 시장공급곡선의 가격탄력도와 조세 부담의 관계를 보여준다. (a) 그래프는 시장공급곡선의 가격탄력도가 완전비탄력적인 경우다. 이때는 정부가 t원의 종량세를 부과하더라도 시장공급곡선은 변하지 않는다. 따라서 시장가격은 종량세 부과 전의 균형가격 P_0와 동일하다. 이런 경우, t원의 종량세는 모두 기업들이 부담해야 한다. 기업의 입장에서 바라볼 때, 이것은 마치 t원의 종량세 부과로 시장수요가 감소한 것과 같은 효과를 갖는다. 즉 시장수요곡선이 D^M에서 D′로 이동(①)함으로써 균형가격이 P_0에서 P_1으로 하락한 것과 같다. 이때 기업이 부담해야 할 종량세의 규모는 □P_0eaP_1이고 균형거래량은 X_0로 일정불변이다.

(b) 그래프는 시장공급곡선이 완전탄력적인 경우다. 이때 정부가 t원의 종량세를 부과하면 시장공급곡선은 S^M에서 S′로 이동(①)한다. 그 결과 균형가격은 P_0에서 P_1으로 상승하고 균형거래량은 X_0에서 X_1으로 감소(②)한다. 이때 균형가격의 변동 폭(=P_1P_0)은 X재 1단위당 종량세의 크기인 t원과 같고, 이때의 종량세는 소비자가 전액 부담하게 된다. 그리고 정부의 조세수입은 □P_1bcP_0이다.

앞에서는 시장수요곡선과 시장공급곡선의 가격탄력도가 극단적인 경우에 대해 살펴보았다. 지금부터는 수요와 공급의 가격탄력도에 대한 상대적 크기에 따라 소비자와 기업의 상대적 부담분이 어떻게 달라지는지 고찰해보자. 〔그림 3-19〕의 (a) 그래프는 시장수요곡선의 가격탄력도가 탄력적이고, 시장공급곡선의 가격탄력도는 비탄력적인 경우다. 정부가 종량세 t원을 부과하면 균형점은 e에서 e′로, 균형가격은 P_0에서 P_1으로 상승(①)하고, 균형거래량은 X_0에서 X_1으로 감소(②)한다. 이때 소비자부담분은 P_1P_0(=e′b)로서 기업의 부담분인 P_0P_2(=ba)보다 적다. 즉 시장수요곡선의 가격탄력도가 크면 클수록 소비자의 부담분은 적어진다는 얘

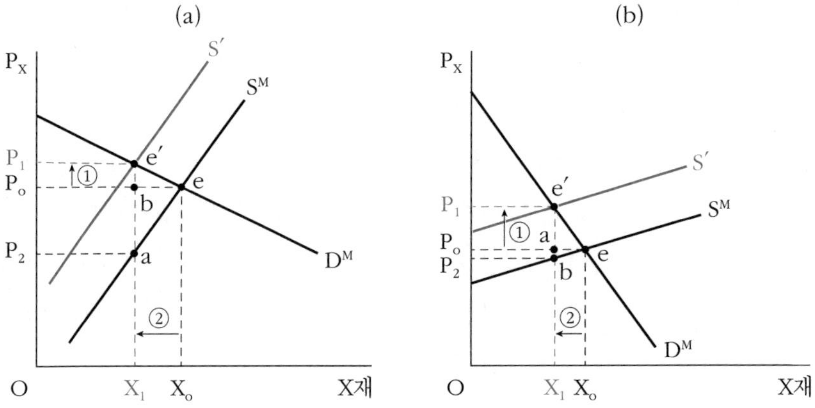

〔그림 3-19〕 가격탄력도의 상대적 크기와 조세 부담

기다.

한편, 〔그림 3-19〕의 (b) 그래프는 시장공급곡선의 가격탄력도가 상대적으로 탄력적이고, 시장수요곡선의 가격탄력도는 비탄력적인 경우다. 정부가 t원의 종량세를 부과하면 균형점은 e에서 e′로, 균형가격은 P_o에서 P_1으로 상승(①)하고, 균형거래량은 X_o에서 X_1으로 감소(②)한다. 이때 소비자부담분은 P_1P_o(=e′a)로서 기업의 부담분인 P_oP_2(=ab)보다 크다. 즉 시장공급곡선의 가격탄력도가 크면 클수록 소비자의 부담분은 커진다는 얘기다.

③ 조세 부담과 자중손실

t원의 종량세 부과에 대한 또 하나의 중요한 사항은 조세 부과가 자원배분을 왜곡시킴으로써 사회적 후생의 감소를 초래한다는 사실이다. 〔그림 3-20〕을 통해 그 문제를 살펴보자. t원의 종량세가 부과되기 전에는 시장수요곡선 D^M과 시장공급곡선 S^M이 교차하는 e점에서 균형가격과 균형거래량은 P_o, X_o로 결정된다. 이때 소비자잉여는 △aeP_o, 생산자잉여는 △$P_o$ec, 사회적 잉여는 △aec이다.

t원의 종량세가 부과되면 시장공급곡선은 S^M에서 S′로 이동(①)해서 새로운 균형은 e′점에서 이루어지고 균형가격과 균형거래량은 P_1, X_1으로 결정된다. 〔그림 3-20〕에서 확인할 수 있듯이 t원의 종량세 부과로 인해 소비자잉여는 △aeP_o에서 △ae′P_1으로 감소하고, 생산자잉여 역시 △$P_o$ec에서 △P_2bc로 감소한다. 참

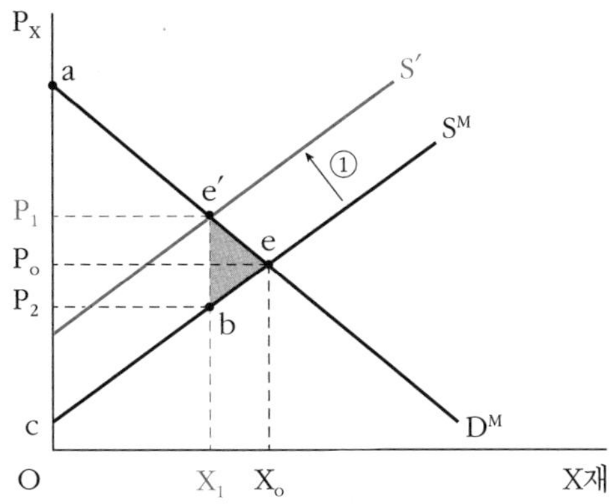

〔그림 3-20〕 종량세 부과와 자중손실

고로 소비자잉여의 감소분은 사다리꼴 $P_1e'eP_o$이고, 생산자잉여의 감소분은 사다리꼴 P_oebP_2이다. 하지만 t원의 종량세 부과로 인한 정부의 조세수입이 $\square P_1e'bP_2$이기 때문에 실질적인 사회적 잉여의 감소분은 $\triangleright e'eb$이다. 경제학에서는 이것을 자중손실(deadweight loss; 일명, 경제적 순손실)이라고 정의한다. 또는 시장참여자들(소비자, 기업)의 경제적 후생수준의 감소가 정부의 세금징수액을 초과하는 부분으로 정의되기도 한다. 참고로 일부 경제학자는 자중손실을 사중손실 또는 초과부담이라고 정의하기도 한다. 암튼 자중손실은 종량세의 부과에 따른 자원배분의 왜곡으로 사회적 잉여가 감소한 부분을 의미한다. 이러한 자중손실에는 종량세를 회피하기 위한 불법 행동(예 밀수 등)의 폐해가 포함되는 경우도 있음에 유의해야 한다.

보론 3-2. 조세 부과와 사회적 후생의 변화

정부가 시장에서 X재 1단위당 t원의 종량세를 부과하면 시장공급곡선은 S^M에서 S^M+t로 이동한다. 이때 시장수요곡선 D^M은 불변이다. 〔그림 3-21〕을 이용해서 조세 부과 전(前)의 사회적 후생과 조세 부과 후(後)의 사회적 후생이 어떻게 달라졌는지 분석해보자.

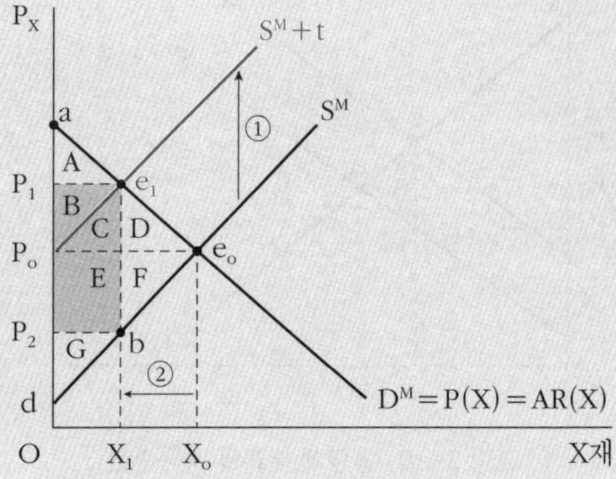

〔그림 3-21〕 종량세 부과와 사회적 후생의 변화

〔그림 3-21〕에서 최초의 균형은 시장수요곡선인 D^M과 시장공급곡선인 S^M이 만나는 e_o점에서 이루어진다. 따라서 최초의 균형가격과 균형거래량은 P_o, X_o이다. 이때 소비자잉여는 A+B+C+D, 생산자잉여는 E+F+G, 정부의 조세수입은 제로(0)이다.

정부가 X재 1단위당 t원의 종량세를 부과하면 시장공급곡선인 S^M은 S^M+t로 이동(①)한다. 그 결과 새로운 시장 균형은 e_1점에서 이루어지고, 균형가격과 균형거래량은 P_1, X_1으로 결정된다. 이때 소비자잉여는 A, 생산자잉여는 G, 정부의 조세수입은 B+C+E로 정의된다. 그리고 조세 부과가 초래한 사회적 후생의 손실분은 D+F로 정의된다. −(D+F)에서 마이너스(-)가 바로 사회적 후생의 손실을 의미한다. 다만, 여기서 필자가 한 가지 언급하고 싶은 것은 경제주체들의 경제적 유인을 바꾸는 모든 세금이 이처럼 비효율적인 것은 아니라는 사실이다. 제16장에서 배우겠지만 외부효과가 존재할 경우, 그것을 치유하기 위한 교정적 조세(일명, 피구세)가 제대로 작동된다면 그때의 세금은 자원배분의 효율성을 제고시킴으로써 사회적 후생수준을 높여줄 수도 있다는 점을 기억해야 한다. 이에 관해 보다 자세한 사항은 제16장에서 논의할 것이다.

지금까지 설명한 것을 일목요연하게 정리하면 〔표 3-1〕과 같다.

〔표 3-1〕 종량세 부과와 사회적 후생의 변화에 대한 요약

항목 \ 분류	조세부과 전(前)	조세부과 후(後)	잉여의 변동분
소비자잉여	A+B+C+D	A	-(B+C+D)
생산자잉여	E+F+G	G	-(E+F)
정부의 조세수입	O	B+C+E	B+C+E
사회적잉여	A+B+C+D+E+F+G	A+B+C+E+G	-(D+F)

보론 3-3. 농산물가격지지제, 이중가격제, 패리티 가격제

제3장을 정리하면서 농산물가격지지제, 이중가격제, 패리티 가격제에 대해 약간의 설명을 첨부하고자 한다. 이들 항목이 종종 경제시험 문제로 출제되는 경우가 있기 때문이다. 기본 개념만 알고 있다면 아주 손쉽게 풀 수 있는 문제를 놓쳤다면 그것만큼 안타까운 일은 없을 것이다. 그런 의미에서 〔보론 3-3〕은 필자가 독자 여러분을 위해 제공하는 일종의 보너스라고 이해해주면 좋겠다. 자, 그럼 이들 개념에 대한 공부를 시작해보자.

▷ 농산물가격지지제

농산물가격지지제는 최저임금제와 같이 정부가 시장균형가격보다 높은 수준에서 농산물의 최저가격을 설정하도록 하는 제도를 말한다. 농산물가격지지제는 농가의 영농의욕을 높이고 농가(農家)소득의 증대를 목적으로 실행한다. 하지만 농산물가격지지제는 단점도 적지 않다. 첫째, 농산물의 최저가격 수준에서 잉여농산물이 발생하고, 전체 농가소득이 농산물가격지지제를 실시하기 이전보다 반드시 증가한다고는 말할 수 없다. 특히 농산물 수요의 가격탄력도가 1보다 큰 경우에는 전체 농가소득이 감소한다. 셋째, 정부의 개입에 따른 자중손실이 발생한다는 점이다. 참고로 잉여농산물의 처리 방안을 살펴보면 크게 2가지다. 하나는 정부가 농가에게 농작물의 재배면적 축소를 권

장하면서 보상금을 지급하는 것이다. 다른 하나는 정부가 잉여농산물을 구매하거나 가난한 이웃들에게 식량권을 무료로 교부해서 잉여농산물을 흡수하는 방안이다.

▷ 이중가격제

이중가격제(특히 쌀)는 정부가 농가와 도시근로자를 동시에 보호할 목적으로 농가로부터 시장균형가격보다 비싼 가격으로 농산물을 매입한 후, 그것을 시장균형가격보다 낮은 가격으로 도시근로자들에게 농산물을 재판매하는 제도를 지칭한다. 이때 정부의 농산물 매입량과 재판매량은 정책적 고려에 의해 같을 수도 있고 다를 수도 있음에 유의해야 한다. 이중가격제의 장점은 2가지다. 하나는 정부가 비싸게 구입해서 싼 가격으로 재판매하기 때문에 농가와 도시근로자들에게 일종의 가격보조를 하는 것과 같은 효과를 거둘 수 있다는 점이다. 다른 하나는 소비자잉여와 생산자잉여가 모두 증가한다는 사실이다. 이 제도 또한 단점이 존재한다. 정부의 재정적자가 발생할 가능성이 있는데다 정부의 개입에 따른 자중손실의 발생, 그리고 도시근로자들의 쌀 선호가 고급화될 경우 정부미(政府米) 수요의 급감으로 정부미의 재고가 크게 늘어날 수 있다는 점을 들 수 있다.

▷ 패리티 가격제

패리티 가격제는 정부가 농가의 실질소득을 보전하고 농산물과 공산품 간의 차이를 메꾸기 위해서 채택하는 가격정책을 말한다. 정부가 패리티 가격제를 실행하면 농산물 가격은 필연적으로 인상될 수밖에 없다. 패리티 가격제의 방식은 '패리티가격지수 = 농산물가격지수/공산품가격지수 = 1'의 원칙에 따른다. 즉 정부가 특정 연도를 기준으로 비교연도에 있어서 농산물가격지수와 공산품가격지수가 동일하도록 농산물가격을 설정하는 방식으로 운용된다. 패리티 가격제의 장점은 농가의 영농의욕을 제고시키고 실질소득을 보전해준다는 점이다. 또 패리티 가격제의 단점은 농산물의 초과공급에 따른 잉여농산물이 발생하고, 농산물가격이 시장균형가격 이상으로 상승할 경우 희소한 자원이 농업부문에 과다하게 투입될 가능성이 있다는 사실이다.

요약 및 복습

- 시장균형은 시장수요곡선과 시장공급곡선이 교차하는 점에서 이루어진다. 이때 시장수요곡선과 시장공급곡선은 개별 소비자들의 수요곡선과 개별 기업들의 공급곡선에 대한 횡적 합(合)으로 정의된다. 또 시장균형의 변동은 수요의 변화, 공급의 변화, 수요와 공급의 동시 변화에 의해 야기될 수 있다.

- 다른 조건이 일정불변인 상황에서 시장수요의 증가에 따른 시장균형의 변동은 균형가격의 상승과 균형거래량의 증가를 초래한다. 하지만 시장공급의 증가에 따른 시장균형의 변동은 균형가격의 하락과 균형거래량의 증가를 초래한다. 한편 시장수요의 증가와 시장공급의 증가가 동시에 이루어지면 균형가격의 변화 방향은 미지수이지만 균형거래량은 확실하게 증가한다.

- 균형의 안정성은 크게 시간의 변화를 무시하는 정태적 안정성과 시간을 변수로 도입한 동태적 안정성으로 구분된다. 또 정태적 안정성은 왈라스의 가격조정과 마셜의 수량조정으로 분석할 수 있다. 왈라스의 가격조정에서 안정적 균형이 보장되기 위해서는 초과수요량이 존재하면 가격이 상승하고 초과공급량이 존재하면 가격이 하락해야 한다. 한편 마셜의 수량조정에서 안정적 균형이 보장되기 위해서는 초과수요가격(수요가격−공급가격)이 플러스(+)이면 생산량이 증가하고, 마이너스(−)일 경우에는 생산량이 감소해야 한다. 또 동태적 안정성은 연속적인 경우와 단속적인 경우로 구분해서 살펴볼 수 있다. 다만 이 책에서는 후자에 해당되는 에치켈의 거미집 모형을 통해 분석했다. 거미집 모형에서 균형의 안정성 조건이 충족되기 위해서는 공급곡선 기울기의 절대값이 수요곡선 기울기의 절대값보다 커야 한다. 즉 수요의 가격탄력도가 공급의 가격탄력도보다 커야 한다.

- 시장에서 '보이지 않는 손'에 의한 자원 배분은 경제적 효율성을 충족시킨다. 그것을 설명해주는 개념이 소비자잉여와 생산자잉여다. 소비자잉여는 소비자가 어떤 상품을 구입하기 위해서 기꺼이 지불할 용의가 있는 수요가격(최대가격)과 실제로 지불한 가격과의 차이를 말한다. 또 생산자잉여는 기업이 어떤 상품을 공급하기 위해서 최소한 받아야겠다고 생각하는 공급가격(최소가격)과 실제로 판매한 가격

과의 차이를 말한다. 사회적 잉여(순사회편익)는 이러한 소비자잉여와 생산자잉여의 합으로 정의되는데 '보이지 않는 손'에 의한 자원 배분은 다른 시장구조(예 독점, 과점, 독점적 경쟁)에 의한 자원배분보다 사회적 잉여의 크기가 가장 크다. 그 때문에 '보이지 않는 손'에 의한 자원 배분이 경제적 효율성을 충족시킨다고 말하는 것이다.

☑ 최고가격제는 정부가 균형가격보다 낮은 수준으로 가격통제를 해서 그 이상의 가격으로 거래가 이루어지는 것을 법으로 금지하는 제도를 말한다. 최고가격제는 전시(戰時)하에서 생필품의 배분, 소비자 보호, 인플레이션에 대한 규제 차원에서 실시하는 경우가 있다. 하지만 최고가격제는 초과수요량의 만연으로 암시장(black market)이 발생할 수 있는 데다 한정된 상품을 배분하는 과정에서 불공정 시비(예 선착순, 추첨 등)나 소비자 선호의 무시(강제 배분, 할당, 끼워팔기 등)와 같은 경제·사회적 문제를 유발할 수 있다.

☑ 최저가격제는 최저임금제나 농산물가격지지제도에서 보는 것처럼 정부가 최저가격을 설정하고 그 이하에서 거래가 일어나지 못하도록 법으로 금지하는 제도를 말한다. 최저가격제는 비숙련 근로자(10대 청소년 포함)들의 생계를 보장해줄 목적에서 채택한다. 그런데 이 제도의 문제점은 만성적인 노동의 초과공급량을 유발한다는 점이다. 특히 최저임금제는 운 좋게 고용된 비숙련 근로자의 경우에는 상대적으로 유리하지만 대량 실업을 유발함으로써 당초 비숙련 근로자들의 생계와 권익을 보호한다는 정책 취지가 무색해질 가능성이 크다. 더욱이 노동수요의 임금탄력도가 1보다 큰 경우에 최저임금제를 실행하면, 비숙련 근로자들의 근로소득이 최저임금제 실시 이전보다 감소할 가능성이 매우 크다는 점을 잊지 말아야 한다.

☑ X재 1단위당 t원의 조세를 부과하는 종량세를 실시할 때, 시장 균형은 시장수요곡선 D^M과 시장공급곡선 $S^M + t$가 교차하는 점에서 이루어진다. 즉 균형 조건이 $D^M = S^M + t = MC + t$라는 얘기다. 일반적인 시장수요곡선과 시장공급곡선을 가정할 경우, 종량세 부과는 균형가격 인상과 균형거래량의 감소를 야기한다. 특히 종량세의 부과에 따른 조세 부담의 귀착 문제는 수요와 공급의 가격탄력도와 밀접한 관련이 있다. 여기서는 수요와 공급의 가격탄력도가 극단적인 경우로 국한시켜 분석하고자 한다. 그것과 관련된 주요 사항을 정리하면 다음과 같다.

① 시장수요곡선이 수평선인 경우, 즉 시장수요의 가격탄력도가 무한대(∞)일 때 X재 1단위당 t원의 종량세가 부과되면 소비자부담분은 0이다. 이때 t원의 종량

세는 모두 기업이 부담하게 된다.

② 시장수요곡선이 수직선인 경우, 즉 시장수요의 가격탄력도가 완전비탄력적일 때 X재 1단위당 t원의 종량세가 부과되면 기업의 부담분은 0이다. 이때 t원의 종량세는 모두 소비자가 부담하게 된다.

③ 시장공급곡선이 수직선인 경우, 즉 시장공급의 가격탄력도가 완전비탄력적일 때 X재 1단위당 t원의 종량세가 부과되면, 소비자부담분은 0이다. 이때 t원의 종량세는 모두 기업이 부담하게 된다.

④ 시장공급곡선이 수평선인 경우, 즉 시장공급의 가격탄력도가 무한대(∞)일 때 X재 1단위당 t원의 종량세가 부과되면 기업의 부담분은 0이다. 이때 t원의 종량세는 모두 소비자가 부담하게 된다.

☑ X재 1단위당 t원의 종량세가 부과될 경우, 수요와 공급의 가격탄력도 크기에 따라 소비자와 기업의 상대적 부담분이 달라질 수 있다. 그 내용을 간단명료하게 정리하면 아래와 같다.

① 시장수요의 가격탄력도가 크면 클수록, 즉 시장수요곡선의 기울기가 완만할수록 소비자부담분은 기업의 부담분에 비해 상대적으로 작아진다.

② 시장공급의 가격탄력도가 크면 클수록, 즉 시장공급곡선의 기울기가 완만할수록 기업의 부담분은 소비자부담분에 비해 상대적으로 작아진다.

☑ 종량세가 정액세나 이윤세와 다른 점은 '보이지 않는 손'에 의한 자원 배분을 왜곡시킴으로서 사회적 후생을 감소시킨다는 점이다. 경제학에서는 조세 부과에 따른 사회적 후생의 감소를 자중손실(deadweight loss)이라고 부른다. 자세한 것은 본문 내용을 참조하기 바란다.

연습문제

1 다음은 시장 균형의 정태적·동태적 안정성에 대한 사항을 정리한 것이다. 아래의 질문에 답하시오.

> 균형의 안정성은 크게 시간의 변화를 무시하는 정태적 안정성과 시간을 변수로 도입하는 동태적 안정성으로 구분된다. 특히 정태적 안정성은 ㉠ 왈라스의 가격조정과 ㉡ 마셜의 수량 조정으로 구분된다. 전자는 가격의 변화가 시장의 불균형을 조정해주는 역할을 하는 데 반해, 후자는 수량의 변화가 시장의 불균형을 조정해주는 역할을 한다.

1) 왈라스의 가격조정에서 시장 균형의 정태적 안정성이 보장되기 위한 조건을 제시하시오.

2) 마셜의 수량 조정에서 시장 균형의 정태적 안정성이 보장되기 위한 조건을 제시하시오.

힌트! 초과수요량(ED)곡선과 초과수요가격 곡선을 도출해서 정리하면 좋을 듯함.

2 X재에 대한 시장수요함수와 시장공급함수가 다음과 같이 주어졌다고 가정한다. 아래의 질문에 답하시오.

> • 시장수요곡선; $X^d = 100 - 5P$
> • 시장공급곡선; $X^s = -20 + 5P$

1) 시장수요곡선과 시장공급곡선을 그래프로 제시하고, 균형가격과 균형거래량을 구하시오.

2) 소비자잉여, 생산자잉여, 사회적 잉여의 크기를 구하고, 그 근거를 제시하시오.

힌트! 시장수요곡선과 시장공급곡선을 그린 후, 삼각형의 면적 공식을 적용하면 쉽게 풀림.

3 X재의 시장수요곡선과 시장공급곡선이 각각 $X^d = 60 - 6P$, $X^s = -80 + 8P$로 주어졌다고 가정한다. 만약 이런 상황에서 정부 당국이 X재 1단위당 30의 소비세를 기업에게 부과했을 경우, 새로운 시장공급곡선의 궤적을 구하시오. 단, 숫자의 단위는 원이다.

힌트! 시장공급곡선을 그래프로 나타낸 후, 그것을 종축(P)으로 30만큼 좌상향 이동시키면 됨.

4 조세의 크기(t)가 소규모, 중규모, 대규모로 커질 경우, 자중손실(경제적 순손실)과 조세의 크기(t) 간의 관계, 그리고 래퍼곡선을 도출하시오. 단, 수요·공급곡선의 기울기는 일정하다.

힌트! 조세의 크기는 t의 길이임. t의 길이에 따른 자중손실과 조세수입의 크기 변화를 추적하기 바람!

5 다음의 내용을 읽고, 아래의 질문에 답하시오.

> 정부 당국이 단위당 t원의 소비세를 부과하기 이전의 시장수요곡선과 시장공급곡선을 각각 D^M, S^M이라고 하자. 만약 정부 당국이 기업을 최종 납세자로 설정할 경우, 시장 균형 조건은 $D^M(P) = S^M(MC) + t$가 된다. 하지만 정부 당국은 소비자를 최종 납세자로 설정할 수도 있다.

1) 정부 당국이 t원의 소비세를 소비자에게 부과할 경우, 시장의 균형 조건을 제시하시오.

2) 정부 당국이 조세를 기업에 부과한 경우와 소비자에게 부과한 경우, 조세정책의 결과에 어떤 차이가 있는지에 대해 설명하시오.

힌트! 이윤(π) = 총수입$(P \cdot X)$ − 총비용(TC) − $t \cdot X$에서 이윤극대화 1차 조건을 구한 후, 판단할 것!

6 X재의 수요곡선과 공급곡선이 각각 $X^d = -\frac{1}{2}P + 14$, $X^s = -10 + P$로 주어졌다고 가정한다. 만약 정부 당국이 X재에 대해 단위당 3만큼의 소비세를 기업에게 부과했을 경우, 조세 부과에 따른 자중손실(경제적 순손실)의 크기를 구하시오.

힌트! 조세 부과 전 균형과 조세 부과 후 균형을 도출한 후, 자중손실의 크기를 구하면 됨. 여기서는 삼각형의 면적을 구하는 공식만 이해하면, 아주 쉽게 풀 수 있는 문제라고 판단됨.

7 '수요곡선이 수직적인 경우와 공급곡선이 수직적인 경우는 조세를 부과해도 자중손실이 발생하지 않는다'는 주장에 대한 진위 여부를 밝히시오.

힌트! 조세 부과로 인해 수요량과 판매량이 감소하는지 여부만 체크하면, 그 주장에 대한 진위 여부를 손쉽게 확인할 수 있음.

8 다음은 수요곡선과 공급곡선, 그리고 조세에 관한 내용이다. 아래의 질문에 답하시오.

- 수요곡선과 조세의 크기는 동일하다고 가정한다. 이때 공급의 가격탄력도가 (①; 탄력적, 비탄력적)일수록 조세 부과에 따른 자중손실(경제적 순손실)은 커진다.
- 공급곡선과 조세의 크기는 동일하다고 가정한다. 이때 수요의 가격탄력도가 (②; 탄력적, 비탄력적)일수록 조세 부과에 따른 자중손실(경제적 순손실)은 커진다.

1) ①에 알맞은 단어를 (탄력적, 비탄력적) 중에서 하나 선택하고, 그 근거를 제시하시오.

2) ②에 알맞은 단어를 (탄력적, 비탄력적) 중에서 하나 선택하고, 그 근거를 제시하시오.

힌트! 이 문제는 본인이 직접 수요곡선과 공급곡선을 그려보며 체크하는 게 가장 좋은 방법임!

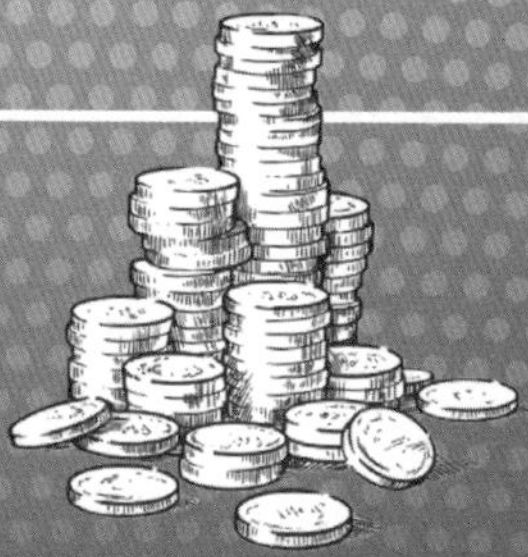

제4장 소비자이론과 수요곡선의 도출

1
한계효용이론과 수요곡선의 도출

(1) 개요

① 기수적 효용과 서수적 효용

효용(utility)은 소비자가 일정 기간 동안 일정한 양의 상품을 소비하면서 주관적으로 느끼는 만족이나 만족감을 의미한다. 또 효용은 소비자가 느끼는 주관적인 만족이기 때문에 그것을 객관화시킨다는 것이 그리 쉽지 않다. 하지만 경제학에서는 소비자의 합리적인 의사결정과정을 설명하기 위해 효용의 크기를 측정할 수 있다고 가정한다.

효용의 크기를 측정하는 방법에는 2가지가 있다. 하나는 기수적 방법이고 다른 하나는 서수적 방법이다. 기수적 방법은 효용의 크기를 구체적인 숫자로 측정하고, 그 차이에 의미를 부여하는 것을 말한다. 가령 축구공 1개의 효용이 100이고 농구공 1개의 효용이 200이라면, 소비자는 농구공이 축구공보다 2배만큼 높은 만족을 제공해준다고 보는 것이 효용의 기수적 측정이다. 또 그렇게 측정된 효용을 기수적 효용이라고 정의한다.

반면, 서수적 방법은 효용을 양적인 숫자가 아니라 그 크기의 순서로 측정하는 것을 말한다. 위의 축구공과 농구공의 사례에서 '농구공의 효용이 축구공의 그것보다 정확히 2배만큼 큰 것이 아니라 그냥 농구공에서 느끼는 효용이 축구공보다 클 따름이다'라고 말하는 것이 효용의 서수적 측정이다. 또 그렇게 측정된 효용을 서수적 효용이라고 정의한다.

② 소비자 수요곡선의 도출과 관련된 3가지 연구 방법

제4장은 소비자 수요곡선의 도출과 관련된 제반(諸般)이론을 학습하는 장이다. 소비자이론의 핵심은 소비자의 합리적인 소비행태를 가정해서 우하향하는 수요곡선을 도출하는 데 있다. 여기서 소비자의 합리적인 소비행태란 한정된 소득으로 최대의 만족을 얻거나 동일한 효용을 얻기 위해 최소의 비용을 지출하는 것을 말한다.

소비자이론에서 중점적으로 다룰 연구는 크게 3가지로 구분된다. 첫째는 한계효용이론이다. 한계효용이론은 기수적 효용을 전제로 하며 칼 멩거(C. Menger), 윌리엄 스탠리 제본스(W. S. Jevons), 레옹 왈라스(L. Walras) 등이 정립한 이론이다. 둘째는 서수적 효용을 전제로 하는 무차별곡선이론이다. 이 이론은 빌프레도 파레토(V. Pareto), 예브게니 슬러츠키(E. Slutsky), 로이 조지 더글러스 알렌(R. G. D. Allen), 존 리처드 힉스(J. R. Hicks) 등이 발전시킨 이론이다. 무차별곡선은 한계효용이론보다 완화된 가정을 채택했다는 점에서 진일보한 이론으로 평가된다. 셋째는 폴 앤서니 사무엘슨(P. A. Samuelson)과 핸드릭 사뮤엘 하우스테커(H. S. Houththakker)에 의해 제시된 현시선호이론이다. 그것은 효용의 기수적 또는 서수적 측정이 불가능하다는 것을 전제로 한다. 사무엘슨과 하우스테커는 시장에서 시현된 소비자의 선택으로부터 소비자 수요곡선을 도출했다. 그런 의미에서 현시선호이론은 여러 소비자이론 가운데서 가장 세련된 이론으로 평가받고 있다.

한계효용이론은 1860년대에 등장한 이론으로서 앞에서 언급한 3가지 연구 가운데 가장 엄격한 가정에 입각한 이론이다. 우리는 한계효용이론을 통해 매끄럽게 우하향하는 수요곡선을 도출할 것이다. 또 그것이 한계효용이론을 배우는 진짜 이유다.

(2) 총효용과 한계효용의 정의 및 상호관계

① 총효용과 효용함수

총효용(TU; total utility)은 소비자가 일정 기간 동안 일정한 양의 상품을 소비하면서 느끼는 주관적인 만족의 총량을 말한다. 일례로 무더운 여름날 비닐하우스에서 농사일을 하던 철수가 심한 갈증을 느꼈다고 하자. 그것을 지켜본 아내 영희가 건네준 시원한 이온 음료 한 병을 마시면 갈증 해소는 물론 청량감까지 느낄 것이다. 이때 철수가 100만큼의 효용을 느꼈다면, 그것은 이온 음료 한 병의 소비에 따른 총효용이다. 일반적으로 상품 소비량이 증가하면 총효용도 증가한다. 하지만 총효용이 무한대로 증가하는 것은 아니다. 이온 음료도 많이 마시면 배탈이 나듯이 총효용도 소비량이 많아지면 감소하기 마련이다. 경제학에서는 총효용(TU)을 그냥 '효용(U; utility)'이라고도 부른다.

소비자가 소비하는 상품이 X재와 Y재만 있다고 가정할 경우, 총효용함수는 다음과 같이 나타낼 수 있다.

$$TU = U = U(X, Y)$$

위 식에서 알 수 있듯이 효용함수(utility function)는 일정 기간 동안 상품 소비량과 그것으로부터 얻을 수 있는 총효용의 관계를 나타낸다.

② 한계효용과 효용함수

앞에서 언급한 것처럼 한 상품(예 X재)의 소비량이 증가하면 소비자의 총효용도 변하게 된다. 이때 X재의 한계효용(MU_X; marginal utility of X goods)은 Y재 소비가 일정불변인 상황에서 X재 소비량을 1단위 증가시킬 때, 새롭게 추가되는 총효용의 변동분을 말한다.

효용함수를 이용하면 한계효용을 보다 더 간단명료하게 정의할 수 있다. 효용함수가 $U = U(X, Y)$로 주어졌을 때, X재의 한계효용인 MU_X는 X재 소비량의 1단위 증가에 따른 총효용의 변동분(△U)인 △U/△X을 의미한다. 즉 $MU_X = \triangle U/\triangle X$이다. 이는 Y재의 경우에도 그대로 적용된다. Y재의 한계효용인 MU_Y

는 $MU_Y = \triangle U/\triangle Y$로 정의된다.

③ 총효용과 한계효용의 관계, 한계효용체감의 법칙

무더운 여름날 비닐하우스에서 농사일을 하는 철수가 일정 기간 동안(예 12시간) 이온 음료의 소비량을 계속해서 증가시켰을 때 그가 느낀 총효용과 한계효용의 크기를 표로 정리한 것이 〔표 4-1〕이다. 이렇게 이온 음료의 소비량 변화에 따른 철수의 총효용과 한계효용을 도출할 수 있는 것은 한계효용이론이 효용의 기수적 측정을 전제로 했기 때문이다. 〔표 4-1〕에서 제1열은 철수의 이온 음료 소비량, 제2열과 제3열은 각각 이온 음료의 소비로부터 철수가 얻는 총효용과 한계효용을 의미한다. 철수가 이온 음료를 마시지 않았을 때, 그의 총효용은 0이었다. 그러나 1병을 마시면서부터 총효용은 변하기 시작한다. 철수가 이온 음료를 1병부터 7병까지 마실 때, 그가 얻는 총효용은 40, 70, 90, 100, 100, 90, 70이다. 여기서 우리는 총효용이 무한대로 증가하는 것이 아님을 확인할 수 있다. 또 〔표 4-1〕에선 철수가 4병의 이온 음료를 마실 때까지는 총효용이 계속 증가했지만 5병을 정점으로 6병째부터는 총효용이 감소하는 양상을 보여준다.

한편, 총효용의 크기가 주어지면 한계효용은 앞서 언급한 공식에 따라 자연적으로 도출된다. 철수가 이온 음료 1병을 마실 때의 총효용은 40이다. 이때는 그의 한계효용도 40이다. 그 이유는 '$40 = \triangle U/\triangle X = (40-0)/(1-0)$'이기 때문이다. 철수가 이온 음료 2병을 마실 때의 총효용은 70이다. 이때 그의 한계효용 30이다.

〔표 4-1〕 총효용과 한계효용의 상호 관계

효용의 종류 / 이온음료 소비량	총효용(TU)	(변화분)	한계효용(MU)
0	0		
		40	
1	40		40
		30	
2	70		30
		20	
3	90		20
		10	
4	100		10
		0	
5	100		0
		-10	
6	90		-10
		-20	
7	70		-20

그 근거는 '$30 = \triangle U / \triangle X = (70-40)/(2-1)$'이다. 이와 같은 논리로 철수의 이온음료 소비에 대한 한계효용은 〔표 4-1〕의 3열과 같다. 이는 독자 여러분이 직접 계산해보며 한계효용의 의미를 정확하게 파악해보기 바란다.

우리는 〔표 4-1〕을 통해 우리는 총효용과 한계효용 사이에 존재하는 중요한 사실을 유추할 수 있다. 첫째는 한계효용이 0보다 크면 총효용은 반드시 증가한다. 둘째는 한계효용이 0일 때, 총효용은 극대가 된다. 셋째는 한계효용이 0보다 작으면 총효용은 반드시 감소한다. 넷째는 상품 n단위의 소비로부터 얻는 총효용의 크기는 n단위까지 각 단위의 한계효용을 모두 합계(合計)한 값과 같다. 〔표 4-1〕에서 철수가 4병의 이온 음료를 소비할 때, 그의 총효용은 100이다. 이 숫자는 철수가 이온 음료를 1병부터 4병까지 소비했을 때 얻는 한계효용을 모두 합계(合計)한 값 $(=40+30+20+10)$과 같다는 얘기다.

(3) 소비자의 효용극대화를 위한 조건

① 한계효용체감의 법칙

〔표 4-1〕은 철수가 이온 음료의 소비량을 늘릴수록 한계효용이 감소하도록 설계되어 있다. 한계효용체감의 법칙(law of diminishing marginal utility)이란 효용함수 $U=U(X, Y)$를 상정할 때, Y재 소비량이 일정불변인 상태에서 X재 소비량이 증가할수록 X재의 한계효용이 감소하는 현상을 말한다.

X재의 한계효용이 0보다 큰 상황에서 한계효용이 체감한다는 것은 총효용이 증가하되 그 증가 폭이 작아진다는 것을 뜻한다. 하지만 X재의 한계효용이 0보다 작다는 것은 총효용 자체가 감소한다는 것을 의미한다. 그런데 효용극대화를 추구하는 합리적인 소비자라면 한계효용이 0보다 작은 수준까지 소비행위를 하지 않을 것이다. 그것은 배탈이 날 때까지 이온 음료를 마시지 않는다는 의미다. 따라서 한계효용이 0보다 작은 구간은 우리의 분석 대상이 아니다. 나중에 언급하겠지만 이는 X재에 대한 소비자의 수요곡선이 양(+)의 가격에서만 정의되는 것과 밀접한 관련이 있다.

② 한계효용균등의 법칙과 효용극대화 조건

소비자의 합리적인 소비행위는 '한정된 소득을 가지고 어떻게 하면 효용극대화를 달성할 수 있을까?'와 직결된다. 즉 주어진 예산제약 하에서 최대의 만족을 얻기 위해서는 각 상품을 얼마만큼 구입해서 어떻게 소비할 것인가의 문제다. 그것이 효용극대화를 위한 소비자 선택의 문제이다. 한계효용이론은 그 해답을 한계효용균등의 법칙(law of equimarginal utility)에서 찾는다. 소비자의 효용함수가 $U = U(X, Y)$로 주어진 상황에서 X재와 Y재만을 구입해서 소비하는 경제에서 한계효용균등의 법칙은 다음의 ㉠식으로 정의된다.

$$\frac{MU_X}{P_X} = \frac{MU_Y}{P_Y} = k \quad \cdots\cdots ㉠$$

㉠식에서 MU_X/P_X는 X재의 한계효용을 X재 가격으로 나눠준 값($=k$)이다. 따라서 k는 X재 1원어치의 한계효용이다. 가령 X재 가격이 100원이고 X재의 한계효용이 300이라면 X재 1원어치의 한계효용인 k는 3이다. 이는 Y재에 대해서도 똑같다. 즉 ㉠식의 의미는 주어진 소득하에서 X재와 Y재만을 구입할 때, X재 1원어치의 한계효용과 Y재 1원어치의 한계효용이 균등하도록 X재와 Y재를 구입해서 소비해야만 효용극대화를 달성할 수 있다는 얘기다. 이때 소득 I는 X재와 Y재를 구입하는 데 모두 지출해야 한다. 만약 $MU_X/P_X > MU_Y/P_Y$이거나 $MU_X/P_X < MU_Y/P_Y$일 경우에는 효용극대화가 달성되지 않는다. 전자의 경우는 X재를 더 구입하고, 후자인 경우는 Y재를 더 구입해서 소비하면 효용이 증가하기 때문이다.

소비자가 효용극대화 조건을 충족시키기 위해서는 다음의 2가지 조건이 동시에 충족되어야 한다. 하나는 소비자의 소득제약조건이고, 다른 하나는 한계효용균등의 법칙이다. 첫 번째 조건식은 흔히 소득제약조건(income constraint) 또는 예산제약식(budget constraint)이라고 부르며, 이는 소비자의 소비 기회를 나타낸다. 그것은 다음의 ㉡식으로 정의된다.

$$I = (P_X \times X) + (P_Y \times Y) \quad \cdots\cdots ㉡$$

㉡식에서 I는 소비자의 소득(income), P_X와 P_Y는 X재와 Y재 가격, X와 Y는 X

재와 Y재의 구입량을 의미한다.

두 번째 조건식은 한계효용균등의 법칙이다. 그것은 이미 앞에서 언급한 ㉠식으로 정의된다. 참고로 효용극대화조건은 상품의 종류가 2가지 이상인 경우로의 확대도 가능하다. 가령, 소비자가 주어진 소득으로 n가지의 상품을 구입한다고 가정하자. 또 그때의 상품가격을 $P_1, P_2, P_3, \cdots, P_n$, 상품의 종류를 $X_1, X_2, X_3, \cdots, X_n$, 한계효용을 $MU_1, MU_2, MU_3, \cdots, MU_n$이라고 하면, 효용극대화 조건식은 다음의 ㉢, ㉣식으로 정의된다. ㉣식에서 k는 각 상품 1원어치의 한계효용이다.

$$I = (P_1 \times X_1) + (P_2 \times X_2) + (P_3 \times X_3) + \cdots + (P_n \times X_n) \quad \cdots\cdots ㉢$$

$$\frac{MU_1}{P_1} = \frac{MU_2}{P_2} = \frac{MU_3}{P_3} = \cdots = \frac{MU_n}{P_n} = k \quad \cdots\cdots ㉣$$

(4) 개별 소비자의 수요곡선과 시장수요곡선의 도출

① 개별 소비자의 수요곡선, 어떻게 도출할 것인가?

우리는 앞에서 한계효용체감의 법칙을 학습했다. 그것을 그래프로 나타낸 것이 〔그림 4-1〕의 (a) 그래프이다. 이제 X재에 대한 소비자 수요곡선이 어떻게 도출되는지 간단하게 살펴보자. 일반적으로 소비자 수요곡선은 종축엔 X재 가격

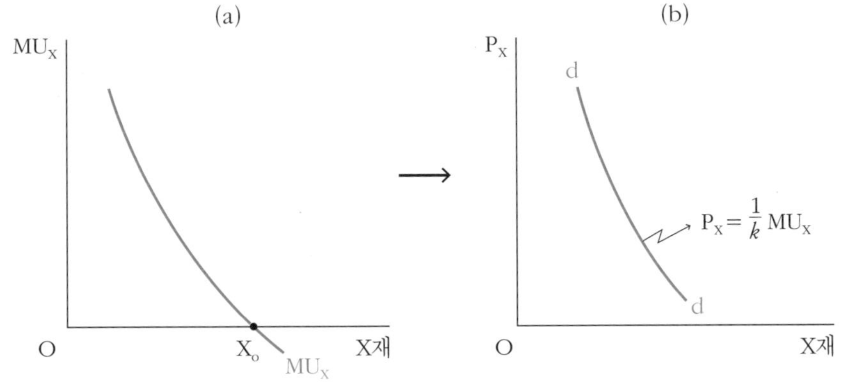

〔그림 4-1〕 한계효용체감의 법칙과 개별소비자의 수요곡선

(P_X), 횡축엔 X재의 수요량을 나타낸다. 〔그림 4-2〕의 (b) 그래프도 그렇게 그려져 있다. 여기서 우리가 눈여겨봐야 할 것은 한계효용체감의 법칙이 소비자 수요곡선을 도출하는 핵심 근거가 된다는 점이다. ㉠식으로 돌아가보자. $MU_X/P_X = MU_Y/P_Y = k$가 한계효용균등의 법칙이고, 우리는 이 식으로부터 $P_X = (1/k) \times MU_X = (1/k) \cdot MU_X$의 관계가 도출된다. 이 P_X식이 바로 소비자 수요곡선의 궤적이다. 즉 (a) 그래프의 종축인 MU_X에다 $1/k$을 곱해주면 (b) 그래프의 종축인 P_X가 된다. 그런데 MU_X 곡선은 한계효용체감의 법칙에 의해 우하향(右下向)한다. 그런데 MU_X에다 상수(k)의 역수인 $1/k$을 곱해준 값도 우하향한다. 따라서 X재 가격과 X재의 수요량 사이에서 정의되는 소비자 수요곡선도 우하향할 수밖에 없다.

그렇다면 소비자 수요곡선 dd가 음(-)의 가격에서 정의되지 않는 이유는 무엇인가? 그 해답도 (a) 그래프에서 찾아야 한다. 합리적인 소비자라면 한계효용이 음(-)이 되는 영역까지 소비행위를 하지 않을 것이다. 따라서 소비자 수요곡선 dd도 반드시 MU_X가 0보다 큰 구간(X; O~X_o), 즉 X재 가격이 0보다 큰 구간에서만 정의될 수밖에 없다.

② 시장수요곡선, 어떻게 도출할 것인가?

사적재(私的財)와 공공재(公共財)의 가격 결정 원리에 대한 이해가 선행될 필요가 있다. 지금 우리가 탐구대상으로 삼고 있는 X재는 사적재다. 사적재는 배제성과 경합성의 특성을 지닌다. 배제성은 대가를 지불해야만 상품을 소비할 수 있다는 것이고, 경합성이란 제로 섬(zero-sum)의 법칙이 성립한다는 말이다. 반면 공공재(예 국방, 치안, 법률, 다리, 댐 등)는 비배제성과 비경합성의 특성을 지닌다. 이는 대가를 지불하지 않아도 소비로부터 배제를 당하지 않으며, 일단 공공재가 공급되면 모든 소비자들이 같은 양의 공공재를 소비할 수 있다는 것을 말한다.

완전경쟁이 보장되면, 사적재는 일물일가의 법칙이 성립한다. 따라서 사적재는 하나의 단일가격으로 결정된다. 하지만 그 가격에서 개별 소비자들이 필요로 하는 최적의 소비수준은 제각기 다르다. 이런 특성 때문에 사적재의 시장수요곡선은 해당 가격에서 개별 소비자 수요곡선의 횡적 합으로 정의된다. 단, 그것이 가능하려면 소비자 선호의 독립성이 전제되어야 한다. 참고로 제3장 제1절 (1)항에서 시장수요곡선을 도출했기 때문에 여기서는 그에 대한 그래프의 도출과정은 생략한다. 한편, 공공재는 제16장의 시장실패 부문에서 자세히 배우겠지만 비경합성에 기인한 결합소비라는 특성을 갖는다. 그로 인해 공공재의 시장수요곡선은 개별 공공재 수요의 종적(縱的) 합으로 정의된다. 즉 공공재의 소비에 대해 개별 소비자들이 지불하려는 가격은 제각기 다른 데 반해, 공공재 소비량은 똑같다는 얘기다. 이것이 바로 사적재와 정반대되는 특성이다. 이에 대해 이해가 되지 않는 독자 여러분은 그냥 무시하고 넘어가기 바란다. 왜냐하면 제16장에서 그것에 대해 자세하게 학습할 것이기 때문이다.

(5) 한계효용이론과 가치의 역설

① 가치의 역설에 대한 개요

영국의 경제학자 애덤 스미스(A. Smith)는 1776년 3월 9일에 출간된 자신의 저서 『국부론(國富論)』에서 사용가치(value in use)와 교환가치(value in exchange)에 대해 언급했다. 즉 물은 사용가치가 큰데도 불구하고 교환가치는 작고, 다이아몬드는 사용가치가 작은데도 불구하고 교환가치가 큰 것을 지적하면서 이런 현상을 어떻게 설명해야 좋을지 고민했다. 그가 제기했던 문제의 본질은 간단하다. 물은 인간의 생존을 위해 매우 중요한 데도 값이 싼 반면, 다이아몬드는 인간의 생존과 무관한데도 비싸게 팔리는 이유가 무엇인지에 대한 지적 고민이었다. 우리는 이와 같은 가치의 이율배반 현상을 가치의 역설(paradox of value)이라고 부른다.

스미스가 제기한 가치의 역설은 그의 『국부론』이 출간된 지, 약 1세기가 흐른 후에 등장한 한계효용학파들에 의해 깔끔하게 규명되었다. 즉 그가 제기했던 가치의 역설은 역설이 아니라 매우 합리적인 경제 현상이라는 것이다. [그림 4-2]를 통해 그 의미를 좀 더 구체적으로 살펴보자.

② 가치의 역설에 대한 그래프적 이해

한계효용학파들은 스미스가 제시했던 사용가치와 교환가치의 개념부터 명확하게 정리했다. 그들에 따르면 상품 가격에 직접적으로 영향을 미치는 것은 총효용이 아니라 한계효용이며, 한계효용은 존재량이 많을수록 작아진다는 것이다. 과

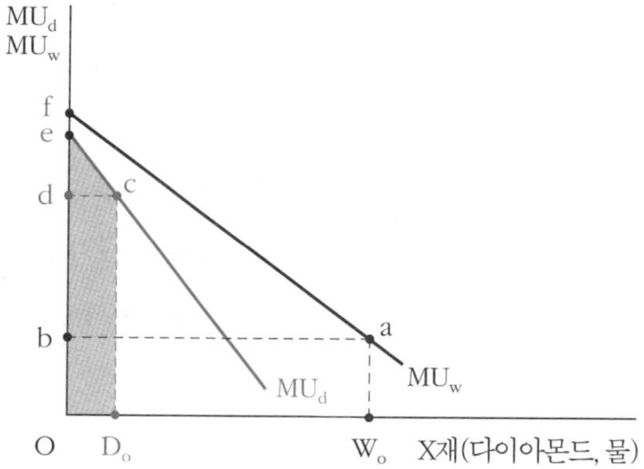

〔그림 4-2〕 가치의 역설과 한계효용학파의 기막힌 해명

연 한계효용학파다운 명쾌한 설명이다. 이는 사용가치가 총효용에 해당된다면 교환가치는 한계효용이라는 주장과도 일맥상통한다.

〔그림 4-2〕의 종축은 다이아몬드의 한계효용(MU_d)과 물의 한계효용(MU_w), 횡축은 다이아몬드와 물의 존재량을 나타낸다. 물은 생존을 위해 꼭 필요한 상품이지만 존재량이 무척 많다. 그러나 다이아몬드는 생존과는 무관하지만 존재량이 매우 적다. 이는 다이아몬드가 물에 비해 매우 희소하다는 얘기다. 한편, 스미스가 제시한 사용가치는 총효용과 동의어로서 생존과 직결된 개념이다. 〔그림 4-2〕에서 물의 존재량이 W_0이면, 그것의 소비로부터 얻을 수 있는 총효용은 $OfaW_0$이다. 또 다이아몬드의 존재량이 D_0라면 그것의 소비로부터 얻을 수 있는 총효용은 $OecD_0$이다. 〔그림 4-2〕에서 확인할 수 있듯이 사용가치(총효용)는 물이 다이아몬드보다 압도적으로 크다. 하지만 시장가격은 교환가치의 크기에 따라 결정되며, 또 교환가치는 전적으로 한계효용의 크기에 의해 결정된다. 〔그림 4-2〕에서 물의 교환가치는 W_0에서 MU_w곡선의 높이인 $Ob(=aW_0)$로 결정되고, 다이아몬드의 교환가치는 $Od(=cD_0)$로 결정된다. 당연히 존재량이 희소한 다이아몬드의 한계효용이 물의 한계효용보다 크다. 따라서 다이아몬드가 물보다 비싼 가격에 팔린다는 것이다.

보론 4-1. 소비자의 선호체계에 대한 기초개념

우리는 지금까지 효용함수에 기초한 한계효용이론을 학습했다. 효용함수 $U = U(X, Y)$에 대한 미분을 통해 X재의 한계효용과 Y재의 한계효용을 측정할 수 있음도 살펴보았다. 그러나 이런 효용함수가 어떤 논리적 근거에서 도출되고, 수리적 분석이 자유자재로 이루어질 수 있는 배경에 대해서는 아무런 말을 하지 않았다. 여기서는 그 문제를 중점적으로 살펴보고자 한다. 소비자가 여러 상품들 가운데 특정 상품을 선택해서 소비한다는 것은 곧 그가 그 상품을 좋아한다는 뜻이다. 경제학에서는 어떤 것을 좋아한다는 것을 '선호한다'라고 표현한다. 그런 점에서 소비자 선호가 상품의 선택을 결정한다고 말할 수 있다.

X재와 Y재로 구성된 2개의 상품 묶음 $A = A(X_A, Y_A)$와 $B = B(X_B, Y_B)$를 가정하자. 소비자가 상품 묶음 A를 B보다 명확하게 더 선호할 경우에는 $A \succ B$라고 하고, 상품 묶음 A를 B보다 더 좋아하거나 최소한 같다고 느낄 경우에는 $A \succsim B$라고 나타낸다. 이처럼 $\succ$와 $\succsim$를 통해 상품 묶음 간의 관계를 규정할 수 있는데 경제학에서는 이것을 선호관계라고 말한다. 또 수많은 상품 묶음을 앞서 살펴본 것처럼 둘씩 짝을 지은 다음, $\succ$와 $\succsim$를 이용해서 둘 사이를 선호관계를 설정해 나간다고 하자. 이때 설정된 선호관계 전체를 통틀어 선호체계라고 부른다. 참고로 $\succ$와 $\succsim$는 좋아한다는 소비자의 심리적 상태를 나타낼 뿐, 크기를 비교하는 부등식($>$, $\geq$)과는 전혀 개념임에 유의해야 한다.

그런데 선호체계는 매우 추상적인 개념이기 때문에 그것을 분석 대상으로 삼는 데는 많은 어려움이 따른다. 그래서 등장한 것이 효용함수이다. 앞서 살펴보았듯이 효용함수는 소비자가 해당 상품을 소비함으로써 얻는 만족도의 크기를 보여주는 것으로서 수리적 분석이 용이하다는 장점이 있다. 그런데 문제는 주어진 선호관계를 효용함수로 대표시키는 것이 언제나 가능한 일은 아니라는 점이다. 즉 일정한 특성을 갖춘 선호체계만이 효용함수로 대표될 수 있다는 얘기다. 그 조건이 무엇인지를 탐색하는 것이 〔보론 4-1〕의 핵심 과제다. 우리는 그것을 일러 '선호체계의 4가지 공리'라고 부른다. 여기서 공리(axiom)란, 어떤 이론에서 가장 기본이 되는 가정(假定)을 말한다.

첫째는 완비성(completeness)의 충족이다. 이것은 A, B의 상품 묶음에 대해

'A를 B보다 더 선호한다, 덜 선호한다, 차이를 느끼지 못한다'는 식으로 분명하게 의사 표현을 해야 한다는 것을 말한다. 만약 어느 소비자가 "나는 A, B의 상품 묶음에 대해 어떤 쪽을 선호하는지 알 수 없다"라고 말한다면 그는 완비성의 조건을 위반한 것이다.

둘째는 이행성(transitivity)의 충족이다. 가령 A, B, C라는 3개의 상품 묶음을 상정해보자. 어느 소비자가 $A \succsim B$, $B \succsim C$의 선호관계를 나타냈다면, 그는 A와 C의 상품 묶음간에 $A \succsim C$의 선호관계를 충족시켜야 한다는 것을 말한다. 이는 소비자의 선호에 일관성이 있어야 한다는 것이다.

셋째는 연속성(continuity)의 충족이다. 이 조건이 충족되어야만 효용함수가 미분을 비롯한 수리적 분석이 가능해진다. 이는 소비자의 선호가 변화해 갈 때, 갑작스런 변화가 나타나서는 곤란하다는 것을 말한다. 즉 A, B의 상품 묶음의 양에 미세한 차이만 존재한다면 이들 상품 묶음에 대한 소비자 선호도 아주 작은 차이만 존재해야 한다는 뜻이다. 일례로 사전편찬법적 선호체계[16]는 곤란하다는 의미다. 즉 사전편찬법적 선호체계는 연속성의 공리를 위반하며, 무차별곡선도 존재하지 않는다는 특성을 갖는다.

넷째는 강단조성(strong monotonicity)의 충족이다. 사실 효용함수를 정의하는 데는 완비성, 이행성, 연속성의 조건만으로 충분하다. 다만 경제학에서는 경제분석도구로서 효용함수의 유용성을 높이기 위해 강단조성을 가정한다. 강단조성은 불포화성(non-satiation)이라고 하며 그 의미는 간단하다. 강단조성을 효용함수로 나타내면 다음과 같다. 즉 상품 묶음 A와 B간에 $A \succsim B$의 관계

16 일례로 쌀과 옷이 있다고 가정하자. 사전편찬법적 선호란 우선 쌀의 많고 적음에 따라 선호순서를 매기고 쌀의 양이 똑같을 경우에만 옷의 많고 적음에 관심을 갖는 경우를 말한다. 오른쪽 그림을 참조하기 바란다. 이 그림에서 Z점은 S점이 T점에 도달하기 전까지는 S점보다 더 선호된다. 하지만 S점이 T점에 도달하는 순간, T점은 Z점보다 더 선호된다. 그런데 이런 경우는 선호체계의 연속성이 충족되지 않는 경우에 해당된다. 또 선호체계의 연속성이 충족되지 않으면 미분 가능한 효용함수의 상정도 불가능하다. 위 그림에서는 Z점보다 명백하게 더 선호되거나 덜 선호되는 점만 존재할 뿐, 똑같은 효용을 갖는 점들의 집합인 무차별곡선은 존재하지 않는다.

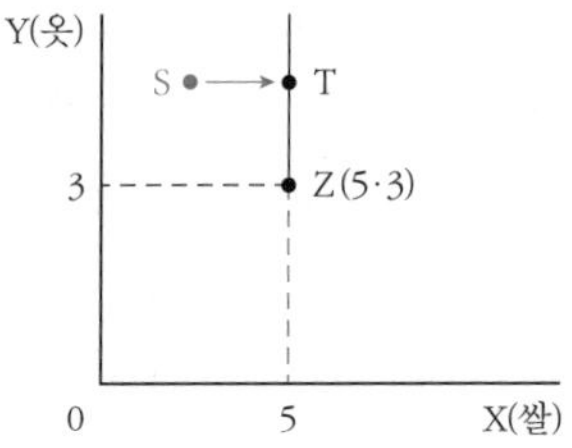

가 성립하면 U(A) ≥ U(B)이고, A 〉B의 관계가 성립하면 U(A) > U(B)라는 의미다. 결국 강단조성은 한계효용이 양(+)의 값을 갖는 영역으로 효용함수를 제약하는 가정이다. 강단조성의 가정에 따르면 소비자는 만족이 포화된 상태에서 소비하지 않으며, 한계효용이 음(-)인 경우가 배제되기 때문에 한계대체율은 항상 양(+)의 값을 갖게 된다.

보론 4-2. 한계효용이론이 경제학의 발전에 기여한 공로는 무엇인가?

한계효용이론은 한계효용학파에 소속된 경제학자들이 제시한 이론이다. 이들이 경제학의 발전에 미친 영향은 실로 대단하다. 물론 모든 이론이 완전무결할 수 없듯이 한계효용이론도 무결점(無缺點)의 경제이론은 아니다. 우선 그들이 경제학의 발전에 미친 공적(功績)부터 살펴보자.

첫째로, 한계효용이론이 제시되기 전까지는 시장가격이 해당 상품의 생산에 객관적으로 투입된 노동량이나 생산비용에 의해서만 결정된다고 보았다. 시쳇말로 시장가격이 공급측 요인에 의해서만 결정된다는 것이었다. 이 논리에 정면으로 이의를 제기한 것이 한계효용이론이다. 한계효용이론은 상품의 시장가격이 해당 상품의 마지막 1단위가 제공하는 주관적인 한계효용의 크기에 의해서 결정된다고 주장한다. 이로써 시장가격의 결정에 있어서 수요 측면의 중요성이 부각되었는데, 이는 전적으로 한계효용이론의 업적이다.

둘째로, 이와 같은 한계효용이론이 있었기에 알프레드 마셜(A. Marshall)이 수요 측면과 공급 측면을 동시에 아우르면서 시장가격의 결정 원리를 정립할 수 있었다. 그런 의미에서 미시경제학의 진정한 태동은 한계효용이론의 등장과 함께 시작되었다고 해도 과언이 아니다.

다음으로 한계효용이론의 한계에 대해 언급하고자 한다. 한계효용이론의 이론적 기반은 그것이 기수적 효용을 전제로 한다는 것이다. 즉 사람들이 느끼는 주관적인 만족을 효용이란 잣대로 마치 길이, 높이, 크기처럼 객관적으로 측정할 수 있고 그것의 차이에 의미를 부여하는 게 가능하다는 것이다. 한계효용이론의 비판론자들은 기수적 효용의 가정이 지나치게 엄격한 가정이라고 비판한다. 그 이후로 우하향하는 수요곡선을 도출하면서도 한계효용이론이 가정했던 효용의 기수적 측정을 완화시킬 수 있는 방법을 탐색하려는 일련의 시도가 있었다. 그 결과로 탄생한 것이 무차별곡선이론과 현시선호이론이다.

2
무차별곡선이론

(1) 무차별곡선

① 무차별곡선에 대한 정의 및 특성

한계효용이론에서는 상품 소비로부터 느끼는 개인의 주관적인 만족, 즉 효용을 기수적으로 측정할 수 있다고 가정했다. 그러나 무차별곡선 이론에서는 상품을 묶음(bundle)으로 고찰하면서 효용의 서수적 측정을 전제로 우하향하는 소비자 수요곡선을 도출한다. 서수적 측정은 효용의 크기 자체에 의미를 두는 것이 아니라 순서에만 의미를 부여하는 개념이다. 즉 이 상품 묶음을 저 상품 묶음보다 더 좋아하는가, 동일한가, 덜 좋아하는가만 중요할 따름이다.

무차별곡선(indifference curve)은 소비자에게 동일한 효용을 제공하는 상품 묶음을 모두 연결한 곡선을 말한다. 일례로 X재(빵)와 Y재(책)로 구성된 여러 개의 상품 묶음을 상정해보자. 이들 상품 묶음 가운데 소비자에게 동일한 효용을 제공하는 X재와 Y재의 상품 묶음이 〔표 4-2〕에서 보는 바와 같이 a, b, c, d, e라고 가정하자.

〔표 4-2〕 소비자에게 동일한 만족을 주는 상품 묶음들

상품묶음 / 상품의 종류	a	b	c	d	e
Y재(책)	15	11	8	6	5
X재(빵)	1	2	3	4	5

이들 상품 묶음 a, b, c, d, e를 그래프로 나타낸 것이 〔그림 4-3〕인데, 경제학에서는 이것을 무차별곡선이라고 한다. 그런데 무차별곡선은 〔그림 4-3〕에서 보는 것처럼 부드럽게 우하향한다.

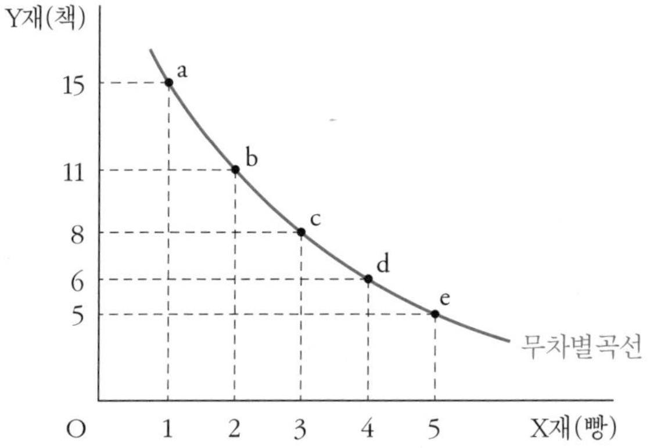

〔그림 4-3〕 무차별곡선의 형태; 우하향한다!

그런데 필자가 지금으로부터 40여 년 전인 1979년도 3월 초에 『경제학원론』을 처음 접하면서 가장 당혹스러웠던 부분이 바로 이 무차별곡선이다. 무차별곡선 상의 상품 묶음 a, b, c, d, e점이 소비자들에게 동일한 효용을 제공한다고 하는데, 도대체 무슨 근거로 그런 주장을 할 수 있는지 도무지 이해가 되지 않았다. X재, Y재, 그들 상품의 소비로부터 얻을 수 있는 효용(U)은 3차원 공간에다 표현해야 할 것 같은데 X재와 Y재만 존재하는 2차원 평면에다 3가지를 모두 다 제시했기 때문이다. 어쩌면 지금 이 순간에도 40여 년 전의 필자가 그랬던 것처럼 무차별곡선에 대해 고민하는 수험생이 있을지도 모른다는 생각에서 그것을 좀 더 자세히 설명해 보고자 한다.

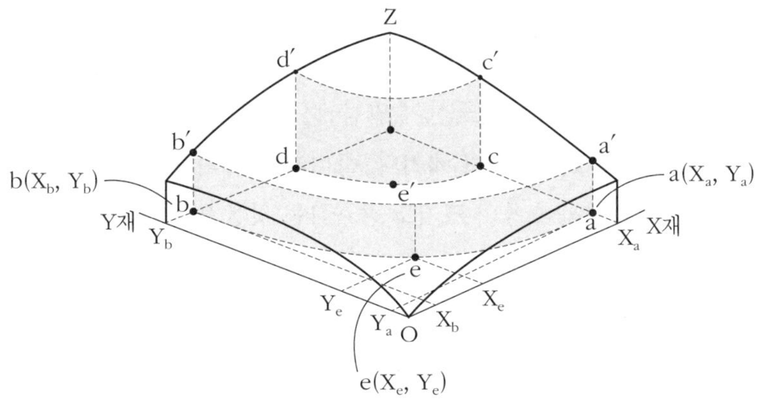

〔그림 4-4〕 효용 곡면과 무차별곡선의 의미

〔그림 4-4〕는 원점(O)을 중심으로 X축에는 X재 소비량, Y축에는 Y재 소비량, X재와 Y재의 상품 묶음을 소비했을 때 얻을 수 있는 효용의 크기는 3차원 공간상의 Z축에 나타냄을 보여준다. a점의 상품 묶음인 a(X_a, Y_a)에서 X_a는 X재의 소비량, Y_a는 Y재 소비량, 그때 얻을 수 있는 효용의 크기는 a′a이다. 그런데 그 크기가 e점에서의 상품 묶음인 e(X_e, Y_e)와 b점에서의 상품 묶음인 b(X_b, Y_b)에서 얻을 수 있는 효용의 크기와 동일하다. 즉 a′a = e′e = b′b의 관계가 성립한다. 이처럼 Z축에 표시된 효용의 크기가 같은 점들을 연결한 a′e′b′가 무차별곡선이다. 무차별곡선을 정확하게 나타내려면 3차원 공간에서의 효용국면이 필요하다. 그런데 이것을 X재와 Y재만 존재하는 2차원 평면에다 무차별곡선을 나타내려면 하나의 트릭을 써야 한다. 그것은 a′e′b′로 정의되는 무차별곡선을 2차원 평면에다 투영시켜야 한다는 것이다. 그런 과정을 통해 도출된 것이 aeb로 나타낸 무차별곡선이다. X재와 Y재를 더 많이 소비하면, 그로부터 얻을 수 있는 효용의 크기도 커지게 된다. 그것을 표현한 것이 무차별곡선 c′d′이다. 그것을 2차원 평면에 나타내기 위해서는 c′d′로 정의되는 무차별곡선을 2차원 평면에다 투영시켜야 한다. 그렇게 해서 도출한 것이 무차별곡선 cd이다. 경제학에서는 〔그림 4-4〕의 ab, cd처럼 2차원 평면 위에 우하향하는 여러 개의 무차별곡선을 투영시켜 놓은 것을 무차별지도(indifference map)라고 정의한다.

② 무차별곡선의 주요 특성

원점에서 멀리 떨어져 있는 무차별곡선일수록 높은 효용수준을 나타낸다. 이는 지극히 당연한 이치다. 무차별곡선이 원점에서 멀리 떨어져 있다는 것은 그만큼 X재와 Y재를 많이 소비한다는 얘기다. 소비자 선호의 단조성(monotonicity)은 상품 소비량이 늘어날수록 효용의 크기도 증가하는 것을 의미한다.

무차별곡선은 우하향(右下向)한다. 그런데 〔그림 4-5〕는 무차별곡선이 우하향하지 않는 경우를 보여준다. (a) 그래프는 L자 형태의 무차별곡선이고, (b) 그래프는 우상향(右上向)과 우하향이 공존하는 무차별곡선을 보여준다.

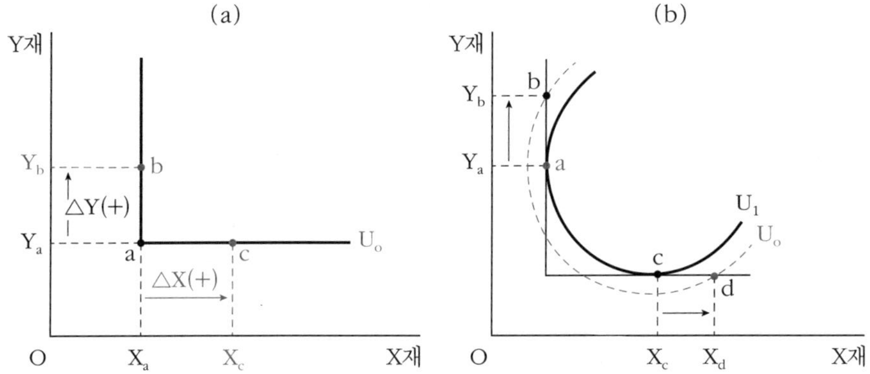

〔그림 4-5〕 우하향하지 않는 무차별곡선의 형태

(a) 그래프부터 살펴보자. 무차별곡선의 정의상 a, b, c점의 상품 묶음에서 소비자들은 동일한 효용을 얻는다. 이제 a점의 상품 묶음인 a(X_a, Y_a)로부터 b점의 상품 묶음인 b(X_a, Y_b)로 이동한다는 것은 Y재를 △Y만큼 추가적으로 더 소비한다는 의미다. 그런데도 a점과 b점에서 효용의 크기가 U_o로 같다는 것은 결국 MU_Y가 0이라는 뜻이다. 이는 합리적인 소비자는 MU_X, MU_Y가 0보다 큰 영역에서만 소비를 한다는 것에 정면으로 위배된다. 이는 a점에서 c점으로 상품 묶음을 이동시킬 때도 마찬가지다. 이때는 MU_X가 0이 된다. 따라서 정상적인 무차별곡선이라면 L자 형태가 될 수 없다.

(b) 그래프를 보면 두 개의 무차별곡선이 그려져 있다. 원점에서 멀리 떨어진 무차별곡선 U_1이 U_o보다 효용이 크다는 것을 두말할 필요가 없다. (b) 그래프에서 우상향하는 무차별곡선상의 a점과 b점의 상품 묶음을 비교해보면 X재 소비량

은 동일하고 Y재 소비량만 b점의 상품 묶음이 더 많다는 것을 알 수 있다. 그런데도 a점에서 b점으로 Y재 소비량을 증가시키면 효용은 U_1에서 U_o로 감소한다. 이는 MU_Y가 0보다 작다는 것을 의미한다. 무차별곡선이 우상향하는 c점에서 d점으로의 이동도 마찬가지다. 이때는 MU_X가 0보다 작다. 이는 합리적인 소비자는 반드시 MU_X, MU_Y가 0보다 큰 영역에서 소비를 해야 한다는 원칙에 위배된다. 따라서 정상적인 무차별곡선이라면 우상향할 수 없다.

무차별곡선은 교차하지 않는다. 무차별곡선이 교차할 수 없는 것은 서로 다른 두 개의 무차별곡선이 교차하는 경우에 발생하는 모순 때문이다. 〔그림 4-6〕의 (a) 그래프를 통해 그 문제를 좀 더 살펴보자.

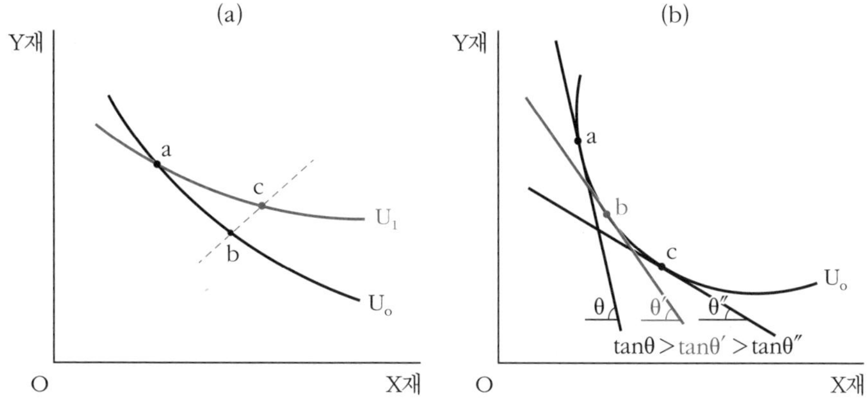

〔그림 4-6〕 교차할 수 없는 무차별곡선과 한계대체율

(a) 그래프에서 보는 것처럼 무차별곡선 U_o와 U_1은 a점에서 교차한다. a상품 묶음과 c상품 묶음은 무차별곡선 U_1상에 있기 때문에 두 상품 묶음에서는 효용의 크기가 같다. 또 a상품 묶음과 b상품 묶음은 무차별곡선 U_o상에 있기 때문에 두 상품 묶음에서도 효용의 크기가 동일하다. 삼단논법에 따르면 b상품 묶음과 c상품 묶음도 효용의 크기가 같아야 한다. 그러나 c상품 묶음은 b상품 묶음보다 원점에서 북동(北東)쪽으로 멀리 떨어져 있기 때문에 c상품 묶음에서의 효용은 b상품 묶음에서의 그것보다 크다. 만약 무차별곡선이 교차한다면 이와 같은 논리적 모순에 빠지게 된다. 따라서 무차별곡선은 교차할 수 없다.

무차별곡선은 원점에 대해 볼록하다! 이는 무차별곡선의 특성 가운데 제일 중요한 개념으로 각종 경제시험에서 종종 출제되기 때문에 독자 여러분은 이 부분에 대해 정확하게 이해해야 한다. 〔그림 4-6〕의 (b) 그래프에서 무차별곡선 상의 a, b, c점에서 그은 접선의 기울기인 tanθ, tanθ′, tanθ″를 Y재로 표시한 X재의 한계대체율(MRS_{XY}; marginal rate of substitution of X in terms of Y)이라고 말하며 다음의 식으로 정의한다.[17]

$$MRS_{XY} = -\frac{\triangle Y}{\triangle X} = \frac{MU_X}{MU_Y} \quad \text{단, U는 } U_o \text{로 일정}$$

즉 한계대체율은 X재 소비량을 1단위 증가시킬 때, 종전과 동일한 효용수준을 유지하기 위해 감소시켜야 하는 Y재 수량을 의미한다. 또 한계대체율은 1단위의 X재에 대한 Y재의 주관적인 교환비율이다. 참고로 한계대체율은 양(+)의 값으로 정의되며, 위 식에서 음(-)의 의미는 단지 X재와 Y재 소비량의 변화 방향이 반대라는 것을 나타낼 따름이다. 한편, 무차별곡선이 원점에 대해 볼록(convex)하다는 것은 (b) 그래프에서 보는 바와 같이 한계대체율이 체감한다는 뜻이다. 그렇다면 (b) 그래프에서 X재 소비량을 늘릴수록(a → b → c) 한계대체율이 점점 감소(tanθ 〉 tanθ′ 〉 tanθ″)하는 이유는 무엇일까? 그에 대한 해답은 간단하게 정리된다. 즉 (b) 그래프의 a상품 묶음에서는 Y재 수량이 X재 수량보다 훨씬 더 많다. 따라서 이때는 MU_Y가 MU_X보다 작다.[18] 하지만 b, c의 상품 묶음으로 옮겨가면서 X재 수량이 Y재보다 상대적으로 많아진다. 당연히 상대적으로 희소해지는 Y재의 MU_Y는 커지고 X재의 MU_X는 감소한다. 따라서 X재 소비량을 증가시킬수록 절대값으로 표시한 한계대체율의 기울기는 감소할 수밖에 없다. 그러나 무차별곡선이 원점에 대해 오목(concave)한 경우에는 X재 소비량을 늘릴수록 한계대체율은 체증한다. 이에 대해서는 독자 여러분이 그래프를 그려가며 두 눈으로 직접 확인해보기 바란다.

---

17 무차별곡선은 $U_o = U(X, Y)$로 정의된다. 이것을 전미분하면 $dU_o = (\partial U/\partial X) \times dX + (\partial U/\partial Y) \times dY = MU_X \cdot dX + MU_Y \cdot dY = 0$이 된다. MRS_{XY}는 $-dY/dX$로 정의된다. 따라서 $MRS_{XY} = -dY/dX = MU_X/MU_Y$의 관계식이 도출된다.

18 존재량이나 소비량이 많을수록 한계효용이 감소한다는 점에서 그와 같은 결론을 내릴 수 있다.

보론 4-3. 특수한 형태의 무차별곡선

앞에서 설명한 무차별곡선은 원점에 대해 볼록하고 한계대체율체감의 법칙을 충족시키며 우하향하는 형태를 띠었다. 하지만 상품 특성이 완전대체재나 완전보완재인 경우의 무차별곡선은 정상적인 무차별곡선과 다른 형태를 띤다. 이것에 대해서도 철저한 이해가 필요하다. 왜냐하면 이 내용도 종종 시험문제로 출제되기 때문이다.

〔그림 4-7〕의 (a) 그래프에서 보는 바와 같이 X재와 Y재가 완전대체재인 경우, 무차별곡선의 형태는 직선이다. 이때 소비자는 두 상품의 소비량에 관계없이 어떤 상품 1단위를 항상 일정한 수량의 다른 상품으로 대체할 의사가 있음을 의미한다. 가령, 만 원권 지폐와 천 원권 지폐는 완전대체재이다. 만 원권 지폐 1장을 사용하든, 천 원권 지폐 10장을 사용하든 모두 만 원짜리 상품을 1단위 구매할 수 있고 거기서 느끼는 효용도 동일하다. 이런 경우, 무차별곡선은 음(-)의 기울기를 갖는 직선이다. 다만 무차별곡선의 기울기는 전적으로 만 원권(또는 천 원권) 지폐를 종축에 설정하냐, 횡축에 설정하냐에 따라 달리 결정된다. 만 원권 지폐를 종축에 설정할 경우, 무차별곡선의 기울기(= −△Y/△X)인 한계대체율은 1/10이고, 횡축에 설정할 경우의 한계대체율은 10이다. 따라서 〔그림 4-7〕의 (a) 그래프는 완전대체재의 무차별곡선이며, 한계대체율은 1/10, 효용의 크기는

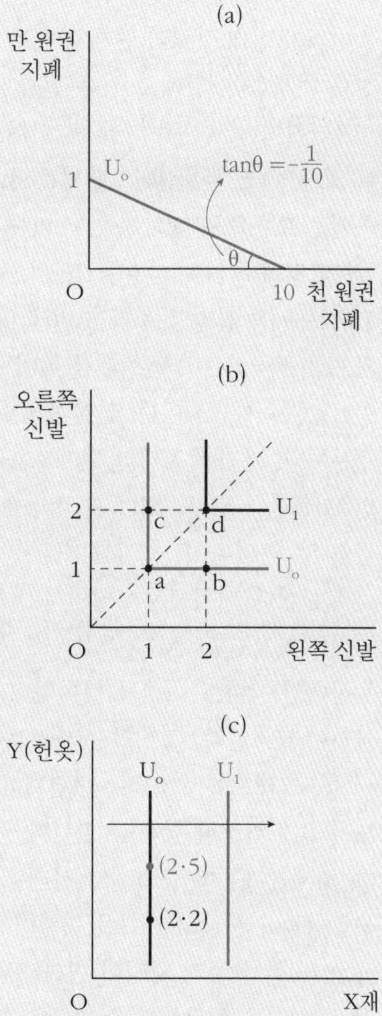

〔그림 4-7〕 특수한 형태의 무차별곡선

U_0이다. X재와 Y재가 만 원권 지폐와 천 원권 지폐처럼 완전대체재일 경우, 소비자가 두 상품을 구입하려는 상대 가격은 단 하나로 일정하다. 이때 두 상품의 상대 가격이 조금이라도 더 높거나 낮으면 소비자는 두 상품 가운데 하나만 구입한다. 이처럼 상대 가격의 작은 변화에도 모든 소비를 한 상품에서 다른 상품으로 변경하는 이유는 한계대체율이 상품 묶음의 구성에 영향을 받지 않기 때문이다.

(b) 그래프는 X재와 Y재가 완전보완재인 경우를 나타낸다. 완전보완재는 소비자가 상대 가격과 관계없이 두 상품을 항상 일정한 비율로 소비한다는 특성을 내재한다. 일례로 왼쪽 신발과 오른쪽 신발은 완전보완재이다. 왼쪽 신발 1단위에다 오른쪽 신발을 2단위, 3단위를 더 소비한다 해도 소비자가 느끼는 효용의 크기는 신발 1단위를 소비할 때의 효용과 동일하다. 따라서 이 경우에는 오른쪽 신발의 추가 소비에 따른 한계효용은 0이다. 그것은 오른쪽 신발 1단위에다 왼쪽 신발을 2단위, 3단위를 추가로 소비한다 해도 마찬가지다. 그때는 왼쪽 신발의 추가 소비에 따른 한계효용이 0이다. 따라서 완전보완재의 무차별곡선은 L자 형태를 띠며 무차별곡선(U_0)의 기울기인 한계대체율은 0 또는 무한대(∞)이다. 한계대체율이 0인 경우는 a에서 b로 이동하는 수평선 부분이다. 거기서 X재의 한계효용(MU_X)은 0이다. 이것을 한계대체율 공식인 $MRS_{XY} = MU_X/MU_Y$에 적용하면, 왜 a ~ b 구간에서 한계대체율이 0인지 금방 알 수 있다. 또 한계대체율이 무한대인 경우는 a에서 c로 이동하는 수직선 부분이다. 거기서는 Y재의 한계효용(MU_Y)이 0이다. 이것 또한 한계대체율 공식인 $MRS_{XY} = MU_X/MU_Y$에 적용하면, 왜 a ~ c 구간에서 한계대체율이 무한대인지 바로 이해될 것이다. 또 완전보완재는 가격소비곡선과 소득소비곡선이 일치한다. 그 이유는 완전보완재인 경우, 대체효과가 0이기 때문이다.

(c) 그래프에서 Y재는 중립재(neutral goods)이다. 중립재란 '소득이 증가해도 수요가 일정한 상품'을 말한다. 즉 수요의 소득탄력도가 0인 상품이 중립재다. 경제학자들이 중립재의 사례로 드는 것은 헌 옷이다. 중립재와 관련해서 수험생들이 헷갈리기 쉬운 상품이 독립재다. 여기서 독립재는 커피와 소금처럼 어느 한 상품의 가격이 변화해도 다른 상품의 수요에 아무런 영향을 미치지 않는 경우를 말한다. 독자 여러분은 이들 간의 개념 차이에 대해서도 정확하게 이해하고 혼동하지 않기를 바란다.

(2) 예산선

① 예산선의 정의 및 형태

소비자의 합리적인 의사결정, 즉 효용극대화를 충족시키는 소비자 선택을 분석하려면 소비자의 선호와 예산 규모를 나타내는 예산선을 이해해야 한다. 앞서 학습한 무차별곡선은 소비자 선호에 관한 것이다. 지금부터는 소비자의 상품 구매능력을 의미하는 예산선(budget line)에 대해 살펴보고자 한다.

예산선은 주어진 소득을 모두 지출해서 구매할 수 있는 X재와 Y재의 상품조합을 나타낸 선으로서 소비자의 예산 규모를 의미한다. 일명 가격선(price line)이라고도 부른다. 소비자의 소득을 I, 소비자가 구입 가능한 상품을 X재와 Y재, 또 그들 가격을 P_X, P_Y라고 하면, 예산선의 궤적은 $I = (P_X \times X) + (P_Y \times Y) = (P_X \cdot X) + (P_Y \cdot Y)$로 정의된다. 그것을 그래프로 나타낸 것이 〔그림 4-8〕이다.

〔그림 4-8〕은 소득 I로 구입 가능한 X재와 Y재의 수량을 나타낸다. G점의 상품 묶음은 소득 I로 구입이 불가능한 점이고, H점의 상품 묶음은 소득 I를 X재와 Y재 구입에 전부 지출하지 않은 경우이다. 효용극대화를 추구하는 소비자라면 결코 H점의 상품 묶음을 선택하지 않을 것이다. 또 b점의 상품 묶음은 소득 I를 X재 구입에 모두 지출한 경우로서 이때 구입 가능한 X재 수량은 I/P_X이다. I/P_X는 X재로 표시한 소비자의 실질소득이다. 이와 마찬가지로 a점의 상품 묶음은 소득 I를 Y재 구입에 올인한 경우로서 이때 구입 가능한 Y재 수량은 I/P_Y이다. I/P_Y는 Y재

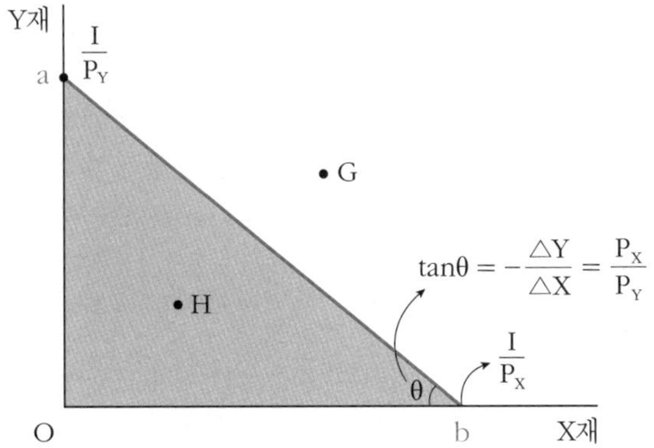

〔그림 4-8〕 예산선의 형태와 기울기

로 표시한 소비자의 실질소득이다. 이를 통해 예산선의 기울기를 도출할 수 있다. 그것을 정리하면 다음과 같다.

$$\text{예산선의 기울기} = -\frac{\triangle Y}{\triangle X} = \frac{I/P_Y}{I/P_X} = \frac{P_X}{P_Y}$$

예산선의 기울기인 P_X/P_Y는 X재와 Y재의 상대가격(relative price)으로서 시장에서 X재 1단위와 교환되는 Y재의 수량이다. 즉 상대가격은 다른 상품의 가격과 비교된 어느 한 상품의 가격을 말한다. 앞서 학습한 한계대체율(MRS_{XY})이 X재와 Y재의 주관적인 교환비율이라면, 예산선의 기울기인 P_X/P_Y는 X재와 Y재의 객관적인 교환비율이자 기회비용이다.

② 예산선의 이동

예산선의 이동은 소득만 변화하는 경우, 소득은 일정하고 X재나 Y재의 가격만 변화하는 경우로 구분해서 살펴볼 수 있다.[19] 우선 X재와 Y재 가격은 일정하고 소득만 변하는 경우는 예산선의 기울기가 일정하기 때문에 예산선은 기존의 예산선과 평행하게 이동한다. 〔그림 4-9〕가 그것을 잘 보여준다. 최초의 예산선을 ab라고 가정하자. 이때 소득이 증가하면 기존의 예산선은 ab에서 a′b′로 이동(①)한다. 반대로 소득이 감소하면 기존의 예산선 ab는 a″b″로 이동(②)한다.

다음으로 소득이 일정불변인 상황에서 X재 가격인 P_X가 변하거나 Y재 가격인 P_Y가 변하는 경우에 대해 살펴보자. X재 가격이나 Y재 가격이 상승(하락)하면 예산선의 기울기가 변할 뿐만 아니라 상품의 구매 가능 영역도 줄어들게(커지게) 된다. 이에 대해서는 〔그림 4-10〕을 참조하기 바란다.

(a) 그래프는 소득과 Y재 가격이 일정불변인 상황에서 X재 가격만 변하는 경우, 예산선의 이동을 보여준다. 이때 X재 가격이 하락하면 기존의 예산선 ab는 ac

---

19 X재와 Y재 가격이 비례적으로 상승(하락)할 경우, 예산선의 기울기(=P_X/P_Y)는 불변이며, 이는 소비자의 소득(I)이 동일 비율로 감소(증가)하는 것과 똑같은 효과를 가져온다. 또 소득, 재화의 가격이 일정 비율로 증가(감소)하는 경우에도 예산선은 변하지 않는다는 것을 잊지 않았으면 한다.

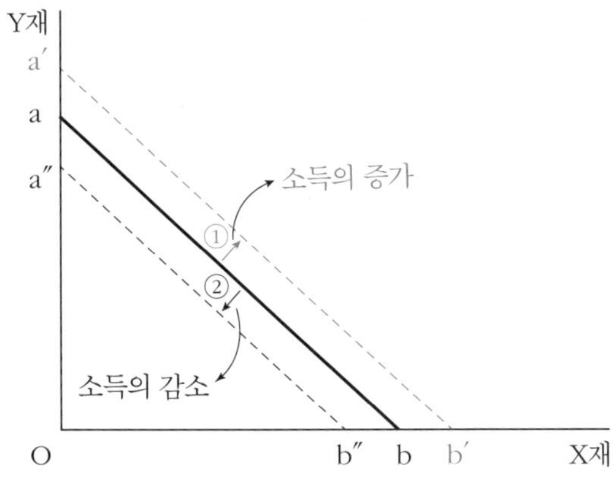

〔그림 4-9〕 소득의 변화와 예산선의 이동

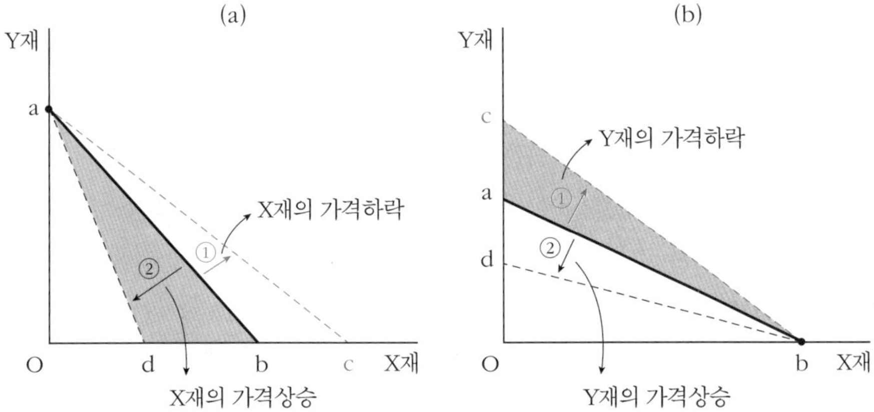

〔그림 4-10〕 가격의 변화와 예산선의 이동

로 이동(①)한다. 또 상품을 구매할 수 있는 영역도 abc만큼 커진다. 하지만 X재 가격이 상승하면 기존의 예산선 ab는 ad로 이동(②)하고, 상품을 구매할 수 있는 영역은 △abd만큼 줄어든다. 한편, (b) 그래프는 소득과 X재 가격이 일정한 상황에서 Y재 가격만 변할 경우, 예산선의 이동을 보여준다. 이때 Y재 가격이 하락하면 기존의 예산선 ab는 cb로 이동(①)하고 상품을 구매할 수 있는 영역도 △abc만큼 커진다. 또 Y재 가격이 상승하면 기존의 예산선 ab는 db로 이동(②)하고 상품을 구매할 수 있는 영역도 △abd만큼 감소한다.

(3) 소비자 선택의 균형 조건과 소비자 균형의 이동

① 소비자 선택의 균형 조건

소비자가 추구하는 최종목표는 효용극대화다. 소비자는 주어진 소득과 가격 조건 하에서 가장 큰 효용수준을 보장하는 상품 묶음을 선택하기 위해 노력한다. 지금까지 배운 무차별곡선은 소비자의 선호체계에 대한 정보를 제공하고, 예산선은 소비자의 예산 규모를 나타낸다. 이제 우리는 무차별곡선과 예산선을 활용해서 효용극대화를 충족시켜 주는 소비자 선택의 균형 조건을 도출할 수 있다.

〔그림 4-11〕은 무차별지도와 예산선을 동일 좌표상에 나타낸 것이다. 예산선은 선분 aa로 주어졌고 무차별지도는 U_o, U_1, U_2, U_3로 구성된다. 또 그 크기는 $U_3 > U_2 > U_1 > U_o$이다. △Oaa는 X재와 Y재에 대한 소비자의 예산 규모를 의미한다. 따라서 소비자는 △Oaa의 영역 안에 있는 상품 묶음 b, c, d, e, f를 구매할 수 있다. 하지만 효용극대화를 추구하는 소비자라면 반드시 무차별곡선과 예산선이 접하는 e점의 상품 묶음(X_o, Y_o)을 선택해서 소비해야 한다. 그 이유는 간단하다. b점의 상품 묶음보다는 c점의 상품 묶음이 더 큰 효용을 보장하고, c점의 상품 묶음보다는 e점의 상품 묶음이 더 큰 효용을 보장하기 때문이다. 그 논리는 d점의 상품 묶음과 f점의 상품 묶음에 대해서도 마찬가지다. g점의 상품 묶음은 △Oaa의 영역 밖에 위치해 있기 때문에 소비자의 현재 소득으로는 구매가 불가능하다.

〔그림 4-11〕에서 효용극대화를 충족시켜주는 점은 e점의 상품 묶음인 (X_o,

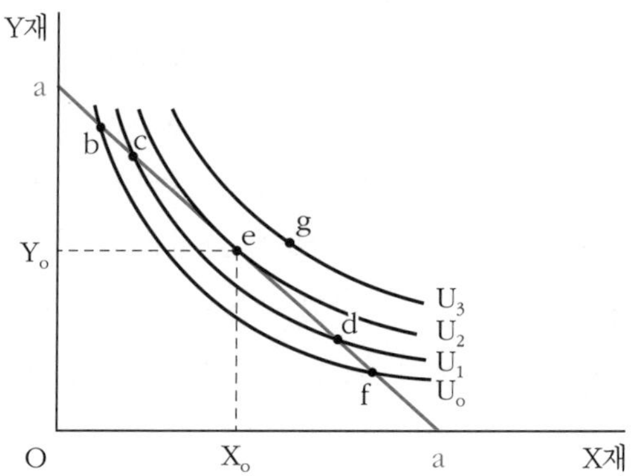

〔그림 4-11〕 효용극대화와 소비자균형점

Y_0)이다. e점에서는 무차별곡선 U_2와 예산선 aa가 접함으로써 기울기가 같게 된다. 즉 무차별곡선의 기울기인 한계대체율(MRS_{XY})과 예산선의 기울기인 X재와 Y재의 상대가격(P_X/P_Y)이 같다는 얘기다. 따라서 효용극대화를 충족시켜주는 소비자균형점에서는 다음의 조건이 충족되어야 한다.

$$MRS_{XY} = \frac{MU_X}{MU_Y} = -\frac{\triangle Y}{\triangle X} = \frac{P_X}{P_Y}$$

다음으로 〔그림 4-11〕의 b, c의 상품 묶음에서는 효용극대화가 충족되지 못하는 이유를 설명해보자. b, c의 상품 묶음에서는 한계대체율(MRS_{XY})이 두 상품의 상대가격(P_X/P_Y)보다 크다. 즉 $MRS_{XY} = MU_X/MU_Y \rangle P_X/P_Y$ 이다. 이것이 균형을 이루기 위해서는 MU_X가 감소해야 하는데 그러려면 소비자가 X재를 더 많이 소비해야 한다. 따라서 b, c의 상품 묶음은 X재를 더 많이 소비하는 e의 상품 묶음으로 이동하게 된다. 왜냐하면 그래야만 효용극대화가 실현될 수 있기 때문이다.

한편, d, f의 상품 묶음에서는 한계대체율(MRS_{XY})이 두 상품의 상대가격(P_X/P_Y)보다 작다. 즉 $MRS_{XY} = MU_X/MU_Y \langle P_X/P_Y$ 이다. 이것이 균형을 이루기 위해서는 MU_X가 커져야 한다. X재의 한계효용이 커지려면 소비자가 X재 소비를 줄여야 한다. 따라서 d, f의 상품 묶음은 X재를 덜 소비하는 e의 상품 묶음으로 이동하게 된다. 그리고 소비자균형점인 e의 상품 묶음에 도달하는 순간, $MRS_{XY} = MU_X/MU_Y = P_X/P_Y$로 정의되는 소비자균형조건이 충족되기 때문에 다른 조건이 변하지 않는 한, 다른 상품 묶음으로 이동할 이유가 없다.

② 소비자균형점의 이동(1); 소득소비곡선과 엥겔 곡선의 도출

소비자균형점은 무차별곡선과 예산선의 접점(接點)에서 이루어진다. 그런데 소비자의 소득, X재와 Y재 가격의 변화로 인해 예산선이 변하면 소비자균형점도 이동하게 된다. 여기서는 소비자의 선호체계, X재와 Y재 가격을 비롯한 다른 조건들은 일정불변인 상태에서 소비자의 소득만 변할 경우, 소비자균형점이 어떻게 이동하는지 살펴보자. 이것을 잘 보여주는 것이 〔그림 4-12〕이다.

〔그림 4-12〕의 (a) 그래프를 보면 소비자의 소득이 I_0에서 I_1, I_2로 증가할 때

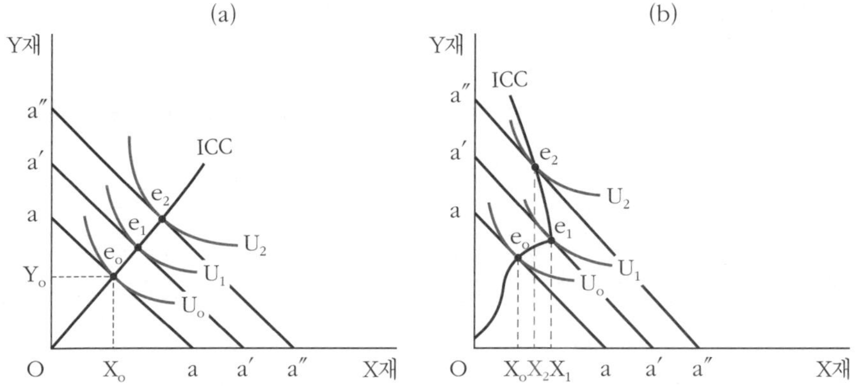

〔그림 4-12〕 소득소비곡선과 상품(정상재, 열등재)의 특성

예산선이 aa, a′a′, a″a″으로 평행이동하고 그에 따라 무차별곡선도 U_o에서 U_1, U_2로 이동함을 보여준다. 또 효용극대화조건을 충족시켜주는 소비자균형점도 e_o, e_1, e_2점으로 결정된다. 이처럼 소비자의 소득수준이 변함에 따라 이동한 소비자균형점들을 연결한 곡선을 소득소비곡선(ICC; income consumption curve)이라고 정의한다. 그런데 소득소비곡선은 반드시 원점에서부터 출발한다. 그 이유는 소득이 0이면, X재와 Y재의 소비량도 0일 수밖에 없기 때문이다.

한편, 최초의 소비자균형점인 e_o에서 소비자는 (X_o, Y_o)의 상품 묶음을 소비함으로써 U_o의 효용을 얻고 있다. (a) 그래프에 나타내지는 않았지만 소득의 증가와 함께 e_1과 e_2의 소비자균형점에서 소비한 상품 묶음들에서 X재와 Y재의 크기는 각각 $X_o < X_1 < X_2$, $Y_o < Y_1 < Y_2$이다. 이것은 독자 여러분이 그래프를 통해 직접 체크해보기 바란다. 여기서 우리는 X재와 Y재 모두 정상재임을 알 수 있다. 여기서 정상재란 소득이 증가할 때 소비량이 증가하는 상품을 말한다.

이제 정상재와 열등재가 공존하는 경우를 살펴보자. 열등재는 소득이 증가함에 따라 소비량이 감소하는 상품을 말한다. (b) 그래프를 보자. (b) 그래프에서도 소비자의 소득이 증가함에 따라 소비자균형점이 e_o점에서 e_1, e_2점으로 이동하고 효용도 U_o에서 U_1, U_2로 증가함을 보여준다. 그런데 X재의 경우 소득이 I_o에서 I_1으로 증가할 때까지는 소득의 증가와 함께 소비량이 X_o에서 X_1으로 증가하지만 소득이 I_1에서 I_2 수준으로 증가하면 소비량이 X_1에서 X_2로 감소한다. 이런 경우, X재는 열등재의 특성을 갖는다. 물론 지면 관계상 (b) 그래프에 나타내지는 않았지만, 소득이 I_o에서 I_1, I_2로 증가함에 따라 Y재 소비량은 Y_o에서 Y_1, Y_2로 늘어나고 그 크기도 $Y_o < Y_1 < Y_2$임을 확인할 수 있다. (b) 그래프를 통해 우리는 Y재가 시종일관 정상재임을 알 수 있다. 이는 소비자균형점 e_o, e_1, e_2점에서 종축(Y축)에다 수평선을 그으면 Y재 소비량이 도출된다. 이것 또한 독자 여러분이 직접 체크해보기 바란다.

엥겔 곡선(Engle curve)은 소득소비곡선으로부터 도출된다. 엥겔 곡선은 소득의 변화에 따라 특정 상품의 수요량이 어떤 반응을 보이는지를 나타낸다. 엥겔 곡선은 상품 특성(예 사치재, 생필품, 정상재, 열등재 등)에 대한 정보를 제공해준다. 〔그림 4-13〕을 통해 그 문제를 좀 더 살펴보자. 특히 이 내용은 각종 경제시험에서 종종 출제되기 때문에 독자 여러분의 각별한 주의가 필요하다.

〔그림 4-13〕에는 3종류의 엥겔 곡선이 등장한다. 여기서 45°선은 X재의 소비증가율과 소득증가율이 동일한 경우를 나타낸다. 즉 X재 수요의 소득탄력도가 1인 직선이다. 엥겔 곡선 E_1은 수요의 소득탄력도가 1보다 큰 상품으로서, 사치재가 여기에 해당된다. 엥겔 곡선 E_2는 수요의 소득탄력도가 0보다 크고 1보다 작은 경우다. 쌀을 비롯한 생필품이 여기에 속한다. 참고로 사치재와 생필품은 모두 정상재의 카테고리에 속하기 때문에 엥겔 곡선 E_1과 E_2는 모두 정상재의 엥겔 곡선이다. 그러나 엥겔 곡선 E_3는 열등재의 엥겔 곡선이다. 왜냐하면 소비자의 소득이 I_o에 이를 때까지는 소득의 증가에 따라 X재 소비량도 늘어나지만, I_o 이후부터는 소득이 증가함에 따라 X재 소비량이 감소하기 때문이다.

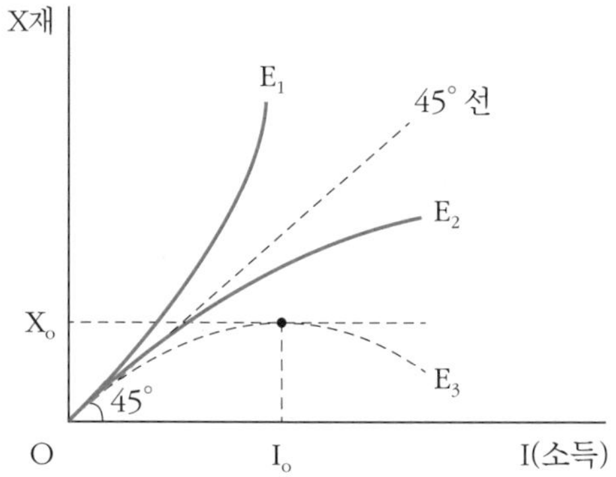

〔그림 4-13〕 엥겔 곡선의 형태와 상품의 특성

③ 소비자균형점의 이동(2); 가격소비곡선과 소비자 수요곡선의 도출

이제 소비자 선호, 소득, Y재 가격이 일정한 상태에서 X재 가격만 하락하는 경우, 소비자균형점이 어떻게 이동하는지 살펴볼 차례다. 〔그림 4-14〕가 그것을 잘 보여준다.

(a) 그래프에서 최초의 소비자균형점은 e_o점이다. X재 가격은 P_o이고, 무차별곡선 U_o와 예산선 bc가 e_o점에서 접함으로써 X재 소비량은 X_o로 결정된다. (a) 그래프에서 최초의 소비자균형점을 (b) 그래프에 나타낸 것이 e_o'점이다. 이제 (b) 그래프에서 X재 가격이 P_o에서 P_1, P_2로 하락하면, (a) 그래프의 예산선은 b점을 축으로 bd, bf로 이동한다. 그러면 (a) 그래프에서 소비자균형점도 e_o점으로부터 e_1, e_2점으로 이동하고 소비자의 효용도 U_o에서 U_1, U_2로 증가한다. 이때 e_o, e_1, e_2

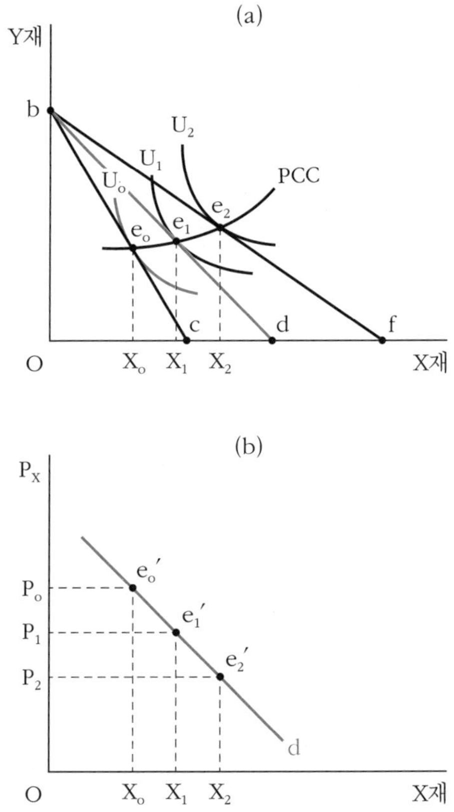

〔그림 4-14〕 가격소비곡선(PCC)과 소비자 수요곡선의 도출(1)

점을 연결한 것이 가격소비곡선이다. 이는 PCC(price consumption curve)라고도 부른다. 그것은 다른 조건(예 소비자 선호, 소득, Y재 가격 등)들이 일정할 때, X재의 가격 변동에 따른 소비자균형점들을 연결한 곡선이다. 그런데 우하향하는 소비자 수요곡선은 가격소비곡선으로부터 도출된다. 지금부터 소비자 수요곡선이 도출되는 과정에 대해 살펴보자.

최초의 예산선이 bc이고 X재 가격이 P_o일 때, 소비자균형점은 e_o점이다. 이때 X재 가격이 P_1, P_2로 하락하면 (a) 그래프에서 보듯이 소비자균형점이 e_1, e_2점으로 변한다. 그에 따라 X재 소비량도 X_1, X_2로 증가한다. 즉 X재 가격이 P_1인 경우 X재 수요량은 X_1, X재 가격이 P_2인 경우 X재 수요량은 X_2이다. 이것을 나타낸 것이 (b) 그래프의 e_1', e_2'점이다. 이때 e_o', e_1', e_2'점을 연결하면 부드럽게 우하향하는 소비자 수요곡선이 도출된다. 소비자 선호의 독립성이 전제될 경우, 이것의 횡적 합이 바로 시장수요곡선이다.

보론 4-4. 가격소비곡선(PCC)과 수요곡선의 형태에 대한 부연 설명

가격소비곡선과 소비자 수요곡선의 형태는 수요의 가격탄력도(ε_d)와 두 상품 간의 관계(예 대체재, 보완재, 독립재)에 따라 달라짐에 유의해야 한다. 이 내용은 각종 경제시험에서 난이도가 높은 문제로 종종 출제되기 때문에 독자 여러분의 철저한 학습이 필요하다.

▷ 가격소비곡선이 우상향하는 경우; 이때 X재와 Y재는 보완재이다!

〔그림 4-14〕에서 살펴본 것처럼 가격소비곡선이 우상향하면, X재에 대한 수요의 가격탄력도(ε_d)는 1보다 작다. 즉 수요의 가격탄력도가 비탄력적인 상품은 우상향하는 가격소비곡선과 가파르게 우하향하는 수요곡선을 갖는다. 그런데 가격소비곡선이 우상향하면, 수요의 가격탄력도(ε_d)가 1보다 작은 이유는 무엇일까? 〔그림 4-14〕의 (a) 그래프에서 알 수 있듯이 X재 가격이 하락하면 X재 수요량과 Y재 수요량이 함께 증가한다. 이때 X재와 Y재 수요량이

같은 방향으로 변하기 때문에 두 상품은 보완재이다. 또 현재 X재 가격만 하락했을 뿐, 소비자의 소득은 일정하다. 그런데 Y재 수요량이 증가하므로 $P_Y \times Y$값은 증가한다. 그러면 I(일정불변) = $(P_X \times X) + (P_Y \times Y)$의 관계에서 X재에 대한 지출액(= $P_X \times X$)은 감소해야 한다. X재 가격이 하락할 때, X에 대한 지출액이 감소하려면, 수요의 가격탄력도(ε_d)는 1보다 작아야 한다.

▶ 가격소비곡선이 수평선인 경우; 이때 X재와 Y재는 독립재이다!

〔그림 4-15〕의 왼쪽 (a) 그래프에서 보는 것처럼 가격소비곡선이 수평선이면, X재에 대한 수요의 가격탄력도(ε_d)는 1이다. 즉 X재 수요가 단위 탄력적이면 수평선 형태의 가격소비곡선과 직각쌍곡선인 소비자 수요곡선이 도출된다. 이때 X재 수요에 대한 가격탄력도(ε_d)가 1인 이유 역시 간단하게 증명된다. 소비자 소득이 일정불변인 상황에서 X재 가격만 하락하면 X재 수요량

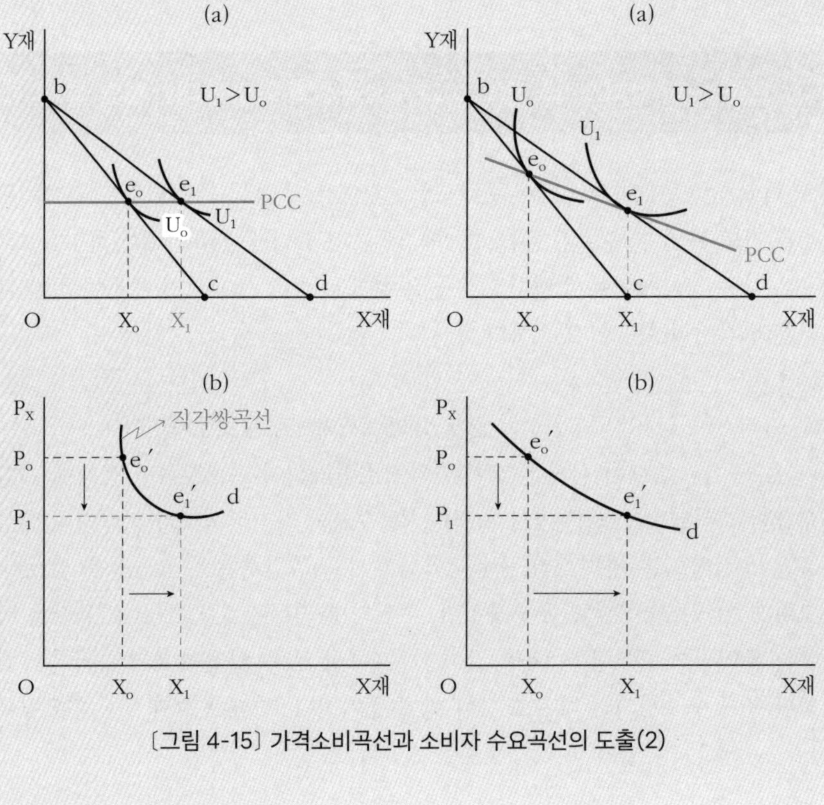

〔그림 4-15〕 가격소비곡선과 소비자 수요곡선의 도출(2)

이 증가한다. 그런데 가격소비곡선이 수평선이기 때문에 Y재 변동분은 0이다. 따라서 X재와 Y재의 관계는 독립재라고 볼 수 있다. 또 X재 가격이 하락할 때, X재에 대한 지출액(= $P_X \times X$)은 일정불변(일정한 상수값을 갖는 C)이다. 이러한 조건은 수요곡선이 직각쌍곡선인 경우에만 충족된다. 따라서 X재 수요곡선의 형태는 직각쌍곡선이며, 그때 수요의 가격탄력도는 1이다. 이에 대한 증명은 제2장 제1절 (3)의 〔그림 2-3〕을 참조하기 바란다.

▶ 가격소비곡선이 우하향하는 경우; 이때 X재와 Y재는 대체재이다!

〔그림 4-15〕의 오른쪽 (a) 그래프에서 보는 것처럼 가격소비곡선이 우하향하면 X재에 대한 수요의 가격탄력도(ε_d)는 1보다 크다. 즉 X재 수요의 가격탄력도(ε_d)가 1보다 큰 상품은 우하향하는 가격소비곡선과 완만하게 우하향하는 수요곡선을 갖는다. 이때 X재 수요의 가격탄력도(ε_d)가 1보다 큰 이유도 간단하게 입증할 수 있다. 소득이 일정한 상황에서 X재 가격만 하락하면 X재 수요량이 증가한다. 그런데 가격소비곡선이 우하향하면 Y재 수요량이 감소하기 때문에 X재와 Y재는 대체재이다. 또 I(일정불변) = $(P_X \times X) + (P_Y \times Y)$의 관계에서 Y재 수요량의 감소로 Y재에 대한 지출액 $(P_Y \times Y)$이 감소하기 때문에 X재에 대한 지출액(= $P_X \times X$)은 증가해야 한다. 그러려면 X재 수요의 가격탄력도(ε_d)가 1보다 커야 한다.

(4) 가격효과, 대체효과, 소득효과

① 가격효과의 구성요소; 대체효과와 소득효과

앞서 살펴보았듯이 X재 가격이 변하면 X재 소비량이 변한다. 경제학에서는 이것을 가격효과(price effect)라고 정의한다.[20] 또 가격효과는 대체효과와 소득효과

20 X재 가격의 변화는 소비자균형점을 이동시킴으로써 X재의 구매량을 변화시킬 뿐만 아니라 Y재의 구매량까지 변화시킨다. 이때 전자를 가격효과(price effect)라 하고, 후자를 교차효과(cross effect)라고 정의한다.

로 구분된다. 대체효과(substitution effect)는 소비자의 만족 수준(효용)이 일정하게 유지된 상태에서 상대적으로 저렴해진 상품을 더 수요하고 상대적으로 비싸진 상품을 덜 수요하는 현상을 말한다. 또 소득효과(income effect)는 상대가격이 일정하게 유지된 상태에서 X재 가격의 변화에 따른 실질소득의 변화가 구매력에 미치는 효과를 말한다. 〔그림 4-16〕을 통해 이와 관련된 사항을 좀 더 살펴보자.

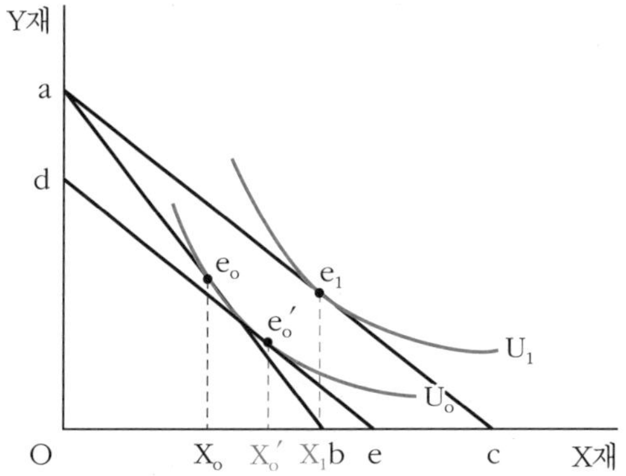

〔그림 4-16〕 가격효과, 대체효과, 소득효과

〔그림 4-16〕에서 최초의 소비자균형점은 예산선 ab와 무차별곡선 U_o가 접하는 e_o점이다. 이때 소비자의 X재 소비량은 X_o이다. 소득 I와 Y재 가격이 일정한 상황에서 X재 가격만 하락하면 기존의 예산선 ab는 a점을 축으로 오른쪽으로 이동한다. 그 결과 새로운 예산선 ac가 도출된다. 이때 소비자균형점도 e_o점에서 e_1점으로 이동하고, X재 소비량도 X_o에서 X_1으로 증가한다. 이때 X재 가격의 하락에 따른 총효과는 X_oX_1이다. 경제학에서는 이것을 가격효과라고 한다. 이제 X재의 가격효과를 대체효과와 소득효과로 분리(分離)해보자. X재 가격이 상대적으로 싸졌기 때문에 X재를 종전보다 더 많이 구입하고자 하는 것이 대체효과다. 이것을 측정하려면 실질 구매력의 변화에 따른 소득효과[21]를 제거해야 한다. 그러려면 X

21 다른 조건이 일정한 상황에서 X재 가격이 하락하면 기존의 예산선이 Y축(=I/P_Y)을 중심으로 오른쪽으로 회전함으로써 예산선의 범위가 넓어진다. 이것은 실질 구매력의 증가를 의미한다. 실질 구매력의 증가는 실질소득이 늘어났다는 것을 말한다. 이때 X재가 정상재라면 X재 소비량은 늘어날 수밖에 없다. 따라서 순수한 의미에서의 대체효과만을 측정하기 위해서는 이러한 소

재 가격이 하락하기 전의 구매력을 유지하면서 새로운 가격수준에서도 종전과 똑같은 효용을 누릴 수 있어야 한다. 즉 새로운 예산선 ac와 평행하게 이동하면서 종전의 무차별곡선 U_o와 접하는 가상의 예산선을 도출해야 한다. 그렇게 해서 도출된 가상의 예산선이 de이고, 이때의 소비자균형점은 e_o'점이다. 또 거기서 X재 소비량은 X_o'이다. 이로써 가격효과를 대체효과와 소득효과로 분리할 모든 준비를 마친 셈이다.

우리는 소득소비곡선을 학습하면서 소득효과의 개념을 학습한 바 있다. 즉 다른 조건이 일정할 때, 소득의 변화는 예산선의 평행이동으로 나타나며, 그때 X재 소비량의 변화를 소득효과라고 정의했다. 그 논리를 〔그림 4-16〕에 적용하면 소득효과의 크기는 $X_o'X_1$이다. 한편 대체효과는 X재의 가격 하락에 따른 가격효과($=X_oX_1$)에서 소득효과($=X_o'X_1$)를 제외한 X_oX_o'로 정의된다. 따라서 다음의 관계가 성립한다.

$$\text{가격효과}(X_oX_1) = \text{대체효과}(X_oX_o') + \text{소득효과}(X_o'X_1)$$

② 대체효과와 소득효과의 특성

대체효과는 X재 가격이 하락(상승)하면 상대적으로 저렴해진(비싸진) X재 수요량은 반드시 증가(감소)한다. 즉 대체효과의 경우, 가격과 수요량은 언제나 반대 방향으로 변화한다. 그런 의미에서 대체효과는 항상 음(-)이다.

반면, 소득효과는 X재가 정상재냐, 열등재냐에 따라 그 부호가 달라진다. 정상재는 X재 가격이 하락해서 실질소득이 증가하면 X재 수요량도 증가한다. 따라서 정상재의 소득효과는 양(+)이다. 하지만 열등재는 X재 가격이 하락해서 실질소득이 증가하면 오히려 X재 수요량이 감소한다. 따라서 열등재의 소득효과는 음(-)이다. 이를 통해 정상재의 수요곡선은 열등재의 수요곡선보다 완만하다는 것을 유추할 수 있다. 이런 내용이 시험문제로 출제되기도 한다. 따라서 독자 여러분은 이들 내용에 대해 주의 깊게 학습해주기 바란다.

득효과를 제거해야만 한다.

③ 정상재, 열등재, 기펜재의 가격효과, 대체효과, 소득효과 분석

X재가 정상재라고 가정하자. X재 가격이 하락할 때, 가격효과와 그 구성요소인 대체효과와 소득효과가 어떻게 변하는지 살펴보자. X재 가격이 하락하면 가격효과는 〔그림 4-16〕에서 살펴본 바와 같이 양(+)의 효과를 갖는다. 여기서 양(+)의 효과란 X재 가격이 하락할 때, X재 수요량이 증가하는 것을 말한다. 이때는 대체효과와 소득효과 모두 양(+)의 효과를 갖는다. 따라서 다음과 같은 관계가 성립한다.

정상재; 가격효과(+) = 대체효과(+) + 소득효과(+)

이제 X재가 열등재라고 가정하자. 이때 X재 가격이 하락하면 가격효과는 양(+)의 효과를 갖는다. X재 가격의 하락으로 다른 상품에 비해 X재 가격이 상대적으로 싸졌기 때문에 X재를 더 많이 구입하는 대체효과는 양(+)이다. 하지만 X재 가격의 하락으로 실질 구매력이 커지면 열등재인 X재 수요량은 감소한다. 즉 열등재의 소득효과는 음(-)이다. 그런데 양(+) 대체효과가 음(-)의 소득효과보다 크기 때문에 가격효과는 양(+)이 된다. 따라서 다음과 같은 관계가 성립한다.

열등재; 가격효과(+) = 대체효과(+) + 소득효과(-)
단, 대체효과(+) 〉 소득효과(-)

열등재 가운데는 기펜재(Giffen's goods)라고 하는 특수한 상품[22]이 존재할 수 있다. 열등재와 기펜재 사이에는 '열등재 ⊇ 기펜재'의 관계가 성립한다. 이를 좀 더 쉽게 설명하면 '기펜재는 강력한 열등재이다.[23] 그러나 열등재라고 해서 반드시 기

---

22 19C에 아일랜드 지방에서는 감자가 주식(主食)이었다고 한다. 그리고 식료품비가 가계지출에서 커다란 비중을 차지하고 있었다. 그런 상황에서 감자가격이 상승해서 소비자들의 실질소득(=실질 구매력)이 감소하자 그들은 감자의 소비량(=수요량)을 늘리고 고기 소비량을 줄였다고 한다. 이런 경우 감자를 기펜재의 사례로 볼 수 있다.

23 기펜재가 되기 위해서는 열등재라는 조건 이외에 하나의 조건이 더 추가되어야 한다고 생각한다. 그것은 기펜재의 대상인 상품이 되려면, 그것이 전체 소비자 지출에서 매우 큰 비중을 차지하고 있어야 한다는 점이다. 그런 이유로 우리 주변에서 기펜재의 사례를 찾기가 생각보다 그리

펜재가 되는 것은 아니다'라는 얘기다. 또 기펜재는 수요의 법칙을 정면으로 위배하는 상품이다. 경제사학자들에 따르면 19C에 아일랜드 지역에서 감자 기근이 발생했을 때, 당시 감자가 기펜재였다고 한다. 참고로 기펜재라는 명칭은 그것을 처음 발견한 영국의 경제학자 로버트 기펜(R. Giffen)의 이름에서 유래된 것으로 전해진다. 특히 기펜재는 가격 하락에 따른 실질구매력(실질소득)의 증대로 상품 수요량이 감소하는 강력한 음(-)의 소득효과가 양(+)의 대체효과를 초과해서 가격효과도 음(-)이 된다. 즉 가격이 하락하면 상품 수요량이 감소하고, 가격이 상승하면 상품 수요량이 증가한다. 따라서 다음의 관계가 성립한다.

기펜재; 가격효과(-) = 대체효과(+) + 소득효과(-)

단, 대체효과(+) 〈 소득효과(-)

지금까지 언급한 내용을 그래프로 종합 정리한 것이 〔그림 4-17〕이다. 이것이 시험문제로 출제되면 아주 까다로운 문제일 가능성이 높다. 따라서 독자 여러분은 〔그림 4-17〕을 꼼꼼하게 검토해가면서 그 의미와 결과를 정확하게 이해해주기 바란다. 이에 대한 응용 및 실전 문제는 김덕수 저, 『객관식 미시경제학』(율곡출판사, 2022)을 참조하기 바란다.

쉽지 않다.

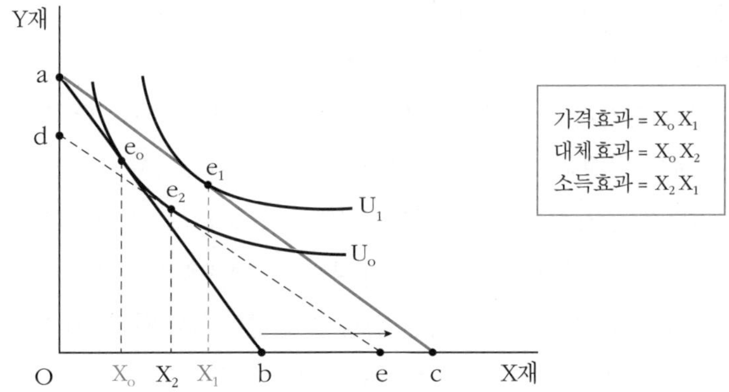

〈정상재〉

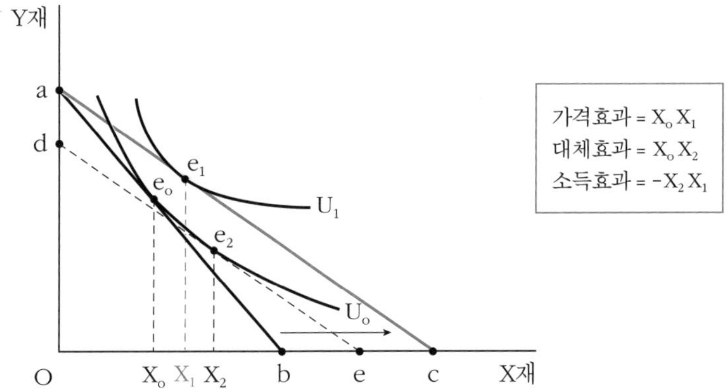

〈열등재〉

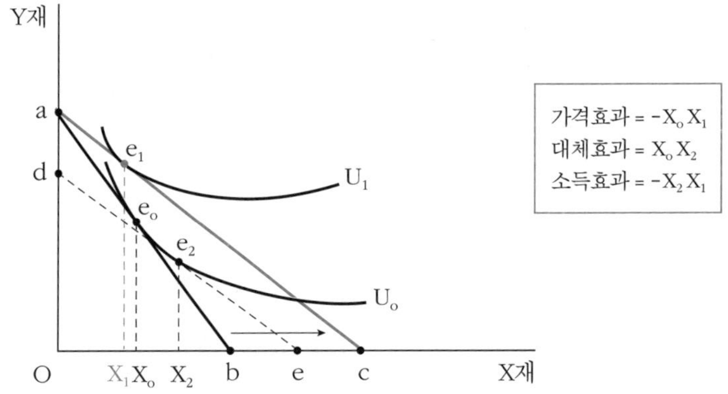

〈기펜재〉

〔그림 4-17〕 정상재, 열등재, 기펜재의 가격효과 분석

(5) 무차별곡선이론에 대한 평가와 한계

① 무차별곡선이론에 대한 평가

무차별곡선이론을 학습하는 이유는 효용의 서수적 측정을 전제로 소비자 균형 조건의 특성을 규명하고, 우하향하는 소비자 수요곡선을 도출하는 데 있다.

또한 무차별곡선이론은 효용의 기수적 측정을 전제로 하는 한계효용이론에 비해 덜 엄격한 가정의 채택과 새로운 경제개념의 도입을 통해 현실 경제에 대한 폭넓은 응용과 정교한 분석을 가능하게 했다는 점에서 긍정적인 평가를 받을만 하다. 하지만 한계대체율을 비롯한 주관적·심리적 요인과 소비자 선호의 측정 문제[24]로 객관적인 이론 구성에는 여전히 한계가 있다고 생각된다.

만약 무차별곡선이론에다 효용의 기수적 측정을 접목하면 소비자 균형 조건과 한계효용이론의 효용극대화조건(한계효용균등의 법칙)이 동일하다는 결론을 내릴 수 있다. 즉 무차별곡선과 한계효용이론이 일맥상통한다는 얘기다. 〔그림 4-18〕에서 소비자의 효용극대화를 충족시켜주는 소비자균형점은 e_o점이며, 거기서 무차별곡선의 기울기인 한계대체율(MRS_{XY})과 예산선의 기울기인 두 상품의 상대가격이 일치한다. 따라서 다음과 같은 식이 성립한다.

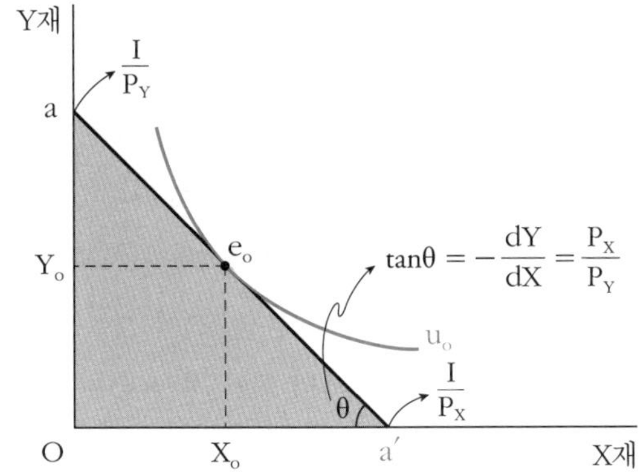

〔그림 4-18〕 소비자 균형 조건과 한계효용균등의 법칙

---

24 무차별곡선은 소비자 선호체계를 대변하는 개념이지만 객관적인 지표로서 측정할 수 없다는 한계점을 내재한다.

$$\text{무차별곡선의 기울기} = \frac{MU_X}{MU_Y} = MRS_{XY} = -\frac{dY}{dX} = \frac{P_X}{P_Y} = \text{예산선의 기울기}$$

위 식에서 $MU_X/MU_Y = P_X/P_Y$의 관계가 성립함을 확인할 수 있다. 이는 '$MU_X/P_X = MU_Y/P_Y$ = 1원당 한계효용(k)'식으로 전환시킬 수 있다. 그런데 이것은 소비자의 효용극대화를 충족시켜주는 한계효용균등의 법칙을 의미한다.

② 만약 소비자 선호의 독립성이 보장되지 않는다면, 어떤 일이 벌어질까?

소비자 수요는 크게 기능적 수요와 비기능적 수요로 구분된다. 지금까지 우리가 학습한 소비자선택이론을 통해 도출된 소비자 수요는 기능적 수요에 해당된다. 합리적인 소비자는 타인의 소비와는 무관하게 자신의 독자적인 선호체계, 주어진 가격과 예산제약조건하에서 효용극대화를 추구한다. 반면, 비기능적 수요는 전통적인 소비자선택이론의 경제원리를 벗어나는 소비자의 특이한 소비행태로서 일명 네트워크 효과[25]라고도 불린다. 참고로 네트워크 효과를 맨 처음 제시한 사람은 미국의 경제학자 하비 라이벤스타인(H. Leibenstein)이다. 또 네트워크 효과는 크게 베블렌 효과, 스놉 효과, 밴드웨건 효과로 구분된다.

첫째는 베블렌 효과(Veblen effect)이다. 그것은 미국의 경제학자 소스타인 베블렌(T. Veblen)이 자신의 책 『유한계급론(*The Theory of the Leisure Class*)』에서 부유한 사람들의 과시적인 소비행태를 지적한 데서 비롯되었다. 그는 당시 부유층 사람들이 모든 일을 아랫사람들에게 시키고 자신들은 유유자적했던 이유는 미국 사회가 여가를 부(富)의 상징으로 보았기 때문이라고 주장했다. 그러나 베블렌 효과의 현대적 의미는 '소비자들이 자기 신분이나 부(富)를 과시하기 위해 값비싼 명품만을 골라 소비하는 현상'을 말한다. 이런 경우에는 가격이 상승할수록 상품 수요가 증가하는 기현상이 나타난다. VIP 마케팅전략은 이런 유형의 고객들을 목표로 하는

---

25 네트워크 효과는 어떤 상품에 대한 수요가 형성되면 그것이 다른 사람들의 상품 선택에 큰 영향을 미치는 현상을 말한다. 핸드폰처럼 특정 상품을 사용하는 사람들이 증가할수록 그 상품의 가치나 유용성이 커지는 현상을 네트워크 외부효과(network externality)라고 정의한다. 하지만 네트워크 외부효과의 경우, 신기술을 반영한 신상품으로의 전환비용이 커지게 되면 열등한 과거 상품을 계속해서 구매할 수밖에 없다는 점에서 소비자 선택은 경로 의존적이라고 볼 수 있다.

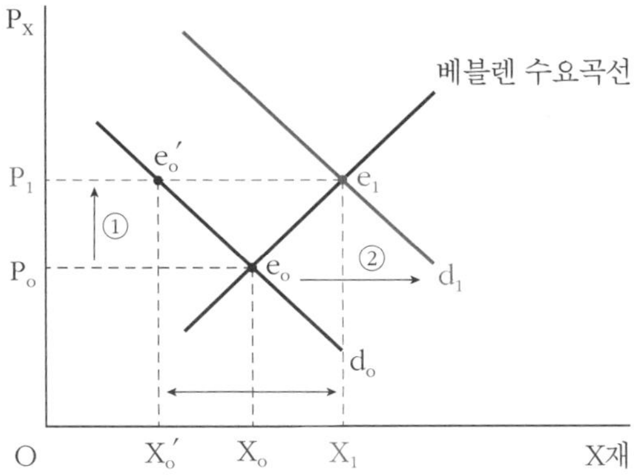

〔그림 4-19〕 베블렌 효과와 베블렌 수요곡선

기업의 판매전략이라고 할 수 있다. 상품가격이 P_0인 상황에서 최초의 균형점이 e_0 점이었다고 가정하자. 이때 상품가격이 P_0에서 P_1으로 상승(①)했다고 하자. 만약 소비자 선호가 타인의 선호와 독립적이라면 X재 소비는 X_0에서 X_0'로 줄어들 것이다. 하지만 베블렌 효과가 발생하면 수요곡선 d_0는 d_1으로 이동(②)해서 X재 수요량이 X_1으로 증가한다. 최초의 균형점인 e_0점과 나중의 균형점인 e_1점을 연결하면 우상향하는 베블렌 수요곡선이 도출된다. 참고로 〔그림 4-19〕에서 베블렌 효과는 $X_0'X_1$으로 정의된다.

둘째로, 스놉 효과(snob effect, 일명 백로효과)를 지적할 수 있다. 스놉은 매우 부정적인 이미지를 갖는 용어다. 그것은 '신사인 척 행동하는 속물 인간'이란 뜻이다. 즉 스놉은 '나는 당신들과 격이 달라!'라는 마음으로 타인들이 구매한 상품이나 유행하는 상품에 대한 수요를 거부하는 사람을 말한다. 그런 의미에서 스놉 효과는 자신이 남과 다르다는 것을 과시하고, 자신의 소비가 타인의 시선에 의해 좌우된다는 점에서 베블렌 효과와 유사한 측면이 있다. 또 스놉 효과가 발생하면 선호의 독립성이 보장될 때보다 소비량이 줄어든다. 〔그림 4-20〕의 (a) 그래프에서 보는 것처럼 X재 가격이 P_0에서 P_1으로 하락(①)할 때 스놉 효과가 발생하면 소비자 수요곡선은 d_0에서 d_1으로 이동(②)한다. 즉 개별 소비자의 수요량이 스놉 효과가 존재하지 않는 경우와 비교해서 X_1X_0'만큼 감소(③)한다. 여기서 X_1X_0'가 스놉 효과다. 스놉 효과가 존재하면 그것이 없을 때보다 개별 수요량과 시장수요량이 모두 감소하고, 시장수요곡선 역시 가파르게 변한다. 이는 시장수요가 가격변화에 대해 비탄력적

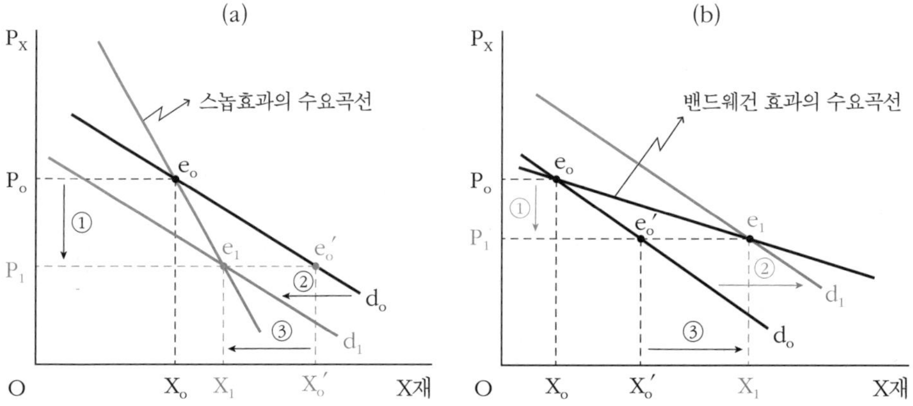

〔그림 4-20〕 스놉 효과와 밴드웨건 효과의 수요곡선

이라는 얘기다.

셋째로 밴드웨건 효과(bandwagon effect)를 들 수 있다. 밴드웨건은 '행렬의 선두에 선 악대차(車)'로 번역되는데 여기서는 시류를 쫓아가는 현상으로 보면 좋을 것 같다. 스놉 효과와는 정반대로 어떤 상품이 유행하면 자신의 진짜 선호와는 무관하게 그것을 쫓아서 상품을 구매하려는 경제적 현상을 일컫는 말이다. 밴드웨건 효과가 발생하면 선호의 독립성이 보장될 때보다 소비량이 많아진다. 〔그림 4-20〕의 (b) 그래프에서 보는 것처럼 X재 가격이 P_0에서 P_1으로 하락(①)할 때 밴드웨건 효과가 발생하면, 소비자 수요곡선은 d_0에서 d_1으로 이동(②)한다. 즉 개별 소비자의 수요량이 밴드웨건 효과가 존재하지 않을 때와 비교해서 $X_0'X_1$만큼 증가(③)한다. 이때 $X_0'X_1$이 밴드웨건 효과인 셈이다. 밴드웨건 효과가 존재하면 그것이 없을 때보다 개별 수요량과 시장수요량 모두 증가한다. 따라서 시장수요곡선도 더 완만하게 변한다. 이는 시장수요가 가격변화에 대해 탄력적이라는 얘기다.

보론 4-5. 포만점(satiation point)과 무차별곡선

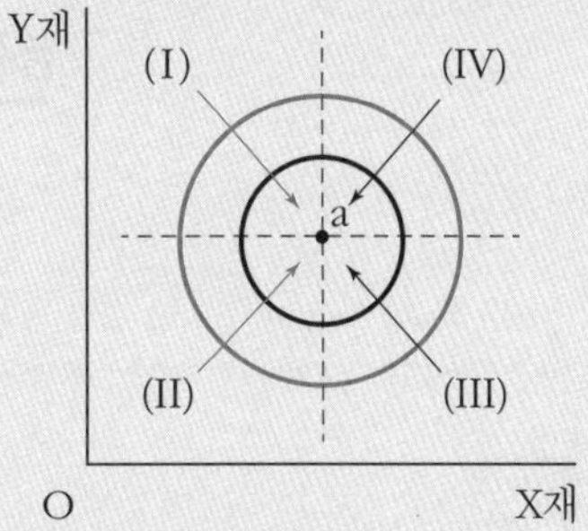

〔그림 4-21〕 포만점과 무차별곡선

포만점은 〔그림 4-21〕의 a점과 같이 산의 정상(頂上)인 동시에 여러 개의 등고선으로 표시된 무차별지도에서 가장 높은 효용수준을 나타내주는 점이다. 그것은 지복점(bliss point)이라고도 부른다. (I) 영역에서는 Y재 소비를 줄일수록 효용이 증가한다. 따라서 이때는 Y재가 비효용재이다. (II) 영역은 X재, Y재 소비를 늘릴수록 효용이 증가한다. 따라서 이 영역에서는 X재, Y재가 모두 효용재이다. (III) 영역은 X재를 줄일수록 효용이 증가한다. 따라서 이때는 X재가 비효용재이다. (IV) 영역은 X재, Y재를 모두 줄일수록 효용수준이 증가한다. 따라서 이때는 X재, Y재가 모두 비효용재이다.

3
현시선호이론

(1) 등장 배경과 선호체계

① 등장 배경

현시선호이론은 인간의 주관적인 만족도를 측정할 수 있다는 전제하에 전개된 한계효용이론과 무차별곡선이론의 한계를 극복하는 데 성공한 이론이다. 즉 '효용은 객관적으로 측정할 수 있는 대상이 아니다'라는 점을 전제로 예산선과 소비자의 선호체계만을 토대로 소비자균형점과 우하향하는 소비자 수요곡선을 도출했다.

현시선호이론의 강점은 수요의 법칙을 증명하는 과정에서 소비자의 주관적·심리적 요소에 의해 지배받는 한계효용체감의 법칙, 한계효용균등의 법칙, 한계대체율체감의 법칙을 배제시켰다. 오로지 시장에서 표출된 소비자들의 구체적 구매행위에 대한 관찰을 토대로 소비자의 합리적인 선택원리를 규명하고 우하향하는 소비자 수요곡선을 도출하는 데 성공했다는 점이다. 그런 의미에서 현시선호이론은 한계효용이론이나 무차별곡선이론보다 한 단계 진화된 이론이라고 말할 수 있다.

② 소비자의 선호체계

소비자의 선호체계는 크게 직접현시선호와 간접현시선호로 구분된다. 직접현시선호의 개념부터 살펴보자. 예산선이 〔그림 4-22〕의 (a) 그래프와 같다고 하자. 예산선 ab는 소비자 소득(I), 2개 상품(X재, Y재), 또 그들 가격(P_X, P_Y)에 의해서 결정된다. 소비자는 예산선 아래의 모든 영역(△Oab, 예산 집합) 내의 어떤 상품 묶음도 자유롭게 선택할 수 있다. Q_1의 상품 묶음(X_1, Y_1)은 물론 Q_2의 상품 묶음(X_2, Y_2)도 선택할 수 있다. 그 이유는 둘 다 예산 집합 내에 놓여 있기 때문이다.

그런데 소비자가 시장에서 Q_2의 상품 묶음을 선택하지 않고 Q_1의 상품 묶음을 선택했다면, 그것은 소비자가 Q_1의 상품 묶음을 Q_2의 상품 묶음보다 더 선호한다[26]는 뜻이다. 이런 경우, 우리는 'Q_1의 상품 묶음이 Q_2의 상품 묶음보다 직접적으로 현시선호되었다'고 말한다.

(a) 그래프에서 Q_1의 상품 묶음과 Q_2의 상품 묶음 간에 선호체계를 직접적으로 밝힐 수 있었던 것은 전적으로 2개의 상품 묶음이 같은 예산 집합(△Oab) 내에 놓여 있었기 때문이다. 만약 예산 집합이 달라지면 가격조건도 변하기 때문에 상품 묶음들 간에 현시선호관계를 직접적으로 밝힐 수 없다. (b) 그래프가 그런 경우다. 거기에는 2개의 예산선이 등장한다. 예산선이 ab인 경우에는 Q_1과 Q_2의 상품

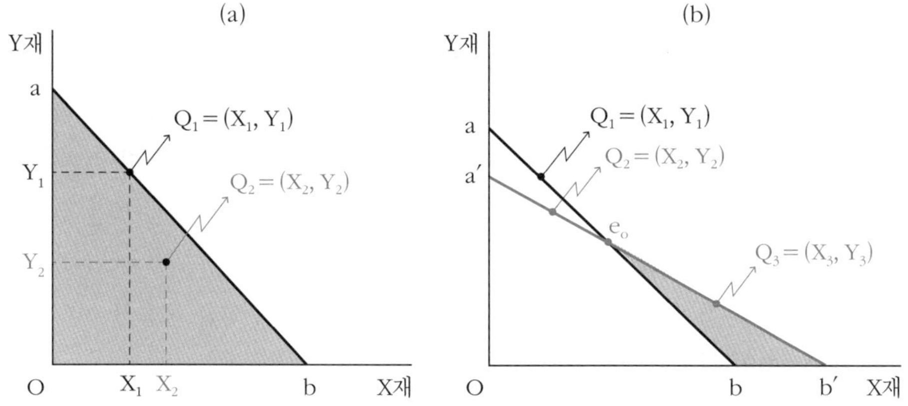

〔그림 4-22〕 직접현시선호와 간접현시선호

26 여기서 '선호한다'는 말은 쉽게 말해 '좋아한다', '소중하게 생각한다'는 뜻이다.

묶음에 대해, 예산선이 a′b′(예산 집합, △Oa′b′)인 경우에는 Q_2와 Q_3의 상품 묶음에 대해 현시선호관계를 직접 밝힐 수 있다. 그러나 Q_1과 Q_3의 상품 묶음에 대해서는 직접적으로 현시선호관계를 밝힐 수 없다. 왜냐하면 Q_3의 상품 묶음은 예산선 ab(예산 집합, △Oab)의 밖에 놓여 있기 때문이다. 이때는 간접현시선호관계를 이용해서 소비자의 선호체계를 파악해야 한다. 즉 예산 집합 △Oab 내에서는 Q_1의 상품 묶음을 Q_2의 상품 묶음보다 선호하고, 예산 집합 △Oa′b′ 내에서는 Q_2의 상품 묶음을 Q_3의 상품 묶음보다 선호한다면 우리는 간접적으로 Q_1의 상품 묶음이 Q_3의 상품 묶음보다 더 선호된다는 것을 유추할 수 있다. 이런 경우 'Q_1의 상품 묶음이 Q_3의 상품 묶음보다 간접적으로 현시선호되었다'고 말한다.

(2) 현시선호의 약공리와 강공리

① 현시선호의 약공리

현시선호의 약공리(weak axiom of revealed preference)는 직접현시선호의 관계로부터 도출된다. 현시선호의 약공리는 일관성의 공리, 비대칭성의 공리, 사무엘슨의 공리라고도 부른다. 여기서 공리(axiom)란 어떤 이론에서 가장 기본이 되는 가정을 일컫는 말이다.

현시선호의 약공리는 '어느 한 예산 집합 내에서 Q_1의 상품 묶음이 Q_2의 상품 묶음보다 직접현시선호되었다면, 예산 집합이 변하지 않는 한 Q_2의 상품 묶음이 Q_1의 상품 묶음보다 직접현시선호되어서는 안 된다'는 것을 뜻한다. 다만 예산 집합이 변해서 Q_1의 상품 묶음을 다시 구매할 수 없는 경우, Q_2의 상품 묶음을 구매한다면 그것은 현시선호의 약공리를 위반한 것이 아니다. 가령 〔그림 4-22〕의 (b) 그래프에서 예산 집합이 Oab에서 Oa′b′로 변했을 때, Q_2의 상품 묶음을 선택하는 것은 현시선호의 약공리를 위반한 것이 아니라는 얘기다.

② 현시선호의 강공리

현시선호의 강공리(strong axiom of revealed preference)는 간접현시선호의 관계로부터 도출된다. 현시선호의 강공리는 이행성의 공리, 무모순성의 공리, 하우스테커의 공리라고도 말한다.

현시선호의 강공리는 Q_1의 상품 묶음이 Q_2의 상품 묶음보다 직접적으로 현시선호되고 Q_2의 상품 묶음이 Q_3의 상품 묶음보다 직접적으로 현시선호되었다면 Q_1의 상품 묶음은 Q_3의 상품 묶음보다 간접적으로 현시선호된다는 것을 의미한다. 즉 현시선호의 강공리는 이러한 경우에 'Q_3의 상품 묶음이 Q_1의 상품 묶음보다 간접현시선호되어서는 안 된다'는 얘기다.

③ 현시선호의 약공리와 강공리의 상호관계

현시선호의 약공리와 강공리의 상호관계는 〔그림 4-23〕과 같이 요약된다.

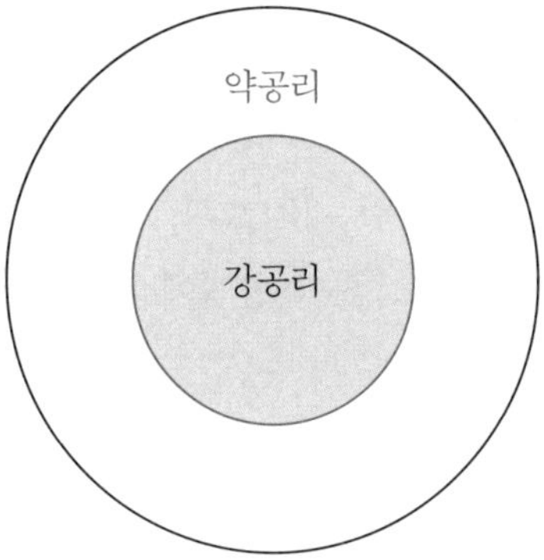

〔그림 4-23〕 현시선호의 약공리와 강공리의 상호관계

〔그림 4-23〕에서 보는 바와 같이 현시선호의 강공리가 충족되면 현시선호의 약공리는 당연히 충족된다. 하지만 현시선호의 약공리가 충족된다고 해서 현시선호의 강공리가 반드시 충족되는 것은 아니다. 따라서 '현시선호이론에서 최소한으로 필요한 가정은 현시선호의 약공리이다'라고 볼 수 있다. 현시선호의 강공리는 〔그림 4-22〕에서 예산 집합이 변했을 경우, 소비자들의 선호체계를 파악할 수 있도록 도와주는 보조적인 역할만 할 뿐이다. 즉 현시선호이론에서 수요곡선과 무차별곡선을 도출하는 데는 현시선호의 약공리만으로 충분하다. 또 현시선호의 약공리는 소비자의 선택행위에 있어서 일관성이 있어야 한다는 것을 의미한다. 어느 어린이가 1,000원의 용돈을 가지고 고무풍선과 아이스크림을 살 수 있다고 가정하자. 그런데 어린이가 한번은 아이스크림이 고무풍선보다 좋다고 말했다가 나중

에는 고무풍선이 아이스크림보다 좋다고 말한다면 그는 현시선호의 약공리를 위반한 셈이다. 이는 어린아이처럼 변덕스러운 선호체계를 가져서는 안 된다는 얘기다. 이제 현시선호의 약공리와 시장에서 관찰된 소비자의 선택을 활용해서 부드럽게 우하향하는 소비자 수요곡선과 무차별곡선을 도출해보자.

(3) 현시선호의 약공리와 소비자 수요곡선의 도출

① 현시선호의 약공리

현시선호의 약공리를 이용하면 한 상품(예 X재)의 가격이 하락(상승)할 때, 그 상품의 수요량이 증가(감소)하는 현상을 증명할 수 있다. 특히 현시선호이론은 한계효용균등의 법칙이나 무차별곡선을 이용하지 않는다. 오로지 예산선과 현시선호의 약공리, 슬러츠키 방식에 의한 가격효과, 대체효과, 소득효과만을 이용해서 소비자 수요곡선을 도출한다. 슬러츠키 방식에 대해서는 제5장에서 자세하게 배울 것이다.

현시선호이론을 활용한 소비자 수요곡선의 도출과정은 다음과 같다. 논의에 앞서 X재와 Y재는 정상재라고 가정한다. 자세한 것은 〔그림 4-24〕를 참조하면서 내용 분석에 집중해보자.

최초의 예산 집합이 △Oab이고 X재 가격이 P_0인 경우, 소비자의 현시선호점

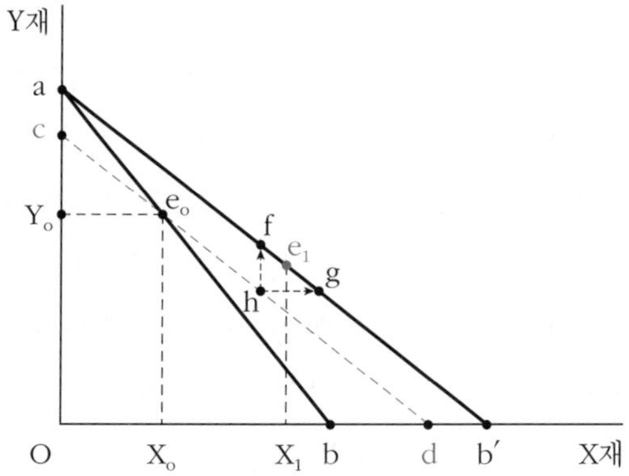

〔그림 4-24〕 현시선호이론에 따른 소비자 수요곡선의 도출

이 e_0점이라고 가정하자. 이것이 시사하는 것은 소비자는 e_0점의 상품 묶음(X_0, Y_0)을 예산 집합 △Oab 내의 다른 어떤 상품 묶음들보다 가장 선호한다는 사실이다. 이제 X재 가격이 P_0에서 P_1으로 하락하면 기존의 예산 집합 △Oab는 새로운 예산 집합 △Oab′로 확장된다. 물론 예산선도 기존의 ab로부터 새로운 ab′로 이동한다. 이런 상황에서 소비자의 새로운 현시선호점, 즉 새로운 소비자 균형점은 어디에서 결정될 것인가가 본 항에서 규명하고자 하는 논의의 핵심이다. 우리는 무차별곡선이론에서 '가격효과 = 대체효과 + 소득효과'임을 학습한 바 있다. 여기서도 그 논리를 차용해서 설명하면 훨씬 더 쉽게 이해될 수 있다. 우선 X재 가격의 하락에 따른 소득효과, 즉 X재 가격이 하락하면 실질 구매력이 커지는 효과를 제거시키고 대체효과에 따른 X재 수요량의 변화만을 측정해보자. 그러면 ab′와 평행하면서 e_0점을 지나는 가상의 예산선 cd(점선으로 표시된)를 도출할 수 있다. cd는 ab′와 평행하면서 하향(下向) 이동시킨 것이다. 이는 X재 가격의 하락에 따른 실질 소득의 증가분을 제거하기 위함이다. 이것이 바로 슬러츠키 방식에 따른 소득효과의 측정법이다. 이 대목에서 독자 여러분은 X재와 Y재 가격이 불변인 상황에서 소득만 감소할 경우, 예산선이 아래쪽으로 평행 이동한다는 것을 상기하면 위 설명은 쉽게 이해될 것이다.

한편, 가상의 예산선 cd가 소비자에게 주어졌을 경우, 소비자가 선택할 수 있는 소비점은 e_0점~d점 사이의 어느 한 점(예 h점)이다. 그 이유는 간단하다. 만약 소비자가 c점~e_0점의 사이의 어느 한 점을 선택했다면, 그는 현시선호의 약공리를 위반한 것이 되기 때문이다. 이제 X재 가격의 하락에 따른 소득효과를 고려해보자. 앞에서 X재와 Y재는 정상재라고 가정했다. 따라서 X재의 가격 하락에 의해 실질소득이 증가하면 X재와 Y재의 소비도 증가해야 한다. 그것을 〔그림 4-24〕에 반영하면 소비자의 선택가능영역은 △fgh로 줄어든다. 이때 소비자가 f점~g점 사이의 e_1점을 선택했다고 하자. 이때의 X재 수요량은 X_1이 된다. 이를 종합하면 X재 가격이 P_0에서 P_1으로 하락하면, X재 수요량은 X_0에서 X_1으로 증가하게 됨을 알 수 있다. 이것을 그래프로 나타내면 우하향(右下向)하는 소비자 수요곡선이 도출된다.

현시선호이론을 통해 열등재와 기펜재에 대한 소비자 수요곡선의 도출도 가능하다. 이것은 독자 여러분의 자율학습에 맡기고자 한다.

(4) 현시선호의 약공리와 무차별곡선의 도출

① 무차별곡선의 도출이 꼭 필요한 것인가?

현시선호이론은 '소비자의 주관적인 만족을 객관적인 지표로 측정하는 것이 불가능하다'는 효용의 불가측성(不可測性)을 전제로 하기 때문에 무차별곡선을 도출할 이유나 명분이 크지 않다. 하지만 현시선호의 약공리를 활용하면 무차별곡선을 도출할 수 있다는 것은 꽤 흥미로운 일이다. 또 무차별곡선을 도출하는 것은 현시선호이론과 무차별곡선이론이 동떨어진 개념이 아님을 강조하기 위함이다. 이는 무차별곡선이론에서 학습한 소비자균형점의 조건식을 활용해서 한계효용균등의 법칙을 도출한 것과 같은 이치다.

예산선에 변화를 주면서 현시선호의 약공리를 적용시켜 나가다보면 부드럽게 우하향하는 무차별곡선이 도출된다. 자세한 것은 〔그림 4-25〕를 참조하기 바란다.

② 현시선호의 약공리를 활용한 무차별곡선의 도출

현시선호의 약공리를 활용해서 우하향하는 무차별곡선을 도출해보자. 최초의 예산선이 ab로 주어졌을 때, 소비자의 직접현시선호점이 상품 묶음 e_o라고 가정하자. 이제 예산선이 a′b′로 변했다고 하자. 그때 소비자가 상품 묶음 e_1을 선택한다면 현시선호의 약공리에 의해 상품 묶음 e_1은 상품 묶음 e_o보다 우월한 상품 묶음이 된다. 따라서 상품 묶음 e_o와 무차별한 상품 묶음은 상품 묶음 e_1 아래에 위치

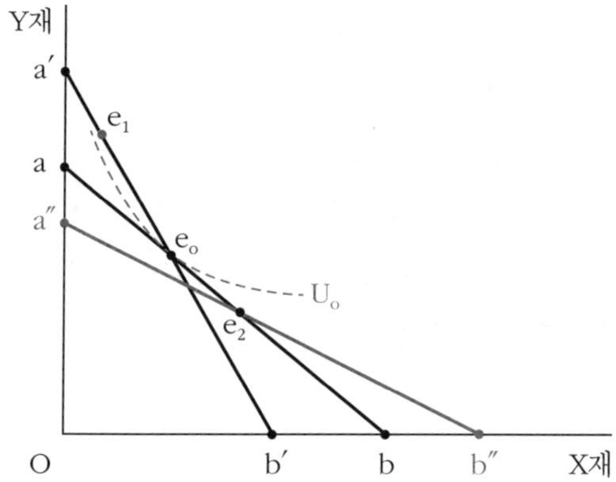

〔그림 4-25〕 현시선호의 약공리와 무차별곡선

한다.

이어서 예산선이 a″b″로 변하고 소비자가 상품 묶음 e_2를 선택한다면 현시선호의 약공리에 의해 상품 묶음 e_2는 상품 묶음 e_o보다 열등한 상품 묶음이 된다. 그것은 최초의 예산선 ab상에서 이미 상품 묶음 e_o가 e_2보다 직접현시선호되었기 때문이다. 따라서 상품 묶음 e_o와 무차별한 상품 묶음은 e_2 위에 놓여야 한다. 이런 과정을 무한히 반복하다 보면, 결국 〔그림 4-25〕에서 보는 것처럼 점선으로 표시된 무차별곡선 U_o가 도출된다.

(5) 현시선호이론에 대한 평가

① 소비자이론의 발전에 대한 공헌

효용의 기수성과 서수성이라는 엄격한 가정을 배제하고 소비자가 시장에서 시현한 소비자균형점과 현시선호의 약공리를 활용해서 부드럽게 우하향하는 소비자 수요곡선을 도출하는 데 성공했다는 사실이다.

효용을 측정할 수 있다는 가정만 차용하면 현시선호이론과 무차별곡선이론은 서로 일맥상통한다는 것을 확인할 수 있다. 그런 의미에서 현시선호이론과 무차별곡선이론은 상호 배타적인 것이 아니라 보완적인 것으로 평가될 수 있다.

② 현실 경제의 문제해결을 위한 공헌

현시선호의 약공리와 강공리의 개념은 라스파이레스 물가지수와 파쉐 물가지수 등을 통해 소비자의 후생 수준과 삶의 질에 대한 평가까지 가능해졌다.

직접현시선호와 현시선호의 약공리를 활용해서 시장에서 이루어지는 현실적인 소비자선택의 문제를 보다 객관적으로 규명할 수 있는 길을 열어 놓았다.

요약 및 복습

- 소비자이론에서 우리가 학습해야 할 3가지 이론은 한계효용이론, 무차별곡선, 현시선호이론이다. 우리가 이들 이론을 학습해야 하는 주된 이유는 부드럽게 우하향하는 개별 소비자의 수요곡선과 시장수요곡선을 도출하기 위함이다.

- 한계효용이론이나 무차별곡선이론에서 소비자의 효용극대화 문제를 분석하기 위해서는 소비자의 선호체계에 대한 이해부터 선행되어야 한다. 선호체계는 수많은 상품 묶음들을 2개씩 짝을 짓고 선호관계(≿)라는 부호를 이용해서 어떤 상품 묶음이 다른 상품 묶음보다 더 좋아하는지, 아니면 둘 간에 차이가 없는지를 판단하게 해준다. 그런데 선호체계는 추상적인 개념이기 때문에 직접 분석의 대상으로 삼기엔 어려움이 많다. 그래서 등장한 것이 효용함수이다. 하지만 주어진 선호관계를 효용함수로 대표시키는 것이 모든 경우에 가능한 것이 아니다. 우리가 한계효용이론에서 배우는 효용함수는 미분을 비롯한 수학적 분석이 가능한 연속적인 효용함수다. 이것을 가능하게 하기 위해서는 '선호체계의 4가지 공리'가 필요하다. 그것은 완비성, 이행성, 연속성, 강단조성의 충족이다. 자세한 것은 본문 내용을 참조하기 바란다.

- 한계효용이론은 효용의 가측성을 전제로 하는 기수적 효용에 입각해서 소비자 수요곡선을 도출한다. 칼 멩거, 윌리엄 스탠리 제본스, 레옹 왈라스 등에 의해 정립된 이론이다.

- 한계효용이론에서 가장 중요한 경제개념은 한계효용체감의 법칙과 한계효용균등의 법칙이다. 왜냐하면 이들 개념으로부터 우하향하는 소비자 수요곡선이 도출되기 때문이다. 참고로 한계효용체감의 법칙은 효용함수 $U = U(X, Y)$에서 Y재 소비량이 고정된 상태에서 X재 소비량이 증가할수록 X재의 한계효용(MU_X; $= \triangle U/\triangle X$)이 감소하는 현상을 말한다. 또 한계효용균등의 법칙은 $MU_X/P_X = MU_Y/P_Y = k$(1원당 한계효용)의 조건식이 성립하는 경우를 지칭한다.

- 종축(Y축)은 X재의 한계효용(MU_X), 횡축(X축)은 X재의 소비량(수요량)을 의미하는 2차원 평면에다 한계효용체감의 법칙을 나타내면 우하향하는 MU_X곡선이 도출된다. 위에서 언급한 $MU_X/P_X = MU_Y/P_Y = k$식에서 P_X를 구하면 $P_X = (1/k) \cdot MU_X$가 도출된다. 이것을 종축(Y축)은 X재 가격, 횡축(X축)은 X재의 수요량에다 적용하면 부드럽게 우하향하는 소비자 수요곡선이 도출된다. 또 소비자 선호의 독립성이 전제될 경우, 개별 소비자 수요곡선의 횡적 합이 바로 시장수요곡선이다. 자세한 증명은 본문 내용을 참조하기 바란다.

- 가치의 역설(paradox of value)은 경제학의 아버지라고 불리우는 아담 스미스가 제기한 가치의 이율배반 현상을 말한다. 즉 생존에 꼭 필요한 물값은 싸고, 생존과는 무관한 다이아몬드 가격이 비싼 이유에 대한 지적 고민이다. 하지만 스미스가 제기한 가치의 역설은 한계효용학파 경제학자들에 의해 역설이 아님이 입증되었다. 그들은 가치를 사용가치와 교환가치로 구분하고 '사용가치 = 총효용', '교환가치 = 한계효용'이란 등식을 제시했다. 또 시장가격은 교환가치에 의해 결정된다고 밝힘으로써 스미스의 지적 고민을 깔끔하게 설명했다. 물의 총효용은 다이아몬드보다 크지만 존재량이 많기 때문에 한계효용이 작다는 것이다. 반면 다이아몬드의 총효용은 물보다 적지만 희소하기 때문에 교환가치(시장가격)가 물보다 크다는 것이다.

- 한계효용이론이 경제학 발전에 공헌한 것은 시장가격의 결정 과정에서 수요 측면의 중요성을 부각시킨 점이다. 그 이전에는 시장가격이 공급측 요인(예 노동가치설 등)에 의해서만 결정된다고 보는 시각이 전부였다. 하지만 한계효용학파 경제학자들이 "상품가격은 해당 상품의 마지막 1단위가 제공하는 주관적인 한계효용의 크기에 의해 결정된다"고 주장함으로써 오늘날 수요와 공급의 양날을 통해 시장가격의 결정 과정을 이해할 수 있는 이론적 토대를 구축했다는 점이 그들의 학문적 성과이다.

- 무차별곡선이론은 상품을 묶음으로 고찰하면서 효용의 서수적 측정을 가정해서 부드럽게 우하향하는 소비자 수요곡선을 도출한다. 또 그것의 횡적 합을 통해 시장수요곡선까지 도출한다. 이러한 무차별곡선이론은 빌프레도 파레토, 예브게니 슬러츠키, 로이 조지 더글러스 알렌, 존 리처드 힉스 등에 의해 정립되었다.

- 무차별곡선이론에서 소비자 선택의 균형 조건을 이해하기 위해서는 예산선(budget line)과 무차별곡선에 대한 사전지식이 필요하다. 소비자가 구입 가능한 상품을 X재와 Y재로 한정시킬 경우, 예산선은 주어진 소득(I)을 모두 지출해서 구입할 수 있는 상품들의 조합을 의미하며 $I = P_X \cdot X + P_Y \cdot Y$로 정의된다. 이때 예산선의 기울기는 P_X/P_Y와 같다. 또 무차별곡선은 소비자의 선호체계를 말하며, 그것의 기울기인 한계대체율은 X재와 Y재의 한계효용에 대한 상대적 비율(MU_X/MU_Y)로 정의된다. 따라서 소비자의 효용극대화를 충족시켜주는 소비자균형점에서는 $-\triangle Y/\triangle X = P_X/P_Y = MU_X/MU_Y$의 조건이 성립한다.

- 최초의 소비자균형점에서 X재와 Y재 가격은 불변이고 소득만 증가하는 경우, 예산선만 우상방으로 평행 이동한다. 그에 따라 효용극대화를 충족시켜주는 소비자균형점도 달리 결정된다. 소득소비곡선(ICC)은 이처럼 소비자의 소득수준이 변함에 따라 달리 결정된 소비자균형점을 연결한 곡선을 말한다. 이러한 소득소비곡선에서 도출된 것이 엥겔 곡선이다. 우리는 엥겔 곡선을 형태를 통해 해당 상품의 특성(예 사치재, 필수재, 열등재)을 판단할 수 있다. 자세한 것은 본문 내용을 참조하기 바란다.

- 무차별곡선이론에서 우하향하는 소비자 수요곡선은 가격소비곡선(PCC)으로부터 도출된다. 가격소비곡선은 소득(I)과 Y재 가격(P_Y)이 일정한 상태에서 X재의 가격변동에 따른 소비자균형점들을 연결한 곡선을 의미한다. 또 X재 가격이 변하면 X재 소비량이 변하는데 경제학에서는 이것을 가격효과(price effect)라고 말한다. 또 가격효과는 대체효과(substitution effect)와 소득효과(income effect)로 구분된다. 참고로 대체효과는 다른 조건이 일정할 때 상대적으로 저렴해진 상품을 더 수요하고 상대적으로 비싸진 상품을 덜 수요하는 현상을 말한다. 또 소득효과는 X재 가격의 변화에 따른 실질소득의 변화가 구매력에 미치는 효과를 의미한다.

- 가격효과, 대체효과, 소득효과를 통해 정상재, 열등재, 기펜재의 특성을 파악할 수 있다. X재 가격이 하락하는 경우를 상정해서 이들 상품의 특성을 정리하면 다음과 같다.

  ① 정상재; 가격효과(+) = 대체효과(+) + 소득효과(+)
  ② 열등재; 가격효과(+) = 대체효과(+) + 소득효과(-)　단, 대체효과(+) 〉 소득효과(-)
  ③ 기펜재; 가격효과(-) = 대체효과(+) + 소득효과(-)　단, 대체효과(+) 〈 소득효과(-)

- 소비자 수요는 크게 기능적 수요와 비기능적 수요로 구분한다. 전자(前者)는 독자적인 선호체계, 예산제약 하에서 효용극대화를 추구하는 데 반해, 후자(後者)는 타인의 소비행태에 의해 영향을 받거나 경제원리에 어긋나는 소비자의 특이한 소비행태를 말한다. 이러한 비기능적 수요로는 크게 베블렌 효과(Veblen effect), 스놉 효과(snob effect), 밴드웨건 효과(bandwagon effect)가 있다. 자세한 것은 본문 내용을 참조하기 바란다.

- 무차별곡선이론은 효용의 순서적 의미를 중시하는 서수적 효용을 전제로 한다. 따라서 효용의 기수적 측정을 전제로 하는 한계효용이론에 비해 덜 엄격한 가정을 채택한다는 점에서 진일보한 이론으로 볼 수 있다. 더욱이 무차별곡선과 예산선의 도입을 통해 현실 경제에 대한 폭넓은 응용과 정교한 분석을 통해 경제정책의 효과까지 분석하는 것이 가능해졌다는 평가까지 받고 있다. 하지만 주관적·심리적 요인(예 한계대체율 등)과 서수적 효용 등 객관적인 이론 구성에는 여전히 한계가 있다. 결국 이러한 문제를 극복하기 위해 탄생한 것이 현시선호이론이다.

- 폴 앤서니 사무엘슨과 핸드릭 사뮤엘 하우스테커에 의해 제시된 현시선호이론은 효용의 기수적·서수적 측정을 배제하고 오로지 시장에서 표출된 소비자들의 구체적인 구매행위에 대한 관찰을 토대로 소비자의 합리적인 선택원리를 규명하는 데 성공했다.

- 현시선호이론의 핵심은 현시선호의 약공리와 강공리에 있다. 현시선호의 약공리는 일관성의 공리로서 어느 한 예산 집합 내에서 Q_1의 상품 묶음이 Q_2의 상품 묶음보다 직접현시선호되었다면 예산 집합이 변하지 않는 한 Q_2의 상품 묶음이 Q_1의 상품 묶음보다 직접현시선호되어서는 안 된다는 것을 의미한다. 또 현시선호의 강공리는 이행성의 공리로서 Q_1의 상품 묶음이 Q_2의 상품 묶음보다 직접적으로 현시선호되었고, Q_2의 상품 묶음이 Q_3의 상품 묶음보다 직접적으로 현시선호되었다면 Q_1의 상품 묶음은 Q_3의 상품 묶음보다 간접적으로 현시선호된다는 것을 의미한다.

- 현시선호이론에서 약공리와 강공리의 상호관계를 한마디로 정리하면 '현시선호의 약공리 $\supseteq$ 현시선호의 강공리'이다. 따라서 현시선호이론에서 최소한으로 필요한 가정은 현시선호의 약공리이다.

- 현시선호이론에서는 소비자 수요곡선을 도출할 때, 한계효용체감의 법칙과 한계효용균등의 법칙 그리고 무차별곡선 등을 이용하지 않는다. 오로지 객관적 요소인 예산선, 현시선호의 약공리, 슬러츠키 방식에 의한 가격효과·대체효과·소득효과만을 활용해서 소비자 수요곡선을 도출한다. 자세한 사항은 본문 내용을 참조하기 바란다.

- 현시선호의 약공리를 활용하면 무차별곡선을 도출할 수 있다. 이는 현시선호이론과 무차별곡선이론이 전혀 별개의 이론이 아님을 시사해준다. 자세한 내용은 본문 내용을 참조하기 바란다.

- 현시선호이론은 기존의 소비자이론에서 가장 세련되고 진일보한 이론으로 평가받고 있다. 또 현시선호이론의 약공리와 강공리의 개념은 라스파이레스 물가지수와 파쉐 물가지수 등을 통해 소비자의 후생 수준과 삶의 질에 대한 평가는 물론 정부의 각종 경제정책에 대한 평가까지 가능하게 했다는 점에서 경제학의 발전에 미친 업적이 매우 크다. 그 내용에 대해서는 제5장에서 상세하게 학습할 것이다.

연습문제

1 다음은 영희와 철수가 나눈 대화 내용이다. 아래의 질문에 답하시오.

> 조치원에 사는 영희는 서울의 ○○대학교 경제학과에 재학 중인 철수를 만났다. 철수는 영희의 막내 삼촌이었다. 평소 영희는 조치원의 복숭아 농장들이 품질 좋은 복숭아는 전부 서울 가락동 농수산물시장으로 출하하고, 조치원 주민들에게는 2등품 복숭아만 파는 것에 불만이 많았다. 하지만 경제 지식이 짧은 영희로서는 그 이유가 무엇인지 알 방법이 없었다. 그런 와중에 철수가 영희네 집에 놀러 오자, 그녀는 평소의 궁금증을 물어보았다.
>
> 영희: 철수 삼촌! 왜 조치원의 1등품 복숭아는 서울로 보내고 조치원 사람들은 허구헌 날 2등품 복숭아를 먹어야만 하는 거야!
>
> 철수: 영희야, 요즘 사회과목 공부를 제법 하는 모양이구나! 질문이 날카롭네! 그 문제는 ① 상대가격이란 개념을 알아야만 풀 수 있는데…. 또 조치원에서 서울까지 복숭아 1개당 소요되는 운송비도 따져봐야 해. 가령 ② 조치원의 복숭아 산지에서 1등품 복숭아와 2등품 복숭아의 개당 가격이 각각 2,000원, 1,000원이고, 개당 운송비용은 500원이라고 가정하고 상대가격을 구해봐. 그러면 정답이 보일 것 같은데….
>
> 영희: 묘수(妙手)가 얼른 떠오르지 않네. 아무리 생각해봐도 경제는 너무 어려워!

1) 상대가격이 무엇인지, 절대가격과 관련지어 설명하시오.

2) ②에서 철수한 얘기한 내용을 토대로 상대가격의 개념을 활용해서 조치원 사람들이 1등품 복숭아를 사 먹기 힘든 이유를 논리적으로 설명하시오.

힌트! 운송비의 포함 전·후, 서울과 조치원에서 1·2등품 복숭아의 상대가격 변화를 체크할 것!

2 현시선호이론은 시장에서 표출된 소비자들의 구체적인 구매행위에 대한 관찰을 토대로 소비자의 합리적인 선택원리를 규명하는 이론이다. 철수의 구매행위에 대한 정보가 다음과 같다고 가정할 경우, 2024년도에 철수가 경험하게 될 후생 수준의 개선 여부를 평가하시오. 단, 이들 상품 이외의 다른 상품 소비량은 일정불변이며, 생산된 것은 모두 소비된다고 가정한다.

(단위: 만 원, 대, 개)

구분 / 품목	기준연도(2020)		비교연도(2024)	
	가격	소비량	가격	소비량
경제원론 책	2	100	4	90
핸드폰	60	40	50	60
노트북	100	50	120	30

힌트! 라스파이레스 수량지수나 라스파이레스 가격지수를 활용해서 판단하기 바람!

3 가격소비곡선(PCC)의 형태는 크게 우상향, 수평선, 우하향으로 구분된다. 여기서는 가격소비곡선이 우하향하는 경우를 상정한다. 아래의 질문에 답하시오.

1) 이때 X재와 Y재의 관계(예 대체재, 보완재, 독립재)를 밝히시오.

2) 이때 X재에 대한 수요의 가격탄력도 크기에 대해 밝히고, 그 근거를 제시하시오.

힌트! PCC의 형태에 따라 상품의 특성이 결정됨. 또 총지출액의 변화와 수요의 가격탄력도를 연결지어 생각해보기 바람!

4 영희의 효용함수(U)가 U = XY로 주어지고, 그의 예산제약 선이 400 = 10X + 20Y로 주어졌다고 가정한다. 이때 영희의 효용 극대화를 충족시켜주는 X재와 Y재의 소비량을 구하시오.

힌트! 예산제약선을 효용함수에 대입하고, 효용 극대화 1차 조건을 구해보기 바람!

5 다음 사항을 읽고 아래의 질문에 답하시오.

> 철수가 2024년 1월 1일에 상품 시장에서 X재와 Y재를 각각 2개, 4개를 구입했다고 가정하자. 그때 X재와 Y재의 시장가격은 각각 3만 원과 2만 원이었다. 그런데 같은 해 9월 1일, X재와 Y재의 출하량 변동으로 그것의 가격이 각각 2만 원과 3만 원으로 변동하자 철수는 X재를 4개, Y재를 2개를 구입했다.

1) 두 상황에 대한 예산제약선과 소비자 선택을 그래프로 나타내시오.

2) 이때 철수가 현시선호의 약공리를 위반했는지 여부를 경제 이론적으로 밝히시오.

힌트! 2개의 예약제약선을 그려보고, 현시선호의 약공리에 대한 위반 여부를 판단하기 바람!

6 소득소비곡선(ICC)이 다음과 같은 형태를 띤다고 가정한다. 아래의 질문에 답하시오.

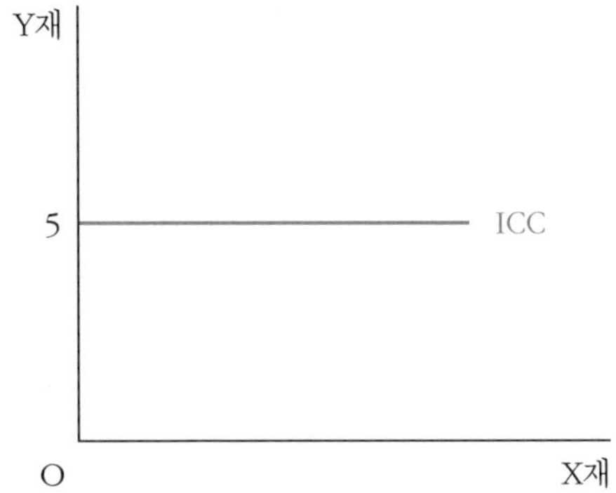

1) X재와 Y재의 경제적 특성에 대해 설명하시오.

2) X재의 소득탄력도와 Y재의 소득탄력도 크기를 밝히고, 그 근거를 제시하시오. 단, $P_X = P_Y = 1$, 예산제약선은 $10 = X + Y$, 소득은 10에서 20으로 증가했다고 가정한다.

힌트! ICC의 개념을 숙지하고, 본문 내용을 참조하기 바람!

7 **상품은 크게 정상재, 열등재, 기펜재로 구분할 수 있다. 그중에서 기펜재는 수요의 법칙을 정면으로 위배하는 상품으로 알려져 있다. 아래의 질문에 답하시오.**

1) 정상재의 수요곡선과 열등재의 수요곡선은 어느 쪽의 기울기가 더 가파른지 제시하고, 그 이유를 가격효과 = 대체효과 + 소득효과에 근거해서 설명하시오.

2) 기펜재가 수요의 법칙을 정면으로 위배하는 이유를 가격효과 = 대체효과 + 소득효과에 근거해서 설명하고, 그것을 그래프로 증명하시오.

힌트! 이는 본문 내용만 제대로 숙지하면 아주 쉽게 풀 수 있음!

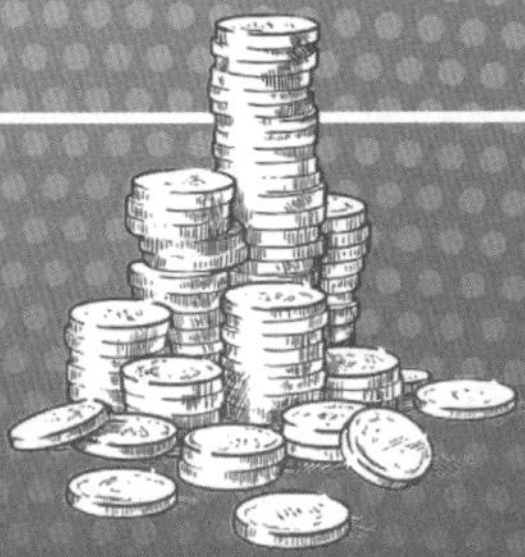

제5장
소비자선택이론의 응용과 확장

1
일반수요곡선과 보상수요곡선

(1) 마셜의 일반수요곡선, 힉스와 슬러츠키의 보상수요곡선

① 마셜의 일반수요곡선

앞에서 학습한 가격소비곡선(PCC)으로부터 도출된 수요곡선은 마셜의 일반수요곡선(이하 마셜 수요곡선)이다. 마셜 수요곡선은 어느 한 상품(예 X재)의 가격변화에 따른 수요량의 변동을 나타내며, 이때 가격효과는 대체효과와 소득효과의 합으로 정의된다.

그런데 마셜 수요곡선은 동일한 수요곡선상에 존재하는 점들이라도 실질소득이 달라질 수 있으며, 소비자잉여가 과대평가될 수 있다는 한계점이 존재한다. 그래서 등장한 것이 보상수요곡선이다.

② 힉스와 슬러츠키의 보상수요곡선

보상수요곡선은 소득효과를 제거하고 대체효과만으로 정의되는 수요곡선이다.

소득효과를 제거하는 방법, 즉 실질소득을 가격변화 이전의 수준으로 유지하기 위해 필요한 명목소득의 증감(增減) 방법에는 힉스의 효용 보상과 슬러츠키의 구매력 보상이 존재한다. 전자는 가격변화 이후의 예산선을 기준으로 최초의 무차별곡선과 접할 때까지 예산선을 평행 이동시키는 것이고, 후자는 가격변화 이후의 예산선을 기준으로 최초의 소비자균형점을 통과할 때까지 예산선을 평행 이동시키는 것을 말한다.

(2) 마셜 수요곡선과 힉스의 보상수요곡선

① 정상재인 경우

X재를 정상재라고 가정하자. 만약 X재 가격이 P_o에서 P_1으로 하락하면 예산선은 aa에서 ab로 이동하고, 가격효과, 대체효과, 소득효과 간에는 '가격효과(+) = 대체효과(+) + 소득효과(+)'의 관계가 성립한다. 〔그림 5-1〕의 (a) 그래프에서 가

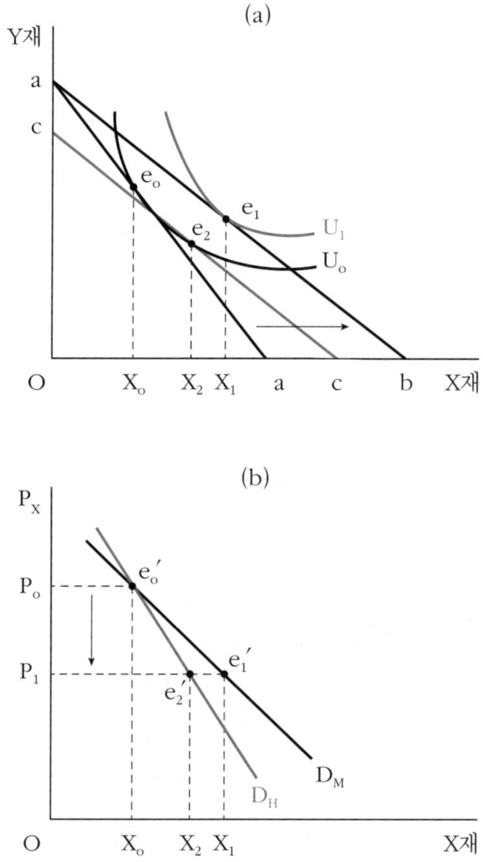

〔그림 5-1〕 마셜 수요곡선과 힉스의 보상수요곡선(1)

격효과는 X_oX_1이고, 대체효과와 소득효과는 각각 X_oX_2, X_2X_1이다. 이제 마셜 수요곡선과 힉스의 보상수요곡선을 도출해보자.

〔그림 5-1〕의 (a) 그래프로부터 (b) 그래프에 나타낸 마셜 수요곡선이 도출된다. (a) 그래프에서 최초의 소비자균형점은 e_o점이다. e_o점은 X재 가격이 P_o일 때 X재 수요량이 X_o임을 보여준다. 이제 X재 가격이 P_o에서 P_1으로 하락하면 소비자균형점은 e_o점에서 e_1점으로 이동한다. e_1점은 X재 가격이 P_1일 때 X재 수요량이 X_1임을 나타낸다. 이를 (b) 그래프에 반영한 것이 e_o'점과 e_1'점이다. 이것을 연결하면 부드럽게 우하향하는 마셜 수요곡선(D_M)이 도출된다. 여기서 첨자 M은 마셜을 의미한다.

다음으로 힉스의 보상수요곡선을 도출해보자. 앞에서 보상수요곡선은 소득효과를 제거한 것이고, 힉스의 보상수요곡선은 효용 보상의 개념에 입각해서 도출함을 언급했다. 〔그림 5-1〕에서 효용 보상은 가격변화 이후의 예산선 ab를 기준으로 최초의 무차별곡선 U_o와 접할 때(e_2점)까지 예산선을 평행 이동(ab → cc)시킴으로써 실질소득을 가격변화 이전의 수준으로 유지하는 것을 말한다. 이것을 (b) 그래프에 나타낸 것이 e_2'점이다. 이때 e_o'과 e_2'을 연결하면, 우하향하는 힉스의 보상수요곡선(D_H)이 도출된다. 여기서 첨자 H는 힉스를 의미한다.

지금까지의 논의를 바탕으로 마셜 수요곡선과 힉스의 보상수요곡선을 비교하면 힉스의 보상수요곡선(D_H)이 마셜 수요곡선(D_M)보다 가파르다는 것을 알 수 있다.

② 열등재인 경우

이제 X재가 열등재라고 가정하자. 만약 X재 가격이 P_o에서 P_1으로 하락하면 예산선은 aa에서 ab로 이동한다. 이때는 '가격효과(+) = 대체효과(+) + 소득효과(−), 단 대체효과(+) 〉 소득효과(−)'이다. 〔그림 5-2〕의 (a) 그래프에서 가격효과는 X_oX_1이고, 대체효과와 소득효과는 각각 X_oX_2, $-X_1X_2$이다. 이제 마셜 수요곡선과 힉스의 보상수요곡선을 도출해보자.

〔그림 5-2〕의 (a) 그래프로부터 (b) 그래프의 마셜 수요곡선을 도출해보자. (a) 그래프에서 최초의 소비자균형점은 e_o점이다. e_o점은 X재 가격이 P_o일 때 X재 수요량이 X_o임을 말해준다. 이제 X재 가격이 P_o에서 P_1으로 하락하면 소비자균형

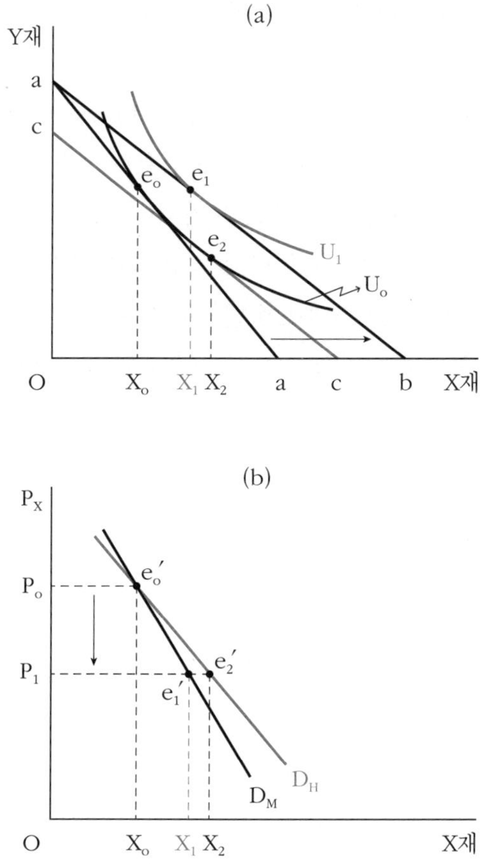

〔그림 5-2〕 마셜 수요곡선과 힉스의 보상수요곡선(2)

점은 e_o점에서 e_1점으로 이동한다. e_1점은 X재 가격이 P_1일 때 X재 수요량이 X_1임을 보여준다. 이것을 (b) 그래프에 반영하면 $e_o{}'$와 $e_1{}'$점이 된다. 이것을 연결하면 부드럽게 우하향하는 마셜 수요곡선(D_M)이 도출된다.

힉스의 보상수요곡선을 도출해보자. 〔그림 5-2〕에서 효용 보상은 가격변화 이후의 예산선 ab를 기준으로 최초의 무차별곡선 U_o와 접할 때(e_2점)까지 예산선을 평행 이동(ab → cc)시킴으로써 실질소득을 가격변화 이전의 수준으로 유지하는 것을 의미한다. 이것을 (b) 그래프에 나타내면 $e_2{}'$점이 된다. 이때 $e_o{}'$와 $e_2{}'$점을 연결하면 부드럽게 우하향하는 힉스의 보상수요곡선(D_H)이 도출된다.

열등재의 경우, 마셜 수요곡선과 힉스의 보상수요곡선의 기울기는 정상재와 다른 특성을 보인다. 즉 마셜 수요곡선(D_M)이 힉스의 보상수요곡선(D_H)보다 가파르다는 사실이다.

③ 기펜재의 경우

이제 X재가 기펜재라고 가정하자. 만약 X재 가격이 P_o에서 P_1으로 하락하면 예산선은 aa에서 ab로 이동하고, 가격효과, 대체효과, 소득효과 간에는 '가격효과(-) = 대체효과(+) + 소득효과(-), 단 소득효과(-) 〉 대체효과(+)'의 관계가 성립한다. 〔그림 5-3〕의 (a) 그래프에서 가격효과는 $-X_1X_o$이고 대체효과와 소득효과는 각각 X_oX_2, $-X_1X_2$이다. 이제 마셜 수요곡선과 힉스의 보상수요곡선을 도출해 보자.

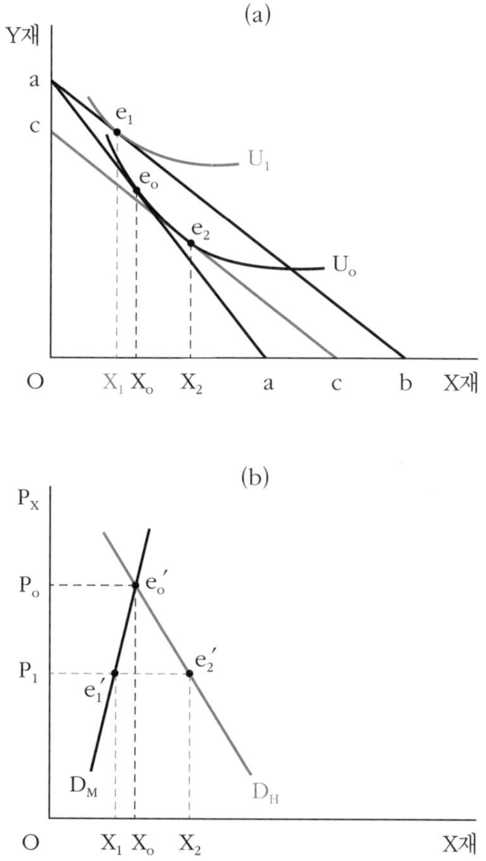

〔그림 5-3〕 마셜 수요곡선과 힉스의 보상수요곡선(3)

〔그림 5-3〕의 (a) 그래프로부터 (b) 그래프의 마셜 수요곡선을 도출해보자. (a) 그래프에서 최초의 소비자균형점은 e_o점이다. e_o점은 X재 가격이 P_o일 때 X재 수요량이 X_o임을 말해준다. 이제 X재 가격이 P_o에서 P_1으로 하락하면 소비자균형점은 e_o점에서 e_1점으로 이동한다. e_1점은 X재 가격이 P_1일 때 X재 수요량이 X_1임을 보여준다. 이것을 (b) 그래프에 반영하면 e_o'와 e_1'점이 된다. 이것을 연결하면 수요의 법칙에 정면으로 위배되는 우상향(右上向)의 마셜 수요곡선(D_M)이 도출된다.

이제 힉스의 보상수요곡선을 도출해보자. 〔그림 5-3〕에서 효용 보상은 가격변화 이후의 예산선 ab를 기준으로 최초의 무차별곡선 U_o와 접할 때(e_2점)까지 예산선을 평행 이동(ab → cc)시킴으로써 실질소득을 가격변화 이전의 수준으로 유지하는 것을 의미한다. 이것을 (b) 그래프에 나타내면 e_2'점이 된다. 이때 e_o'점과 e_2'점을 연결하면 부드럽게 우하향하는 힉스의 보상수요곡선(D_H)이 도출된다.

기펜재의 경우, 마셜 수요곡선과 힉스의 보상수요곡선는 기울기뿐만 아니라 수요곡선의 형태까지 완전히 다른 양상을 띤다. 즉 마셜 수요곡선(D_M)은 우상향하고, 힉스의 보상수요곡선(D_H)은 우하향한다. 지금까지의 논의를 통해 힉스의 보상수요곡선은 정상재, 열등재, 기펜재를 불문하고 우하향한다는 점을 확인할 수 있다. 참고로 대체효과가 0인 경우, 힉스의 보상수요곡선은 수직선이라는 점에 대해서도 주의를 기울일 필요가 있다. 이와 관련한 시험문제가 출제될 수 있기 때문이다.

(3) 마셜 수요곡선, 힉스와 슬러츠키 보상수요곡선의 종합

① 가격이 하락할 경우

본 항에서는 정상재인 X재를 가정하고 마셜 수요곡선, 힉스의 보상수요곡선, 슬러츠키의 보상수요곡선에 대한 종합적인 비교분석을 해보고자 한다. 우선 X재 가격이 P_o에서 P_1으로 하락하는 경우와 P_o에서 P_2로 상승하는 경우로 구분해서 살펴보고, 그것을 하나로 종합해서 최종 결론을 도출해보자. 이 내용이 시험문제로 출제되면, 매우 까다로운 문항이 될 수 있다. 따라서 고급 경제시험을 준비하는 독자 여러분은 이 내용을 완벽하게 학습해주기 바란다.

〔그림 5-4〕에서 X재 가격이 P_o에서 P_1으로 하락할 때, 마셜 수요곡선과 힉스의 보상수요곡선은 위에서 자세하게 설명했기 때문에 더 이상의 추가 설명은 생략한다. 다만 슬러츠키의 구매력 보상에 대해서는 약간의 설명이 필요하다. 슬러츠키의 구매력 보상은 가격변화 이후의 예산선 ab가 최초의 소비자균형점인 e_o점을 통과하도록 평행이동을 시키는 것(이때의 예산선은 dd가 된다)을 말한다. 그때의 소비자균형점은 e_3점이다. 슬러츠키의 구매력 보상 개념에 따르면 e_o점과 e_3점에서는 소비자의 실질소득이 같다. 따라서 슬러츠키의 보상수요곡선은 X재 가격이 P_o일 경우의 X재 수요량인 X_o와 X재 가격이 P_1으로 하락했을 때의 X재 수요량 X_3을 연결한 곡선으로 정의된다. 즉 〔그림 5-4〕의 (b) 그래프에서 e_o'점과 e_3'점을 연결하면 우하향하는 슬러츠키의 보상수요곡선(D_S)이 도출된다. 여기서 첨자 S는 슬

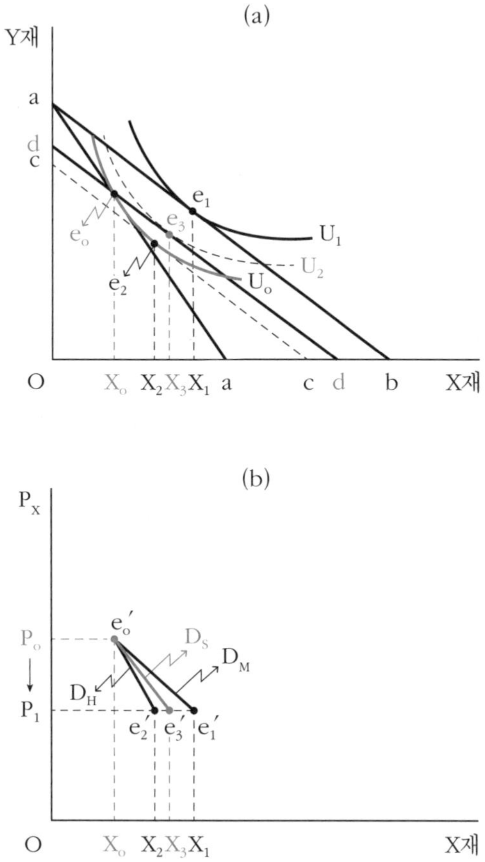

〔그림 5-4〕 가격이 하락할 경우; 마셜, 힉스, 슬러츠키의 수요곡선

러츠키를 의미한다. 참고로 (a) 그래프에서 e_3점이 e_2점의 북동쪽에 위치한 이유는 크게 2가지다. 하나는 X재와 Y재가 정상재이고, 다른 하나는 예산선 cc보다 dd가 명목소득의 측면에서 더 크기 때문이다. 명목소득이 증가하고 X재와 Y재가 정상재이면 당연히 X재와 Y재 수요량이 커질 수밖에 없다. 따라서 e_3점은 e_2점보다 북동쪽에 위치할 수밖에 없다.

〔그림 5-4〕에서 알 수 있듯이 X재 가격이 하락할 때 마셜 수요곡선, 힉스의 보상수요곡선, 슬러츠키의 보상수요곡선의 기울기를 비교하면 힉스의 보상수요곡선이 가장 가파르고, 마셜 수요곡선은 가장 완만하게 나타난다. 슬러츠키 보상수요곡선은 그 중간에 놓여 있음을 알 수 있다.

② 가격이 상승할 경우

이제 X재 가격이 상승할 경우에 대해 알아보자. 〔그림 5-5〕의 (a) 그래프에서 X재 가격이 P_o에서 P_2로 상승하면 예산선은 aa에서 ab로 이동하고 최초의 소비자균형점은 e_o점에서 e_1점으로 이동한다. 이것을 (b) 그래프에 나타내면 e_o'점과 e_1'점이다. 이 두 점을 연결하면 좌상향(左上向)하는 마셜 수요곡선이 도출된다. 힉스의 보상수요곡선은 가격변화 이후의 예산선 ab를 기준으로 위쪽으로 평행이동시켜 최초의 무차별곡선 U_o에 접하는 e_2점에서 수요량이 X_2로 결정된다. 이것을 (b) 그래프에 나타내면 e_2'점이 된다. 최초의 e_o'점과 e_2'점을 연결하면 좌상향하는 힉스의 보상수요곡선이 도출된다.

한편, 슬러츠키의 구매력 보상은 (a) 그래프에서 최초의 소비자균형점인 e_o점을 통과하도록 명목소득을 증가시키는 것을 의미한다. 가격변화 이후의 예산선 ab를 기준으로 위쪽으로 평행이동시키면서 e_o점을 통과하는 예산선은 dd가 된다. 이때의 소비자균형점은 e_3점이 되며 그때의 X재 수요량은 X_3이다. 이것을 (b) 그래프에 나타내면 e_3'점이 된다. 최초의 균형점인 e_o'점과 e_3'점을 연결한 것이 슬러츠키의 보상수요곡선(D_S)이다.

X재 가격이 상승할 때 마셜 수요곡선, 힉스의 보상수요곡선, 슬러츠키의 보상수요곡선의 기울기를 살펴보면 마셜 수요곡선의 기울기가 가장 완만하고 슬러츠키의 보상수요곡선의 기울기가 가장 가파른 것으로 나타난다. 힉스의 보상수요곡선은 그 중간임을 확인할 수 있다.

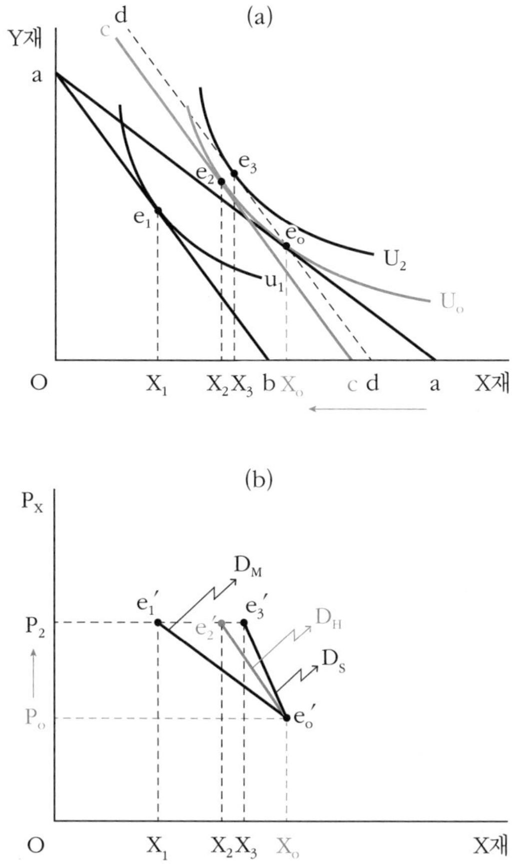

〔그림 5-5〕 가격이 상승할 경우; 마셜, 힉스, 슬러츠키의 수요곡선

(4) 보상변화(CV)와 대등변화(EV)

① 보상변화(CV; Compensating Variation)

보상변화(CV)는 어느 한 상품(예 X재)의 가격변화(가격 하락)가 일어난 후, 새로운 효용수준 U_1에서 최초의 효용수준 U_o로 되돌려 놓기 위해 필요한 소득의 변화를 말한다. 보상변화(CV)의 크기도 쉽게 계산할 수 있다. 〔그림 5-6〕에서 X재 가격만 하락하면 예산선은 aa에서 ab로 이동하고, 효용극대화조건을 충족시키는 소비자균형점은 e_o점에서 e_1점으로 변한다. 보상변화는 가격변화 이후의 예산선 ab를 기준으로 좌하방으로 평행이동을 시키면서 최초의 무차별곡선 U_o에 접하도

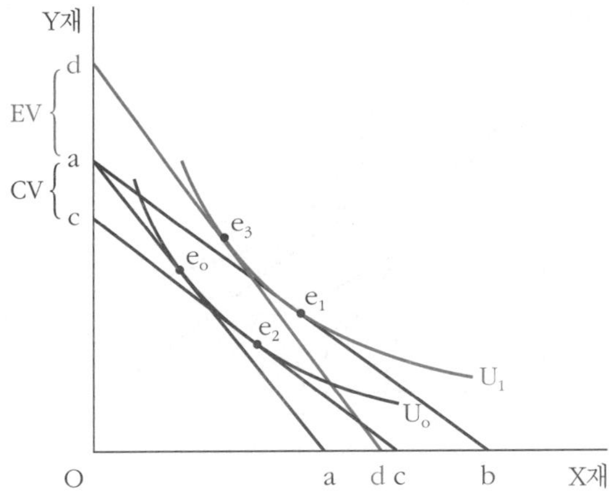

〔그림 5-6〕 보상변화(CV)와 대등변화(EV)

록 해주는 가상의 예산선 cc로 끌어내리는데 필요한 소득의 변화를 말한다. 〔그림 5-6〕에서 보상변화의 크기는 ac(Y재 수량)에다 Y재 가격(P_Y)을 곱해준 값으로 정의된다. 즉 보상변화(CV) = ac × P_Y이다.

② 대등변화(EV; Equivalent Variation)

대등변화(EV)는 최초의 무차별곡선 U_o에서 X재 가격의 변화(가격 하락)가 일어난 후의 효용수준인 U_1으로 옮겨가기 위해 필요한 소득의 변화를 말한다. 일명 동등변화라고도 부른다.

대등변화(EV)의 크기도 쉽게 계산할 수 있다. 〔그림 5-6〕에서 X재 가격만 하락하면 예산선은 aa에서 ab로 이동하고, 효용극대화조건을 충족시키는 소비자균형점도 e_o점에서 e_1점으로 이동한다. 대등변화는 가격변화 이전의 예산선 aa를 기준으로 우상방으로 평행이동을 시키면서 가격변화 이후의 새로운 무차별곡선 U_1에 접하도록 해주는 가상의 예산선 dd에 도달하는 데 필요한 소득의 변화를 말한다. 〔그림 5-6〕에서 대등변화의 크기는 ad(Y재 수량)에다 Y재 가격(P_Y)을 곱해준 값으로 정의된다. 즉 대등변화(EV) = ad × P_Y이다.

결론적으로 보상변화와 대등변화를 상호 비교하면 다음과 같은 결론이 도출된다. 즉 보상변화와 대등변화는 항상 반대 부호를 갖는다. 또 절대값으로 표시된 보상변화와 대등변화의 크기도 서로 다르다.

2
경제 및 사회복지정책 영역으로의 응용과 확장

(1) 조세와 소비자 후생

① 기본 전제 사항

분석 대상이 되는 조세는 소비세(예 부가가치세)와 정액세(예 주민세)만 존재한다. 소비세는 음(-)의 가격보조이고, 정액세는 음(-)의 현금보조와 같다. 또 소비세는 가격구조를 왜곡시키지만 정액세는 그런 문제를 야기하지 않는다.

② 정부의 조세 부과와 소비자 후생

정부가 소비자들에게 조세를 부과하면 소비자 후생은 감소한다. 그러나 소비자 후생의 감소 정도는 조세가 소비세인가, 정액세인가에 따라 다르다. 그 이유는 가격구조의 왜곡에 미치는 조세의 영향이 서로 상이(相異)하기 때문이다.

③ 정액세[27]와 소비세가 소비자 후생에 미치는 효과 분석

〔그림 5-7〕에서 횡축은 X재, 종축은 Y재를 의미한다. 여기서 Y재는 상품이 아니라 현금이라고 가정하자. 따지고 보면 현금도 일종의 상품으로 간주할 수 있다. 최초의 예산선은 aa이고 무차별곡선이 U_1이라고 가정하면, 효용극대화를 충족시키는 소비자균형점은 e_1점이다.

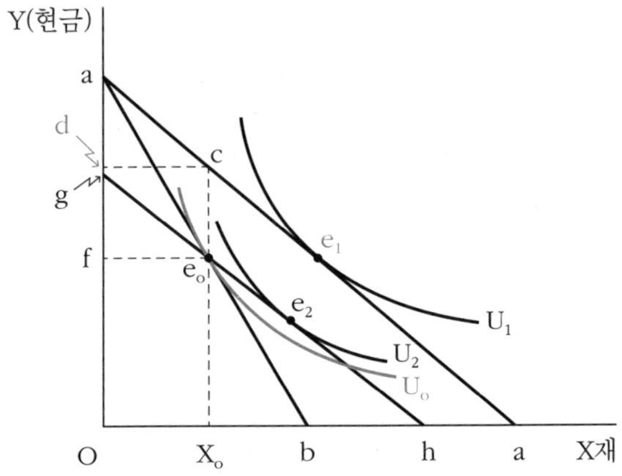

〔그림 5-7〕 소비세와 정액세의 차이

이제 정부가 X재에 소비세를 부과한다고 상정하자. 일단 소비세가 부과되면 X재 가격이 상승한다. 그 이유에 대해서는 이미 제3장 제2절의 (2)항에서 자세하게 설명한 바 있다. 이해가 잘 안 되는 독자 여러분은 그 부분을 복습하기 바란다. X재 가격이 상승하면 기존의 예산선은 aa에서 ab로 이동하고, 효용극대화를 충족시키는 소비자균형점 역시 e_1점에서 e_o점으로 이동한다. e_o점에서 소비자가 얻을 수 있는 최대효용은 U_o이다. 이를 통해 우리는 정부의 소비세 부과로 소비자의 효용이 U_1에서 U_o로 감소했음을 알 수 있다. 즉 $U_1 - U_o$는 소비세 부과에 따른 소비자 후생의 감소분이다. 또 이때 소비자가 부담해야 할 소비세액은 $df = ce_o$로 정의된다.[28]

---

27 정액세(lump-sum tax)는 경제주체인 소비자의 소득이나 소비수준과는 관계없이 소비자 1인당(또는 1가구당) 동일한 규모로 부과하는 세금을 지칭한다. 대표적인 사례로는 주민세를 들 수 있다.

28 정부가 소비세를 부과하기 이전에는 소비자가 X재를 X_o만큼 소비하기 위해서는 ad만큼의 현

한편, 정부가 소비세액에 해당되는 df만큼을 정액세로 거둔다고 상정하자. 정액세는 X재 가격과는 무관한 세금이기 때문에 예산선의 기울기에는 하등의 변화를 초래하지 않는다. 다만 기존의 예산선 aa를 df만큼 평행하게 좌하방으로 이동시킬 뿐이다. 그렇게 해서 결정된 가상의 예산선은 gh이다. 이 예산선 하에서 효용극대화를 충족시키는 소비자균형점은 e_2점에서 결정되고, 그때 소비자의 효용수준은 U_2이다. 따라서 정액세의 부과에 따른 소비자 후생의 감소 폭은 U_1-U_2로 정의된다.

④ 조세 부과와 관련된 정책적 함의

소비세가 정액세에 비해 상대적으로 소비자 후생을 더 많이 감소시킨다는 사실이다. 〔그림 5-7〕에서 그 차이는 U_2-U_0이다.

정액세의 부과는 소비자의 실질소득만 감소시킬 뿐 예산선의 기울기에는 아무런 영향을 미치지 않는다. 예산선의 기울기는 X재와 Y재(현금)의 상대가격체계를 의미한다. 이는 정액세가 가격구조의 왜곡을 야기하지 않는다는 뜻이다. 반면, 소비세의 부과는 소비자의 실질소득을 감소시킬 뿐만 아니라 예산선의 기울기까지 변화시킨다. 이는 소비세가 기존의 가격구조를 왜곡시킨다는 것을 시사해준다. 그 때문에 소비세가 정액세에 비해 상대적으로 더 많은 소비자 후생의 감소를 야기하는 것이다.

(2) 사회복지정책에 대한 효과 분석

① 저소득계층을 돕기 위한 정부의 사회복지정책

정부는 저소득계층을 돕기 위해 3종류의 사회복지정책을 실행할 수 있다. 첫째는 현물보조정책이다. 일례로 매월 30만 원에 상당하는 쌀을 저소득계층에게 무

금만 지불하면 되었다. 하지만 정부의 소비세 부과 이후로 소비자는 X재를 X_0만큼 소비하려면 af만큼의 현금을 지불해야 한다. 따라서 af와 ad의 차이인 df가 소비세액이 되는 것이다. 〔그림 5-7〕에서 보듯이 df는 ce_0와 동일하다.

상으로 제공하는 경우다. 둘째는 가격보조정책이다. 이는 매월 쌀을 저렴하게 구입할 수 있는 할인권을 30만 원만큼 제공하는 경우다. 셋째는 현금보조정책이다. 이는 정부가 저소득계층에게 매월 30만 원을 직접 제공하는 경우다.

이처럼 현물보조, 가격보조, 현금보조정책을 실행하기 위해 필요한 정부의 재정지출 규모는 30만 원으로 일정하다고 가정하자. 이때 저소득계층의 효용 증가 여부는 오직 무차별곡선을 통해 측정할 수 있다.

② 현물보조, 가격보조, 현금보조에 대한 정책효과 분석

〔그림 5-8〕에서 최초의 예산선이 aa로 주어졌다고 가정하자. 이때 효용극대화를 충족시키는 소비자균형점은 e_o점에서 결정되고, 소비자의 효용수준은 U_o이다. 정부가 저소득계층에게 30만 원 상당의 쌀을 보조해준다고 가정하자. 〔그림 5-8〕에서 그 크기는 ae_1으로 정의된다. 그러면 저소득계층의 예산선은 aa에서 ae_1a'로 변한다. 만약 이때 소비자가 쌀보다 Y재(쌀을 제외한 다른 상품)를 더 선호해서 현물보조(=ae_1) 이상으로 쌀 소비를 하지 않는다면 새로운 소비자균형점은 e_1점에서 이루어지고, 그때 소비자의 효용수준은 U_1이다. 참고로 현물보조 시, 예산선 a′a′에서 점선으로 표시된 $a'e_1$은 현물보조 이후의 예산선에 포함되지 않음에 유의해야 한다.

다음으로 가격보조에 대해 살펴보자. 최초의 예산선이 aa로 주어진 상황에서

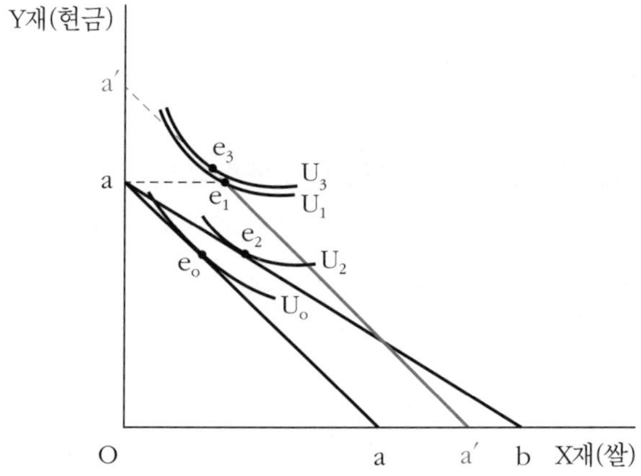

〔그림 5-8〕 현물보조, 가격보조, 현금보조에 대한 정책효과

쌀에 대한 가격보조를 해주면 소비자는 쌀의 구매할인권에 기재된 금액만큼 그것을 더 싸게 구입할 수 있다. 그러면 기존의 예산선 aa는 새로운 예산선 ab로 이동하고 소비자균형점은 e_2점에서 이루어진다. 그때 소비자의 효용수준은 U_2이다.

끝으로 현금보조에 대해 살펴보자. 정부가 저소득계층에게 현금보조를 해주면 기존의 예산선은 aa에서 a′a′로 평행 이동한다. 그때 효용극대화를 충족시키는 소비자균형점은 e_3점에서 이루어지고, 해당 소비자의 효용수준은 U_3이다.

③ 사회복지정책의 목적에 따른 시사점

동일한 규모의 정부 예산으로 저소득계층의 후생 수준 증가만을 도모한다면 정부는 정책의 우선순위를 현금보조, 현물보조, 가격보조 순으로 설정하는 것이 바람직하다. 이러한 정책효과의 차이가 발생하는 근본 원인은 정부가 어떤 형태의 보조 정책을 실행하는가에 따라 저소득계층의 예산선이 달라지기 때문이다.

정부가 동일한 규모의 예산으로 저소득계층에게 보조대상이 되는 상품(쌀)의 소비 촉진을 도모한다면 가격보조, 현물보조, 현금보조 순으로 정책집행을 하는 것이 바람직하다. 이때 정부가 저소득계층에게 제공하는 가격보조 대상은 주로 가치재에 해당되는 상품이다. 참고로 가치재(價値財, merit goods)는 교육이나 의료서비스와 같이 일정 수준 이상의 소비가 사회적으로 보장되는 것이 바람직스럽다고 판단되는 상품, 즉 소비자의 가치 욕구(merit wants)를 충족시켜주는 상품을 말한다. 그렇다면 가치 욕구란 무엇인가? 그것은 개인의 자발적인 선호나 기업의 이윤극대화 논리에만 일임할 경우, 사회적으로 바람직한 수준의 양(量)을 확보할 수 없는 욕구를 지칭한다. 이때 정부는 사회적 견지에서 충분히 공급할 가치가 있다고 판단되는 가치 욕구를 충족시키기 위해 개별 경제주체의 선호에 대해 간섭(온정적 간섭주의)하며 국가 재정을 통해 특정 상품을 공급한다. 경제학에서는 그런 상품을 가치재라고 부른다. 우리 주변에서 찾아볼 수 있는 가치재의 사례로는 저가(低價)임대주택을 비롯한 공영주택, 의무교육, 학교급식 등을 들 수 있다. 하지만 가치재는 소비자주권의 원칙에 위배된다는 점에 대해서도 유의해야 한다.

(3) 여가-소득의 선택과 노동공급곡선의 도출

① 분석을 위한 기본 전제 사항

근로자가 효용극대화를 추구하는 과정에서 노동(L)과 여가(ℓ)에 대한 최적 선택행위가 이루어진다. 노동자에게 가용(可用) 가능한 시간은 하루 24시간 중에서 취침, 식사, 세면 시간 등을 제외한 12시간이라고 가정하자.

여가-소득에 대한 근로자의 최적 선택은 여가-소득 사이의 예산선과 무차별곡선에 의해 결정된다. 또 12시간은 전적으로 노동(L)과 여가(ℓ)만으로 구성된다고 가정하자. 참고로 L은 노동(Labor)을 뜻하며, ℓ은 여가(leisure)의 첫 글자를 이탤릭체로 바꾼 것이다. 또 시간당 실질임금이 w_o라면 최초의 소비자균형점은 여가-소득 간의 예산선과 무차별곡선이 접하는 e_o점에서 ℓ_o로 결정되며, 이때의 효용수준은 U_o이다.

② 임금 상승과 소비자균형점의 변화

이제 임금이 w_o에서 w_1으로 상승했다고 하자. 그러면 〔그림 5-9〕에서 기존의 예산선(= $12w_o12$)은 새로운 예산선(= $12w_112$)으로 이동한다. 그때 여가-소득 간에 효용극대화를 충족시키는 소비자균형점은 e_1점으로 결정되고 여가와 효용수준은 ℓ_1과 U_1이다. 근로자는 실질임금이 증가함에 따라 여가시간을 $\ell_o\ell_1$만큼 줄였

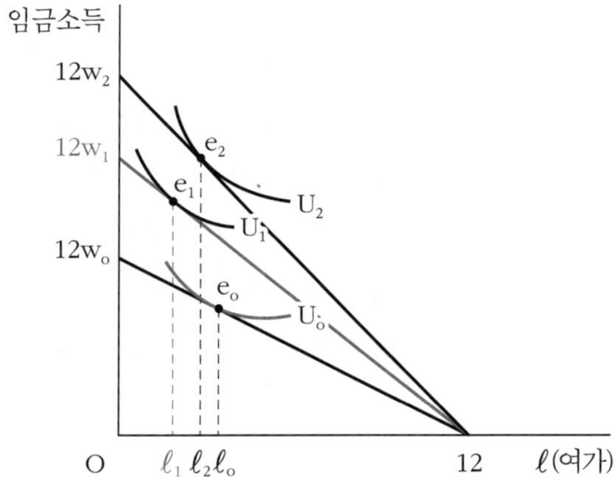

〔그림 5-9〕 임금 상승과 소비자균형점의 이동

으며 효용수준은 U_1으로 증가했다. 여기서 여가시간이 줄었다는 것은 그만큼 노동시간이 늘었다는 얘기다.

〔그림 5-9〕에서 실질임금이 w_1에서 w_2로 증가했다고 하자. 그러면 예산선은 $12w_1 12$에서 $12w_2 12$로 이동하고 효용극대화를 충족시키는 소비자균형점 또한 e_2점으로 결정된다. 이때 근로자는 ℓ_2만큼의 여가를 즐기며 U_2 수준의 효용을 얻는다. 우리는 〔그림 5-9〕를 통해 실질임금이 w_1에서 w_2로 상승하면 근로자는 여가시간을 ℓ_1에서 ℓ_2로 늘린다는 것을 확인할 수 있다. 여가시간이 $\ell_1\ell_2$만큼 늘어났다는 것은 곧 노동시간이 그만큼 줄어들었다는 얘기다.

앞의 ①, ② 내용을 종합하면, 다음의 노동공급곡선이 최종적으로 도출된다.

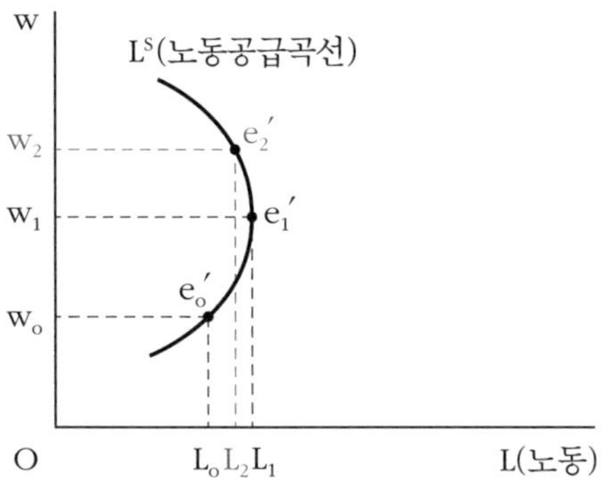

〔그림 5-10〕 임금 상승과 노동공급곡선의 도출

〔그림 5-10〕을 보면 임금이 w_o일 때 노동공급량은 L_o로 주어졌다. 이때 L_o는 $12-\ell_o$로 정의된다. 이제 임금이 w_o에서 w_1으로 상승하면 노공공급량이 L_o에서 $L_1(=12-\ell_1)$으로 증가한다. 여기서 노동의 증가량(L_oL_1)은 〔그림 5-9〕에서 살펴본 여가의 감소량($\ell_o\ell_1$)과 똑같다. 임금이 w_1에서 w_2로 상승했다고 하자. 그러면 노동공급량은 L_2로 감소한다. 이때 노동의 감소량(L_2L_1)은 〔그림 5-9〕에서 살펴본 여가의 증가량($\ell_1\ell_2$)과 똑같다. 이를 종합적인 관점에서 정리하면 다음과 같다. 시간당 임금이 w_o에서 w_1으로 상승할 경우, 노동공급곡선(L^S)은 우상향한다. 하지만 임금이 w_1에서 w_2로 상승하면 여가의 시간은 늘어나고 노동공급량은 L_1에서 L_2로 감소하는 양상을 보인다. 그로 인해 노동공급곡선은 후방굴절하는 형태를 띤다. 끝으로 노동공급곡선이 후방굴절하는 이유를 대체효과와 소득효과로 구분

해서 설명하고자 한다. 이 내용은 공기업, 7급 공무원, 중등임용시험 등을 비롯한 각종 경제시험에서 출제될 가능성이 있다. 따라서 독자 여러분의 주의와 관심이 요구된다.

③ 노동공급곡선의 후방굴절 현상에 대한 경제 이론적 설명

노동 공급과 관련된 대체효과와 소득효과를 정리하면 〔표 5-1〕로 요약된다.

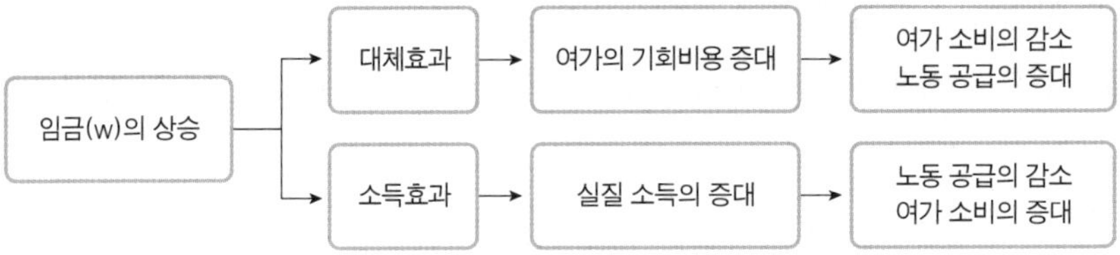

〔표 5-1〕 실질임금의 상승에 따른 대체효과와 소득효과

〔그림 5-10〕을 다시 살펴보자. 실질임금이 w_0에서 w_1으로 상승하면 노동공급량이 L_0에서 L_1으로 증가한다. 그 이유는 임금 상승에 따른 대체효과가 소득효과보다 크기 때문이다. 즉 실질임금이 상승하면 여가의 기회비용이 증가하기 때문에 여가를 줄이고 노동공급을 늘린다. 그것이 대체효과다. 반면 실질임금이 상승하면 근로자의 실질소득이 증가하기 때문에 노동공급을 줄이는 대신 여가 소비를 늘린다. 그것이 소득효과다. 그런데 실질임금이 상승할 때, 대체효과가 소득효과보다 크면 노동공급은 증가한다.

실질임금이 w_1에서 w_2로 상승한다고 하자. 그러면 노동공급량은 L_1에서 L_2로 감소한다. 그 이유는 실질임금의 상승에 따른 소득효과가 대체효과보다 크기 때문이다. 여기서 소득효과는 노동공급을 감소시키는 것을 말하고 대체효과는 노동공급을 증가시키는 효과를 지칭한다. 그런데 w_1과 w_2 구간에서는 노동공급을 감소시키는 소득효과가 노동공급을 증가시키는 대체효과보다 크다. 따라서 이때는 실질임금의 상승과 함께 노동공급은 감소한다.

④ 여가-소득의 최적 선택 모형에 대한 평가

모든 근로자들이 〔그림 5-10〕에서 보는 것처럼 실질임금이 상승했다고 해서 자신들의 노동시간을 이렇게 자의적으로 조정해 나갈 수 있는지는 여전히 의문이다. 물론 자영업에 종사하는 개인 사업자들은 가능할지 모르지만, 일반 샐러리맨들의 경우에는 이런 원칙을 적용한다는 것이 그리 쉽지 않다.

또 임금이 상승한다고 해서 모든 근로자들이 후방굴절된 노동공급곡선을 가질 것인지에 대해서도 의문이다. 근로자들마다 후방굴절되는 타이밍이 다를 수 있고, 임금 수준이 낮은 근로자의 경우에는 아예 후방굴절 현상이 나타나지 않을 수도 있다. 물론 전체 근로자들의 평균적인 입장에서 본다면 후방굴절되는 노동공급곡선이 도출될 수 있는 개연성에 대해서만큼은 부정하기 어렵다.

(4) 서로 다른 시점 간의 소비자 선택; 소비와 저축의 선택[29]

① 기본 전제 사항

소비자는 주어진 소득 가운데 소비하고 남은 잔여 소득을 모두 저축한다고 가정한다.

분석의 편의를 위해 소비자가 선택할 수 있는 시간 영역은 1기와 2기로 한정한다. 1기는 현재를 의미하며 1기 소득과 소비는 Y_1, C_1이다. 또 2기는 미래를 의미하며, 2기 소득과 소비는 Y_2, C_2이다.

이자율이 r인 상황에서 현재 소득 Y_1의 미래가치는 $Y_1(1+r)$, 미래 소득 Y_2의 현재가치는 $Y_2/(1+r)$이다. 또 미래가치를 현재가치로 바꿔주는 것을 할인(discount)한다고 말하며, 이때 r은 실질이자율을 의미한다.

② 현재 소비와 미래 소비의 선택

최초의 소비자 선택 문제를 풀려면 2가지 조건이 필요하다. 하나는 1기 소비 C_1과 2기 소비 C_2로 구성된 무차별곡선 $U=U(C_1, C_2)$이고, 다른 하나는 현재 소득과 미래 소득으로 구성된 예산선이다. 예산선은 〔그림 5-11〕에서 보는 것처럼

---

29 김덕수, 『거시경제학』, 율곡출판사, 2020, 206-210쪽 참조.

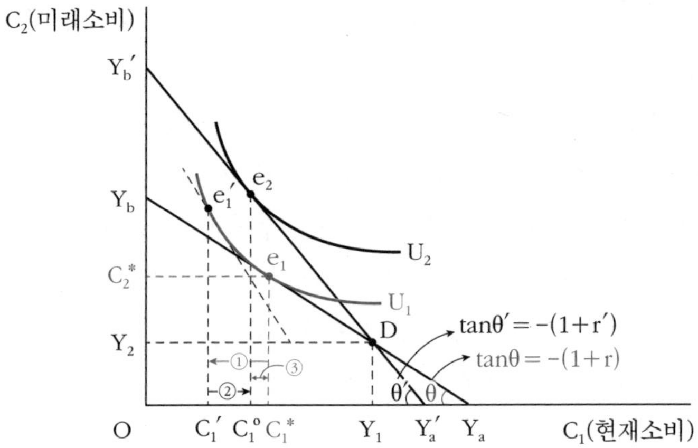

〔그림 5-11〕 현재 소비와 미래 소비의 선택; 저축자의 경우

Y_aY_b로 정의되며 그것의 기울기는 $-(1+r)$[30]이다. 또 최초의 소비자균형점은 무차별곡선 $U=U_1(C_1, C_2)=U_1$과 예산선이 접하는 e_1점이며 소비자의 최적 소비수준은 C_1^*, C_2^*로 결정되고 소비자는 U_1 수준의 효용을 얻는다. 참고로 〔그림 5-11〕에서 Y_a는 $Y_a=Y_1+Y_2/(1+r)$, Y_b는 $Y_b=Y_2+Y_1(1+r)$이다. 독자 여러분은 Y_a와 Y_b가 왜 그렇게 정의되는지 고민해보기 바란다.

이제 이자율이 r에서 r′로 증가했다고 하자. 그러면 기존의 예산선 Y_aY_b는 D점을 기준으로 $Y_a'Y_b'$로 변한다. 그 이유를 살펴보자. 이자율이 r에서 r′로 상승하면 X축의 Y_a는 Y_a'로 감소한다. 이자율의 상승으로 r′ 〉 r의 관계가 성립하면 $Y_a'=Y_1+Y_2/(1+r')$는 $Y_a=Y_1+Y_2/(1+r)$보다 작다. 반면, Y_b'는 Y_b보다 크다. 즉 〔그림 5-11〕에서 Y_b는 $Y_b=Y_2+Y_1(1+r)$이고 Y_b'는 $Y_b'=Y_2+Y_1(1+r')$이다.

새로운 예산선 $Y_a'Y_b'$ 하에서의 소비자균형점은 e_2점이며, 이때 소비자는 U_1보다 높은 효용수준인 U_2를 얻는다. 이제 이자율의 상승에 따라 소비자균형점이 e_1점에서 e_2점으로 이동한 것을 가격효과, 대체효과, 소득효과로 분석해보자. 먼저 소득효과를 파악하기 위해서는 새로운 예산선 $Y_a'Y_b'$와 평행하게 선을 그은 다음, 최초의 무차별곡선인 U_1과 접하는 점을 찾아야 한다. e_1'점이 그것이다. 〔그림

---

30 본문에서 밝혔듯이 Y_a는 $Y_a=Y_1+Y_2/(1+r)$이고, Y_b는 $Y_b=Y_2+Y_1(1+r)$이다. 예산선 Y_aY_b의 기울기를 구하기 위해서는 $-Y_b/Y_a$를 구하면 된다. 그렇게 해서 도출된 값이 $-(1+r)$이다. 독자 여러분이 직접 계산해보기 바란다.

5-11]에서 이자율의 상승에 따른 대체효과는 음(-)이며 그 크기는 $C_1^*C_1'$(①)이다. 또 소득효과는 양(+)이며 그 크기는 $C_1'C_1^o$(②)이다. 그리고 이 둘의 합(合)인 가격효과는 $-C_1^oC_1^*$(③)이다. 이는 가격효과가 음(-)이라는 얘기다.

이자율 상승은 현재 소비의 상대가격 상승과 미래 소비의 상대가격 하락을 의미한다. 따라서 이자율 상승에 따른 대체효과는 현재소비의 감소와 미래소비의 증가로 나타난다. 또 이자율이 상승하면 이자소득의 발생으로 현재 소득과 미래 소득이 증가한다.[31] 그에 따라 현재 소비와 미래 소비 모두 증가한다. 이것이 바로 소득효과이다. 참고로 〔그림 5-11〕에서 소득효과를 보면 현재 소비와 미래 소비가 모두 증가한 것으로 나타났다.

지금까지 논의한 사항을 종합하면 〔표 5-2〕와 같이 요약된다. 이 내용도 시험에 출제될 가능성이 있기 때문에 독자 여러분의 각별한 주의가 요구된다. 이자율이 상승하면 일반적으로 〔그림 5-11〕에서 살펴본 것처럼 음(-)의 대체효과가 양(+)의 소득효과보다 크게 나타난다. 그 결과 이자율이 상승하면 현재 소비는 감소하고 미래 소비는 증가한다고 볼 수 있다.

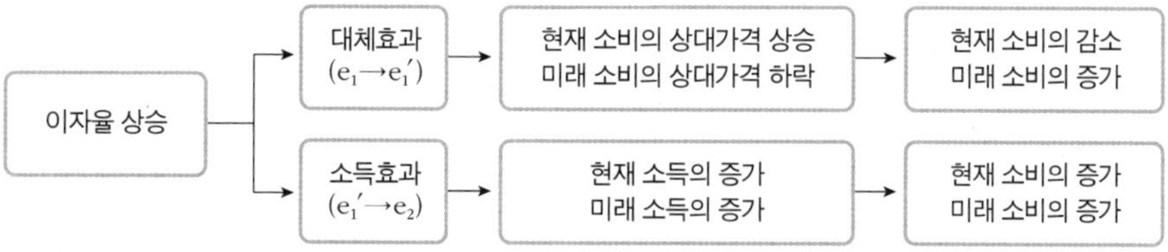

〔표 5-2〕 이자율 상승에 따른 대체효과와 소득효과 요약(1)

31 이자율이 상승하면 현재 소득과 미래 소득은 모두 증가한다. 그 이유는 현재 소득과 미래 소득 모두 현재의 최적 소비수준과 미래의 최적 소비수준보다 크기 때문이다. 현재와 미래 모두 소득과 최적 소비수준의 차액만큼 저축이 존재하기 때문에 이자율이 상승하면 이자소득도 함께 증가할 수밖에 없다.

보론 5-1. 소비자가 차입자인 경우; 가격효과, 대체효과, 소득효과 분석

앞에서는 소비자가 1기(현재)에 양(+)의 저축을 하는 경우를 상정하고, 이자율이 상승할 때의 가격효과, 대체효과, 소득효과를 분석했다. 이제는 소비자가 1기에 음(-)의 저축을 할 경우, 즉 소비자가 차입자인 경우를 상정하고, 이자율의 상승에 따른 가격효과, 대체효과, 소득효과에 대해 분석해보자.

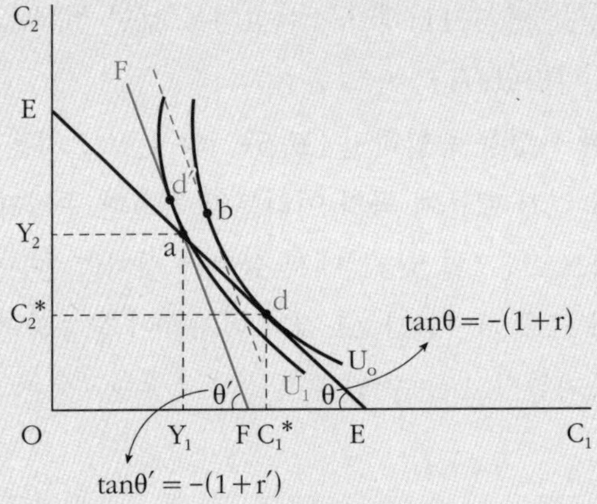

〔그림 5-12〕 소비자가 차입자인 경우; 가격효과, 대체효과, 소득효과 분석

〔그림 5-12〕는 1기에 음(-)의 저축, 즉 1기의 소득보다 최적 소비수준이 더 큰 경우($C_1^* > Y_1$), 이자율 상승이 소비자의 최적 소비변화에 미치는 효과를 보여준다. 이자율이 상승하기 전, 소비자균형점(소비자의 최적 소비점)은 무차별곡선 U_o와 기간간 예산제약선 EE가 접하는 d점에서 결정되었다. d점에서 1기와 2기의 최적 소비 수준은 C_1^*, C_2^*이다. 특히 1기 소득 Y_1은 1기의 최적 소비수준 C_1^*보다 적기 때문에 소비자는 2기 소득을 담보로 차입해서 1기 소비에 충당해야 한다. 이때 이자율이 r에서 r′로 상승하면 기간간 예산제약선은 EE에서 FF로 이동하고, 그에 따라 소비자균형점도 변한다. 이자율의 상승에 따른 소비자의 새로운 소비자균형점은 d′점이다. 이때 가격효과는 −dd′이다. 즉 이자율이 상승하면 1기 소비는 크게 감소한다. 이제 가격효과를 대체효과와 소득효과로 분리해보자. 〔그림 5-12〕에서 대체효과 −db이다. 그것이 음(-)인 이유는 이자율이 상승함에 따라 1기 소비에 대한 기회비용이 증가하기

때문이다. 물론 2기 소비에 대한 기회비용은 감소한다. 그 결과 1기 소비는 감소하고 2기(미래)소비는 증가한다. 다음으로 소득효과에 대해 알아보자. 이자율이 상승하기 전, 소비자는 1기에 차입을 통해 1기 소비에 충당했다. 그런데 이자율이 상승하면 이자 비용이 발생하기 때문에 현재 소득과 미래 소득 모두 감소한다. 또 이는 1기 소비의 감소와 2기 소비의 감소로 이어지는데 이것이 바로 소득효과이다. 이를 종합해볼 때, 소비자가 차입자인 경우 이자율이 상승하면 1기 소비는 〔그림 5-12〕에서 보는 것처럼 반드시 감소한다. 그 이유는 대체효과도 1기 소비의 감소, 소득효과도 1기 소비의 감소로 나타나기 때문이다. 하지만 2기 소비에 대해서는 확실하게 단언할 수 없다. 이자율 상승에 따른 대체효과는 2기 소비의 증가, 소득효과는 2기 소비의 감소로 이어지기 때문이다. 이때는 대체효과와 소득효과의 상대적 크기에 따라 2기 소비가 증가할 수도 있고 감소할 수도 있다. 참고로 〔그림 5-12〕는 대체효과가 소득효과보다 큰 경우를 상정하고 그린 것임에 유의하기 바란다. 따라서 미래소비는 증가한 것으로 나타났다. 이를 요약하면 다음의 〔표 5-3〕과 같다.

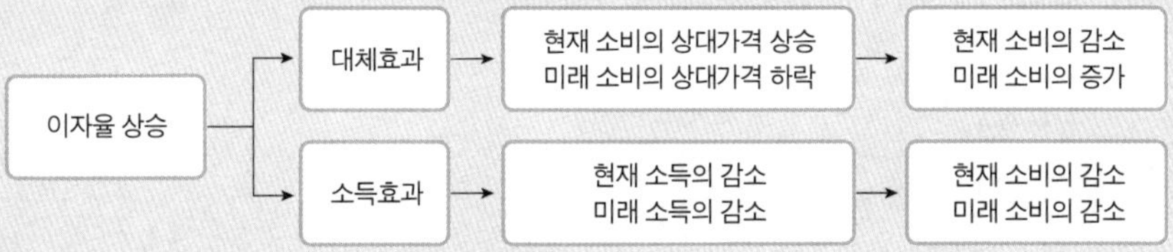

〔표 5-3〕 이자율 상승에 따른 대체효과와 소득효과의 요약(2)

(5) 지수와 후생 수준의 평가[32]

두 시점 사이에 가격, 소득, 상품[33] 묶음이 변하는 경우, 소비자균형점의 변화를

32 김덕수, 앞의 책, 13-15쪽에서 인용.

33 상품은 재화와 서비스를 포괄하는 개념이다. 이 책에서는 상품, 제품, 재화와 서비스를 동의어로 사용하고자 한다.

분석한 후, 소비자 후생 수준의 개선(改善) 여부를 판단하기 위해 도입된 개념이 지수(index)이다. 이 지수는 상품의 수량이나 가격 측면에서 평균적인 변화를 하나의 수치로 나타내기 위해 고안한 것으로서 수량지수와 가격지수가 존재한다. 수량지수는 상품 묶음의 양이 평균적으로 증가했는지를 판단하기 위해서, 또 가격지수는 상품가격의 변화 방향을 판단하기 위해서 사용된다. 이와 관련된 내용은 시험문제로 출제될 가능성이 매우 높기 때문에 독자 여러분의 치열한 학습을 주문한다. 수식적인 표현 때문에 학습에 따른 심리적 부담이 없지는 않겠지만 그래도 내용 파악에 집중해 나가다 보면, 그리 어렵지 않게 이해할 수 있을 것이다. 최대한 알기 쉽게 설명하고자 한다.

① 수량지수

라스파이레스 수량지수(LQI; Laspeyres Quantity Index)는 아래의 ㉠식과 같이 기준연도의 가격을 가중치로 사용해서 산출한다. 논의의 단순화를 위해 P_{io} Q_{it}는 P_o Q_1으로, P_{io} Q_{io}는 P_o Q_o로 표시한다. 참고로 P_o, Q_o는 기준연도의 가격과 수량, P_1, Q_1은 비교연도의 가격과 수량을 의미한다.

$$LQI = \frac{P_o Q_1}{P_o Q_o} \quad \cdots\cdots \text{㉠}$$

한편, 파쉐 수량지수(PQI; Paasche Quantity Index)는 다음의 ㉡식에서 보는 것처럼 비교연도의 가격을 가중치로 사용해서 산출한다.

$$LQI = \frac{P_1 Q_1}{P_1 Q_o} \quad \cdots\cdots \text{㉡}$$

LQI ≦ 1이면, ㉠식으로부터 $P_oQ_1 \leqq P_oQ_o$임을 알 수 있다. 이는 소비자의 후생 수준이 하락(=악화)했음을 의미한다. 그 근거는 비교연도의 평균 상품소비량(Q_1)이 기준연도의 평균 상품소비량(Q_o)보다 적어졌기 때문이다.

PQI ≧ 1이면, ㉡식으로부터 $P_1Q_1 \geqq P_1Q_o$임을 알 수 있다. 이는 소비자의 후생 수준이 개선(=향상)되었음을 말해준다. 그 근거는 비교연도의 평균 상품소비량

(Q_1)이 기준연도의 평균 상품소비량(Q_o)보다 많아졌기 때문이다.

② 가격지수

가격지수는 크게 라스파이레스 물가지수(LPI; Laspeyres Price Index)와 파쉐 물가지수(PPI; Paasche Price Index)로 구분된다. 라스파이레스 물가지수는 기준연도의 상품량, 파쉐 물가지수는 비교연도의 상품량을 가중치로 사용한다. 논의의 단순화를 위해 $P_{it}\,Q_{io}$는 P_1Q_o, $P_{io}Q_{io}$는 P_oQ_o, $P_{it}Q_{it}$는 P_1Q_1, $P_{io}Q_{it}$는 P_oQ_1으로 표시한다. 라스파이레스 물가지수와 파쉐 물가지수는 각각 ㉢식과 ㉣식으로 정의된다.

$$LQI = \frac{P_1 Q_o}{P_o Q_o} \quad \cdots\cdots\cdots \quad ㉢$$

$$PPI = \frac{P_1 Q_1}{P_o Q_1} \quad \cdots\cdots\cdots \quad ㉣$$

㉢식과 ㉣식은 상품소비량이 각각 Q_o와 Q_1으로 똑같기 때문에 가격변수만 갖고서는 소비자의 후생 수준 변화를 파악할 수 없다. 따라서 ㉤식과 같은 명목소득변화지수(N)를 도입해서 공통분모를 가진 분모와 분자의 수량을 비교할 필요가 있다. ㉤식에서 분모는 기준연도의 명목소득, 분자는 비교연도의 명목소득을 나타낸다.

$$N = \frac{P_1Q_1}{P_oQ_o} \quad \cdots\cdots\cdots \quad ㉤$$

앞에서 언급했듯이 파쉐 수량지수(PQI)를 나타내는 ㉡식의 크기가 1보다 크거나 같다면 소비자의 후생 수준이 개선된다고 평가할 수 있다.

$$\frac{P_1Q_1}{P_1Q_o} \geqq 1 \;\rightarrow\; P_1Q_1 \geqq P_1Q_o \quad \cdots\cdots\cdots \quad ㉥$$

㉥식의 양변을 P_oQ_o로 나누면 ㉦식을 구할 수 있다.

$$\frac{P_1Q_1}{P_oQ_o} \geqq \frac{P_1Q_o}{P_oQ_o} \cdots\cdots ㉦$$

㉦식의 좌변은 명목소득변화지수 N, 우변은 라스파이레스 물가지수 LPI를 말한다. 따라서 N ≧ LPI라면, 즉 명목소득변화지수(N)가 라스파이레스 물가지수(LPI)보다 크거나 같으면 소비자의 후생 수준이 개선되었음을 의미한다. 이를 좀 더 쉽게 설명하면 '기준연도보다 비교연도에 더 많은 상품을 소비했다'는 것을 시사한다.

한편, PPI가 N보다 크거나 같다면, 즉 PPI ≧ N이라면 소비자의 후생 수준은 악화된다. 앞에서 언급했듯이 라스파이레스 수량지수(LQI)를 나타내는 ㉠식의 크기가 1보다 작거나 같다면 소비자의 후생 수준은 악화될 수밖에 없다.

$$\frac{P_oQ_1}{P_oQ_o} \leqq 1 \rightarrow P_o\,Q_1 \leqq P_o\,Q_o \cdots\cdots ㉧$$

㉧식의 양변은 다음과 같이 바꿀 수 있다.

$$P_oQ_1 \leqq P_oQ_o \rightarrow \frac{1}{P_oQ_1} \geqq \frac{1}{P_oQ_o} \cdots\cdots ㉨$$

㉨식의 양변에다 P_1Q_1을 곱해주면 다음의 ㉩식이 도출된다.

$$\frac{P_1Q_1}{P_oQ_1} \geqq \frac{P_1Q_1}{P_oQ_o} \rightarrow PPI \geqq N \cdots\cdots ㉩$$

즉 ㉩식의 좌변은 파쉐 물가지수 PPI를 말하고, 우변은 명목소득변화지수 N이다. 따라서 PPI ≧ N이면, 즉 파쉐 물가지수(PPI)가 명목소득변화지수(N)보다 크거나 같으면, 소비자의 후생 수준은 악화된다.

보론 5-2. 라그랑지 미정 승수법을 활용한 소비자균형조건의 도출[34]

우리는 한계효용이론에서 소비자의 효용극대화를 위해서는 한계효용체감의 법칙과 한계효용균등의 법칙이 충족해야 한다는 것을 학습했다. 또 무차별곡선이론에서는 효용함수 $U = U(X, Y)$로 대변되는 무차별곡선과 예산제약조건인 예산선($I = P_X \cdot X + P_Y \cdot Y$)의 기울기가 일치하는 점에서 소비자균형점이 결정되고 거기서 효용극대화가 달성되는 것을 증명했다. 그때 소비자균형점이 성립하기 위한 조건은 무차별곡선의 기울기인 한계대체율(MRS_{XY}; $= MU_X/MU_Y$)과 예산선의 기울기인 X재와 Y재의 상대가격 비율($= P_X/P_Y$)이 같아야 한다. 또 이는 한계효용균등의 법칙($MU_X/P_X = MU_Y/P_Y = k$)과 같다는 것도 입증했다. 참고로 k는 1원당 한계효용이다.

그런데 라그랑지 미정 승수법(Lagrange undetermined multiplier method)을 활용하면, 앞에서 언급한 효용극대화조건을 매우 간단하게 도출할 수 있다. 라그랑지 미정 승수법은 제약조건하에서의 극대(극소)화 문제를 제약조건이 없는 상태의 극대(극소)화 문제로 바꿔준다. 일례로 $I = P_X \cdot X + P_Y \cdot Y$라는 예산제약 하에서 효용함수 $U = U(X, Y)$를 극대화시키는 문제에 대해 살펴보자. 이때 라그랑지 함수라고 부르는, 즉 제약조건이 반영된 목적함수 Z는 다음과 같다.

$$Z = U(X, Y) + \lambda(I - P_X \cdot X - P_Y \cdot Y) \quad \cdots\cdots \text{㉠}$$

여기서 기호 λ(그리스 문자로 '람다'라고 읽는다)는 아직 결정되지 않은 어떤 수를 말하며 '라그랑지 미정 승수'라고 부른다. 만약 어떤 방법으로든 $I = P_X \cdot X + P_Y \cdot Y$가 성립되어 예산제약조건이 충족된다면 위 ㉠식의 맨 오른쪽 항은 λ값과 무관하게 0이 된다. 이 경우 Z는 $U(X, Y)$와 똑같다. 그러면 예산제약 하에서 $U = U(X, Y)$의 극대값을 찾는 대신에 예산 제약조건이 필요 없는 상태에서 Z의 극대값을 찾으면 된다. 따라서 문제는 맨 오른쪽 (　　)

34 A. C. Chiang & K. Wainwright, 정기준·이성순 역, 『Fundamental Methods of Mathematical Economics』(4th edition), McGrawHill, 2018, pp. 357-359, 384-385 참조.

속의 식 $I = P_X \cdot X + P_Y \cdot Y$를 어떻게 0으로 만들 것인가이다. 이것을 해결하는 방법은 ㉠식에서 λ를 또 하나의 변수로 취급하는 것이다. 즉 $Z = Z(X, Y, \lambda)$라는 얘기다. 그러면 예산제약조건이 수반되지 않는 극대화 문제에 대한 1계 조건은 아래와 같은 연립방정식으로 정리된다.

$$Z_X = \frac{\partial Z}{\partial X} = 0 \Rightarrow \left.\frac{\partial U}{\partial X}\right|_{Y=\bar{Y}} - \lambda P_X = 0 \cdots\cdots ㉡$$

$$Z_Y = \frac{\partial Z}{\partial Y} = 0 \Rightarrow \left.\frac{\partial U}{\partial Y}\right|_{X=\bar{X}} - \lambda P_Y = 0 \cdots\cdots ㉢$$

$$Z_\lambda = \frac{\partial Z}{\partial X} = 0 \Rightarrow I - P_X \cdot X - P_Y \cdot Y = 0 \cdots\cdots ㉣$$

이때 ㉣식은 자동적으로 예산제약조건의 충족을 보장한다. 즉 $I = P_X \cdot X + P_Y \cdot Y$인 것이다. 이처럼 예산제약조건을 라그랑지함수 Z에 반영하고, 라그랑지 미정 승수 λ를 하나의 변수로 추가시키면 우리는 3개의 변수(X, Y, λ)를 갖는 무(無)제약함수 Z를 설정할 수 있다. 또 ㉡식을 ㉢식으로 나눠줌으로써 ㉤식과 같은 효용극대화조건을 도출할 수 있다. 참고로 $\partial U/\partial X = MU_X$, $\partial U/\partial Y = MU_Y$, 무차별곡선의 기울기인 $MRS_{XY} = MU_X/MU_Y$, 예산선의 기울기는 P_X/P_Y이다.

$$\frac{MU_X}{MU_Y} = \frac{P_X}{P_Y} \cdots\cdots ㉤$$

보론 5-3. 간접효용함수와 지출함수 간의 관계

우리는 앞의 제4장과 제5장에서 효용함수를 논의할 때, $U = U(X, Y)$라는 효용함수를 줄곧 사용했다. 이는 X재 소비량과 Y재 소비량이 주어졌을 때, 효용수준이 얼마인가를 나타낸다. 그런 의미에서 $U = U(X, Y)$는 직접효용함수

(direct utility function)이다. 왜냐하면 효용함수에서 X재와 Y재 소비량이 효용 수준에 직접적으로 영향을 미치기 때문이다. 참고로 효용의 기수적 측정을 전제로 한 한계효용이론에서는 연속적인 효용함수 U = U(X, Y)를 가정하고, 미분 개념을 활용해서 X재의 1원당 한계효용과 Y재의 1원당 한계효용을 도출했다. 또 그것이 서로 같아지는 수준까지 소비해야만 소비자의 효용극대화가 충족된다는 것을 입증했다. 효용의 서수적 측정을 가정하는 무차별곡선이론에서는 효용함수 U = U(X, Y)가 소비자의 선호체계를 나타낸다는 것을 학습했다.

▷ 간접효용함수의 도출과 그것의 장점

우리는 이 대목에서 다음과 같은 질문을 제기할 수 있다. 갑(甲)이라는 소비자가 I원의 소득을 갖고 X재와 Y재만을 구입해서 소비할 경우, 그가 얻을 수 있는 최대효용수준은 얼마일까? 단, X재와 Y재 가격을 각각 P_X와 P_Y라고 가정한다. 이는 다음과 같은 극대화 문제의 해(解)로 정의된다.

$$\max U(X, Y) \quad \cdots\cdots \text{㉠}$$
$$\text{s.t. } I = P_X \cdot X + P_Y \cdot Y$$

여기서 max는 maximization의 줄임말로 효용극대화를 의미하고, s.t.는 제약조건을 의미하는 subject to의 약자이다. 여기서 $I = P_X \cdot X + P_Y \cdot Y$는 예산제약조건인 예산선을 의미한다.

〔그림 5-13〕에서 소비자균형점은 e점이다. e점에서 소비자의 효용수준은 $U = U(X, Y) = \bar{U}$이고, 그때 X재와 Y재의 최적소비량은 X^*와 Y^*이다. 그런데 X^*와 Y^*는 모두 I, P_X, P_Y의 함수이다. 따라서 다음과 같이 나타낼 수 있다.

$$X^* = X(I, P_X, P_Y) \quad \cdots\cdots \text{㉡}$$
$$Y^* = Y(I, P_X, P_Y) \quad \cdots\cdots \text{㉢}$$

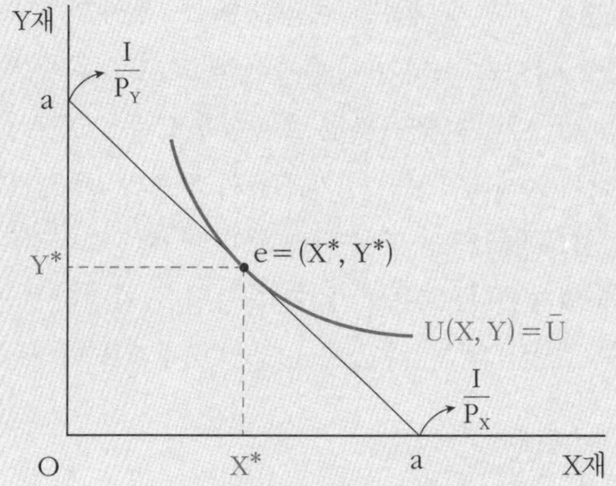

〔그림 5-13〕 간접효용함수와 지출함수 간의 관계

ⓛ과 ⓒ식을 $U = U(X^*, Y^*)$에다 대입하면 다음과 같이 요약된다.

$$U = U[X^*(I, P_X, P_Y), Y^*(I, P_X, P_Y)] = V(I, P_X, P_Y) \quad \cdots\cdots\cdots\cdots \quad ㉣$$

㉣식이 우리가 구하고자 하는 간접효용함수(indirect utility function)이다. 즉 간접효용함수는 소비자가 주어진 가격(P_X, P_Y)과 소득(I)하에서 얻을 수 있는 최대효용수준을 나타낸다. 그러면 ㉣식을 간접효용함수라고 부르는 이유는 무엇인가? 직접효용함수 $U = U(X, Y)$는 효용수준의 직접적 결정인자인 X재와 Y재 소비량을 독립변수로 하는 데 반해, 간접효용함수 $V(I, P_X, P_Y)$는 그렇지 않다. 즉 I, P_X, P_Y는 효용수준과 직접적인 관련이 없다. 다만 I, P_X, P_Y는 X재와 Y재 소비량에 영향을 미침으로써 간접적으로 효용수준을 결정할 따름이다. 이런 이유로 우리는 $V(I, P_X, P_Y)$를 간접효용함수라고 부르는 것이다. 여기서 또 다른 질문을 제기할 수 있다. 즉 우리가 간접효용함수를 공부해야 하는 이유는 무엇인가라는 점이다. 그에 대한 해답은 간접효용함수가 현실에서 관찰하기 쉬운 가격(P_X, P_Y)과 소득(I)을 독립변수로 활용하기 때문에 경제분석이 매우 용이하다는 점에서 찾아야 한다.

▶ 지출함수(expenditure function)

주어진 X재와 Y재 가격 그리고 소득하에서 소비자가 얻을 수 있는 최대

효용수준에 대한 해답을 제시해주는 것이 간접효용함수라면 지출함수는 그와 정반대의 접근을 필요로 하는 개념이다. 지출함수는 주어진 X재와 Y재의 가격하에서 어떤 효용수준, 즉 〔그림 5-13〕에서의 $U = U(X, Y) = \bar{U}$를 얻기 위해 필요한 최소한의 지출액을 말한다. 따라서 지출함수는 다음과 같은 극소화 문제의 해(解)로 정의된다.

$$\min E(X, Y) = P_X \cdot X + P_Y \cdot Y \quad \cdots\cdots\cdots \text{ⓜ}$$
$$\text{s.t. } U = U(X, Y) = \bar{U}$$

여기서 min은 minimization의 줄임말으로서 최소화시킨다는 것이고, s.t.는 subject to의 약자로서 제약조건을 뜻한다. 그리고 E는 지출액을 의미한다. 소비자가 X재와 Y재를 구매하기 위해 필요한 지출액 E는 $E = P_X \cdot X + P_Y \cdot Y$로 정의된다. ⓜ식을 풀면 〔그림 5-13〕에서 e점의 X^*와 Y^*는 아래와 같이 나타낼 수 있다.

$$X^* = X(P_X, P_Y, \bar{U}) \quad \cdots\cdots\cdots \text{ⓑ}$$
$$Y^* = Y(P_X, P_Y, \bar{U}) \quad \cdots\cdots\cdots \text{ⓢ}$$

ⓑ, ⓢ식을 ⓜ식의 해(解)가 되는 $E(X^*, Y^*)$에 대입하면 최종적으로 다음의 ⓞ식을 도출할 수 있는데 그것이 바로 우리가 찾고자 하는 지출함수이다.

$$E(X^*, Y^*) = E[X^*(P_X, P_Y, \bar{U}), Y^*(P_X, P_Y, \bar{U})] = E(P_X, P_Y, \bar{U}) \cdots\cdots\cdots \text{ⓞ}$$

▶ 쌍대관계(duality)

〔그림 5-13〕의 e점은 주어진 X재와 Y재의 가격, 소득하에서 소비자가 얻을 수 있는 최대효용수준이 $U = U(X, Y) = \bar{U}$임을 보여준다. 또 e점은 주어진 X재와 Y재 가격하에서 소비자가 효용수준 $U = U(X, Y) = \bar{U}$를 얻기 위해 필요한 최소지출액(E)이 소득(I)과 동일함을 시사해준다. 결국 보는 관점만 다를 뿐, 간접효용함수와 지출함수는 마치 동전의 앞·뒷면과 같은 관계를 갖고 있음을 알 수 있다. 경제학에서는 이런 관계를 쌍대관계라고 정의한다.

보론 5-4. 위치재(positional goods)

위치재는 앞에서 언급한 가치재와는 사뭇 다른 개념이다. 위치재(예 넓은 집, 고급 외제 차, 좋은 직업, 값비싼 보석 등)는 특정 상품에 대한 가치가 다른 사람이 소비하는 것과 비교되어 사회적 위치가 결정되는 상품을 일컫는 말이다. 한국의 가정경제를 휘청거리게 만드는 사교육 서비스도 타인들이 사교육에 얼마만큼 많은 돈을 지출했는가라는 상대적인 관점에서 그 가치가 결정된다는 점에서 위치재의 속성을 지닌다고 말할 수 있다. 한국경제는 한강의 기적을 통해 잘사는 나라가 되었지만 국민들의 행복 수준은 그렇지 못한 게 사실이다. 왜냐하면 많은 한국인들은 위치재에 대한 상호비교를 통해 자신이 타인보다 불행하다고 생각하기 때문이다. 행복 지수가 높은 나라(예 스웨덴, 호주 등)는 이런 위치재에 대한 인식이 거의 없다고 한다. 그들 국민은 위치재를 사회적 성공의 기준으로 보지 않으며 교육 기회의 평등, 청렴 사회, 각종 차별의식을 철폐하는 데 성공했다. 반면 한국 사회는 아직도 정치권의 부정부패가 심하고, 경제적 성공을 위한 경쟁이 매우 치열하다. 그 결과 위치재에 대한 갈망이 매우 높다. 문제는 사교육 서비스에서 보듯이 위치재에 대한 수요는 가격과 별다른 관계를 갖지 않으며, 오로지 남을 밟고서라도 나만 성공하면 그만이라는 생각이 팽배해 있다는 사실이다. 이런 상황에서 효율적인 자원배분이 이루어진다는 것은 애시당초 불가능한 일이다.

요약 및 복습

☑ 우리가 학습한 전통적인 소비자 수요곡선은 마셜 수요곡선이다. 즉 마셜 수요곡선은 가격효과 = 대체효과 + 소득효과를 통해 설명되는 수요곡선이다. 그런데 마셜 수요곡선은 소비자잉여가 과대평가될 수 있고, 동일한 수요곡선상에 존재하는 점들이라도 실질소득이 달라질 수 있다는 한계가 내재되어 있다. 그래서 등장한 것이 힉스의 보상수요곡선과 슬러츠키의 보상수요곡선이다.

☑ 보상수요곡선은 소득효과를 제거하고 순수한 대체효과만으로 도출되는 수요곡선이다. 그런데 소득효과를 제거하는 방식에 따라 힉스의 보상수요곡선과 슬러츠키의 보상수요곡선으로 구분된다. 즉 힉스는 효용 보상에 입각해서 보상수요곡선을 도출하고, 슬러츠키는 구매력 보상에 입각해서 보상수요곡선을 도출한다. 효용 보상이란 가격변화 이후의 예산선을 기준으로 최초의 무차별곡선과 접할 때까지 예산선을 평행이동시키는 것을 말한다. 반면, 구매력 보상은 가격변화 이후의 예산선을 기준으로 최초의 소비자균형점을 통과할 때까지 예산선을 평행이동시키는 것을 의미한다.

☑ 마셜 수요곡선, 힉스의 보상수요곡선, 슬러츠키의 보상수요곡선은 상품가격(예 P_X)이 하락하는 경우와 상승하는 경우로 구분해서 도출할 수 있다. X재 가격이 하락하는 경우 이들 3종류의 수요곡선 기울기를 완만한 순서대로 정리하면 마셜 수요곡선, 슬러츠키의 보상수요곡선, 힉스의 보상수요곡선 순이다. X재 가격이 상승할 경우 이들 3종류의 수요곡선 기울기를 완만한 순서대로 정리하면 마셜 수요곡선, 힉스의 보상수요곡선, 슬러츠키의 보상수요곡선 순이다. 자세한 것은 본문 내용을 참조하기 바란다.

☑ 보상변화(CV)는 어느 한 상품(예 X재)의 가격변화가 일어난 후의 효용수준 U_1에서 최초의 효용수준 U_0로 되돌려 놓기 위해 필요한 소득의 변화를 말한다. 대등변화(EV, 일명 동등변화)는 최초의 무차별곡선 U_0에서 X재의 가격변화가 일어난 후의 효용수준 U_1에 도달하기 위해 필요한 소득의 변화를 지칭한다.

- 정부가 조세를 부과하면 소비자의 후생 손실이 야기된다. 하지만 그 크기는 조세의 종류에 따라 달라진다. 가격구조를 왜곡시키는 소비세가 그렇지 않은 정액세보다 더 큰 소비자의 후생 손실을 야기함에 유의해야 한다. 자세한 사항은 본문 내용을 참조하기 바란다.

- 저소득계층을 지원하기 위한 정부의 사회복지정책으로는 현물보조, 가격보조, 현금보조 정책 등 3가지를 들 수 있다. 이때 동일한 규모의 정부 예산으로 저소득계층의 후생 수준을 도모한다면 정부는 정책의 우선순위를 현금보조, 현물보조, 가격보조 순으로 설정하는 것이 바람직스럽다. 하지만 동일한 규모의 정부 예산으로 저소득계층에게 보조대상이 되는 상품의 소비촉진을 도모한다면 정부는 가격보조, 현물보조, 현금보조 순으로 정책집행을 하는 게 바람직스럽다.

- 실질임금이 상승하면 후방굴절형 노동공급곡선이 도출된다. 또 그것은 임금 상승에 따른 대체효과와 소득효과로 설명될 수 있다. 여기서 대체효과란 실질임금이 상승하면 여가의 기회비용이 증가하기 때문에 여가를 줄이고 노동 공급을 늘리는 효과를 지칭한다. 반면, 소득효과는 실질임금이 상승하면 노동자의 실질소득이 증가하기 때문에 노동 공급을 줄이는 대신 여가 소비를 늘리려는 효과를 말한다. 실질임금이 증가할 때 노동공급량이 증가하는 것은 대체효과가 소득효과보다 더 크기 때문이다. 하지만 실질임금이 계속해서 상승하면 그때는 노동 공급이 줄어든다. 그 이유는 실질임금이 계속해서 증가하면 소득효과가 대체효과보다 커지기 때문이다.

- 서로 다른 시점 간의 소비자 선택 문제는 결국 1기(현재)와 2기(미래) 간에 소비와 저축의 문제로 귀결된다. 소비자가 저축자인 경우, 이자율이 상승하면 1기(현재) 소비의 상대가격은 상승하고 2기(미래) 소비의 상대가격은 하락한다. 따라서 1기 소비는 감소하고 2기 소비는 증가한다. 그것이 대체효과이다. 또 이자율이 상승하면 1기 소득과 2기 소득이 모두 증가하기 때문에 1기 소비와 2기 소비도 증가한다. 그것이 소득효과다. 따라서 음(-)의 대체효과가 소득효과 클 경우, 1기 소비는 감소하고 2기 소비는 증가한다.

- 소비자가 차입자인 경우, 이자율이 상승할 때의 가격효과, 대체효과, 소득효과를 분석해보자. 소비자가 차입자인 경우, 이자율이 상승하면 1기(현재) 소비는 반드시 감소한다. 다만 2기(미래) 소비는 대체효과와 소득효과의 크기에 따라 증가할 수도

있고 감소할 수도 있다. 만약 양(+)의 대체효과가 음(-)의 소득효과보다 크면 2기 소비는 증가하고, 그 반대이면 2기 소비는 감소한다.

☑ 라스파이레스 수량지수(LQI)를 P_0Q_1/P_0Q_0, 파쉐 수량지수(PQI)를 P_1Q_1/P_1Q_0, 명목소득변화지수(N)를 P_1Q_1/P_0Q_0이라고 정의할 때 다음과 같은 후생 수준의 평가가 가능하다.

① LQI ≦ 1이면 소비자 후생 수준은 기준 연도에 비해 하락(악화)한다.
② PQI ≧ 1이면 소비자 후생 수준은 기준 연도에 비해 향상(개선)된다.
③ N ≧ LPI이면 소비자의 후생 수준은 기준 연도에 비해 향상(개선)된다.
④ PPI ≧ N이라면 소비자의 후생 수준은 기준 연도에 비해 하락(악화)한다.

☑ 효용극대화를 충족시켜주는 소비자균형조건은 라그랑지 미정 승수법을 활용하면, 간단 명료하게 도출할 수 있다.

☑ 간접효용함수와 지출함수는 동전의 앞·뒷면과 같은 긴밀한 관계를 유지하는데 경제학에서는 그런 관계를 쌍대관계라고 정의한다.

연습문제

1 **정상재와 열등재의 경우, 마셜 수요곡선과 힉스의 보상수요곡선의 기울기 사이에 어떤 차이가 있는지 설명하시오.**

힌트! 마셜 수요곡선은 대체효과+소득효과, 힉스의 보상수요곡선은 대체효과만을 고려해서 도출된 것임에 유의하기 바람!

2 **'정상재의 경우, 대체효과가 0이면 힉스의 보상수요곡선은 수직선이다!'라고 주장하는 사람이 있다고 하자. 아래의 질문에 답하시오.**

1) 이 주장에 대한 귀하의 견해(맞다, 틀리다)를 기술하시오.

2) 그렇게 생각하는 이유를 그래프를 활용해서 증명하시오.

힌트! 힉스 보상수요곡선은 소득효과를 배제하고 대체효과만을 반영해서 그린 것임에 유의할 것!

3 **다음은 노동공급곡선을 나타낸 것이다. 아래의 질문에 답하시오.**

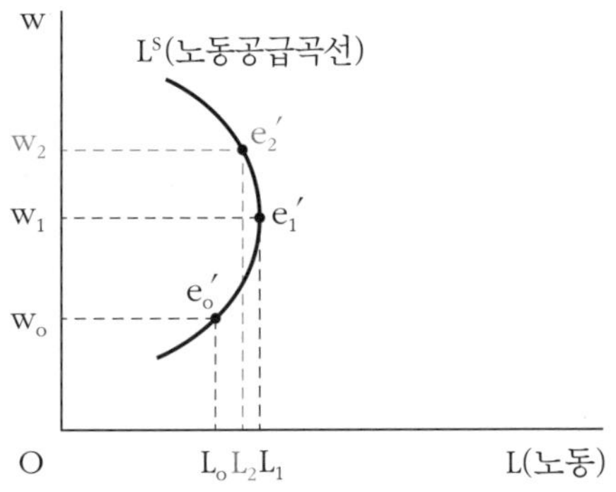

1) 노동공급곡선이 우상향하는 e_0'~e_1' 구간이 성립하기 위한 조건을 제시하시오.

2) 노동공급곡선이 좌상방으로 이동하는 e_1'~e_2' 구간이 성립하기 위한 조건을 제시하시오.

힌트! 이 문제는 대체효과와 소득효과의 상대적 크기를 활용해서 풀어야 함!

4 '정상재인 경우 ① 마셜 수요곡선은 소비자잉여가 과대평가될 수 있고, 또 ② 동일한 수요곡선 상에 존재하는 점들이라도 실질소득이 달라질 수 있다'는 한계가 있다고 한다. 아래의 질문에 답하시오.

1) ①의 내용이 의미하는 바를 논리적으로 기술하시오.

2) ②가 의미하는 것을 알기 쉽게 설명하시오.

힌트! 마셜 수요곡선과 힉스의 보상수요곡선을 그려보고 소비자잉여의 크기를 파악할 것, 또 동일한 마셜 수요곡선 상의 한 점이라도 그것이 정상재냐, 열등재냐에 따라 소득효과의 크기가 달라짐에 유의할 것!

5 다음의 표는 시장에서 관찰된 소비자 A씨의 소비 행동을 나타낸 것이다. 아래의 질문에 답하시오. 단, 여기서 수량은 '생산량 = 소비량'이라고 가정한다.

(단위: 만 원, 개, 벌)

연도, 가격, 수량 / 상품의 종류	기준연도(2020)		비교연도(2024)	
	가격	수량	가격	수량
운동화	10	10	20	20
옷	20	20	20	20

1) A씨의 2024년 후생 수준이 2020년에 비해 개선되었는지 여부를 밝히시오.

2) LQI의 값과 LPI의 값이 다른지, 아니면 같은지 밝히시오.

3) 2020년부터 2024년까지 LPI와 PPI의 상승률을 제시하시오.

힌트! LQI, LPI, PPI의 공식에다 관련 숫자를 대입한 후, 증가율을 구해보기 바람!

6 **저소득계층을 지원하기 위한 정부의 사회복지정책으로는 크게 현금 보조, 현물보조, 가격보조가 있다. 이때 이들 정책에 대한 정부의 재정지출 규모는 일정하고, 저소득 계층의 효용 증가 여부는 무차별곡선을 통해 측정할 수 있다고 가정한다. 아래의 질문에 답하시오.**

1) 동일한 정부 예산 하에서 저소득 계층이 사용하는 보조대상 상품의 소비 촉진에 정책의 주안점을 둔다면 위에서 언급한 3가지 정책의 우선순위를 기술하시오.

2) 저소득 계층이 동일한 효용 증가를 경험하는 선에서 정부의 예산 절감에 정책의 주안점을 둔다면 위에서 언급한 3가지 정책의 우선순위를 기술하시오.

힌트! 1)은 본문 내용을 참조 바람. 2)는 가격보조와 현금 보조 = 현물보조를 관통하는 무차별곡선을 그린 후, 정부 예산의 크기를 측정해보면 정답을 손쉽게 찾을 수 있음.

7 **철수와 영희는 각각 기준연도의 예산선이 aa일 때 상품 묶음 Q_0를 선택했고, 비교연도의 예산선이 a′a′으로 이동하자 상품 묶음 Q_1을 선택했다. 아래의 질문에 답하시오.**

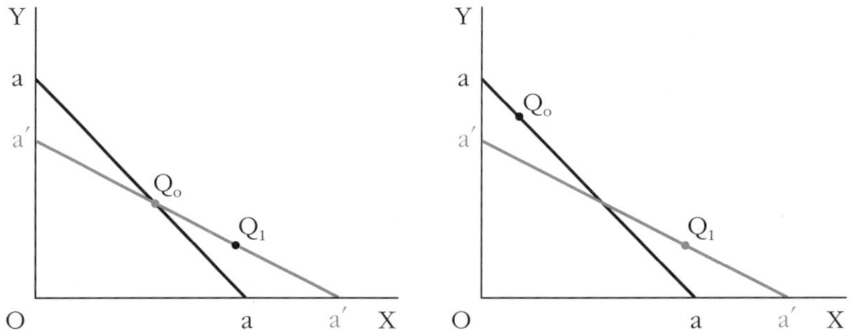

(a) 철수의 선택　　　(b) 영희의 선택

1) 철수의 후생 수준이 개선 또는 악화되었는지 기술하고, 그 근거를 제시하시오.

2) 영희의 후생 수준이 개선 또는 악화되었는지 기술하고, 그 근거를 제시하시오.

힌트! PQI, LQI, LPI, PPI의 값을 활용해서 후생 수준의 개선, 악화 여부를 따져 보기 바람!

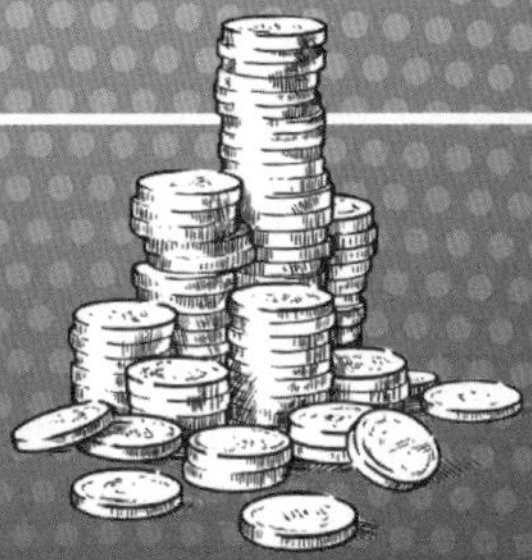

제6장
불확실성하에서의 소비자 선택

1
불확실성과 조건부 상품

(1) 불확실성

① 확실성과 불확실성의 차이

지금까지 우리가 학습한 소비자선택이론은 소비자가 자신이 직면한 모든 선택의 대안과 결과에 대해 확실하게 알고 있음을 전제로 한 것이다. 하지만 현실 세계에서는 그렇지 못한 경우가 훨씬 더 많다.

소비자들은 자신이 직면한 여러 선택 대안에 대해 일부 혹은 전부를 알지 못할 뿐만 아니라 선택의 결과가 어떻게 나타날지도 모르는 경우가 부지기수다. 불확실성의 본질은 위험의 발생이다.[35] 위험의 형태는 친구에게 빌려준 돈을 떼일 위험, 암을 비롯한 각종 질병에 노출될 위험, 화재로 인해 재산상의 손해를 입을 위험, 교통사고로 신체 및 경제적 피해를 겪을 위험, 실직(失職)으로 인해 가정이 파탄날 위

35 미국의 경제학자이자 시카고학파의 창시자 중 한 명인 프랭크 나이트(F. Knight)는 불확실성과 위험성의 개념을 구분했던 인물이다. 그는 불확실성하에서 경제주체가 의사결정을 하는 경우, 의사결정의 기초가 되는 확률분포의 존재 여부를 놓고 불확실성과 위험성의 개념을 파악했다. 즉 확률분포가 존재하면 위험성하에서의 의사결정, 확률분포가 존재하지 않으면 불확실성하에서의 의사결정이라고 정의했다. 그러나 현대경제학에서는 그와 같은 세밀한 구분은 하지 않고 있다.

험, 천재지변(天災地變)의 발생에 따른 위험, 전쟁 발발(예 러시아와 우크라이나의 전쟁)에 따른 위험 등 매우 다양하다.

이와 같은 위험에 대처하는 소비자들의 태도는 크게 3부류로 나뉜다. 첫째는 위험을 기피하려는 사람이다. 둘째는 위험을 기꺼이 즐기는 사람이다. 셋째는 위험에 대해 중립적 태도를 갖는 사람이다. 이들에 대한 구체적인 조건은 후술하고자 한다.

② 불확실성과 조건부 상품

경제학에서는 불확실성하의 소비자선택이론에서 논의되는 상품을 '조건부 상품'이라고 정의한다. 즉 조건부 상품은 '특정 상황의 변화에 따라 그 결과(예 소득 등)가 달라지는 상품'을 의미한다. 우리 주변에서 흔히 찾아볼 수 있는 조건부 상품의 대표적 사례로는 복권(lottery), 도박(gamble), 보험(insurance) 등이 있다.

이러한 조건부 상품을 선택한 결과는 확실성하의 결과와 비교해서 큰 차이를 보인다. 조건부 상품의 선택 결과는 상황 변화에 따라 큰 소득이 발생하거나 막대한 손실이나 피해를 보는 경우로 나타난다.

(2) 불확실성의 세계를 분석하는 주요 경제이론

① 기대효용이론

기대효용이론은 1940년대에 조안 폰 노이만(J. Von Neumann)과 오스카 모르겐스턴(O. Morgenstern)에 의해 제시되었다. 그들은 불확실성하의 소비자 선택기준은 기대소득이 아니라 기대효용(expected utility)이라고 주장함으로써 세인들의 주목을 받았다.[36] 그들이 그와 같은 주장을 했던 이면에는 '상트페테르부르크의 역설(Saint

36 물론 노이만과 몰겐스턴에 견해에 대해 비판하는 경제학자들도 있다. 1988년에 프랑스인 최초로 노벨경제학상을 받은 모리스 알레(M. Allais)와 행동경제학의 학문적 토대를 구축한 아모스 트버스키(A. Tversky)와 2002년에 노벨경제학상을 수상한 대니얼 카네만(D. Kahneman)과 같은 경제학자들은 기대효용이론이 현실의 경제문제를 설명하는 데 한계가 있음을 지적한 바 있다.

Petersburg Paradox)'이 존재한다.

상트페테르부르크의 역설을 요약하면 다음과 같다. 어떤 도박장에서 동전 던지기 게임을 한다고 가정하자. 또 동전을 던져서 n번째에 처음으로 동전의 앞면이 나오면 게임을 종료하고, 2^n(원)만큼의 상금을 지급하기로 한다고 하자. 만약 A가 이 게임에 참가할 경우, 그의 기대소득은 무한대(∞)다. 그 이유를 살펴보자. 첫 번째로 동전의 앞면이 나올 경우 기대소득은 0.5(확률)$\times 2^1 = 1$(원), 두 번째로 동전의 앞면이 나오면 기대소득은 $(0.5)^2 \times 2^2 = 1$(원), …, n번째로 동전의 앞면이 나오면 그의 기대소득은 $(0.5)^n \times 2^n = 1$(원)이다. 이 게임은 경우의 수가 1부터 무한대인 n까지이기 때문에 기대소득의 합은 무한대(∞)다. 그런데도 이 게임에 참가한 사람은 단 1명도 없었다. 즉 수학적 기댓값에 의존해서 의사결정을 한다면, 모든 사람이 이 게임에 참가했을 것 같은데도 실제로는 아무도 안 했다는 얘기다. 경제학에서는 이것을 '상트페테르부르크의 역설'이라고 정의한다.

참고로 상트페테르부르크의 역설을 처음 제기한 사람은 스위스의 수학자였던 니콜라스 베르누이(N. Bernoulli)이고, 그의 사촌 다니엘 베르누이(D. Bernoulli)에 의해 규명되었다. 또 그의 논문은 1738년 상트페테르부르크에 있는 러시아 왕립과학회지에 게재된 바 있다.

② 게임이론

게임에는 필연적으로 경쟁자가 존재하기 마련이다. 게임이론은 경쟁자의 반응을 고려하면서 자신의 최적 행위를 선택하는 전략적 의사결정방법을 연구하는 이론이다. 현재 게임이론은 경제학이나 수학 등의 분야에서 매우 폭넓게 활용되고 있다.

1944년 게임이론을 처음 소개한 사람 역시 노이만과 모르겐스턴이었다. 그들은 공저로 출간한 책 『게임이론과 경제 행동』을 통해 게임이론의 학문적 매력과 중요성을 세상에 알렸다. 이후 게임이론을 한층 더 발전시킨 사람은 존 내쉬(J. Nash)이다. 그는 '내쉬균형'을 정립함으로써 게임이론의 새로운 지평을 열었던 인물이다. 또 그는 게임이론의 발전에 기여한 공로로 1994년에 노벨경제학상을 수상했다.

모든 게임의 구성요인은 크게 경기자(player), 전략(strategy), 보수(payoff)이다.

또한 게임은 영합게임(zero sum game)과 비영합게임(non zero sum game)으로 구분된다. 영합게임은 게임의 결과로서 각 경기자가 받는 보수의 합이 0인 경우를 말한다. 화투나 포커 같은 도박이 영합게임의 대표적 사례다. 경쟁상대의 희생이나 손실을 전제로 자신의 이익을 얻는 영합게임은 경쟁자의 협조를 기대하기 어렵다. 한편, 비영합게임은 각 경기자가 선택하는 전략에 따라 받을 수 있는 보수의 합이 0보다 클 수도 있고 작을 수도 있는 게임이다. 비영합게임은 보수의 합을 최대한 키우는 것이 공동이익에 부합하기 때문에 경기자들 간에 상호 협력할 유인이 존재한다. 과점시장에서의 담합행위나 기업 내 노사(勞使)분쟁 과정에서 노사 간에 극적인 타협이 이루어지는 것이 대표적 사례다. 대부분의 경제원론 책에서 소개하는 '죄수의 딜레마(Prisoner's Dilemma)' 모형도 비영합게임의 사례로 볼 수 있다.

③ 정보경제학

전통적인 경제이론은 생산요소로서 노동(L)과 자본(K)만을 활용해서 설명하는 경향이 있다. 또 시장이론 중에서 표준(standard)모형으로 언급되는 완전경쟁시장에서는 모든 경제주체가 완전한 정보를 보유한다고 가정한다. 이때 정보는 공짜로 획득이 가능한 자유재로 취급한다. 하지만 현실 경제에서 정보는 자유재가 아니라 경제재다. 정보획득을 위해서는 대가를 지불해야 하며, 경제주체들의 완전한 정보도 불가능하다. 그런 의미에서 정보를 얻기 위한 활동은 비용이 수반되는 경제활동이고, 거래 측면에서도 정보를 많이 가진 사람이 그렇지 못한 사람보다 훨씬 더 유리한 게 사실이다. 그런 상황에서 등장한 학문이 정보경제학이다. 정보경제학은 정보의 경제적 의미와 영향력을 다각도로 분석하는 미시경제학의 한 분야로서 그 중요성이 날로 더해가고 있다. 최근까지 노벨경제학상을 수상했던 경제학자들의 상당수가 오랫동안 정보경제 분야를 연구한 분들이라는 점에서 현대경제학의 가장 핫한 이론적 이슈 역시 정보경제학이라고 생각한다.

정보경제학의 출발점은 정보의 비대칭(information asymmetry)이다. 정보의 비대칭은 시장 거래에서 쌍방이 보유한 정보량에 차이가 존재하는 현상을 말한다. 이 책에서는 상대적으로 많은 정보를 가진 쪽을 정보우위자, 반대의 경우를 정보열위자라고 말한다. 정보의 비대칭이 존재하면 거래 주체들이 완전한 정보하에서 거래할 때와 비교해서 비효율적인 자원배분이 일어날 개연성이 높다. 경제학에서는 이런 현상을 시장실패(市場失敗, market failure)라고 하는데, 모럴 해저드(moral hazard)와 역선택(adverse selection)이 대표적 사례다. 모럴 해저드는 거래가 성사된 이후, 정보우위자가 자신의 사익을 최우선적으로 추구하는 과정에서 경제적 비효율이 발생하는 것을 말한다. 반면, 역선택은 거래 시, 정보열위자가 정보의 비대칭으로 인해 불리한 선택을 하는 것을 말한다.

한편, 미국의 경제학자 앤드루 마이클 스펜스(A. M. Spence)는 정보의 비대칭에 대한 극복방안으로 신호(signaling)이론을 제안했다. 가령, 중고차 판매상들이 자신이 판매한 중고차에 대해 일정 기간 동안 무상 수리를 보증하겠다고 약속하는 행위가 일종의 신호 행위다. 또 조지프 유진 스티글리츠(J. E. Stiglitz)는 정보열위자가 정보우위자들을 심사하는 일련의 과정을 통해 정보의 비대칭을 극복할 수 있는 선별(screening)이론을 주장했다. 참고로 스펜스와 스티글리츠는 이러한 학문적 업적을 인정받아 2001년도에 공동으로 노벨경제학상을 수상했다. 신호와 선별이론에 대해서는 뒷부분에서 자세하게 다룰 예정이다.

2
불확실성하에서의 소비자 선택

(1) 위험에 대한 소비자의 태도

어떤 사람은 승률(勝率)이 낮은 도박에 탐닉하고, 복권을 자주 구입하며 경주용 차를 타고 고속질주를 즐긴다. 경제학은 이런 사람들을 비도덕적인 사람이라고 비판하지 않는다. 단지 위험에 대한 태도가 남들과 다를 뿐이라고 얘기한다. 위험은 확률로 측정되는 불확실성의 전형이다. 위험에 대한 사람들의 태도 역시 천태만상이다. 여기서는 분석의 편의를 위해 그것을 크게 위험기피자(risk averter), 위험중립자(risk neutralizer), 위험애호자(risk lover)로 구분한다. 또 그것을 구분 짓는 결정적인 척도는 '공정한 도박(fair gamble)'에 대한 경제주체의 태도다. 참고로 공정한 도박이란, '위험한 게임(예 보험, 복권, 도박 등)에 참여해서 얻을 수 있는 순기대소득이 0인 경우'를 말한다. 또 순기대소득이 0보다 크면 유리한 도박, 순기대소득이 0보다 작으면 불리한 도박이다. 일례로 복권에 당첨될 확률이 1%이고, 당첨되었을 때의 상금이 1,000만 원이라고 하자. 그러면 복권구입에 따른 기대소득은 10만 원이다. 그 근거는 10만 원 = (1,000만 원×0.01) + (0원×0.99)이다. 만약 이때 복권가격이 10만 원이면, 그것은 공정한 도박이라고 볼 수 있다.[37]

---

37 복권 구입에 따른 순기대소득은 '순기대소득 = 복권구입에 따른 기대소득 – 복권구입 비용'으로

① 위험기피자

위험기피자는 공정한 게임이 보장되어도 복권구입을 하지 않는 사람이다. 이들이 그렇게 행동하는 이유는 불확실한 기대소득보다 확실한 소득을 더 선호하기 때문이다. 즉 확실한 소득으로부터 얻는 효용이 불확실한 기대소득에서 얻을 수 있는 효용보다 상대적으로 더 크다는 얘기다. 이런 유형의 경제주체들은 불확실성을 조금이라도 줄이기 위해 보험에 가입한다.

② 위험중립자

위험중립자는 공정한 게임의 기회가 주어질 경우, 참여할 수도 있고 하지 않을 수도 있다. 즉 공정한 게임에 대해 참여하든, 하지 않든 간에 무차별한 사람이다.

위험중립자는 공정한 게임이 보장될 때, 복권을 구입하는 사람도 있고, 복권을 구입하지 않는 사람도 존재한다. 이들이 그렇게 행동하는 이유는 불확실한 기대소득과 확실한 소득 간에 효용의 차이를 느끼지 못하기 때문이다.

③ 위험애호자

위험애호자는 공정한 게임이 보장되면 서슴없이 복권을 구입하는 사람이다. 심지어 그들은 불공정한 게임에도 참여하려는 적극적인 태도를 보인다.

이들이 그렇게 행동하는 이유는 불확실한 기대소득에서 얻을 수 있는 효용이 확실한 소득에서 얻을 수 있는 효용보다 더 크다고 생각하기 때문이다.

(2) 기대효용이론의 핵심 사항

① 소비자의 선호체계에 대한 공리(axiom)

불확실성의 세계를 탐구하는 기대효용이론도 앞서 학습한 효용이론과 마찬가지로 소비자의 선호체계가 충족해야 할 몇 가지 공리(어떤 이론에서 가장 기본이 되는 가

정의된다. 그런데 앞서 언급한 바와 같이 복권구입에 따른 기대소득이 10만 원이고, 복권의 구입비용이 10만 원이기 때문에 순기대소득은 0이 된다.

정)로부터 출발한다. 이들 공리는 크게 6가지로 요약된다.

첫째는 완비성이다. 이것은 2개의 상품 묶음 A, B에 대해 A를 B보다 더 선호한다, 차이를 느끼지 못한다, 덜 선호한다는 식으로 자신의 의사를 분명하게 표현해야 함을 말한다. 둘째는 이행성이다. 일례로 어떤 소비자가 3개의 상품 묶음에 대해 $A \succsim B$, $B \succsim C$의 선호관계를 나타냈다면, 그는 A와 C의 상품 묶음에 대해 $A \succsim C$의 선호관계가 충족되어야 한다는 것을 의미한다. 셋째는 연속성이다. P의 확률로 어떤 당첨금을 제공하는 복권 L(p)가 있다고 하자. 만일 P = 1이면 확실한 소득(I)을 갖는 것보다 복권 L(p)를 선호하고, P = 0일 경우는 확실한 소득(I)을 선호한다고 하자. 연속성의 조건이 충족된다는 것은 임의의 P(단, $0 < p < 1$) 값에서 복권 L(p)와 확실한 소득(I)이 무차별하다고 느끼는 복권의 당첨 확률 P가 존재한다는 의미다. 넷째는 독립성이다. 이것이 의미하는 것은 간단하다. 복권에 당첨되었을 경우, 받게 되는 당첨금(상금 액수)이 C, D로 같다면, 2개의 복권인 $L_C(p)$와 $L_D(p)$ 사이에 아무런 차이를 느끼지 못한다(무차별하다)는 것을 의미한다. 다섯째는 부등확률(unequal probability)이다. 이는 '복권에 당첨될 경우, 당첨금이 동일하다면 당첨 확률(p)이 높은 복권을 더 선호한다'것을 의미한다. 여섯째는 복합확률(compound probability)이다. 이는 복권에 당첨될 경우, 당첨금을 탈 확률(p)이 동일하다면, 그것을 타게 되는 일련의 과정에 대해서는 전혀 개의치 않는다는 뜻이다.

② 기대소득과 기대효용

앞서 예로 제시한 공정한 도박의 사례를 다시 살펴보자. 즉 복권에 당첨될 확률은 1%, 상금액은 1,000만 원이다. 이때 복권가격이 10만 원이면, 이 게임은 공정한 게임이다. 이때 기대소득과 기대효용을 각각 산출해보자.

위의 사례에서 복권구입에 따른 기대소득은 10만 원이다.

$$10\text{만 원} = (1{,}000\text{만 원} \times 0.01) + (0\text{원} \times 0.99)$$

위의 복권구입에 따른 기대효용의 크기는 다음과 같다.

$$E[U(10\text{만 원})] = [U(1{,}000\text{만 원}) \times 0.01] + [U(0\text{원}) \times 0.99]$$

③ 기대효용이론과 위험에 대한 소비자의 태도

㉠ 위험기피자와 소득효용곡선의 형태

위험기피자의 소득효용곡선 U(I)는 〔그림 6-1〕에서 보는 바와 같이 X축인 소득(I)을 향해 오목(concave)하게[38] 그려진다. 따라서 이때는 소득의 한계효용이 체감한다.

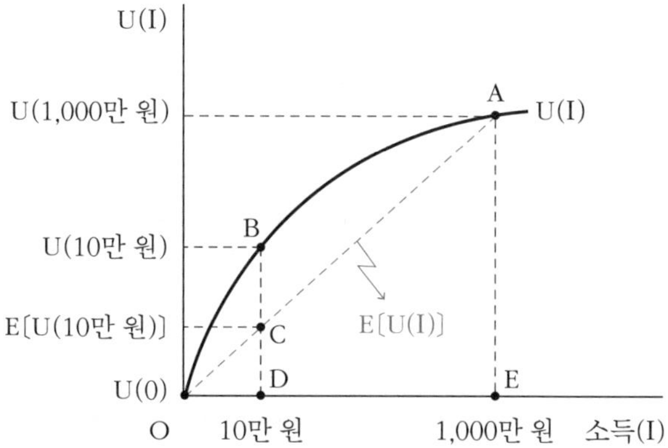

〔그림 6-1〕 위험기피자의 소득효용곡선

E〔U(10만 원)〕은 복권에 당첨될 경우 받게 되는 상금 1,000만 원의 효용수준 U(1,000만 원)과 복권에 당첨되지 않았을 경우, 즉 소득이 0원인 경우의 효용수준인 U(0원)를 확률로 가중평균한 값이다. 위 그림에서 U(10만 원)은 복권을 구입하지 않고, 현금 10만 원을 보유할 때의 효용수준이다. 반면 E〔U(10만 원)〕은 기대소득이 10만 원인 복권을 구입할 때 예상되는 기대효용수준이다. 앞서 언급했듯이 위험기피자는 이와 같은 공정한 게임에 참가하지 않는다. 왜냐하면 BD로 정의되는 확실한 소득 10만 원의 효용수준인 U(10만 원)가 CD로 정의되는 기대효용수준인 E〔U(10만 원)〕보다 크기 때문이다. 참고로 E〔U(10만 원)〕은 'E〔U(10만 원)〕 = 〔U(1,000만 원) × 0.01〕 + 〔U(0원) × 0.99〕'이다.

---

38 독자 여러분은 오목한 형태와 볼록한 형태에 대해 잘 정리해두어야 한다. 참고로 앞서 배운 무차별곡선처럼 원점을 향해 튀어나온 것을 볼록하다고 정의함에 유의하기 바란다.

㉡ 위험중립자와 소득효용곡선의 형태

위험중립자의 소득효용곡선 U(I)는 〔그림 6-2〕에서 보는 것처럼 우상향(右上向)하는 직선이다.

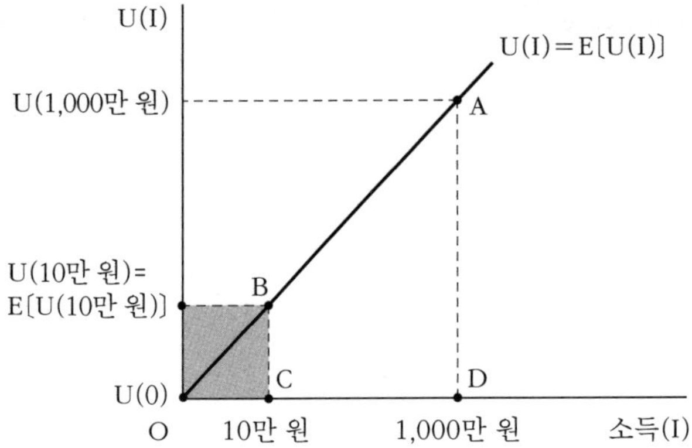

〔그림 6-2〕 위험 중립자의 소득효용곡선

〔그림 6-2〕에서 확인할 수 있듯이 위험중립자는 기대소득이 10만 원인 복권을 구입하든, 복권구입을 하지 않고 확실한 소득 10만 원을 보유하든 효용수준이 똑같다. 즉 확실한 소득 10만 원을 보유했을 때의 효용수준인 U(10만 원)과 복권을 구입하는 불확실성하의 기대효용수준인 E〔U(10만 원)〕이 같다. 따라서 BC = U(10만 원) = E〔U(10만 원)〕의 관계가 성립한다.

㉢ 위험애호자와 소득효용곡선의 형태

위험애호자의 소득효용곡선 U(I)는 〔그림 6-3〕에서 보는 바와 같이 X축에 대해 볼록한(convex) 형태를 띤다. 이때는 소득의 한계효용이 체증한다. 〔그림 6-3〕에서 U(10만 원)은 복권을 구입하지 않고 현금으로 보유할 때의 효용수준이다. 반면 E〔U(10만 원)〕은 기대소득이 10만 원인 복권을 구입했을 때의 기대효용수준이다. 위험애호자는 공정한 게임에 무조건 참가한다. 그 이유는 E〔U(10만 원)〕 〉 U(10만 원)의 관계가 성립하기 때문이다.

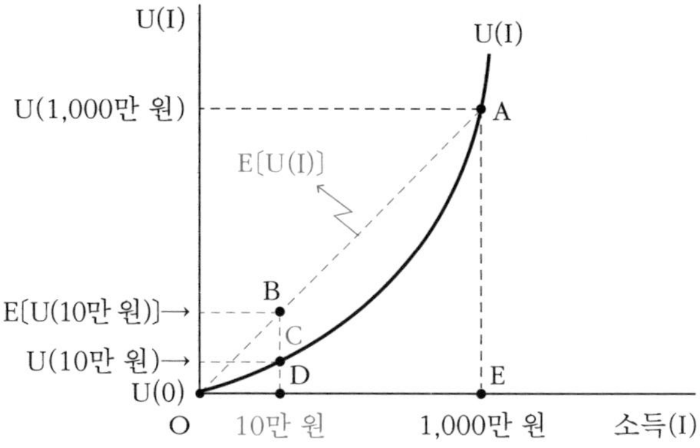

〔그림 6-3〕 위험애호자의 소득효용곡선

④ 확실성등가와 위험프리미엄

위험기피자의 사례를 통해 '확실성등가'의 의미를 살펴보자. 이는 위험중립자나 위험애호자도 같은 방법으로 분석할 수 있다. 확실성등가(certainty equivalent)는 '위험이 수반하는 복권구입으로부터 예상되는 기대효용수준과 동일한 수준의 효용을 보장하는 확실한 소득의 크기'를 말한다.

〔그림 6-4〕에서 보듯이 복권구입에 따른 기대소득은 10만 원이고, 그때의 기대효용수준은 E〔U(10만 원)〕이다. 이것과 동일한 크기의 효용수준을 보장하는 확실한 소득은 I_o이며, 그때의 효용수준은 $U(I_o)$이다. 이때 확실성등가는 $U(I_o)$ = E〔U(10만 원)〕을 보장해주는 소득으로서 그 크기는 OI_o이다.

다음으로 위험프리미엄(risk premium)에 대해 살펴보자. 위험프리미엄을 δ라고

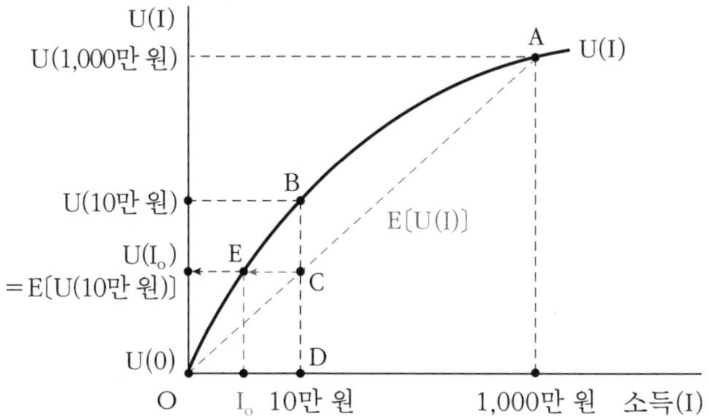

〔그림 6-4〕 확실성등가와 위험프리미엄

하면, δ는 '위험을 감수한 대가로 받는 보상'을 말한다. 즉 δ는 '복권구입에 따른 기대소득과 확실성등가 간의 차이'로 정의된다. 〔그림 6-4〕에서 복권구입에 따른 기대소득은 10만 원이다. 또 확실성등가에 해당되는 소득은 OI_0이다. 따라서 위험프리미엄 δ는 '$\delta = 10$만 원$-OI_0$'로서 선분 EC의 길이로 정의된다. 참고로 위험기피자의 경우 확실성등가는 기대소득보다 항상 적다. 따라서 위험기피자의 경우, 위험프리미엄 δ는 항상 양(+)의 크기를 갖는다. 하지만 위험중립자와 위험애호자의 경우, 위험프리미엄 δ는 각각 0과 음(-)의 값을 갖는다. 이에 대해서는 독자 여러분의 자율학습에 맡긴다. 독자 여러분은 해당 그래프를 직접 그려가며 확인해보기 바란다. 왜냐하면 이 내용도 각종 경제시험에서 출제될 가능성이 있기 때문이다.

⑤ 적정 보험료(일명, 공정한 보험료)의 산정은 어떻게 결정될까?

일반인들은 대부분 위험기피자로 행동한다. 또 위험기피자는 위험이 수반되는 제반 경제활동(자산관리 포함)과 관련해서 그것을 회피하기 위한 노력을 기울인다. 하지만 그들에게 있어 위험의 제거는 결코 자유재가 아니다. 거기에는 상당한 비용이 수반되기 때문이다. 일례로 위험기피자들은 질병, 각종 사고나 재해, 천재지변 등에 따른 신체 및 재산상의 피해를 조금이라도 줄이기 위해 적지 않은 금액의 보험료를 기꺼이 지불한다. 여기서는 위험기피자 A가 가입한 화재보험을 사례로 들어 적정보험료의 산정 문제를 살펴보고자 한다.

〔그림 6-5〕에서 U(I)는 화재보험에 가입한 위험기피자 A의 소득효용곡선이다. 화재 사고가 발생하지 않으면 A의 소득수준은 I_2이고, 화재 사고가 발생하면 그의 소득수준은 I_0이다. 여기서 사고 발생 확률을 α라고 하면 A의 기대소득과 기대효용은 다음과 같다.

$$\text{A의 기대소득} = E(I) = (I_0 \times \alpha) + [I_2 \times (1-\alpha)] = I_1$$
$$\text{A의 기대효용} = E[U(I)] = [U(I_0) \times \alpha] + [U(I_2) \times (1-\alpha)] = E[U(I_1)]$$

만약 위험기피자 A가 화재보험에 가입하지 않았다면 그는 위험 상황에 그대로 노출될 수밖에 없다. 따라서 A는 화재보험에 가입할 유인이 존재한다. 그런데 A가 화재보험에 가입하려면 보험회사에게 일정액의 보험료(insurance premium)

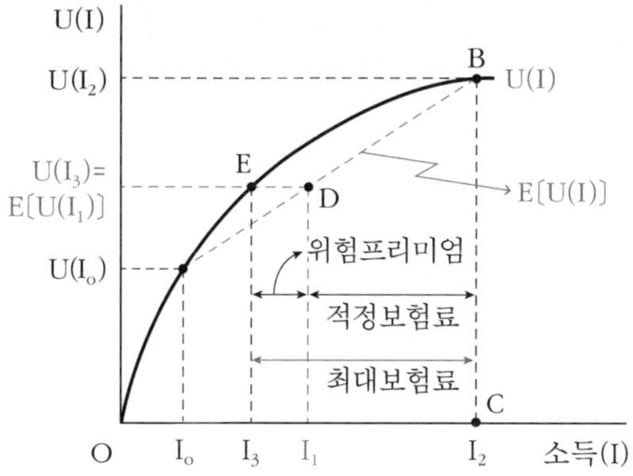

〔그림 6-5〕 적정 보험료의 산정

을 납부해야 한다. 그러면 화재 사고가 발생했을 때, A는 보험회사로부터 보험금(coverage)을 받을 수 있다. 참고로 완전한 보험(full insurance)은 미래에 발생할 수 있는 화재 사고의 위험을 완전하게 제거해주는 보험을 말한다. 〔그림 6-5〕에서 화재보험에 가입하지 않았을 경우 A의 기대소득은 I_1이고, 그때의 확실성등가는 I_3이다. 만약 화재 사고가 발생했을 때, 보험회사가 A에게 I_oI_3의 보험금을 지급해서 확실성등가에 해당되는 효용수준을 보장해주는 보험상품을 판매한다고 상정해보자. 이때 보험회사가 A로부터 받아낼 수 있는 최대보험료는 I_3I_2이다. 왜냐하면 보험료가 I_3I_2일 경우 A는 화재보험에 가입하든, 가입하지 않든 무차별하기 때문이다. 만약 보험회사가 I_3I_2보다 적은 화재보험료를 제시할 경우, A는 화재보험에 가입하는 편이 더 유리하다. 그 이유는 보험회사가 A에게 보장해주는 소득이 I_3보다 크기 때문이다. 그런데 보험회사가 A에게 I_3I_2보다 더 많은 보험료를 요구한다면 그는 화재보험에 가입하지 않을 것이다.

다음으로 적정보험료를 산출해보자. 적정보험료는 '평균손실액만큼 납부하는 보험료'를 말한다. 평균손실액은 화재 사고가 발생하지 않았을 때의 소득수준인 I_2에서 기대소득 I_1을 빼준 값이다. 따라서 적정보험료의 크기는 I_1I_2가 된다. 앞에서 위험프리미엄(δ)은 기대소득 I_1에서 확실성등가를 빼준 값(= I_3I_1)이다. 따라서 적정보험료는 최대보험료 I_3I_2에서 위험프리미엄(δ)인 I_3I_1을 빼준 값으로 정의된다. 보험과 보험료의 내용은 각종 경제시험에서 종종 다뤄지고 있다. 따라서 독자 여러분의 치밀한 자기학습을 주문한다.

보론 6-1. 효용함수의 오목성, 위험 프리미엄의 크기와 위험 회피도

경제주체가 위험기피적인 성향을 갖는다 해도 그 크기는 사람마다 다를 수 있다. 또 위험기피적인 성향이 클수록 그것을 회피할 목적에서 기꺼이 지불할 용의가 있는 금액도 커지게 마련이다. 경제주체들 간의 위험기피적 성향을 비교하려면 확실성등가와 위험프리미엄에 대한 이해가 선행되어야 한다. 논리 전개의 편의상 내기 도박(G)에 따른 2가지 상황(상황 1; 이길 경우, 상황 2; 질 경우)을 전제하고, 각 상황이 일어날 확률을 P, (1−P)라고 하자. 또 상황 1과 상황 2가 일어날 때 경제주체의 소득을 각각 I_1, I_2라고 하자. 그러면 내기 도박은 $G = \{I_1, I_2; P, (1-P)\}$, 그때 효용함수는 $U = U\{I_1, I_2; P, (1-P)\}$로 정의된다. 또 경제주체 A, B의 소득효용함수 U(I)가 다음의 〔그림 6-6〕과 같이 주어졌다고 하자.

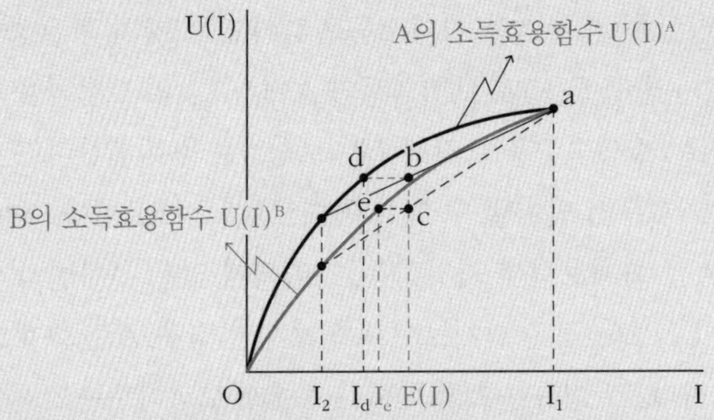

〔그림 6-6〕 효용함수의 오목성, 위험프리미엄, 위험기피도

〔그림 6-6〕에서 보듯이 A의 소득효용함수 $U(I)^A$는 B의 소득효용함수 $U(I)^B$보다 X축인 소득(I)에 대해 상대적으로 더 오목하다. 이런 경우 A의 확실성등가는 I_d로서 B의 그것(I_e)보다 작지만 위험프리미엄은 A가 B보다 더 크다. 즉 A의 위험프리미엄은 선분 db이고, B의 그것은 선분 ec이다. 그런데 위험프리미엄이 크다는 것은 그만큼 위험기피도가 크다는 얘기다. 따라서 A의 위험기피도가 B의 그것보다 크다고 볼 수 있다.

한편, 소득수준 I에서 소득효용함수의 2차도함수값인 $\partial^2U(I)/\partial I^2 = U''(I)$는 소득의 한계효용이 소득의 변화에 따라 얼마나 빠르게 체감하는지를 보여준다. 〔그림 6-6〕에서 보는 것처럼 X축(I)에 대해 오목한 소득효용함수의 2차도함수값인 $U''(I)$는 음(-)의 값을 갖는다. 즉 $\partial^2U(I)/\partial I^2 = U''(I) < 0$의 관계가 성립한다. 그런데 $U''(I)$의 크기(절대값)가 클수록 위험기피도가 크다는 얘기다. 그런데 경제주체의 선호를 나타내는 소득효용함수가 U(I) 1개만 존재하는 게 아니다. 가령 $V(I) = \alpha U(I) + \beta$(단, α와 β는 상수, $\alpha > 0$)도 경제주체의 선호를 나타낸다. 이때는 음(-)의 $V''(I)$ = 음(-)의 $\alpha U''(I)$의 관계가 성립한다. 위험기피도를 $V(I)''$로 나타내면, 동일한 경제주체인데도 그 크기가 α배만큼 증가하는 문제가 야기된다. 이런 문제를 해결하려면 음(-)의 $U''(I)$를 소득효용함수의 1차도함수값인 $U'(I)$로 나눠주어야 한다. 경제학에서는 음(-)의 $U''(I)/U'(I)$를 위험기피의 절대측도(absolute measure of risk aversion)라고 정의한다. 그러면 $V'(I)$는 $V'(I) = \alpha U'(I)$의 관계가 성립하기 때문에 어떤 소득효용함수로 경제주체의 선호를 나타낸다 해도 위험기피의 절대측도는 똑같게 된다. 즉 $(-)U''(I)/U'(I) = (-)V''(I)/V'(I)$의 관계가 성립한다는 얘기다.

보론 6-2. 불확실성하의 소비자 선택은 어떻게 이루어질까?

불확실성하의 소비자 선택도 확실성하의 소비자 선택처럼 예산선과 무차별곡선을 활용해서 분석한다. 다만 불확실성하에서는 소비자의 효용극대화가 아니라 기대효용극대화를 추구한다는 것만 다를 뿐이다. 이제 불확실성하의 소비자 선택이 어떻게 이루어지는지 살펴보자.

▶ 예산제약조건; 예산선

경제주체 A는 M원만큼의 소득(I)이 주어진 상황에서 도박에 참가한다고 하자. 〔그림 6-7〕에서 X축(I_1)은 도박에서 돈을 땄을 경우의 소득, Y축(I_2)은 도박에서 돈을 떼인 경우의 소득이다. 또 A는 M원 가운데 x원을 걸고 P의 확

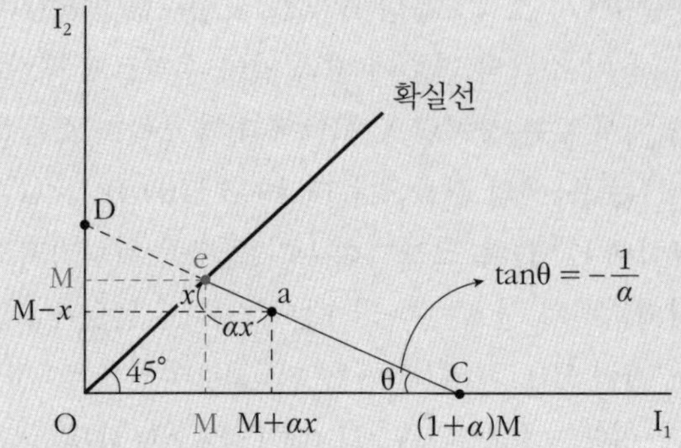

〔그림 6-7〕 도박에 참여한 경제주체 A의 예산선

률로 이기면 αx원을 따고, (1−P)의 확률로 지면 x원을 잃는다고 하자. 그러면도박에 참가한 A의 예산선은 〔그림 6-7〕의 선분 eC로 정의되며, 그것의 기울기는 $-1/\alpha$이다. 그 이유는 e점에서 도박에 x원을 걸고 나서 지면 I_2는 $(M-x)$원으로 감소하지만, 이기면 I_1이 $(M+\alpha x)$원으로 증가하기 때문이다. 따라서 선분 eC의 기울기$(\tan\theta)$는 $\tan\theta = -x/\alpha x = -1/\alpha$이다. 이때 $-1/\alpha$은 도박에 베팅하는 금액을 $1/\alpha$만큼 증가시킬 때, I_1이 1원만큼 증가한다[39]는 것을 시사한다. 또 베팅 금액이 0일 경우, 즉 $x=0$일 때, e점과 원점 O를 지나는 직선은 확실선(certainty line)이라고 한다. 그것은 I_1과 I_2 사이에 동일한 소득, 즉 $I_1 = I_2$를 보장하는 선이다. 따라서 위험의 크기는 확실선의 상·하 방향으로 멀어질수록 커진다. 또 C점은 A가 소득 M원을 모두 도박에 베팅해서 이겼을 경우의 소득으로서 I_1은 $M+\alpha M=(1+\alpha)M$이고, I_2는 0이 된다.

예산선 가운데 A의 기대효용극대화를 충족시키는 점을 찾기 위해서는 그가 참가한 도박이 공정한 도박이 되기 위한 전제조건과 공정승산선(fair odds line)에 대한 이해가 필요하다. 이길(돈을 딸) 확률이 P인 도박에서는 P/(1−P)가 공정승산(fair odds)이다. 그러면 P/(1−P)가 공정승산인 이유부터 살펴보자. 소득 M원에서 x원을 걸고 도박에 참가해서 P의 확률로 돈을 따면 αx원을 얻고, (1−P)의 확률로 돈을 떼이면 x원을 잃는 경우, 순기대수익은 $P(\alpha x)+$

39 위에서 A가 도박에 x원을 걸고 이겼을 때 αx원을 딴다고 했다. A가 도박에서 $1/\alpha$원을 베팅해서 이기면 그는 $(1/\alpha)\times(\alpha)=1$원을 딸 수 있다는 것을 말한다.

$(1-P)(-x)$이다. 그런데 공정한 도박은 순기대수익이 0인 경우다. 따라서 $P(\alpha x)+(1-P)(-x)=0$의 조건이 충족되어야 한다. 이 도박의 순기대수익이 0일 때, 즉 공정한 도박일 경우 도박에서 돈을 딸 확률 P와 α의 관계는 $1/\alpha=P/(1-P)$와 같다.[40] $1/\alpha=P/(1-P)$는 1원을 걸고 참여한 공정한 도박에서 딴 돈 α가 이길 확률 P와 반비례한다는 것을 시사해준다. 가령 $P=0.25$일 경우, 공정승산은 1/3[=0.25/(1−0.25)]이다. 즉 1원을 걸고 참여한 도박에서 3원을 따야만 공정한 도박이라는 얘기다. 그런 의미에서 공정한 도박에 참가한 A의 예산선이 바로 공정승산선이며, 그 선상에서는 어느 점을 선택하더라도 순기대수익은 0이 된다.

▷ 위험에 대한 경제주체의 태도와 무차별곡선의 형태

$G=\{\alpha x, -x; P, (1-P)\}$로 정의되는 도박에서 x원을 베팅한 후 이겨서 돈을 따면 소득 I_1은 $I_1=(M+\alpha x)$원이고, 져서 돈을 떼이면 소득 I_2는 $I_2=(M-x)$원이 된다. 이때 기대효용함수는 다음과 같다.

$$E[U(G)]=[P\times U(I_1)]+[(1-P)\times U(I_2)]=PU(I_1)+(1-P)U(I_2) \cdots\cdots ㉠$$

불확실성하에서 기대효용극대화를 충족하는 위험기피자 A의 소비자균형점을 도출하려면 그의 선호체계부터 탐색해야 한다. 이를 위해서는 ㉠식에서 I_1과 I_2 사이의 한계대체율($MRS_{I_1I_2}$)을 구해야 한다. 그 결과는 아래와 같다.

$$MRS_{I_1I_2}=\frac{P\triangle U(I_1)/\triangle I_1}{(1-P)\triangle U(I_2)/\triangle I_2}=\frac{PMU(I_1)}{(1-P)MU(I_2)} \cdots\cdots ㉡$$

위험기피자 A의 무차별곡선은 원점에 대해 볼록한(convex) 형태를 띤다. 그 이유는 X축(I_1)을 따라 소득이 커질수록 $MU(I_1)$은 작아지고, Y축(I_2)의

40 $P(\alpha x)+(1-P)(-x)=0$을 푼 다음, $(1/\alpha)$로 정리하면, $1/\alpha=P/(1-P)$의 관계가 도출된다. 여기서 공정 승산선은 공정한 도박에 참가하는 경제주체가 직면한 예산선을 지칭함에 유의하기 바란다.

소득이 작아질수록 MU(I_2)는 커지기 때문이다. 그렇게 된 배경에는 위험기피자 A의 소득효용곡선 U(I)에는 소득의 한계효용이 체감하는 특성이 내재되어 있기 때문이다.[41]

▶ 공정한 도박과 경제주체 A, B의 소비자 선택

앞에서 위험기피자는 공정한 도박에 참여하지 않지만, 위험애호자는 기꺼이 참가하며 위험중립자는 참가 여부를 무차별하게 여긴다고 언급한 바 있다. 이제 〔그림 6-8〕을 통해 그 내용을 자세히 살펴보자.

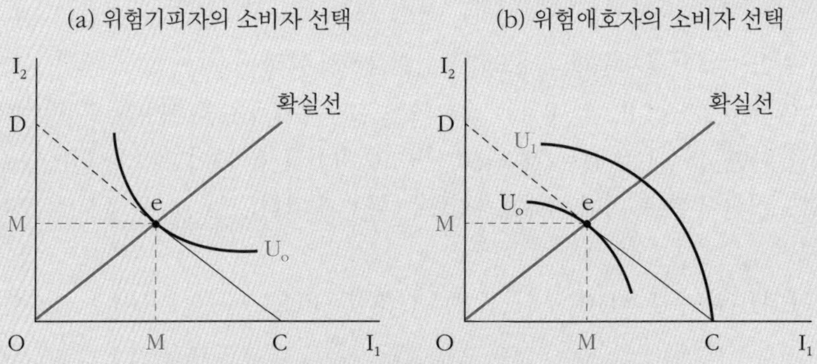

〔그림 6-8〕 공정한 도박과 경제주체 A, B의 소비자 선택

〔그림 6-8〕의 (a) 그래프는 불확실성하에서 기대효용극대화를 추구하는 위험기피자 A의 소비자 선택을 보여준다. A의 소비자 선택은 원점에 대해 볼록한 무차별곡선 U_o와 예산선(공정승산선)이 접하는 e점에서 이루어진다. 이때 무차별곡선의 기울기인 한계대체율($MRS_{I_1 I_2}$)은 P/(1−P)이고[42] 예산선 기울

41 반면 위험애호자는 소득의 한계효용이 체증하기 때문에 그의 무차별곡선은 원점에 대해 오목(concave)하며, 그때 한계대체율은 체증하게 된다. 또 위험중립자는 소득의 한계효용이 일정하기 때문에 그의 무차별곡선은 직선이며, 한계대체율은 위의 ㉡에서 확인할 수 있듯이 상수 P/(1−P)로 일정하다. 그 이유는 MU(I_1) = MU(I_2)이기 때문이다.

42 e점에서는 I_1과 I_2가 M으로 같기 때문에 MU(I_1) = MU(I_2)의 관계가 성립한다. 따라서 위의 ㉡식에서 $MRS_{I_1 I_2}$는 P/(1−P)로 일정하다.

기의 절대값도 P/(1−P)이다. e점에서 A가 도박에 베팅한 금액은 0이다. 따라서 A는 공정한 도박에 참가하지 않는다는 것을 알 수 있다. 한편 〔그림 6-8〕의 (b) 그래프는 불확실성하에서 위험애호자 B의 소비자 선택을 보여준다. B의 기대효용이 극대화되는 점은 e점이 아니라 C점이다. 이는 B가 자신의 전(全) 소득 M원을 도박에 베팅하며 공정한 도박에 적극 참여한다는 얘기다. 이때는 무차별곡선과 예산선이 접하지 않고 코너-해(corner solution)의 양상을 보인다. 위험중립자의 경우는 독자 여러분의 자율학습에 맡긴다.

▶ 공정하지 않은 도박과 경제주체 A, B의 소비자 선택

〔그림 6-9〕의 (a) 그래프는 유리한(공정하지 않은) 도박과 위험기피자 A의 소비자 선택을 보여준다. 유리한 도박의 예산선은 선분 eC′이고, 그것의 기울기는 eC보다 완만하다. 즉 {1/α} 〈 {P/(1−P)}의 관계가 성립한다.[43]

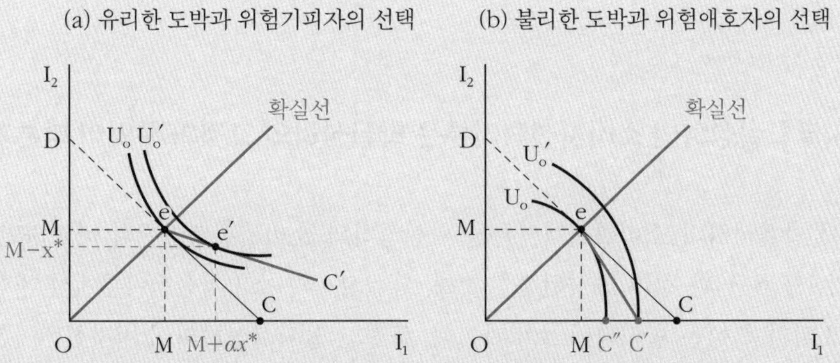

〔그림 6-9〕 유리한(공정하지 않은) 도박과 경제주체 A, B의 소비자 선택

따라서 유리한 도박에서 돈을 딸 확률 P 또는 베팅 금액 1원당 딴 돈 α가 공정한 도박보다 크기 때문에 도박에 참여하는 사람에게 유리한 도박이다. 이때는 위험기피자 A도 도박에 참가한다. 그때 A의 소비자 선택은 e′점에서 이

---

43 이때 예산선 eC′의 기울기는 1/α이고, eC의 기울기는 P/(1−P)이다. 따라서 1/α 〈 P/(1−P)의 관계가 성립한다.

루어지고 그의 효용수준도 U_o에서 U_o'로 증가한다. 즉 위험기피자 A는 x^*원 만큼 베팅함으로써 $I_1 = (M + \alpha x^*)$원, $I_2 = (M - x^*)$원을 보장하는 도박의 조합을 선택한다. 이처럼 유리한 도박인 경우에는 위험중립자와 위험애호자 모두 도박에 참여한다. 〔그림 6-9〕의 (b) 그래프는 불리한 도박에서 위험애호자 B의 소비자 선택을 보여준다. 선분 eC′의 기울기는 eC보다 가파르다. 이때는 $\{1/\alpha\} > \{P/(1-P)\}$의 관계가 성립한다. 이는 도박에서 돈을 딸 경우, 베팅 금액 1원당 딴 돈 α가 공정한 도박 때의 그것보다 작기 때문에 도박에 참여하는 사람에게 불리한 도박이다. 하지만 B는 그런 경우에도 도박에 참여한다. B는 모든 소득을 베팅하는 C′점을 선택한다. 이때 B가 얻는 효용수준은 U_o'이다. 그러면 B가 도박 참가를 포기하는 때는 언제일까? 그것은 예산선의 기울기가 e점과 C″점을 연결하는 직선보다 훨씬 더 가파를 정도로 불리한 도박이 전개되는 경우다.

(3) 불확실성하의 소비자선택이론은 확실성하의 그것과 무엇이 다른가?

불확실성하의 소비자선택이론을 확실성하의 소비자선택이론과 비교하면 다음의 〔표 6-1〕과 같이 요약된다.[44] 첫째, 확실성하의 소비자선택이론에서 지향하는 소비자 특성은 합리적인 소비자이다. 하지만 불확실성하의 소비자선택이론이 지향하는 소비자는 각종 위험에 다양하게 대처하는 소비자다. 둘째, 확실성하의 소비자선택이론에서 소비자가 추구하는 최종목표는 효용극대화이다. 그러나 불확실성하의 소비자선택이론에서 소비자는 추구하는 최종목표는 기대효용의 극대화이다. 셋째, 확실성하의 소비자선택이론을 배우는 주된 목적은 수요의 법칙에 대한 이론적 증명과 우하향하는 수요곡선을 도출하기 위함이다. 반면 불확실성하의 소비자선택이론을 배우는 목적은 조건부 상품의 구입여부에 대한 결정 원리를 학습하는 데 있다. 넷째, 확실성하의 소비자선택이론은 정보의 완전성을 가정하지만

---

44 홍승기, 『7급 미시경제학』, 박영사, 2009, 177쪽 참조.

〔표 6-1〕 확실성하에서의 소비자 선택이론과의 비교

비교내용 / 비교항목	확실성하에서의 소비자 선택이론	불 확실성하에서의 소비자 선택이론
소비자의 특성	합리적 소비자	각종 위험에 다양하게 대처하는 소비자
소비자가 추구하는 목표	효용극대화	기대효용 극대화
이론을 학습하는 목적	수요법칙에 대한 증명과 수요곡선의 도출	조건부 상품의 구입여부 결정
정보의 특성	정보의 완전성 가정	정보의 불확실성 가정
분석기법	소비재 상품의 종류와 특성에 따른 분석	조건부 상품의 소비에 따른 다양한 상황분석

불확실성하의 소비자 선택이론은 정보의 불확실성을 가정한다. 다섯째, 확실성하의 소비자선택이론이 소비재 상품의 여러 종류와 특성을 분석한다면, 불확실성 하의 소비자선택이론은 조건부 상품의 소비에 따른 다양한 상황을 분석한다.

요약 및 복습

- 이전에 학습한 한계효용이론, 무차별곡선이론, 현시선호이론은 모두 소비자가 선택할 여러 대안들과 결과에 대해 확실히 알고 있다는 것을 전제로 한 이론들이다. 하지만 현실경제에서는 불확실성하에서 소비자 선택을 해야만 하는 상황이 비일비재하게 발생한다.

- 불확실성의 본질은 위험의 발생이다. 또 위험의 형태는 질병, 화재나 교통사고, 실직, 기타 천재지변, 전쟁 발발 등 매우 다종다양하다. 이러한 위험에 대처하는 소비자들은 그의 태도에 따라 크게 위험기피자, 위험중립자, 위험애호자로 구분된다.

- 불확실성하의 소비자선택이론에서 논의되는 상품을 조건부 상품이라고 말한다. 그것은 '특정 상황의 변화에 따라 그 크기(예 소득 등)가 달라지는 상품'을 의미한다. 조건부 상품의 대표적 사례로는 복권, 도박, 보험 등이 있다.

- 불확실성의 세계를 분석하는 주요 경제이론으로는 기대효용이론, 게임이론, 정보경제학 등이 있다. 기대효용이론은 1940년대에 조안 폰 노이만과 오스카 모르겐스턴에 의해 제시되었다. 게임이론 역시 그들에 의해 처음으로 제시되었고 존 내쉬에 의해 업그레이드되었다. 조지 아더 애커로프(G. A. Akerlof)와 조지프 유진 스티글리츠(J. E. Stiglitz)가 중고 자동차 시장과 보험시장을 분석한 이후로, 정보경제학은 신진 경제학자들의 활발한 연구에 힘입어 날로 발전하고 있다.

- 앞서 언급한 위험기피자, 위험중립자, 위험애호자를 구분 짓는 결정적 척도는 공정한 도박(fair gamble)에 대한 경제주체들의 태도이다. 공정한 도박은 위험한 게임(예 보험 가입, 복권구입, 도박 등)에 참가해서 얻을 수 있는 순기대소득이 0인 경우를 말한다. 이러한 공정한 도박에 참여하지 않으면 위험기피자, 참여하든 참여하지 않든 무차별한 사람은 위험중립자, 반드시 참여하면 위험애호자로 구분한다. 또 위험기피자인 경우, 소득효용곡선 U(I)의 형태는 X축인 소득에 대해 오목한 형태를 띤다. 또 위험중립자의 U(I)는 직선, 위험애호자의 U(I)는 볼록한 형태를 띤다.

- 확실성등가(certainty equivalent)는 위험이 수반되는 복권구입으로부터 예상되는 기대효용수준과 동일한 수준의 효용을 보장하는 확실한 소득의 크기를 말한다. 위험기피자의 확실성등가는 기대소득보다 작게 나타난다. 위험중립자는 확실성등가와 기대소득이 같고, 위험애호자는 확실성등가가 기대소득보다 크게 나타남에 유의하기 바란다.

- 위험프리미엄(risk premium)을 δ라고 가정하자. 위험프리미엄이란 위험을 감수한 대가로 받는 보상, 또는 복권구입에 따른 기대소득과 확실성등가 간의 차이로 정의된다. 즉 δ는 'δ = 복권구입에 따른 기대소득 − 확실성등가'이다. 참고로 위험기피자의 위험프리미엄은 항상 0보다 크고, 위험중립자의 그것은 0이며, 위험애호자의 그것은 항상 0보다 작다는 점에 유의하기 바란다.

- 적정보험료(공정보험료)는 평균 손실액만큼 납부하는 보험료를 의미한다. 여기서 평균 손실액은 화재 사고가 발생하지 않았을 때의 소득수준에서 기대소득을 빼준 값으로 정의된다. 또 최대보험료는 적정보험료에다 위험프리미엄(δ)을 합해준 값으로 정의된다.

- 위험기피자의 경우, 소득효용함수 U(I)는 X축(I)에 대해 오목하다. 이때 불확실성하에서 어떤 소득효용함수로 경제주체의 선호를 나타난다 해도 위험 기피의 절대 측도가 동일하도록 하기 위해서는 소득수준 I에서 U(I)의 2차 도함수 값인 음(-)의 $U(I)''$를 1차 도함수 값인 $U(I)'$로 나눠주어야 한다. 즉 위험기피자에 대한 위험 기피의 절대 측도는 음(-)$U(I)''/U(I)'$로 정의된다.

- 소득 M원에서 x원을 걸고 도박에 참가해서 p의 확률로 이기면 αx원을 따고, (1-p)의 확률로 지면 x원을 잃는 경우, 순기대수익은 $p(\alpha x)+(1-p)(-x)$이다. 그런데 공정한 도박은 순기대수익이 0인 경우다. 따라서 공정한 도박이 성립되려면 $p(\alpha x)+(1-p)(-x)=0$의 조건이 충족되어야 한다. 또 공정한 도박에 참가하는 경제주체가 직면하는 예산선은 공정승산선이라 하고, 이때 도박에서 이길 확률 p와 α의 관계는 $1/\alpha = p/(1-p)$로 정의된다.

- 조건부 상품의 크기인 I_1과 I_2의 2차원 평면에 소득효용함수 U(I)로부터 도출된 무차별곡선을 그려보자. 이때 위험기피자의 무차별곡선은 원점에 대해 볼록하다. 그 이유는 위험기피자의 소득효용함수 U(I)에는 소득의 한계효용이 체감하는 특

성이 내재되어 있기 때문이다. 반면 소득의 한계효용이 체증하는 위험애호자의 무차별곡선은 원점에 대해 볼록하고, 소득의 한계효용이 일정한 위험중립자의 무차별곡선은 직선의 형태를 띤다.

- ☑ 위험기피자도 승산(勝算; 이길 확률)이 예산선 기울기의 절대값보다 큰 유리한 도박에는 참가한다. 위험중립자나 위험애호자도 유리한 도박이 전개되면 자신의 모든 소득을 걸고 도박에 참여한다. 하지만 승산이 예산선 기울기의 절대값보다 작은 불리한 도박에는 위험애호자만 참가하게 된다.

- ☑ 확실성하의 소비자선택이론과 불확실성하에서의 소비자선택이론은 몇 가지 측면에서 다른 특성을 갖는다. 즉 소비자의 특성, 그들이 추구하는 목표, 학습 목적, 정보에 대한 인식, 분석 기법 등에서 큰 차이를 보인다. 자세한 것은 본문 내용을 참조하기 바란다.

연습문제

1 다음은 불확실성 하에서의 소비자 선택에 관한 일반적인 설명을 나열한 것이다. 이들 가운데서 틀린 설명을 모두 고르고, 잘못 기술된 부분을 올바르게 수정하시오.

> ㉠ 위험중립자의 경우, 위험 프리미엄은 음(-)의 값을 갖는다.
> ㉡ 위험기피자의 경우, 확실성등가는 기대소득보다 항상 적다.
> ㉢ 위험애호자의 소득효용 곡선 U(I)는 X축인 소득(I)에 대해 오목하게 그려진다.
> ㉣ 위험기피자의 무차별곡선은 일반적인 무차별곡선처럼 원점에 대해 볼록한 형태를 띤다.
> ㉤ 위험기피자의 경우, 적정 보험료는 최대보험료에다 위험 프리미엄을 합(合)한 값으로 정의된다.
> ㉥ 상트페테르부르크의 역설은 기대효용과 관련된 것으로서 스위스 출신인 니콜라스 베르누이에 의해 처음 제기되었다.
> ㉦ 조건부 상품은 특정 상황의 변화에 따라 소득이 달라지는 상품을 말하며, 대표적인 사례로 보험, 도박, 복권 등을 들 수 있다.
> ㉧ 공정한 도박은 위험한 게임에 참여해서 얻을 수 있는 순기대소득이 0인 것으로서, 그런 도박에는 위험기피자도 기꺼이 참여한다.
> ㉨ 확실성등가는 위험이 수반되는 복권구입으로부터 예상되는 기대효용 수준과 동일한 수준의 효용을 보장하는 확실한 소득의 크기를 말한다.

힌트! 정답은 ㉠, ㉢, ㉤, ㉥, ㉧임. 틀린 부분은 본문 내용을 참조하며 완벽하게 정리하기 바람!

2 어느 경제에서 스포츠의 진흥을 위해 발행되는 △△복권이 판매되고 있다고 가정하자. 이 복권의 판매가격은 20,000원이며 당첨 확률은 0.03%라고 가정한다. 그리고 △△복권에 1등으로 당첨될 경우에는 총1억원의 상금을 받는다고 가정한다. 만약 소비자 A가 이 복권을 구입한다면, 그가 얻게 될 것으로 예상되는 순기대소득의 크기를 구하시오.

힌트! 순기대소득은 '순기대소득 = 복권구입에 따른 기대소득 − 복권구입 비용'임에 유의할 것!

3 철수에 대한 정보가 다음과 같이 주어졌다고 가정한다. 아래의 질문에 답하시오.

> 철수는 시가 9억 원짜리 건물(B)을 보유한 건물주(建物主)다. 그런데 3/8의 확률로 화재가 발생하면, 그의 건물 가치는 1억 원으로 줄어든다. 또 철수의 기대효용 함수는 $U = B^{1/2}$로 주어졌다고 한다.

1) 화재보험에 가입하지 않았을 경우, 철수의 기대효용을 구하시오.

2) 화재보험에 가입하지 않았을 경우, 철수가 보유한 건물의 기대가치를 구하시오.

3) 위험에 대한 철수의 특성(위험기피자, 위험중립자, 위험애호자)을 밝히시오.

4) 철수가 보험사에 지불할 용의가 있는 적정 보험료와 위험 프리미엄을 제시하시오.

힌트! 철수의 기대효용함수가 $U = B^{1/2}$이므로 그의 소득효용 곡선은 X축에 오목하게 그려짐. 철수는 위험기피자이며, 그의 기대효용 곡선에 관련 숫자를 대입하면서 문제를 풀어보기 바람!

4 다음은 영희의 소득효용곡선 U(I)을 나타낸 것이다. 아래의 질문에 답하시오. 단, I_1은 △△복권이 당첨되었을 경우의 소득, 10만 원은 기대소득, 당첨되지 않았을 경우의 소득은 0원이다.

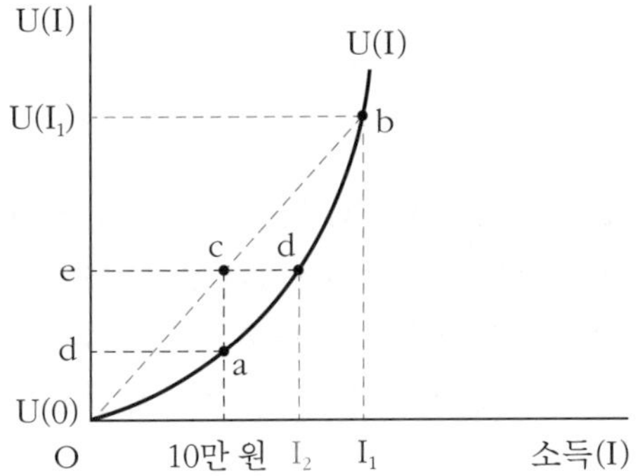

1) 영희의 무차별곡선은 어떤 형태인지 볼록성과 오목성을 중심으로 설명하시오.

2) 위 그림에서 확실성등가와 위험 프리미엄의 크기를 제시하시오.

3) 위험에 대한 영희의 태도를 밝히고, 그 근거를 제시하시오.

힌트! 1) 소득의 한계효용이 체증함에 착안할 것! 2), 3)에 대해서는 본문 내용을 참조할 것!

5 다음은 위험 기피 성향이 다른 두 소비자(A, B)의 소득효용 곡선인 $U^A(I)$와 $U^B(I)$를 나타낸 그림이다. 아래의 질문에 답하시오. 단, I_o는 기대소득 E(I)를 의미한다.

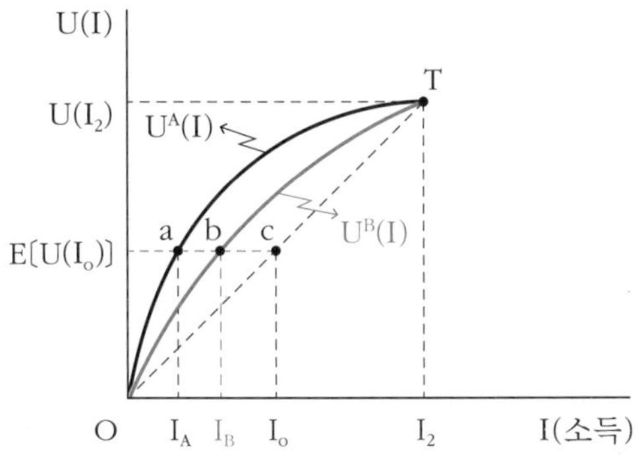

1) A와 B 중에서 확실성등가가 큰 쪽은 누구인가?

2) A와 B 중에서 위험 프리미엄이 큰 쪽은 누구인가?

3) A와 B의 적정 보험료 크기는 같은가, 아니면 다른가? 그 근거를 제시하시오.

힌트! 이에 대해서는 본문 내용을 참조할 것!

6 **위험기피자의 위험 기피에 대한 절대 측도를 구하는 공식이 '(-)U(I)″/U(I)′'인 이유를 간단명료하게 설명하시오.**

힌트! 이에 대해서는 본문 내용을 참조하기 바람!

7 **다음에 제시된 사항을 읽고 아래의 질문에 답하시오.**

> 철수는 텃밭이 딸린 농가(農家) 1채를 소유하고 있다. 농가와 텃밭의 자산가치는 각각 2억 원과 2,500만 원이다. 그런데 농가에 화재가 발생할 경우, 철수는 2억 원의 손실을 볼 수 있으며 화재 발생 확률은 20%라고 한다. 또 위험기피자인 철수의 총자산(A)에 대한 소득효용함수는 $U(I) = A^{1/2}$이라고 한다. 이런 상황에서 철수는 화재로 인한 자신의 자산가치 하락을 회피하기 위해 화재보험에 가입할 생각을 갖고 있다.

1) 철수의 총자산(A)에 대한 소득효용함수를 나타내고, 자산의 기대가치를 밝히시오.

2) 철수가 보험사에 지불할 의사가 있는 최대보험료와 위험 프리미엄을 제시하시오.

힌트! 이에 대해서는 본문 내용을 참조하기 바람!

제7장 기업과 생산함수

1
기업과 생산에 대한 개요

(1) 기업에 대한 기초개념

① 기업에 대한 정의

기업이란 생산활동을 담당하며 이윤극대화를 추구하는 생산경제의 단위체를 말한다. 기업을 한자로 표시하면 企業이다. 또 企業을 해자(解字)하면 사람인(人)+머물지(止)+널판지업(業)이다. 이는 뛰어난 인재(人)들이 머물면서(止) 다른 기업들과 확실하게 차별되는 핵심역량(業; core competence)을 발휘하는 조직을 의미한다.[45]

기업은 생산요소시장에서 생산요소(예 노동, 자본 등)를 구입한 후, 자신이 보유한 최고의 생산기술을 활용해서 양질의 상품을 생산물시장에 공급·판매하는 경제주체이다.

② 기업의 종류 및 형태

기업의 종류는 소유주, 운영 주체, 영리 및 비영리 추구, 책임소재 등을 기준으로 다양하게 분류된다. 이들 주요 항목에 따른 기업의 종류를 정리하면 〔표 7-1〕과 같이 요약된다.

45 김덕수, 『블랙벨트 리더십』, 박영사, 2017, 91쪽.

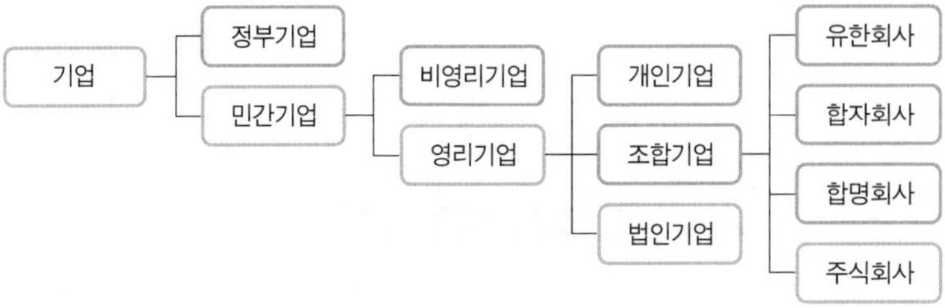

〔표 7-1〕 기업의 종류 및 세부 분류

출저: 홍승기, 『7급 경제학(미시경제학)』, 박영사, 2009, 200쪽 참고.

기업은 소유주나 운영 주체에 따라 크게 정부기업과 민간기업으로 분류된다. 정부기업은 공익증진을 목적으로 정부가 소유하거나 운영하는 기업을 말한다. 대표적인 정부기업으로는 철도, 전기, 가스, 도로, 상하수도사업 등과 관련된 공기업을 들 수 있다. 반면, 민간기업은 민간이 소유하거나 운영하는 기업이다. 우리나라에서 대부분의 기업은 민간기업에 해당된다.

또 민간기업은 영리기업과 비영리기업으로 구분된다. 영리기업은 이윤추구를 목적으로 영업 활동을 하는 기업이고, 비영리기업은 이윤보다는 특수한 사회적 목적을 추구하는 기업이다. 대표적인 비영리기업으로는 사학재단, 사찰, 교회, 공익법인 등이 있다. 또 영리기업은 개인기업, 조합기업, 법인기업으로 구분된다. 개인기업은 소유주가 한 사람인 영리기업으로서 가수, 개업 의사, 약사, 세무사, 개인변호사, 공인중개사, 식당, 주유소 등을 들 수 있다. 또 조합기업은 생산자와 노동자가 서로 협력하며 각자의 경제적 이익을 도모하는 기업으로서 농업협동조합(농협), 수산업협동조합(수협), 중소기업 협동조합과 같은 조직을 말한다.

법인기업은 크게 유한회사, 합자회사, 합명회사, 주식회사로 구분된다. 경제학을 공부했다면 이들간의 차이에 대해서도 정확하게 구분할 수 있어야 한다.

유한회사는 법률적으로 50인 이하의 유한책임사원으로 구성되는 회사로서 회사명 끝에 LTD(Limited Company)라는 영문 약자가 붙는다. 유한책임사원들은 자본에 대한 출자 의무를 부담하며, 회사 채무에 대해서는 출자액의 한도 내에서만 책임을 진다.

합자회사는 1명이 자금을 대고 회사를 경영하면서 타인에게는 투자금만 받고 경영에는 참여시키지 않는 회사를 말한다. 투자자는 회사가 수익을 창출할 경우, 투자 지분에 해당하는 만큼의 수익을 나눠 갖는다. 하지만 회사가 망하면 자신이 투자한 몫에 대해서만 책임을 진다. 주로 외국에 진출하는 국내기업이 현지의 경영 사정에 밝은 외국 기업이나 외국 투자자와 함께 자금을 출자해서 합자회사를 차리는 경우가 많다.

합명회사는 혼자서 사업자금을 대는 것이 어렵기 때문에 투자할 동업자를 끌어들인 회사를 지칭한다. 회사가 수익을 창출하면 각자 투자한 비율에 따라 수익을 나누고, 손해를 보면 투자한 비율에 따라 손실을 나누어 부담한다. 경영도 같이 하고 회사가 망해도 끝까지 연대책임을 지게 된다. 그런 이유로 가족, 친척, 친구 등과 같이 친밀한 사람들끼리 공동으로 사업을 하기에 적합한 회사이다.

주식회사는 주식의 발행으로 설립된 회사를 지칭한다. 시장경제의 꽃으로 평가받는 주식회사는 이윤극대화를 최우선으로 추구하는 조직이다. 또 주식회사의 경제적 특징으로는 기업 소유와 경영의 분리, 증권 제도를 들 수 있다. 이는 주식회사의 장단점으로 작용한다. 주식회사의 장점은 자본 집중, 기업경영에 따른 위험의 분산, 영속성에 있다. 자본 집중은 자본이 소액의 다수 증권으로 분할되어 자유로이 양도할 수 있고, 증권화로 인해 증권시장에서 대량으로 거래되기 때문에 대자본의 형성이 가능하다. 위험의 분산은 주주유한책임제도와 한 기업에 다수의 주주들이 존재하기 때문에 가능하다. 영속성은 현저한 법인성, 기업의 소유와 경영의 분리로 인해 항구적 특성을 지닌다는 얘기다. 물론 주식회사에도 문제는 있다. 기업의 소유와 경영의 분리에 따른 기업과 사원들의 정서적 유리(有離), 발기인이나 이사 또는 대주주의 전횡과 배임 행위로 인한 화근(禍根)의 존재, 주식의 증권화로 인한 일반 대중의 투기심 조장 등이 그것이다. 하지만 민간기업 중 제일 많은 비중을 차지하는 것은 주식회사이다.[46]

③ 기업의 존재 목적

기업의 존재 목적에 대해서는 여러 가지 주장이 존재한다. 기업은 이윤극대화를 추구한다는 설(說), 판매수입을 극대화하거나 시장점유율의 극대화를 추구한다는 설, 이윤극대화보다는 적정수준의 이윤에 만족한다는 만족화가설(satisficing

---

46 한국학중앙연구원, 한국민족문화대백과사전의 '주식회사' 관련 설명 부분 인용.

hypothesis) 등이 그것이다. 그밖에도 투명경영이나 지속 가능한 기업경영을 추구한다는 설, 과거 유한양행(주)의 기업주였던 고(故) 유일한 박사가 실천했던 것처럼 부(富)의 사회적 환원을 추구한다는 설도 주장된다.

그런데 분명한 것은 이윤극대화를 추구하지 않는 기업들은 다른 기업들과의 치열한 경쟁에서 살아남기 힘들다는 사실이다. 기업의 손실이 누적되면 잘 나가는 기업들도 하루아침에 파산하거나 기업가치의 하락으로 다른 기업의 사냥감(인수합병의 대상)으로 전락하기 쉽다. 또 그런 위기에 노출되면 지속 가능한 경영, 투명경영, 부의 사회적 환원도 말짱 도루묵이 될 수밖에 없다. 그런 의미에서 바라볼 때, 이윤극대화 가설은 판매수입극대화 가설, 시장점유율극대화 가설, 만족화 가설보다 설득력이 높다. 따라서 이 책은 기업이 이윤극대화를 추구한다는 전제하에서 기업에 대한 분석을 시도한다. 참고로 여기서 말하는 이윤은 회계적 이윤이 아니라 경제적 이윤을 의미함에 유의하기 바란다. 그것에 대해서는 제8장에서 자세하게 다룰 것이다.

(2) 생산에 대한 기초개념

① 생산에 대한 정의

인간에게 유용한 상품을 만들어서 소비할 수 있도록 하는 일련의 경제활동을 말한다.

생산은 상품의 제조뿐 아니라 서비스, 유통과 관련된 제반(諸般) 활동(예 포장, 저장, 운송 등)을 포괄하는 광의의 개념이다.

② 생산자에 대한 정의

경제학에서는 생산활동을 담당하는 주체를 생산자라고 정의한다. 생산자에는 개인과 기업 모두 포함된다. 이 책의 주된 분석대상도 생산자이다. 다만, 이 책은 생산자와 기업을 동일시하면서 기업으로 용어를 통일해서 논의를 전개하고자 한다.

기업은 유형의 재화만 생산하는 게 아니다. 무형의 서비스를 생산하는 것도 기업의 생산활동이다. 따라서 기업은 재화와 서비스(이 책에서는 이들을 묶어 상품으로 지칭하고자 함)를 생산하는 경영의 주체라고 말할 수 있다.

③ 생산요소에 대한 정의

생산요소란 기업이 상품을 생산하기 위해서 투입하는 일련의 모든 것을 말한다. 경제학에서 논의되는 주요 생산요소로는 노동, 자본, 토지, 기술, 경영 능력 등이 존재한다. 이들에 대해 좀 더 살펴보자.

노동(L)은 상품 생산을 위해 투입되는 근로자의 활동을 말한다. 자본(K) 역시 상품 생산을 위해 투입되는 생산재를 말한다. 생산요소로서의 자본은 크게 실물자본과 화폐자본으로 구분된다. 실물자본은 인간이 만든 생산수단으로서 내구재(예 공장설비, 기계, 중간생산물 등)를 말한다. 반면 화폐자본은 화폐로 표시된 자본, 즉 구매력의 원천인 돈을 의미하며 그것은 자본의 순환과정에서 실물자본을 구입하는 데 사용된다. 이와 같은 순환과정에서 소비되지 않은 부분, 즉 저축은 다시 자본으로 형성되어 자본축적이 이루어진다. 생산요소로서 토지는 광물이나 석유와 같은 지하자원이나 땅, 나무 등과 같은 자연자원으로 구성된다. 기술은 인간이 지닌 유·무형의 지식과 지혜, 생산방법을 말하며, 경영 능력은 다른 사람들과 확실하게 차별되는 핵심역량을 지닌 전문 CEO로서의 리더십과 사업수완을 의미한다.

④ 생산기간에 대한 정의

미시경제학에서 논의되는 생산기간은 거시경제학의 그것과 차이를 갖는다. 미시경제학에서 장·단기를 구분하는 핵심 요소는 생산요소의 가변성 여부이다.

단기는 여러 가지 생산 요소들 가운데 최소한 한 가지 이상의 고정요소가 존재하는 경우를 말한다. 미시경제학에서는 주로 자본이 고정된 경우를 상정하고, 단기생산함수와 단기비용함수에 대한 분석을 시도한다.

장기는 고정요소가 하나도 존재하지 않을 정도로 긴 기간을 말한다.

2
기업의 생산함수와 생산기술

(1) 생산함수에 대한 기초개념

① 생산함수와 생산기술의 관계

생산함수와 생산기술은 매우 긴밀한 관계다. 우선 생산함수부터 살펴보자. 생산함수는 일정 기간 동안에 생산과정에 투입되는 생산요소의 양과 최대 생산량 간의 기술적 관계를 의미한다. 즉 기업의 생산함수는 생산과정에서 자신이 보유한 생산기술 가운데 가장 우수한 생산기술을 활용해서 생산함을 시사한다.

앞에서 우리는 5가지의 생산요소(예 노동, 자본, 토지, 기술, 경영능력)에 대해 살펴보았다. 이제는 분석의 편의를 위해 노동과 자본만으로 이루어진 생산요소를 상정해서 생산함수와 생산기술 간의 관계를 살펴보고자 한다.

$$X = F(L;\bar{K}) \quad \cdots\cdots\cdots\cdots \quad ㉠$$

㉠식은 기업이 L, K를 생산요소로 투입해서 X재를 생산하는 것을 의미한다. 생산기술은 ㉠식의 함수 F와 밀접하게 연관되어 있다. 즉 함수 F의 성격을 규정하는 것이 생산기술이다. 또 ㉠식에는 2가지의 중요한 의미가 내재되어 있다.

첫째, 생산함수는 유량변수(flow variable)라는 점이다. 이미 소비자이론에서 언급한 것처럼 유량변수는 기간을 명시해야만 정확한 의미를 갖는다. 참고로 유량변수와 반대되는 개념은 저량변수(stock variable)이다.

둘째는 생산함수는 주어진 L과 K, 그리고 기업이 보유하고 있는 가장 우수한 생산기술을 이용해서 생산할 수 있는 최대 생산량을 의미한다. ㉠식에서 X는 해당 기업이 생산할 수 있는 최대 생산량이다. 일부 경제학 책에서는 생산량을 생산물이라고도 표현하는데, 이는 같은 뜻이다. 이에 대한 오해가 없기를 바란다.

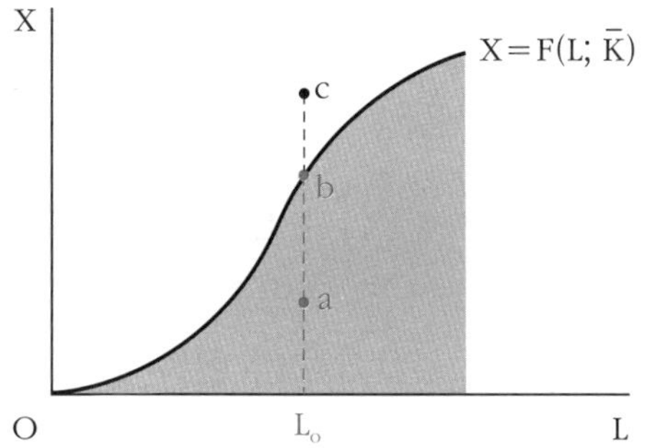

〔그림 7-1〕 기업의 생산함수와 생산기술

〔그림 7-1〕은 ㉠식의 생산함수에서 K는 $\bar{K}$로 고정된 상태에서 L만 가변요소로 상정해서 나타낸 것이다. 음영 처리된 부분은 생산가능영역을 나타내고 그밖의 영역은 생산이 불가능한 영역이다.

L을 L_o만큼 투입했을 경우, a점은 생산가능영역 내에 있기 때문에 생산은 가능하지만 비효율적인 생산점이다. 왜냐하면 좀 더 우수한 생산기술을 활용해서 생산할 경우에는 b점에 해당되는 X재를 생산할 수 있기 때문이다. 이때 기업은 X재를 ab만큼 추가적으로 더 생산할 수 있다.

c점은 생산가능영역 밖에 존재하기 때문에 생산이 불가능한 점이다. 만약 기업이 c점에서 생산활동을 하기 위해서는 좀 더 새로운 기술을 적용시켜 생산함수 자체를 상방으로 이동시켜야 한다.

〔그림 7-1〕에서 가장 효율적인 생산점은 음영 처리된 생산가능영역의 끝부분, 즉 생산함수 $X = F(L;\ \bar{K})$의 선상(線上)에서 생산하는 경우로 한정된다. 경제학은 이때 충족되는 효율성을 기술적 효율성이라고 정의한다.

② 생산함수에 대한 장·단기 구분

일반적으로 미시경제학에서는 단기생산함수를 다음과 같이 표현한다.

$X = F(L; \bar{K})$ 단, K는 $\bar{K}$로 일정 ·· ㉠

L, K 가운데 상대적으로 투입량을 변경하는 데 어려운 것은 K이다. 따라서 단기란 기업이 자본의 규모를 변경시킬 수 없을 정도로 짧은 기간을 말한다. 단기생산함수에서 주로 논의되는 경제 개념으로는 한계생산력체감의 법칙(일명, 수확체감의 법칙), 총생산물(TP), 노동의 평균생산물(AP_L), 노동의 한계생산물(MP_L) 등이 있다.[47]

미시경제학에서 장기생산함수는 $X = F(L, K)$로 정의된다. 즉 장기는 L, K를 비롯한 모든 생산요소가 가변요소가 될 수 있을 정도로 긴 기간을 말한다. 따라서 장기에서는 어떤 생산요소도 고정요소가 될 수 없다. 장기생산함수에서 주로 논의되는 경제 개념으로는 등량곡선, 규모에 대한 보수, 동차(同次)생산함수 등이 있다. 독자 여러분은 이들 개념에 대해서도 철저하게 숙지해 놓아야 한다.

(2) 단기생산함수에 대한 분석

① 한계생산력체감의 법칙

한계생산력체감의 법칙(law of diminishing marginal products)은 위의 ㉠식에서 K를 $\bar{K}$로 고정시킨 상황에서 가변요소인 L을 증가시켜 나갈 경우, 어떤 단계를 지난 이후부터 L의 한계생산물이 점점 더 감소하는 현상을 말한다. 한계생산력체감의 법칙이 발생하는 본질적인 이유는 고정요소(예 $\bar{K}$)에 대한 L의 비율이 변하기 때문이다. 참고로 한계생산력체감의 법칙은 수확체감의 법칙이라고도 부른다.

---

47 총생산물은 TP(Total Product), 평균생산물은 AP(Average Product), 한계생산물은 MP(Marginal Product)로 정의한다. 총생산물, 평균생산물, 한계생산물은 총생산량, 평균생산량, 한계생산량이라고도 부른다. 독자 여러분은 이들 용어에 대해 오해 없기를 바란다.

〔표 7-2〕을 이용해서 총생산물(TP), 노동의 한계생산물(MP_L) 간의 관계에 대해 살펴보자.

〔표 7-2〕 숫자로 살펴본 한계생산력체감의 법칙

(1) 자본(K)	(2) 노동(L)	(3) TP	(4) MP_L
1	0	0	
1	1	18	18
1	2	37	19
1	3	57	20
1	4	76	19
1	5	94	18
1	6	111	17
1	7	127	16
1	8	134	7
1	9	130	−4
1	10	119	−11

〔표 7-2〕에서 (1)열은 고정요소 K의 투입량이 1단위로 일정함을 보여준다. (2)열은 가변요소 L로서 근로자 수를 나타낸다. L의 단위는 '명(名)'이다. (3)열은 고정요소 K와 가변요소 L, 또 최적의 생산기술을 활용해서 생산하는 X재의 총생산물(TP)을 나타낸다. (4)열은 노동의 한계생산물(MP_L)을 보여준다. MP_L은 $\triangle TP/\triangle L$로 정의된다. (4)열을 통해 알 수 있듯이 MP_L은 노동 투입이 3명에 이르기까지는 점점 더 증가하다가 4명째부터 감소한다. 따라서 한계생산력체감의 법칙은 노동 투입이 4명에 도달한 이후부터 시작된다. 참고로 근로자 수가 9명에 이르면 MP_L은 마이너스(-)가 된다. 이는 총생산물(TP) 자체가 감소하는 영역으로서 이윤극대화를 추구하는 기업이라면, 당연히 생산활동을 포기하는 단계에 해당된다.

② TP곡선으로부터 MP_L곡선과 AP_L곡선의 도출

TP곡선이 주어지면 그것으로부터 MP_L곡선과 AP_L곡선을 도출할 수 있다. 이들 곡선 간의 관계는 종종 시험문제로 출제된다. 따라서 각별한 주의가 필요하다. 또 독자 여러분은 MP_L곡선과 AP_L곡선이 항상 일정한 형태로 정의되는 게 아니라는 점에 유의해야 한다. 즉 MP_L곡선과 AP_L곡선의 형태는 전적으로 TP곡선의 형태에 의존한다는 얘기다.

MP_L이 $\triangle TP/\triangle L$로 정의됨은 앞에서 언급했다. 즉 MP_L은 TP곡선에 대한 접선의 기울기로 측정된다. 반면 AP_L은 TP/L로 정의된다. 이는 원점에서 TP곡선에 그은 선분의 기울기를 말한다. 이들 개념에 기초해서 TP곡선으로부터 MP_L, AP_L 곡선을 도출해보자.

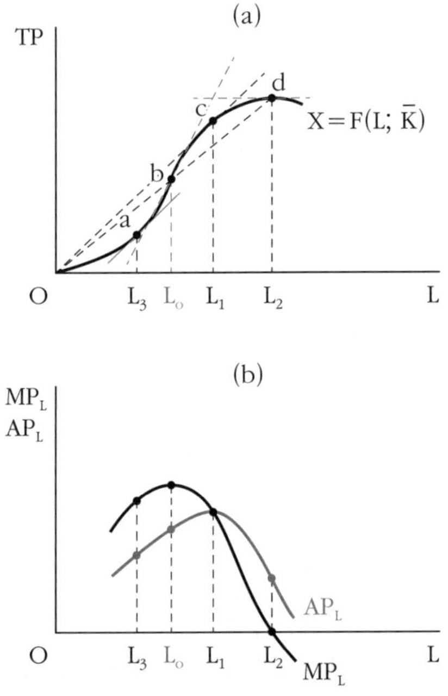

〔그림 7-2〕 TP곡선과 MP_L, AP_L곡선의 도출

〔그림 7-2〕에서 (a) 그래프는 TP곡선을 나타낸다. L의 투입이 L_3인 경우 TP는 a점, L_o일 때는 b점, L_1인 경우는 c점, L_2일 때는 d점에서 기술적 효율성이 충족된다. 그 각각의 a, b, c, d점에서 TP곡선에 대한 접선의 기울기는 MP_L이고, 원점에서 TP곡선의 a, b, c, d점까지 그은 선분의 기울기는 AP_L이다.

이제 a점부터 살펴보자. a점에서 그은 접선의 기울기는 원점에서 a점까지 그은 선분의 기울기보다 가파르다. 즉 MP_L 〉 AP_L이다. 따라서 (b) 그래프의 L_3에서는 MP_L의 위치가 AP_L보다 높다. 이는 L_o에서도 마찬가지다. 또 (a) 그래프의 b점에서 접선의 기울기인 MP_L은 모든 노동 투입 수준에서 가장 크다. 그 결과 (b) 그래프의 L_o에서 MP_L이 가장 높은 위치를 차지하고 있다.

한편 원점에서 그은 선분의 기울기, 즉 AP_L이 가장 큰 것은 c점에서다. 또 c점은 L_1에서 기술적 효율성을 충족하는 생산점인 동시에 원점에서 그은 선분의 기울기와 접선의 기울기가 같은 점이다. 따라서 c점에서는 $MP_L = AP_L$의 관계가 성립한다. 그런데 c점에서의 MP_L은 b점에서의 그것보다 작다. 여기서 유념해야 할 것은 TP곡선이 (a) 그래프와 같이 주어졌다면, AP_L의 극대점은 MP_L의 극대점보다 오른쪽에 위치하고(L_o 〈 L_1), 그 크기도 MP_L의 극대값보다 작다는 사실이다.

노동 투입이 L_2인 경우 기술적 효율성이 충족되는 생산점은 d점이고, 그 점에서 접선의 기울기, 즉 MP_L은 0이다. 그러나 원점에서 d점까지 그은 선분의 기울기, 즉 AP_L은 0보다 크다. 즉 AP_L 〉 MP_L이다. (b) 그래프는 그들 간의 관계를 매우 잘 보여준다.

〔그림 7-2〕에 나타난 TP, MP_L, AP_L의 관계를 요약하면 다음과 같다.

㉠ AP_L의 극대점에서는 MP_L과 AP_L이 같다. 즉 $MP_L = AP_L$이다.
㉡ AP_L이 상승하는 구간에서는 MP_L이 AP_L보다 크다. 즉 MP_L 〉 AP_L이다.
㉢ AP_L이 하락하는 구간에서는 MP_L이 AP_L보다 작다. 즉 MP_L 〈 AP_L이다.

(3) 장기생산함수(1); 등량곡선

① 등량곡선(isoquant curve)에 대한 정의

장기생산함수에서 생산요소는 모두 가변적이다. 또한 장기생산함수는 가변적인 생산요소와 가장 우수한 생산기술이 결합되어 생산할 수 있는 최대 생산량을 나타낸다. 참고로 장기생산함수는 다음의 ㉠식으로 정의된다.

$$X = F(L, K) \cdots\cdots ㉠$$

㉠식에서 X는 매기당 생산되는 총생산량, F는 가장 우수한 생산기술, L은 매기 당 투입되는 근로자 수, K는 매기당 투입되는 자본량을 의미한다. 또 장기에서는 L, K가 모두 가변요소임에 유의하기 바란다.

장기에서 기업은 생산요소(L, K)의 다양한 결합 가운데 어떤 요소결합을 선택할 것인가의 문제에 직면한다. 이와 같은 선택의 문제를 풀기 위해서는 등량곡선과 등비선(isocost curve)에 대한 사전지식이 필요하다. 여기서는 먼저 등량곡선에 대해 살펴보기로 한다. 등비선은 제8장의 비용이론에서 자세하게 배울 것이다.

등량곡선이란 어떤 상품(예 X재)을 생산하는 데 있어서 동일한 수준의 생산량을 가장 효율적으로 생산할 수 있는 여러 가지 생산요소의 조합을 연결한 곡선을 말한다. 〔그림 7-3〕의 (a) 그래프를 보면 500개의 X재를 생산할 수 있는 3가지 경우의 생산요소 결합을 보여준다. 즉 여기에서 생산요소의 조합은 (L, K)로 정의되며, L과 K의 조합이 각각 c(1, 7), d(2, 3), e(3, 2)일 때, 500개의 X재를 생산할 수 있음을 나타낸다. 〔그림 7-3〕의 (b) 그래프는 등량곡선들의 집합인 등량지도를 말한다. 이와 관련해서 독자 여러분이 유의해야 할 사항이 있다. 그것은 소비자이론에서 학습한 무차별곡선은 효용의 서수성을 가정한 데 반해, 등량곡선은 생산량의 기수성을 가정한다는 것이다.

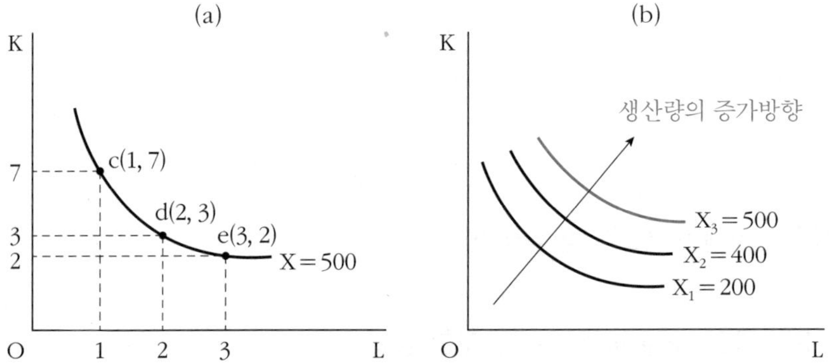

〔그림 7-3〕 등량곡선과 등량지도

등량곡선과 관련해서 또 다시 혼란을 느끼는 독자 여러분이 있을지 모른다. "아니 등량곡선을 X = F(L, K)로 정의한다면서 어떻게 3개의 변수(X, L, K)를 2차원 평면에다 그릴 수 있지?"라며 의아해할지 모른다. 그런 독자 여러분이 있다면 소비자이론의 무차별곡선편을 복습하기 바란다.

무차별곡선과 등량곡선은 그 형태와 특성 면에서 똑같다. 다른 게 있다면 그것을 구성하는 변수일 뿐이다. 즉 전자(前者)가 총효용(U), X재, Y재라면, 후자(後者)는 총생산량 TP, L, K일 따름이다. 무차별곡선은 3차원 공간의 효용국면을 (X, Y)의 2차원 평면에다 나타냈다면, 등량곡선은 3차원 공간의 생산국면을 (L, K)의 2차원 평면에 나타낸 것이다. 그에 대한 사항은 '규모에 대한 보수' 편에서 자세하게 언급할 것이다.

② 등량곡선의 특성

등량곡선은 원점에서 멀리 떨어져 있을수록 높은 생산량을 나타낸다. 이것이 의미하는 것은 생산요소의 투입량이 커질수록 더 많은 재화나 서비스를 생산할 수 있다는 얘기다. 무차별곡선은 효용의 크기를 서수적으로 나타냈지만, 등량곡선은 생산량을 기수적으로 표시한다. 그렇게 된 이유는 효용은 객관적으로 측정하기가 어렵지만, 생산량은 객관적인 측정이 가능하기 때문이다. 〔그림 7-3〕의 (b) 그래프는 등량곡선의 그런 특성을 잘 보여준다.

등량곡선은 서로 교차하지 않는다. 〔그림 7-4〕에서 보는 것처럼 2개의 등량곡선이 서로 교차한다고 가정하자. 그러면 생산요소의 조합인 $b(L_b, K_b)$와 $c(L_c, K_c)$가 각각 $a(L_a, K_a)$와 같은 양의 X재를 생산하기 때문에 이들 간에도 X재 생산량이 같아야 한다. 하지만 생산요소의 조합 $c(L_c, K_c)$는 $b(L_b, K_b)$보다 원점에서 북동(北東)쪽으로 멀리 떨어져 있기 때문에 $c(L_c, K_c)$의 X재 생산량은 $b(L_b, K_b)$보다 반드

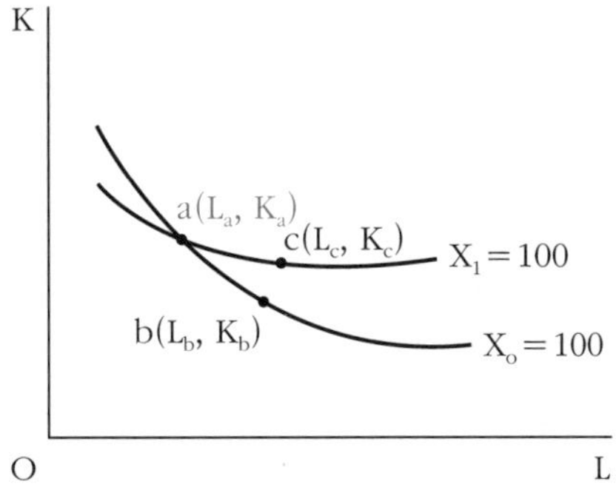

〔그림 7-4〕 등량곡선은 서로 교차할 수 없다!

시 커야 한다. 그런데도 $b(L_b, K_b)$와 $c(L_c, K_c)$의 X재 생산량이 같다는 모순이 발생한 것은 전적으로 등량곡선이 교차한다고 가정했기 때문이다. 따라서 등량곡선은 서로 교차할 수 없다.

등량곡선은 우하향한다. 기업이 생산활동을 하기 위한 최소한의 조건은 MP_L과 MP_K가 0보다 커야 한다는 점이다. MP_L, MP_K가 0보다 작은 구간에서 이루어지는 생산활동은 매우 비효율적이기 때문이다. 참고로 무차별곡선에서도 소비자들이 MU_X와 MU_Y가 0보다 큰 구간에서만 소비했음을 떠올려 보기 바란다.

장기에는 L, K가 모두 가변요소이기 때문에 그들 간에 대체가 발생할 수 있다. 등량곡선은 동일한 생산량에 대응하는 여러 가지 생산요소의 결합을 나타낸다. 따라서 한 생산요소(예 L)의 투입량을 감소시키면서도 동일한 수준의 생산량을 생산하기 위해서는 다른 생산요소(예 K)의 투입량을 증가시켜야 한다. 그런 의미에서 등량곡선은 우하향할 수밖에 없다. 〔그림 7-5〕를 통해 이 문제를 좀 더 고찰해보자. a점에서 K의 투입을 증가시키면 등량곡선은 우상향하는 형태를 띤다. a점에서 L과 K의 투입량은 각각 L_o, K_o이다. 이제 L을 L_o로 고정시킨 후, K를 K_o에서 K_o'로 늘려주면 총생산량은 X_o에서 X_o'로 하락한다. 참고로 점선으로 표시된 등량곡선의 생산량은 X_o'이다. 즉 a점을 기점으로 K를 증가시키면 자본의 한계생산량인 MP_K는 0보다 작게 된다. 앞서 기업은 MP_K가 0보다 작은 구간에서는 생산 활동을 하지 않는다고 가정했다. 이는 b점의 생산요소 결합에서 K를 고정시킨 다음 L을 증가시키는 경우에도 마찬가지다. 이것을 종합해볼 때, 기업이 생산 활동을 하

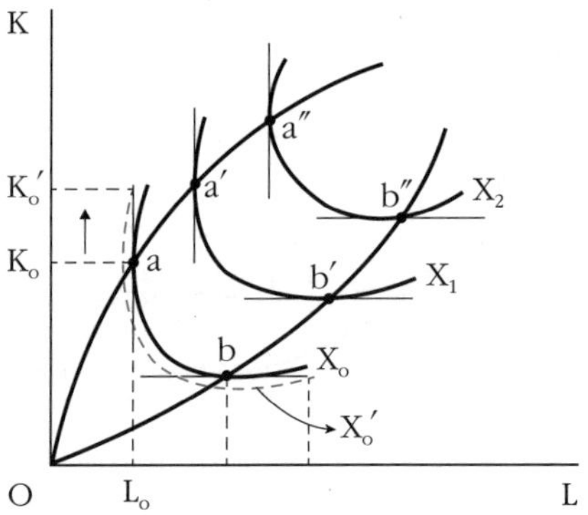

〔그림 7-5〕 등량곡선이 우하향하는 이유

는 구간에서의 등량곡선은 반드시 우하향한다고 말할 수 있다. 〔그림 7-5〕 Oaa′a″과 Obb′b″는 효율적인 생산요소의 결합구간과 비효율적인 생산요소의 결합구간을 구분해주는 경계선이다. 경제학에서는 이것을 분계선이라고 부른다. Oaa′a″은 MP_K가 0인 점들과 원점을 연결한 분계선이고, Obb′b″은 MP_L이 0인 점들과 원점을 연결한 분계선이다.

등량곡선은 원점에 대해 볼록(convex)하다. 이것과 관련된 경제적 개념은 한계기술대체율($MRTS_{LK}$; marginal rate of technical substitution) 체감의 법칙이다. 참고로 L, K 간의 한계기술대체율은 동일한 생산량을 유지하면서 L을 1단위 더 투입할 때, 감소시켜야 하는 K의 투입량을 말한다. 한계기술대체율은 다음의 ㉡식으로 정의된다.

$$MRTS_{LK} = -\left.\frac{\triangle K}{\triangle L}\right|_{X=\bar{X}} = \frac{MP_L}{MP_K} \quad \cdots\cdots\cdots\cdots \quad ㉡$$

㉡식에서 보는 것처럼 L, K 간의 한계기술대체율은 노동의 한계생산물(MP_L)과 자본의 한계생산물(MP_K) 간의 비율로 정의된다. 이는 〔그림 7-6〕을 통해 자세하게 분석할 수 있다.

〔그림 7-6〕의 (a) 그래프를 보자. c점의 생산요소결합과 d점의 생산요소결합으로부터 생산할 수 있는 X재의 최대 생산량은 X_o로서 동일하다. 이제 c점의 생산요소결합에서 d점의 생산요소결합으로 이동하는 경우를 생각해보자. 기업은 K를

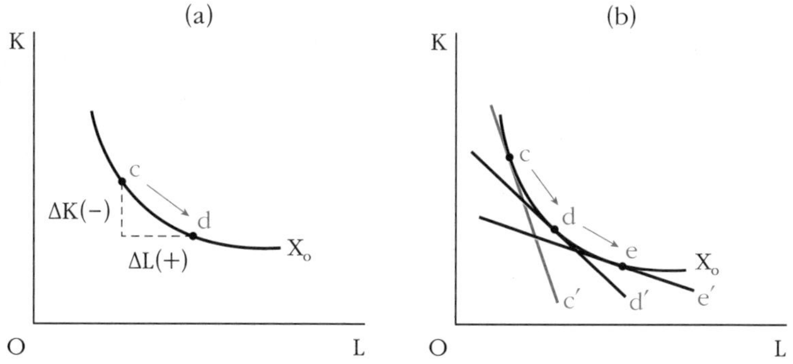

〔그림 7-6〕 한계기술대체율체감의 법칙

△K만큼 줄이고 L을 △L만큼 늘려야만 동일한 크기의 X_0를 생산할 수 있다. 그 때 생산량의 변동분은 0이다. 이를 구체적인 수식으로 표현하면 다음과 같다.

$$(\triangle K \times MP_K) + (\triangle L \times MP_L) = \triangle X = 0$$
$$-(\triangle K \times MP_K) = \triangle L \times MP_L \quad \cdots\cdots ㉢$$

이것을 $MRTS_{LK} = -(\triangle K/\triangle L)$로 재정리해주면 $MRTS_{LK} = -(\triangle K/\triangle L) = MP_L/MP_K$의 관계가 도출된다. 또 등량곡선이 원점을 향해 볼록한 경우는 〔그림 7-6〕의 (b) 그래프와 같은 경우다. 이제 생산요소결합을 c점에서 d점과 e점으로 이동시킬 경우, 즉 동일한 X재의 생산량 X_0를 생산하기 위해 K의 투입을 줄이는 대신 L의 투입을 증가시켜 나갈 경우 한계기술대체율의 크기는 점점 더 감소한다. 이는 c점, d점, e점에서 그은 접선의 기울기가 점점 더 작아진다는 얘기다. 그렇다면 한계기술대체율이 체감하는 이유는 무엇인가? 생산요소 결합점이 c점 → d점 → e점으로 이동할수록 K는 희소해지고 L은 많아지게 된다. 그러면 한계생산력체감의 법칙에 따라 MP_K는 커지고 MP_L은 작아진다. 그 결과 한계기술대체율은 체감하게 된다.

보론 7-1. 특수한 형태의 등량곡선

앞서 살펴본 등량곡선은 L, K가 여러 가지 비율로 결합될 수 있음을 가정한 것이다. 그렇기 때문에 부드럽게 우하향하며 원점에 대해 볼록한 등량곡선을 상정할 수 있었다. 하지만 경제학에서는 특수한 형태의 등량곡선을 상정하기도 한다.

일례로 〔그림 7-7〕의 (a) 그래프는 L, K 간에 대체가 이루어지지 않고 생산요소의 결합비율이 고정된 경우의 등량곡선이다. 이와 같은 등량곡선은 L자형 등량곡선이다. (a) 그래프의 a점에서는 L과 K의 결합비율은 1:1로 고정되어 있다. L자형 등량곡선에서 수직선 부분에서는 L 1단위에 K 1단위 이

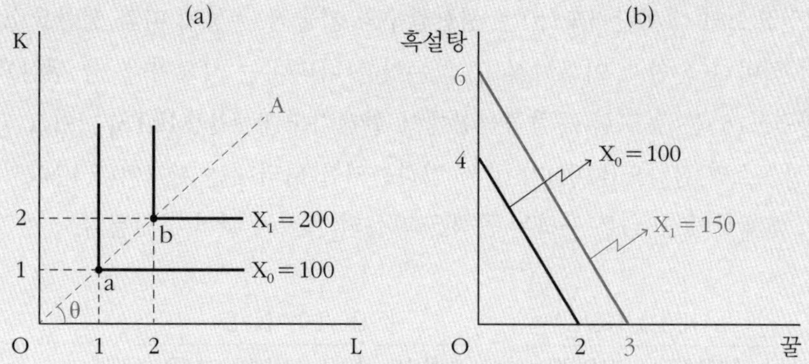

〔그림 7-7〕 특수한 형태의 등량곡선

상을 투입해도 X재 생산량은 100으로 일정하다. 따라서 수직선 부분에서는 MP_K가 0이다. 마찬가지로 L자형 등량곡선의 수평선 부분에서는 MP_L이 0이다. 따라서 L자형 등량곡선에서 수직선 부분의 한계기술대체율($MRTS_{LK}$)은 무한대(∞)이고, 수평선 부분의 한계기술대체율($MRTS_{LK}$)은 0이다.[48] 〔그림 7-7〕의 (b) 그래프는 생산요소간에 완전 대체가 가능한 어느 호떡집의 등량곡선을 보여준다. 호떡은 꿀과 흑설탕 어느 것을 사용해도 무방하다고 가정하자. 가령, 꿀 1단위를 덜 사용하는 대신 흑설탕 2단위를 더 사용해서 생산해도 호떡의 생산량에 변화가 없다고 상정하면 선형(linear)의 등량곡선이 도출된다. 이런 경우, 등량곡선의 기울기인 한계기술대체율($MRTS_{LK}$)은 일정한 값을 갖는다. 참고로 〔그림 7-7〕의 (b) 그래프에서 한계기술대체율은 2(절대값)로 일정하다.

---

48 한계기술대체율은 $MRTS_{LK} = -\triangle K/\triangle L = MP_L / MP_K$로 정의된다. 레온티에프 등량곡선에서 수직선 부분은 MP_K가 0이고, 수평선 부분은 MP_L이 0이다. 이것을 한계기술대체율 공식에 대입하면 수직선 부분에서의 $MRTS_{LK}$는 무한대(∞), 수평선 부분에서의 $MRTS_{LK}$는 0임을 확인할 수 있다.

③ 생산요소의 대체탄력도

생산요소의 대체탄력도(σ)는 생산함수의 기술적 특성에 따라 생산요소 간에 대체가 얼마나 손쉽게 이루어질 수 있는가를 나타내는 지표이다. 즉 생산요소의 대체탄력도(σ)는 동일한 등량곡선상에서 한계기술대체율($MRTS_{LK}$)이 1% 변할 때, 생산요소의 집약도(K/L)가 몇 % 변하는가를 나타내는 지표이다. 따라서 생산요소의 대체탄력도(σ)를 구하는 공식은 다음의 ㉣식과 같이 정의된다.

$$\sigma = \frac{\triangle(K/L)/(K/L)}{\triangle MRTS_{LK}/MRTS_{LK}} = \frac{\triangle(K/L)/(K/L)}{\triangle(MP_L/MP_K)/(MP_L/MP_K)} \cdots\cdots\cdots\cdots\cdots \quad ㉣$$

한계기술대체율($MRTS_{LK}$)은 등량곡선상의 한점에서 그은 접선의 기울기로서 항상 절대값으로 표시된다. 또 생산요소의 집약도(K/L)는 원점에서 등량곡선상의 한점까지 그은 선분의 기울기로 측정된다. 〔그림 7-8〕을 통해 그 의미를 좀 더 살펴보자.

등량곡선(X_o)상의 a점에서 b점으로 이동할 경우, 생산요소의 대체탄력도(σ)는 다음과 같은 방식으로 구한다. 최초의 한계기술대체율은 $MRTS_{LK}{}^a$였다. 그러나 a점에서 b점으로 이동한 결과, 한계기술대체율은 $MRTS_{LK}{}^b$로 감소했다. 그들 간의 변화분인 $\triangle MRTS_{LK}$는 $\triangle MRTS_{LK} = (MRTS_{LK}{}^b - MRTS_{LK}{}^a)$로 정의된다. 또 a점에서 최초의 생산요소집약도는 $\tan\theta(=K_a/L_a)$이다. 하지만 b점으로 이동한 결과, 생산요소집약도는 $\tan\theta'(=K_b/L_b)$로 하락한다. 이때 생산요소집약도의

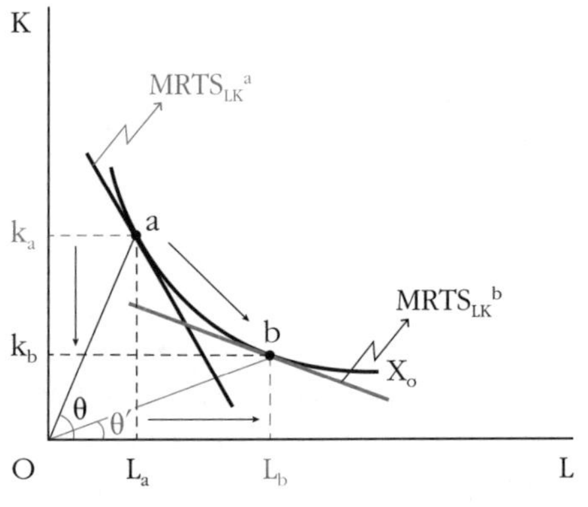

〔그림 7-8〕 생산요소의 대체탄력도(σ)

변화분인 △(K/L)은 △(K/L) = tanθ′−tanθ = $K_b/L_b - K_a/L_a$이다. 이것을 ㉣식에 대입하면 생산요소의 대체탄력도가 도출된다. 생산요소의 대체탄력도(σ)는 등량곡선의 형태와도 밀접한 관련이 있다. 등량곡선이 레온티에프 생산함수처럼 L자인 경우, 생산요소의 대체탄력도는 0이다. 그 이유는 〔그림 7-7〕의 (a) 그래프에서 보는 것처럼 한계기술대체율($MRTS_{LK}$)이 아무리 변화해도 생산요소의 집약도가 tanθ로 고정되어 있기 때문이다. 그러면 ㉣식에서 분자값은 0이 되고, 생산요소의 대체탄력도(σ)도 0이 될 수밖에 없다. 한편, 등량곡선이 우하향하는 직선인 경우, 생산요소의 대체탄력도는 무한대(∞)이다. 그 이유는 〔그림 7-7〕의 (b) 그래프에서 보는 것처럼 한계기술대체율이 일정하기 때문에 한계기술대체율의 변화율은 0이다. 그런데 ㉣식에서 분모값(= $\triangle MRTS_{LK}/MRTS_{LK}$)이 0이면, 무한대(∞)의 값을 갖게 된다. 또 콥-더글라스 생산함수처럼 생산함수가 $X = AL^{\alpha}K^{1-\alpha}$로 주어질 경우, 등량곡선은 직각쌍곡선의 형태를 띠며, 이때 생산요소의 대체탄력도(σ)는 1이다. 이에 대한 수리적 증명은 〔보론 7-3〕을 참조하기 바란다.

보론 7-2. 생산함수, 대체탄력도, 소득분배에 대한 종합

생산요소의 대체탄력도(σ)는 동일한 등량곡선상에서 생산요소의 상대가격(w/r; 한계기술대체율)이 1% 변화할 때, 생산요소의 집약도(K/L)가 몇 % 변하는가를 나타낸다. 존 리처드 힉스(J. R. Hicks)는 이것을 이용해서 노동과 자본 간의 소득분배를 다음과 같이 분석했다. 이 내용은 각종 경제시험에서 자주 출제되지만 의외로 틀리는 수험생이 매우 많다. 따라서 이 부분에 대해서는 독자 여러분의 각별한 주의가 요구된다. 여기서 w는 임금, r은 이자율을 의미한다.

▷ 콥-더글라스 생산함수; 생산요소의 대체탄력도(σ)는 1이다.

이때는 w나 r이 변하더라도 노동과 자본 간의 소득분배율은 일정하다. 그 이유는 생산요소의 대체탄력도 공식에서 찾을 수 있다. 즉 σ = 요소집약도(K/L)의 변화율/생산요소의 상대가격(w/r)변화율 = 1이라는 것은 w가 1% 상승하면, L이 1% 감소한다는 얘기다. 이런 경우 노동소득에는 아무런 변화가 발생하지 않는다. 따라서 노동소득의 분배율도 일정하다. 참고로 노동소득의 분배율은 노동소득/총소득, 자본소득의 분배율은 자본소득/총소득으로 정의된다.

▶ 레온티에프 생산함수; 생산요소의 대체탄력도(σ)는 0이다.

레온티에프 생산함수의 경우, 생산요소의 대체탄력도(σ)가 0인 이유는 앞에서 언급했다. 그런데 생산요소의 대체탄력도(σ)가 0이라는 것은 w가 1% 상승하더라도 L의 감소율이 0%라는 얘기다. 이런 경우는 w의 상승률만큼 노동소득의 크기가 증가한다. 따라서 노동소득의 분배율도 증가한다.

▶ 생산요소의 완전 대체가 가능한 생산함수의 경우; 생산요소의 대체탄력도(σ)는 ∞이다.

이때는 w나 r이 변화하면 노동과 자본 간의 소득분배율은 극(極)에서 극으로 변한다. 그것 역시 σ = 요소집약도(K/L)의 변화율/생산요소의 상대가격(w/r)변화율 = ∞에서 찾을 수 있다. 즉 σ = ∞라는 것은 w가 1% 상승하면 L의 감소율이 무한대(∞)%라는 얘기다. 따라서 이런 경우 노동소득은 무한대로 감소하고, 자본소득은 무한대로 증가한다.

▶ 생산요소의 대체탄력도(σ)가 1보다 큰 경우; σ > 1

이때는 w가 상승하면 노동소득의 분배율이 감소하고, 자본소득의 분배율은 증가한다. 그 이유 역시 σ = 요소집약도(K/L)의 변화율/생산요소의 상대가격(w/r)변화율 〉 1에서 찾을 수 있다. 즉 w가 1% 상승하면 σ 〉 1이기 때문에 L의 감소율은 1%보다 크다. 따라서 노동소득은 감소하고, 노동소득의 분배율도 하락한다.

▶ 생산요소의 대체탄력도(σ)가 1보다 작은 경우; σ < 1

이때는 w가 상승하면 노동소득의 분배율이 증가하고, 자본소득의 분배율은 감소한다. 그 이유 또한 σ = 요소집약도(K/L)의 변화율/생산요소의 상대가격(w/r)변화율 〈 1에서 찾을 수 있다. 즉 w가 1% 상승하면 σ 〈 1이기 때문에 L의 감소율은 1%보다 작다. 따라서 노동소득은 증가하고, 노동소득의 분배율도 증가한다.

(4) 장기생산함수(2); 규모에 대한 보수

① 규모에 대한 보수(returns to scale)

장기에는 고정요소가 존재하지 않는다. 따라서 MP_L과 MP_K는 장기 개념이 아니다. 왜냐하면 MP_L은 K를 고정시킨 상태에서 L의 투입을 1단위 증가시킬 때, 총생산량이 얼마만큼 증가할 것인가의 개념이기 때문이다. 따라서 장기의 경우, 생산요소의 투입량과 총생산량 간의 관계를 이해하기 위해서는 '규모에 대한 보수'의 개념을 정확하게 이해해야 한다.

규모에 대한 보수란, 모든 생산요소(예 L, K)를 동일한 비율로 증가시킬 때, 총생산량이 어떤 비율로 변하는가를 나타낸다. 여기서 규모는 (L, K)로 정의된다. 따라서 규모를 2배, 3배로 증가시킨다는 것은 (L, K)를 각각 (2L, 2K), (3L, 3K)로 확대하는 것을 말한다. 그때 X재의 총생산량이 어떻게 변하는가에 따라 규모에 대한 보수 불변, 규모에 대한 보수 감소, 규모에 대한 보수 증가로 구분된다.

〔그림 7-9〕의 (a) 그래프는 생산곡면(生産曲面)과 등량곡선의 관계를 나타낸 것으로서 (L, K)가 각각 (2L, 2K), (3L, 3K)로 증가시킬 때, X재의 총생산량이 어떻게 변해가는가를 보여준다. 이때 종축으로 정의된 X재의 총생산량을 L과 K로 구성된 2차원 평면에 투영시킨 것이 〔그림 7-9〕의 (b) 그래프이다. 이러한 관계는 이미 소비자이론의 무차별곡선 편에서 자세하게 설명했기에 추가 설명은 생략한다.

규모에 대한 보수 불변은 규모, 즉 (L, K)를 λ배 만큼 증가시켰을 때, X재의 총생산량도 정확하게 λ배 만큼 증가하는 경우를 말한다. 〔그림 7-9〕의 (a) 그래프에서 (i)는 규모에 대한 보수 불변이 충족될 경우, 생산곡면과 등량곡선의 관계를 보여준다. 또 (b) 그래프의 첫 번째 그림 (i)는 규모에 대한 보수 불변의 등량곡선이다. 이때는 생산량의 증가 폭과 생산요소의 증가 폭이 동일하다.

규모에 대한 보수 감소는 규모, 즉 (L, K)를 λ배 만큼 증가시켰을 때, 총생산량이 λ배 이하로 증가하는 경우를 말한다. 규모에 대한 보수 감소는 규모의 비경제라고도 부른다. 〔그림 7-9〕의 (a) 그래프에서 (ii)는 규모에 대한 보수 감소인 경우, 생산곡면과 등량곡선의 관계를 보여준다. 또 (b) 그래프의 (ii)는 규모에 대한 보수 감소의 등량곡선이다. 이때는 생산량의 증가 폭보다 생산요소의 증가 폭이 더 크다.

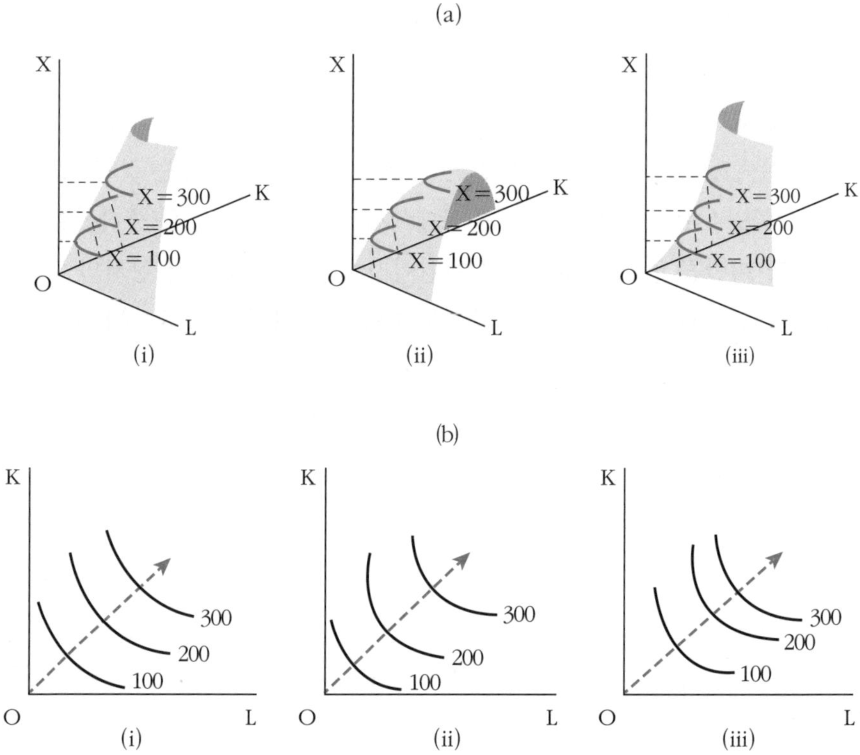

〔그림 7-9〕 생산곡면과 등량곡선, 그리고 규모에 대한 보수와의 관계

규모에 대한 보수 증가는 규모, 즉 (L, K)를 λ배 만큼 증가시켰을 때, 총생산량이 λ배 이상으로 증가하는 경우를 말한다. 규모에 대한 보수 증가는 규모의 경제라고도 부른다. 〔그림 7-9〕의 (a) 그래프에서 (iii)는 규모에 대한 보수 증가인 경우, 생산곡면과 등량곡선의 관계를 보여준다. 또 (b) 그래프의 (iii)는 규모에 대한 보수 증가의 등량곡선이다. 이 경우는 생산물의 증가 폭보다 생산요소의 증가 폭이 더 작다.

(L, K)로 정의되는 규모를 늘려나간다고 가정하자. 처음 생산 규모가 작은 경우에는 규모에 대한 보수 증가 현상이 나타난다. 하지만 생산 규모가 어느 정도 커지면 규모에 대한 보수 불변 현상이 발생하고, 생산 규모가 아주 커지면 규모에 대한 보수 감소로 이어진다는 것에 대해 많은 경제학자들이 견해를 같이 한다.

규모에 대한 보수 증가, 즉 규모의 경제가 발생하는 주된 요인으로는 크게 3가지를 들 수 있다. 첫째는 분업과 특화에 기인한 전문화이다. 둘째는 CEO의 노무관리와 관련된 경영상의 효율성이다. 셋째는 생산요소의 대량 구매와 상품의 대량 판매에 수반되는 금전상의 이득이다. 하지만 생산 규모가 매우 커지면, 그때는 규모에 대한 보수 감소(규모의 비경제) 현상이 나타나는데 이는 전문화의 폐단(예 단순 반복적 업무에 따른 사기 저하, 인간 소외, 생산공정상의 작은 하자가 공장 전체의 작업에 큰 문제 유발 등)과 업무 조정 문제에 기인한 경영상의 비효율(노무구조의 복잡다기화, CEO의 최적 관리능력 초과 등)이 금전상의 이득을 능가하기 때문인 것으로 알려지고 있다.

② 동차(同次)생산함수와 규모에 대한 보수

장기생산함수가 $X = F(L, K)$로 주어지고, L과 K를 각각 λ(단, $\lambda > 1$)배 만큼 증가시키면 $\lambda^k X = F(\lambda L, \lambda K)$의 관계가 성립한다. 이런 생산함수를 k차 동차생산함수(homogeneous production function of degree k)라고 정의한다. 이때 규모에 대한 보수 불변, 규모에 대한 보수 감소, 규모에 대한 보수 증가는 전적으로 k값에 의해 결정된다.

$k = 1$이면 $\lambda^k X = F(\lambda L, \lambda K)$는 $\lambda X = F(\lambda L, \lambda K)$이 되기 때문에 규모에 대한 보수 불변이다. 일례로 $\lambda = 2$이면 $2X = F(2L, 2K)$가 된다. 즉 규모(L, K)를 2배 늘리면 X재의 총생산량도 정확하게 2배만큼 증가한다.

$k < 1$이면 규모에 대한 보수 감소라고 정의한다. $\lambda = 2$, $k = 1/2$이면 $2^{1/2}X = F(2L, 2K)$가 된다. 규모(L, K)를 2배 늘리면 X재의 총생산량은 2배 이하($2^{1/2} \fallingdotseq 1.414$)로 증가한다.

$k > 1$이면 규모에 대한 보수 증가라고 정의한다. $\lambda = 2$, $k = 2$이면 $2^2X = F(2L, 2K)$가 된다. 규모(L, K)를 2배 늘리면 X재의 총생산량은 4배만큼 증가한다.

콥-더글라스(Cobb-Douglas)생산함수가 $X = AL^{\alpha}K^{\beta}$로 주어졌다고 가정하자. 이때 L과 K를 각각 임의의 양수인 λ배 만큼 증가시키면 다음의 ㉤식이 성립한다.

$$A(\lambda L)^{\alpha}(\lambda K)^{\beta} = \lambda^{\alpha+\beta}AL^{\alpha}K^{\beta} = \lambda^{\alpha+\beta}X \quad \cdots\cdots \quad ㉤$$

㉤식에서 $\alpha + \beta = 1$이면 규모에 대한 보수 불변, $\alpha + \beta < 1$이면 규모에 대한 보수 감소, $\alpha + \beta > 1$이면 규모에 대한 보수 증가가 된다.

생산요소들 사이에 완전 대체가 가능한 생산함수가 $X = \alpha L + \beta K$로 주어졌다고 가정하자. 이때 L과 K를 각각 임의의 양수인 λ배 만큼 증가시키면 다음의 ㉥식이 된다.

$$\alpha(\lambda L)+\beta(\lambda K)=\lambda(\alpha L+\beta K)=\lambda X \quad \cdots\cdots \text{㉥}$$

㉥식은 생산함수 $X=\alpha L+\beta K$가 규모에 대한 보수 불변으로서 1차 동차생산함수임을 알 수 있다. 참고로 1차 동차함수는 선형동차함수라고도 부른다.

레온티에프 생산함수가 $X=\min\left[\frac{L}{\alpha},\frac{K}{\beta}\right]$로 주어졌을 때, L과 K를 각각 λ배 만큼 증가시키면 $\min\left[\lambda\frac{L}{\alpha},\lambda\frac{K}{\beta}\right]=\lambda\min\left[\frac{L}{\alpha},\frac{K}{\beta}\right]=\lambda X$가 된다. 즉 레온티에프 생산함수 역시 규모에 대한 보수 불변으로서 1차 동차생산함수이다.

보론 7-3. 콥-더글라스 생산함수와 CES 생산함수의 특성

우리는 앞에서 콥-더글라스 생산함수가 규모에 대한 보수 불변의 1차 동차생산함수임을 증명한 바 있다. 여기서는 $\alpha+\beta=1$인 콥-더글라스 생산함수 $X=AL^{\alpha}K^{1-\alpha}$를 상정하고 그것의 여러 특성에 대해 자세히 살펴보고자 한다.

▶ 콥-더글라스 생산함수의 5가지 주요 특성

L, K의 한계생산물과 평균생산물은 모두 K/L의 함수로 표시된다. 이는 L, K의 한계생산물과 평균생산물이 0차 동차생산함수[49]임을 의미한다.

---

49 k차 동차생산함수는 $\lambda^k X=F(\lambda L, \lambda K)$로 정의된다. 0차 동차생산함수는 $k=0$인 경우로서, k가 0이면 λ^k는 $\lambda^k=\lambda^0=1$이다. MP_L에 대해서만 증명한다. 이 논리는 MP_K, AP_L, AP_K에 대해서도 똑같다. $MP_L=\triangle X/\triangle L=\alpha AL^{\alpha-1}K^{1-\alpha}$이다. L과 K에 대해 λ배만큼 해주면 $\lambda^k MP_L=\alpha A(\lambda L)^{\alpha-1}(\lambda K)^{1-\alpha}=\alpha A(\lambda K/\lambda L)^{1-\alpha}=\alpha A(K/L)^{1-\alpha}=MP_L$이다. 따라서 MP_L은 0차 동차생산함수이다.

$$MP_L = \triangle X/\triangle L = \alpha AL^{\alpha-1}K^{1-\alpha} = \alpha A(K/L)^{1-\alpha}$$
$$MP_K = \triangle X/\triangle K = (1-\alpha)AL^{\alpha}K^{-\alpha} = (1-\alpha)A(K/L)^{-\alpha}$$
$$AP_L = X/L = AL^{\alpha-1}K^{1-\alpha} = A(K/L)^{1-\alpha}$$
$$AP_K = X/K = AL^{\alpha}K^{-\alpha} = A(K/L)^{-\alpha}$$

생산의 노동탄력도는 α이고, 생산의 자본탄력도는 $1-\alpha$이다. 생산의 노동탄력도는 X재 생산량의 변화율을 노동투입량의 변화율로 나눠준 값이다. 또 생산의 자본탄력도는 X재 생산량의 변화율을 자본투입량의 변화율로 나눠준 값이다.

$$\text{생산의 노동탄력도} = \frac{\triangle X/X}{\triangle L/L} = \frac{\triangle X/\triangle L}{X/L} = \frac{MP_L}{AP_L} = \frac{\alpha A(K/L)^{1-\alpha}}{A(K/L)^{1-\alpha}} = \alpha$$

$$\text{생산의 자본탄력도} = \frac{\triangle X/X}{\triangle K/K} = \frac{\triangle X/\triangle K}{X/K} = \frac{MP_K}{AP_K} = \frac{(1-\alpha)A(K/L)^{-\alpha}}{A(K/L)^{-\alpha}} = 1-\alpha$$

오일러의 정리(Euler's theorem), 즉 $(MP_L \times L) + (MP_K \times K) = X$가 성립한다. 오일러의 정리는 생산함수가 규모에 대한 보수 불변일 때, 각 생산요소(L, K)에다 해당 생산요소의 한계생산물(MP_L, MP_K)을 곱한 금액을 생산요소의 제공자에게 지급하면 총생산량은 과부족 없이 완전 분배된다는 것을 의미한다.

$$[\alpha A(K/L)^{1-\alpha} \times L] + [(1-\alpha)A(K/L)^{-\alpha} \times K] = AL^{\alpha}K^{1-\alpha} = X$$

일국(一國)의 경제에서 각 생산요소(L, K)가 한계생산물만큼 경제적 보상을 받는다면 α는 노동소득분배율, $1-\alpha$는 자본소득분배율을 나타낸다.

$$\text{노동소득분배율} = \frac{\text{노동소득}}{\text{총소득}} = \frac{MP_L \times L}{X} = \frac{\alpha AL^{\alpha-1}K^{1-\alpha} \times L}{AL^{\alpha}K^{1-\alpha}} = \frac{\alpha AL^{\alpha}K^{1-\alpha}}{AL^{\alpha}K^{1-\alpha}} = \alpha$$

$$\text{자본소득분배율} = \frac{\text{자본소득}}{\text{총소득}} = \frac{MP_K \times K}{X} = \frac{(1-\alpha)AL^{\alpha}K^{-\alpha} \times K}{AL^{\alpha}K^{1-\alpha}} = \frac{(1-\alpha)AL^{\alpha}K^{1-\alpha}}{AL^{\alpha}K^{1-\alpha}} = 1-\alpha$$

콥-더글라스 생산함수에서 생산요소의 대체탄력도(σ)는 1이다. 이것을 증명하려면 생산요소의 대체탄력도(σ) 공식을 활용해야 한다.

$$\sigma = \frac{\triangle(K/L)/(K/L)}{\triangle MRTS_{LK}/MRTS_{LK}} = \frac{\triangle(K/L)/(K/L)}{\triangle(MP_L/MP_K)/(MP_L/MP_K)}$$

$$MRTS_{LK} = \frac{MP_L}{MP_K} = \frac{\alpha A(K/L)^{1-\alpha}}{(1-\alpha)A(K/L)^{-\alpha}} = \frac{\alpha}{(1-\alpha)} \times \frac{K}{L} \quad \cdots\cdots\cdots\cdots\cdots \text{ⓐ}$$

$$\triangle MRTS_{LK} = \frac{\alpha}{1-\alpha} \times \frac{\triangle K}{\triangle L} \quad \cdots\cdots\cdots\cdots\cdots\cdots\cdots\cdots\cdots\cdots\cdots \text{ⓑ}$$

ⓐ, ⓑ식을 생산요소의 대체탄력도(σ) 공식에 대입하면 다음의 결과가 도출된다.

$$\sigma = \frac{\triangle(K/L)/(K/L)}{\triangle MRTS_{LK}/MRTS_{LK}} = \frac{\triangle(K/L)/(K/L)}{\triangle(K/L)/(K/L)} = 1 \quad (\text{from ⓐ, ⓑ})$$

▶ CES 생산함수의 특성

CES(constant elasticity of substitution) 생산함수는 생산요소의 대체탄력도(σ)가 일정한 생산함수를 말한다. CES 생산함수는 생산요소의 대체탄력도(σ)가 항상 1인 콥-더글라스 생산함수의 한계를 극복하기 위해 케네스 조셉 애로우(K. J. Arrow), 로버트 솔로우(R. Solow), 홀리스 버닐리 채너리(H. B. Chenery)가 개발한 생산함수이다.

CES 생산함수는 생산요소의 대체탄력도(σ)가 일정한 생산함수들을 포괄하는 일반적인 생산함수로서 다음과 같은 ⓒ식으로 정의된다.

$$X = A[\alpha L^{-\rho} + (1-\alpha)K^{-\rho}]^{-1/\rho} \quad \cdots\cdots\cdots\cdots\cdots\cdots\cdots\cdots\cdots\cdots \text{ⓒ}$$

단, ⓒ식에서 A는 기술계수로서 A 〉0, α는 분배계수로서 0 〈 α 〈 1이며, ρ는 대체탄력도 계수로서 $-1 \leq \rho \leq \infty$이다.

CES 생산함수에서 생산요소의 대체탄력도(σ)는 일정한 상수 $1/(1+\rho)$로 정의된다. 만약 $\rho=0$이면 콥-더글라스 생산함수($\sigma=1$), $\rho=-1$이면 생산요소간 완전 대체가 가능한 우하향의 직선형 생산함수($\sigma=\infty$)가 된다. 또 $\rho=\infty$이면 레온티에프 생산함수($\sigma=0$)로 정의된다.

(5) 기술진보에 대한 분석

① 기술진보가 장·단기생산함수에 미치는 영향

기술진보는 장·단기생산함수에 엄청난 변화를 야기한다. 〔그림 7-10〕의 (a) 그래프는 기술진보가 단기생산함수에 미치는 영향을 나타낸다. 기술진보가 발생하기 전(前)의 생산함수는 $X=F(L;\bar{K})$이다. 이때 L_0만큼의 노동 투입이 이루어지면 X재의 총생산량은 X_0이다. 하지만 기술진보가 발생하면 생산함수가 $X=F(L;\bar{K})$에서 $X'=F'(L;\bar{K})$로 상향 이동한다. 그러면 동일 수준의 노동투입이 L_0로 이루어져도 X재의 총생산량은 X_0에서 X_0'으로 증가한다. 이때 기술진보의 경제적 효과는 X_0X_0'이다.

기술진보가 장기생산함수에 미치는 영향은 〔그림 7-10〕의 (b) 그래프가 잘 보여준다. 기술진보가 발생하면 전(前)과 동일한 수준의 L과 K를 투입하더라도 많

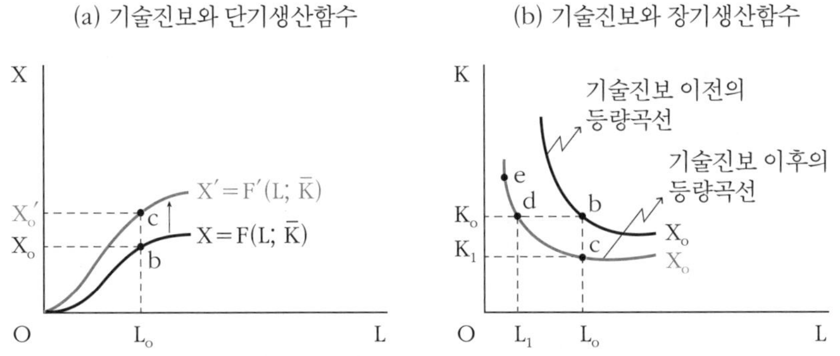

〔그림 7-10〕 기술진보와 장·단기생산함수

은 양의 X재를 생산할 수 있게 된다. 이는 전(前)과 동일한 수준의 X재를 생산하기 위해 필요한 생산요소(L, K)의 투입량이 감소한다는 것과 같다. 일례로 기술진보가 일어나기 이전에 매기당 X재를 X_0만큼 생산하기 위한 L과 K의 투입량이 각각 L_0, K_0였다고 가정하자. 기술진보가 일어나면 매기당 X_0 수준의 X재를 생산하는데 필요한 L과 K의 투입량이 모두 감소한다. 이는 등량곡선이 원점을 향해 이동한 것으로 나타난다.

〔그림 7-10〕 (b) 그래프의 d점에서는 기술진보가 일어나기 전(前)과 자본투입량(K_0)이 똑같다. 이때는 기술진보로 인해 노동투입량이 L_1L_0만큼 감소했다. 만약 d점에서 생산활동이 이루어진다면 이때의 기술진보는 노동절약적 기술진보라고 정의한다. 하지만 생산활동이 c점에서 이루어진다면 이때의 기술진보는 자본절약적 기술진보의 특성을 띤다. 왜냐하면 c점에서는 노동투입량이 L_0로 불변이고 자본투입량만 K_0K_1만큼 감소했기 때문이다. (b) 그래프에는 나타내지 않았지만 동일 수준의 X_0를 생산하면서 노동투입량과 자본투입량이 동일한 비율로 감소했다면 그런 유형의 기술진보는 중립적 기술진보라고 정의한다.

한 가지 더 첨언(添言)할 사항은 기술진보가 이루어진 후, e점에서 생산이 이루어지는 경우다. e점에서는 기술진보가 이루어진 후에 자본을 추가적으로 더 투입하는 경우에 속한다. 경제학에서는 이런 기술진보를 자본집약적 기술진보라고 말한다. 대표적 사례로는 자동차 조립공장에서 종업원들에 의한 용접공정을 용접 로봇으로 대체함으로써 노동생산성을 제고시키는 경우를 들 수 있다.

② 결합생산과 기술진보의 문제

전통적인 생산함수는 장·단기를 막론하고 기업이 한 가지 상품(예 X재)만을 생산한다고 가정한다. 하지만 현실경제에서는 기업이 2가지 이상의 상품을 동시에 생산하면서 생산요소(L, K)를 공동으로 사용하는 경우가 부지기수다. 이러한 경우를 결합생산(joint product)이라고 한다. 결합생산과 기술진보의 문제를 생

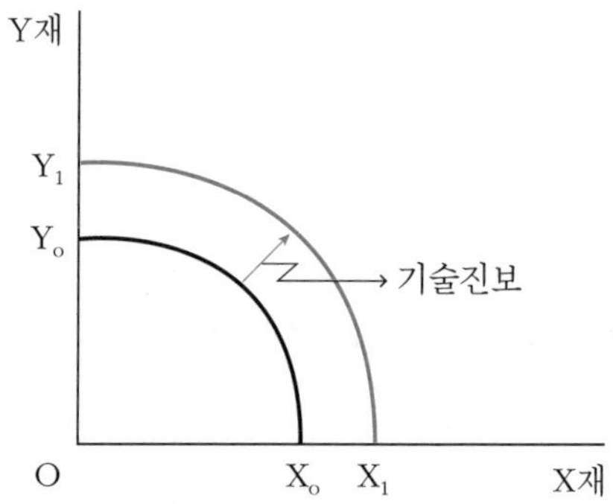

〔그림 7-11〕 결합생산과 기술 진보

각해보자.

결합생산이 이루어지는 상황에서 기술진보가 발생하면 생산요소의 투입량이 종전과 똑같다고 해도 생산가능곡선은 X_0Y_0에서 X_1Y_1으로 이동함으로써 X재와 Y재 생산량이 동시에 증가한다. 이런 경우의 기술진보는 생산가능곡선을 원점으로부터 바깥쪽으로 이동시키는 효과를 유발한다.

요약 및 복습

- 기업은 생산활동을 담당하며 이윤극대화를 추구하는 생산경제의 단위체를 말한다. 기업의 종류는 소유주, 운영 주체, 영리 및 비영리 추구, 책임소재 등을 기준으로 다양하게 분류된다. 정부기업, 민간기업, 그리고 민간기업은 다시 영리기업과 비영리기업으로 구분된다. 또 영리기업은 개인기업, 조합기업, 법인기업으로 구분되고, 법인기업은 다시 유한회사, 합자회사, 합명회사, 주식회사 등으로 세분된다.

- 기업의 추구하는 목표에 대해서도 여러 가지 주장이 제기된 바 있다. 이윤극대화가설, 판매수입극대화가설, 시장점유율극대화가설, 사회적 환원설 등이 그것이다. 하지만 이들 가운데 가장 많이 지지를 받는 것은 이윤극대화가설이다. 이 책도 그것에 충실하면서 논의를 전개하고자 한다.

- 미시경제학에서 논의되는 생산기간은 거시경제학의 그것과 차이를 갖는다. 미시경제학에서 장·단기를 구분하는 핵심요소는 생산요소의 가변성 여부다. 단기는 여러 생산요소들 가운데 최소한 한 가지 이상의 고정요소가 존재하는 경우를 말한다. 반면, 장기는 고정요소가 하나도 존재하지 않을 정도로 긴 기간을 말한다.

- 생산함수는 일정 기간 동안에 생산과정에 투입되는 생산요소의 양과 최대 생산량간의 기술적 관계를 말한다. 또 단기생산함수는 $X = F(L; \bar{K})$, 장기생산함수는 $X = F(L, K)$으로 정의한다. 특히 $X = F(L, K)$은 등량곡선을 의미한다. 참고로 단기생산함수에서 논의되는 경제 개념은 한계생산력체감의 법칙, 총생산물(TP), 평균생산물(AP), 한계생산물(MP)이고, 장기생산함수에서 논의되는 경제 개념은 등량곡선, 규모에 대한 보수, 동차(同次)생산함수 등이다.

- 노동의 평균생산물(AP_L)곡선과 노동의 한계생산물(MP_L)곡선은 모두 총생산물(TP)곡선으로부터 도출된다. AP_L은 원점에서 TP곡선에 그은 선분의 기울기, MP_L은 TP곡선에 대한 접선의 기울로 정의된다. 장기적 경제개념인 등량곡선은 어떤 상품(예 X재)을 생산하는 데 있어서 동일 수준의 생산물을 가장 효율적으로 생산할 수 있는 여러 가지 생산요소의 조합을 연결한 곡선으로 정의된다. 등량곡

선의 주요 특성에 대해서는 본문 내용을 참조하기 바란다.

- ☑ 등량곡선은 원점에 대해 볼록한(convex) 형태를 띤다. 이를 설명해주는 경제개념이 한계기술대체율($MRTS_{LK}$)이다. 2개의 생산요소 L, K 간의 한계기술대체율은 동일한 생산량을 유지하면서 L을 1단위 더 투입할 때, 감소시켜야 하는 K의 투입량을 의미한다. 또한 한계기술대체율은 $MRTS_{LK} = -\triangle K/\triangle L = MP_L/MP_K$로 정의된다. 등량곡선이 원점에 대해 볼록한 이유는 한계기술대체율이 체감하기 때문이다.

- ☑ 특수한 형태의 등량곡선도 존재할 수 있다. L, K 간에 대체가 불가능한 경우의 등량곡선은 레온티에프 생산함수로서 L자 형태를 띤다. 반면 L, K 간에 대체가 완전한 경우의 등량곡선은 우하향하는 직선으로 정의된다. 자세한 이유에 대해서는 본문 내용을 참조하기 바란다.

- ☑ 생산요소의 대체탄력도(σ)는 생산함수의 기술적 특성에 따라 생산요소간에 대체가 얼마나 손쉽게 이루어질 수 있는가를 나타내주는 지표를 말한다. 또 생산요소의 대체탄력도(σ)는 동일한 등량곡선 상에서 한계기술대체율($MRTS_{LK}$)이 1% 변할 때, 생산요소의 집약도(K/L)가 몇 % 변하는가를 나타내는 지표이다. 등량곡선이 L자 형태일 경우 생산요소의 대체탄력도는 제로(0)이고, 등량곡선이 직선일 경우 생산요소의 대체탄력도는 무한대(∞)다. 또 생산함수가 $X = AL^{\alpha}K^{1-\alpha}$와 같은 콥-더글라스 생산함수일 경우 생산요소의 대체탄력도는 1이다.

- ☑ 규모에 대한 보수는 크게 규모에 대한 보수 증가, 보수 불변, 보수 감소로 구분된다. 흔히 규모는 (L, K)로 정의된다. 규모에 대한 보수 증가는 규모를 2배로 늘렸을 때, 즉 (L, K)를 (2L, 2K)로 확대했을 때, X재 생산량이 2배 이상으로 증가한 경우를 말한다. 규모에 대한 보수 불변은 (L, K)를 (2L, 2K)로 확대했을 때, X재 생산량도 정확하게 2배만큼 증가한 경우이고, 규모에 대한 보수 감소는 (L, K)를 (2L, 2K)로 확대했을 때, X재 생산량이 2배 이하로 증가하는 경우를 말한다.

- ☑ 장기생산함수가 $X = F(L, K)$로 주어지고 L, K를 각각 임의의 양수($\lambda > 1$)인 λ배만큼 증가시키면 $\lambda^k X = F(\lambda L, \lambda K)$의 관계가 성립한다. 경제학에서는 이러한 생산함수를 k차 동차생산함수(homogeneous production function of degree k)라고 정의한다. 이때 규모에 대한 보수 증가, 보수 불변, 보수 감소는 전적으로 k값에 따라

결정된다. $k > 1$이면 규모에 대한 보수 증가, $k = 1$이면 보수 불변, $k < 1$이면 보수 감소라고 정의한다.

- 콥-더글라스 생산함수($X = AL^{\alpha}K^{1-\alpha}$)는 다음과 같은 5가지의 특성을 띤다. ① L과 K의 평균생산물과 한계생산물은 모두 0차 동차생산함수이다. ② 생산의 노동탄력도는 α이고, 생산의 자본탄력도는 $1-\alpha$이다. ③ 오일러의 정리가 성립한다. 즉 '$(MP_L \times L) + (MP_K \times K) = X$'의 관계가 성립한다. ④ α는 노동소득분배율, $1-\alpha$는 자본소득분배율을 나타낸다. ⑤ 생산요소의 대체탄력도는 1이다.

- CES 생산함수는 생산요소의 대체탄력도가 일정한 생산함수를 말한다. CES 생산함수는 생산요소의 대체탄력도가 1인 콥-더글라스 생산함수의 한계를 극복하기 위해 애로우, 솔로우, 채너리와 같은 경제학자들이 개발한 생산함수이다. CES 생산함수의 전형(典型)은 $X = A[\alpha L^{-\rho} + (1-\alpha)K^{-\rho}]^{-1/\rho}$이다. 단, A는 기술계수로서 $A > 0$, α는 분배계수로서 $0 < \alpha < 1$, ρ는 대체탄력도 계수이며 $-1 \leq \rho \leq \infty$의 값을 갖는다. 또 CES 생산함수에서 생산요소의 대체탄력도(σ)는 일정한 상수 $1/(1+\rho)$로 정의된다. 만약 $\rho = 0$이면 콥-더글라스 생산함수($\sigma = 1$), $\rho = -1$이면 우하향하는 직선형 생산함수($\sigma = \infty$), $\rho = \infty$이면 L자형의 레온티에프 생산함수($\sigma = 0$)를 의미한다.

- 기술진보가 발생하면 장·단기생산함수에 큰 영향을 미친다. 기술진보는 크게 노동절약적 기술진보, 자본절약적 기술진보, 중립적 기술진보로 구분된다. 또 기술진보가 이루어진 후, 자본을 추가적으로 더 사용하면 자본집약적 기술진보라고 말한다. 기술진보는 생산가능곡선, 생산함수, 등량곡선의 이동을 통해서도 설명될 수 있다. 자세한 것은 본문 내용을 참조하기 바란다.

연습문제

1 다음은 기업과 생산함수에 대한 일반적인 설명을 나열한 것이다. 이들 가운데 틀린 것을 모두 고르고, 잘못 기술된 부분을 올바르게 수정하시오.

> ㉠ 생산함수 $X = \alpha L + \beta K$는 1차 동차 생산함수에 해당된다.
> ㉡ 생산요소의 대체 탄력도(σ)가 1인 경우, 노동소득분배율은 일정하다.
> ㉢ 무차별곡선은 효용의 기수성, 등량곡선은 생산의 서수성을 가정한다.
> ㉣ 등량곡선이 우하향하는 직선일 경우, 한계기술대체율은 1로 일정하다.
> ㉤ 미시경제학에서 장·단기를 구분하는 핵심 요소는 생산요소의 가변성 여부다.
> ㉥ 등량곡선이 원점에 대해 볼록한 것은 한계생산력체감의 법칙과 깊은 연관이 있다.
> ㉦ 기술 진보에 성공했을 경우, X재를 X_0만큼 생산하는 기존의 등량곡선은 원점에서 멀리 이동한다.
> ㉧ 콥-더글라스 생산함수인 $X = AL^{\alpha}K^{1-\alpha}$에서 L, K의 한계생산물과 평균생산물은 1차 동차생산함수로 정의된다.
> ㉨ CES 생산함수에서 생산요소의 대체 탄력도(σ)는 $1/(1+\rho)$로 정의되며, $\rho = \infty$이면 레온티에프 생산함수라고 말할 수 있다.

힌트! 정답은 ㉢, ㉣, ㉦, ㉧임. 틀린 부분은 본문 내용을 참조하며, 완벽하게 정리하기 바람!

2 X재에 대한 단기생산함수가 다음과 같이 주어졌다고 가정하자. 아래의 질문에 답하시오.

1) 노동의 평균생산물(AP_L)과 노동의 한계생산물(MP_L)에 대해 설명하시오.

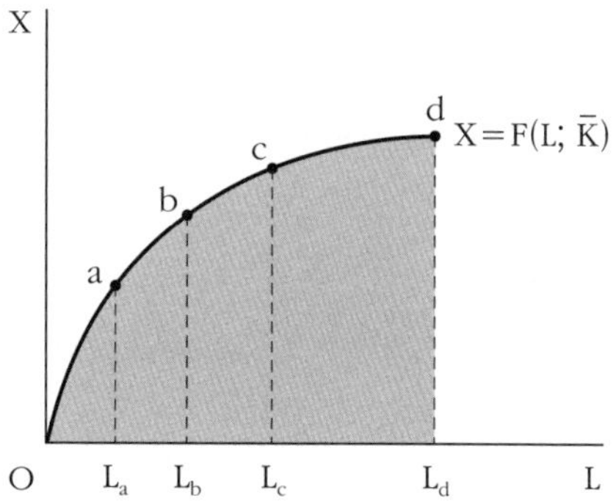

2) AP_L곡선과 MP_L곡선을 도출하고, 그 과정에 대해 자세하게 기술하시오.

힌트! $AP_L = TP/L$, $MP_L = \triangle TP/\triangle L$을 의미하고, 이를 통해 AP_L곡선과 MP_L곡선을 그리면 됨.

3 **X재의 장기생산함수가 $X=AL^{\alpha}K^{1-\alpha}$로 주어졌다고 가정한다. 아래의 질문에 답하시오.**

1) $X = AL^{\alpha}K^{1-\alpha}$의 등량곡선 형태를 밝히시오.

2) $X = AL^{\alpha}K^{1-\alpha}$의 대체 탄력도($\sigma$)를 구하고, 그 근거를 제시하시오.

힌트! 1차 동차 생산함수의 경우, 등량곡선과 생산요소의 대체 탄력도는 본문 내용을 참조할 것!

4 **다음에 제시된 사항을 읽고, (　　) 안에 들어갈 단어를 제시하시오.**

- 생산요소의 대체 탄력도(σ)가 1보다 큰 경우, 임금(w)이 상승하면 노동 소득의 분배율은 (①)하고, 자본소득의 분배율은 (②)한다. 단, 정답은 증가, 감소 중에서 선택할 것!
- 생산요소의 대체 탄력도(σ)가 1보다 작은 경우, 임금(w)이 상승하면 노동 소득의 분배율은 (③)하고, 자본소득의 분배율은 (④)한다. 단, 정답은 증가, 감소 중에서 선택할 것!

힌트! 이 문제에 대해 틀린 독자 여러분들은 본문 내용을 다시 한번 복습해주기 바람!

5 **다음은 기술 진보와 장기생산함수의 관계를 나타낸 것이다. 아래의 질문에 답하시오. 단, 기술 진보 이전에는 b점에서 생산 활동이 이루어졌다고 가정한다.**

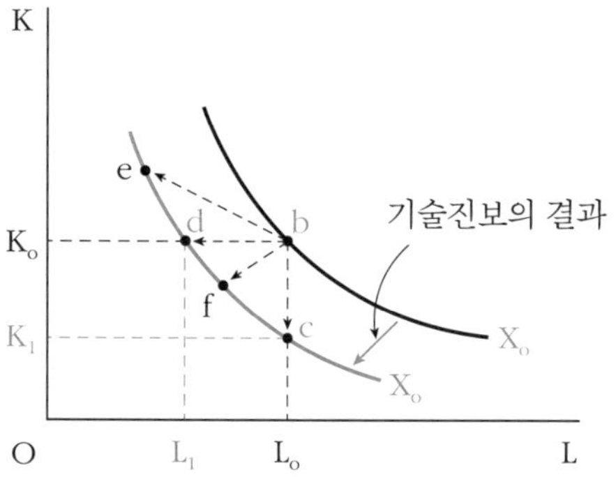

1) 기술 진보의 결과, e점에서 생산 활동이 이루어졌다면, 이런 기술 진보의 특성을 설명하시오.

2) 기술 진보의 결과, c점에서 생산 활동이 이루어졌다면, 이런 기술 진보의 특성을 설명하시오.

힌트! 기술 진보에는 중립적, 기술집약적, 자본 절약적, 노동 절약적 기술 진보가 존재함!

6 **다음에 제시된 사항을 읽고, (   ) 안에 적절한 용어를 제시하시오.**

- 등량곡선이 원점에 대해 볼록한(convex) 정도가 크면 생산요소의 대체탄력도(σ)가 비교적 (①)고, 원점에 대해 평평한 모양을 하고 있으면 생산요소의 대체탄력도(σ)가 비교적 (②)다. 단, 정답은 크다, 작다 중에서 선택할 것!
- 생산함수가 $X = \alpha L + \beta K$로 주어졌다면, 생산요소의 대체탄력도 크기는 (③)(이)다. 단, 정답은 0, 1, 무한대(∞) 중에서 선택할 것!

힌트! 콥-더글라스 생산함수, 생산요소 간 완전 대체가 가능한 생산함수, 레온티에프 생산함수인지를 체크해 보면서 생산요소의 대체 탄력도(σ)를 파악하기 바람!

7 어느 기업에 대한 생산함수를 추정한 결과가 다음과 같다고 한다. 아래의 질문에 답하시오.

> • $\log X = 9 + 0.5 \log L + 0.5 \log K, R^2 = 0.99$
>
> $\qquad\qquad\quad (3.7) \qquad\qquad (5.3)$
>
> 단, 아래의 ( ) 안 숫자는 t-통계량 값임.

1) 이 기업이 보유한 생산기술의 단기적 특성인 수확체감의 법칙이 존재하는지 여부를 밝히고, 그 근거를 제시하시오.

2) 이 기업이 보유한 생산기술의 장기적 특성이 규모에 대한 보수(증가, 불변, 감소) 여부를 밝히고, 그 근거를 제시하시오.

힌트! 이 문제는 자연대수를 취한 형태의 전형적인 콥-더글라스 생산함수이고 $X = 9\ L^{0.5}\ K^{0.5}$의 형태를 갖는 데 착안해서 문제를 풀어볼 것!

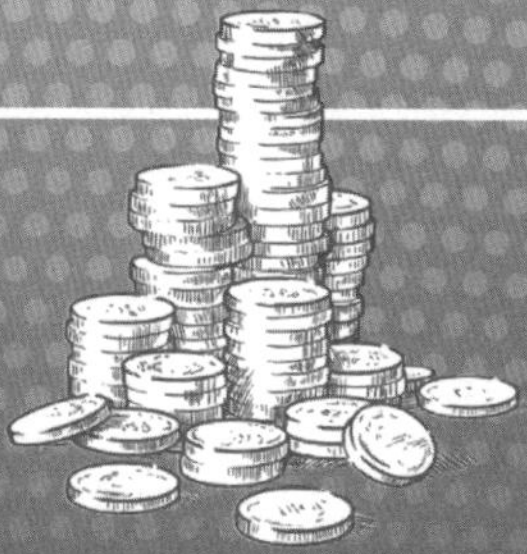

제8장
생산과
비용함수

1
비용에 대한 기초 개념

(1) 회계적 비용과 경제적 비용의 차이

① 비용이론을 학습하는 주된 이유는 무엇인가?

우리는 제7장의 생산함수에 이어 제8장에서는 비용함수를 배우고자 한다. 학습에 앞서 독자 여러분은 비용함수를 배우는 목적을 사전적으로 이해할 필요가 있다. 소비자이론에서도 그것을 배우는 목적에 대해 언급한 바 있다. 즉 우하향하는 소비자 수요곡선을 도출하고 그 특성을 정확하게 이해하기 위함이었다. 우리가 생산함수와 비용이론을 배우는 목적은 우상향하는 기업의 공급곡선을 도출하고 그 특성을 올바로 이해하기 위함이다.

그런데 독자 여러분이 비용이론을 접하면서 부딪치는 첫 번째 난관은 바로 회계적 비용(일명, 명시적 비용)과 경제적 비용의 차이를 정확하게 구분하는 일이다. 우리는 제1장에서 기회비용을 배웠다. 그것과 밀접한 관련이 있는 것이 바로 경제적 비용이다. 본 장 제1절에서는 그 의미에 대해 자세히 설명하고자 한다. 이 내용도 각종 경제시험에서 종종 출제되기 때문에 독자 여러분의 각별한 주의가 요구된다.

② 회계적 비용과 경제적 비용, 회계적 이윤과 경제적 이윤

어려운 경제 개념일수록 그림이나 만화를 통해 그 본질을 파악하는 게 좋다.

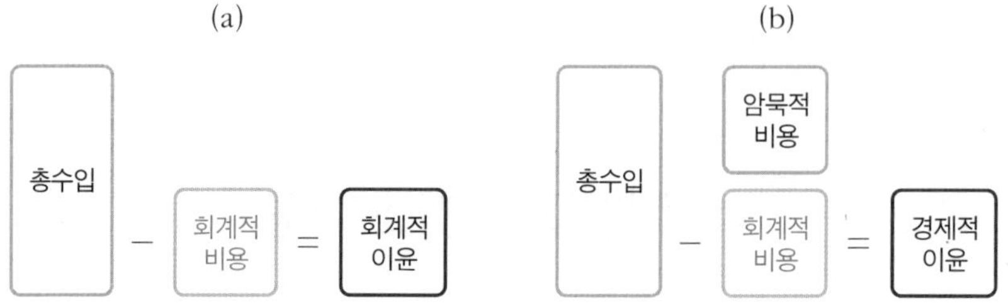

〔그림 8-1〕 비용분석; 비용과 이윤 간의 관계

처음부터 수학이나 숫자를 이용하면 그들 개념에 익숙하지 않은 사람들로 하여금 강한 거부감이나 좌절감을 느끼게 만들기 때문이다. 따라서 〔그림 8-1〕을 통해 회계적 비용과 경제적 비용의 차이부터 설명하고자 한다.

〔그림 8-1〕에서 총수입은 기업이 생산한 상품을 시장에 판매해서 얻은 것을 말한다. 또 회계적 비용(accounting cost)은 기업이 생산 활동을 하면서 타인에게 공식적으로 지불한 돈이다. 즉 타인의 고용에 따른 임금, 타인으로부터의 원재료 구입 비용, 타인의 건물, 토지, 자금 등을 빌린 대가로 그에게 현금으로 지불한 금액, 자본재의 감가상각비 등이 회계적 비용에 속한다. (a) 그림을 보면 총수입에서 이런 회계적 비용을 공제하고 남은 금액이 회계적 이윤(accounting profit)이다. 기업의 재무제표(財務諸表)를 작성하고 분석해주는 공인회계사가 관심을 갖는 비용이 회계적 비용이다.

하지만 경제학의 관심 대상은 회계적 비용이 아니다. 경제학은 (b) 그림에 등장하는 경제적 비용(기회비용)에 주목한다. 경제적 비용은 회계적 비용에다 암묵적 비용(implicit cost)[50]을 합한 금액이다. 암묵적 비용은 '기업주 본인이 소유한 생산요소(노동, 자본, 지대, 경영능력 등)를 자신의 생산 활동에 투입한 대가로 받아야 하는 응분의 보수, 즉 별도로 현금 지출이 필요하지 않은 요소비용'을 말한다. 따라서 암묵적 비용은 암묵적 임금, 암묵적 이자, 암묵적 지대, 정상이윤(normal profit)[51] 등으로

50 암묵적 비용을 묵시적 비용 또는 잠재적 비용이라고 표현하는 경제학자들도 있다. 독자 여러분은 암묵적 비용, 묵시적 비용, 잠재적 비용이 모두 같은 개념임에 유의하기 바란다. 이 책에서는 그들 개념을 암묵적 비용으로 통일해서 사용하고자 한다.

51 독자 여러분이 처음으로 『경제원론』을 읽으면서 난감했던 부분은 정상이윤이었을 것이다. 과거 40년 전의 필자도 그랬다. 하지만 절대로 기죽지 않기를 바란다. 가장 어렵다는 개념도 따지고

구성된다. 다시 (b) 그림으로 돌아가 보자. 총수입에서 경제적 비용(=회계적 비용+암묵적 비용)을 공제한 금액이 경제적 이윤이다. 경제학에서는 경제적 이윤이 0보다 클 경우에만, 초과이윤이 발생한다고 말한다.

③ 숫자적 사례를 통한 회계적 비용과 경제적 비용의 분석

이제 구체적인 사례분석을 통해 회계적 비용과 회계적 이윤, 경제적 비용과 경제적 이윤에 대해 좀 더 자세히 살펴보자. [표 8-1]은 어느 대중음식점을 경영하는 K사장의 8월 한 달간 손익계산서를 나타낸 것이다.

[표 8-1] 어느 K사장의 8월 한달간의 손익계산서

(단위: 만 원)

회계적 비용과 회계적 이윤 (a)		경제적 비용과 경제적 이윤 (b)	
총(판매) 수입	6,800	총(판매) 수입	6,800
총비용		총비용(경제적 비용)	7,800
회계적 비용	4,200	회계적 비용	4,200
임금	1,920	임금	1,920
식재료비	1,080	원재료비	1,080
지대	1,200	지대	1,200
		암묵적 비용	3,600
		암묵적 임금	2,400
		암묵적 이자	720
		정상 이윤	480
회계적 이윤	2,600	경제적 이윤	-1,000

[표 8-1]의 (a)부터 살펴보자. K사장이 8월 한 달간 동안 벌어들인 총수입은 6,800만 원이다. 그 가운데 주방장과 홀서빙을 위해 고용한 아주머니에게 지급한 월급이 1,920만 원, 음식물을 만들기 위한 식자재 구입비로 지출한 금액이 1,080만 원, 타인의 건물을 임대한 데 따른 비용 1,200만 원 등 회계적 비용은 총 4,200

보면 별 게 아니다. 정상이윤도 그런 개념이다. 경제적 이윤이 제로(0)인 경우에도 정상이윤은 0보다 크다는 점에 유의해야 한다. 즉 총수입(TR) = 총비용(TC)이면 경제적 이윤은 0이다. 하지만 정상적 이윤은 기업이 상품 생산을 계속할 수 있도록 하는 경제적 유인책으로서 최소한의 암묵적 이윤을 말한다. 따라서 이때의 정상이윤은 이미 법인세나 재산세 등과 함께 기업의 고정비용으로서 총비용에 포함되었다는 것을 정확하게 이해할 필요가 있다.

만 원이다. 그런데 회계적 이윤은 총수입에서 회계적 비용을 공제한 값이다. 따라서 회계적 이윤은 6,800만 원에서 4,200만 원을 공제한 2,600만 원이다.

하지만 〔표 8-1〕의 (a)에는 K사장 자신이 음식점 경영을 위해 투입한 노동, 자본(돈), 토지(또는 건물 등), 경영능력 등에 대한 응분의 보수가 포함되지 않았다. 그런데 이들 비용은 기회비용의 관점에서 반드시 포함시켜야 한다. 왜냐하면 K사장이 음식점 경영을 하지 않고 다른 직장에 취업했다면 그에 따른 임금소득이 발생했을 것이기 때문이다. 따라서 우리는 암묵적 임금(K사장이 음식점 경영을 위해 자신의 노동을 투입한 데 따른 비용), 암묵적 이자(K사장이 음식점 경영을 위해 자신의 돈을 투입한 데 따른 비용), 암묵적 지대(K사장이 음식점 경영을 위해 자신의 건물을 사용한 데 따른 비용), 암묵적 이윤으로서의 정상이윤(K사장이 음식점 경영을 지속할 유인책으로서 최소한 보장받고 싶은 마음속의 이윤) 등을 반드시 포함시켜야 한다.

그런데 〔표 8-1〕의 (b)를 보면 암묵적 지대라는 항목이 없다. 이는 K사장이 남의 건물을 임대해서 음식점을 운영하고 있다는 것을 의미한다. (b)에서 K사장이 암묵적 비용으로 지출된 금액은 총 3,600만 원이다. 여기에다 회계적 비용 4,200만 원을 더해주면 경제적 비용은 7,800만 원이 된다. 이때 K사장의 경제적 이윤을 구하면 −1,000만 원이다. 그 근거는 '경제적 이윤 = 총수입 − 경제적 비용 = 6,800만 원 − 7,800만 원 = −1,000만 원'이다. 이는 K사장이 음식점 경영에서 1,000만 원의 적자를 보고 있음을 말해준다.

만약 K사장이 올바른 경제 개념을 갖지 못하고 회계적 비용과 회계적 이윤에만 집착한다면 그는 자신의 음식점 경영에서 적지 않은 초과이윤이 발생한다고 착각하고 음식점 경영을 확장해나갈 가능성이 크다. 그러면 향후 K사장의 운명은 어떻게 될까? 그에 대한 결론은 독자 여러분이 스스로 내려보기 바란다. 그런 의미에서 회계적 비용, 회계적 이윤, 경제적 비용, 경제적 이윤의 올바른 개념 파악은 아무리 강조해도 지나치지 않다고 본다.

2
단기비용함수와 단기비용곡선

(1) 단기생산함수와 단기비용함수의 관계

① 생산함수와 비용함수; 동전의 앞뒤 관계

생산함수와 비용함수는 별개의 것이 아니다. 그들 사이에는 아주 긴밀한 관계가 존재한다. 즉 생산함수와 비용함수는 그들 가운데 어느 것 하나만 알면, 다른 것은 저절로 알 수 있다. 그것이 바로 쌍대정리다. 우리는 이미 제5장에서 간접효용함수와 지출함수의 쌍대관계에 대해 학습한 바 있다.

〔그림 8-2〕의 (a) 그래프 (상)은 대부분의 경제원론이나 미시경제학 책에서 소개하는 단기생산함수 $X = F(L; \bar{K})$이다. 그때 단기비용함수, 즉 단기총가변비용(TVC; total variable cost)곡선의 형태는 (a) 그래프의 (하)와 같다. 하지만 단기생산함수 $X = F(L; \bar{K})$가 (b) 그래프의 (상)과 같이 주어지면, 단기 TVC곡선의 형태는 (b) 그래프의 (하)와 같다. 독자 여러분은 생산함수와 비용함수의 이런 특성을 숙지하고 (a), (b) 그래프의 (상), (하) 곡선을 도출할 능력을 길러야 한다. 참고로 (a), (b) 그래프의 (상), (하) 곡선 간의 관계를 설명해주는 경제 개념이 바로 쌍대정리다. 이하에서는 논의 전개를 편의를 위해 (a) 그래프의 (상), (하) 곡선을 중심으로 설명하고자 한다. 여기서는 수리적 분석보다는 알기 쉬운 그래프적 접근을 통해 그들 간의 본질을 이해시키고자 하니 잘 따라와주기 바란다.

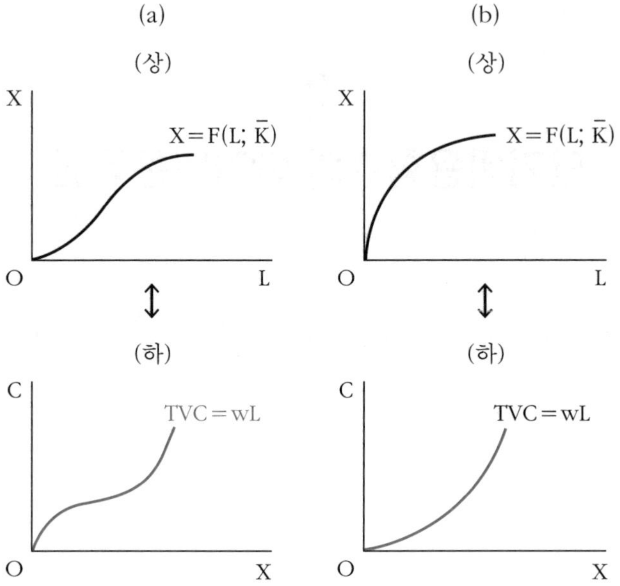

〔그림 8-2〕 단기생산함수와 단기비용함수의 쌍대관계

〔그림 8-2〕의 (a) 그래프 (상)은 단기생산함수를 나타낸다. 거기서 횡축은 L 투입량, 종축은 X재 생산량을 나타낸다. 그런데 (a) 그래프 (하)의 단기 TVC곡선은 횡축이 X재 생산량이고 종축이 비용(C)이다. 단기에는 L만 가변요소이고, L의 단위당 임금을 w라고 하면 TVC는 wL로 정의된다. 거기서 w = 1이라고 가정하자. 그러면 기존의 횡축인 L은 TVC가 되어 종축으로 변하고, 기존의 종축인 X재 생산량은 횡축으로 바뀐다. 그 결과가 (a) 그래프의 (하)이다.

② 단기비용함수의 경제적 특성

우리는 제7장의 단기생산함수에서 단기는 고정요소가 최소 1개 이상 존재할 정도로 짧은 기간이며, 생산함수는 가장 우수한 생산기술로 생산할 수 있는 X재의 최대 생산량을 의미한다는 것을 학습한 바 있다.

기업이 이윤극대화에 성공하려면 생산량은 최대로 생산되고 생산비용은 비용최소화의 조건이 충족되어야 한다. 또 단기비용함수는 고정요소가 존재하는 경우, X재의 각 생산량에 대응하는 최소 비용 수준을 나타낸다.

(2) 단기총비용과 단기총비용곡선의 도출

① 단기총비용(TC; total cost)의 정의

단기생산함수를 $X = F(L; \bar{K})$라고 가정하자. 그때 단기총비용은 그냥 총비용이라고도 하며, 다음과 같이 정의된다. 별도로 '장기'라는 표현이 붙지 않은 총비용, 평균비용, 한계비용은 단기비용을 의미한다. 따라서 총비용, 총가변비용, 총고정비용, 평균비용, 한계비용은 모두 단기의 개념이다. 참고로 총고정비용은 간접비(overhead cost)라고도 부른다.

$$
\begin{aligned}
\text{총비용(TC)} &= \text{총가변비용(TVC)} + \text{총고정비용(TFC; total fixed cost)} \\
&= TVC(wL) + TFC(r\bar{K})
\end{aligned}
$$

단, w: 임금, r: 이자율을 의미함.

TVC는 단기에 X재 생산량이 증가함에 따라 변하는 비용을 말한다. 임금, 원재료비, 연료비 등이 여기에 해당된다.

TFC는 X재를 생산하지 않더라도 계속해서 지출해야만 하는 비용이다. 가령 A회사는 X재의 생산 여부와 무관하게 매달 임대료(타인의 건물을 임대했을 경우)를 지불해야 한다면 그것은 고정비용에 속한다. 또 A회사가 회계장부를 관리하는 직원을 고용해서 월급을 지불한다면 그것도 X재의 생산 여부와 관계없는 고정비용이다. 이처럼 총고정비용에는 공장이나 기계 설비를 구입하는 데 사용한 돈(공장이나 기계 설비의 감가상각비, 유지비, 보험료 등) 이외에도 암묵적 비용(예 암묵적 임금, 암묵적 이자, 암묵적 지대, 정상이윤)까지 포함시켜야 한다. 그 이유는 이런 비용은 X재의 생산 여부와 무관하게 고정적으로 묶여 있는 비용이기 때문이다. 참고로 장기(長期)의 경우, 고정비용의 성격을 갖는 암묵적 비용은 모두 가변비용으로 변한다는 것에 유의하기 바란다.

② TC곡선의 도출

〔그림 8-3〕의 (a) 그래프와 같은 단기생산함수가 주어졌을 경우, TC곡선은 〔그림 8-3〕의 (b) 그래프와 같이 도출된다.

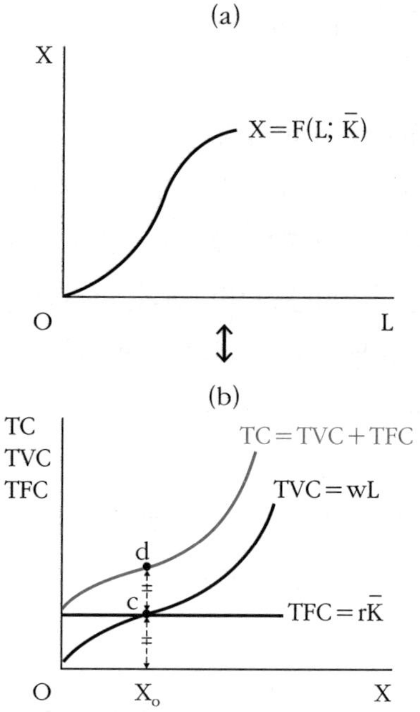

〔그림 8-3〕 단기생산함수와 단기 TC곡선의 형태

총비용함수는 X재의 각 생산량 수준에 대응하는 최소한의 총비용을 나타낸다. 또 총비용함수를 그래프로 나타낸 것이 TC곡선이며, 그것은 TVC(= wL) 곡선과 TFC(= $r\bar{K}$)곡선의 수직적 합으로 정의된다. 특히 단기생산함수에서 쌍대정리를 이용해서 도출할 수 있는 것은 TVC곡선이며, TFC곡선은 X재 생산량과는 무관하게 수평선으로 주어진다. 또 〔그림 8-3〕의 (b) 그래프에서 dc는 TFC이며, dc = cX_o의 관계가 성립한다.

(3) 평균비용과 한계비용의 경제적 의미

① 평균비용(AC; average cost)의 정의

AC는 기술적으로 가능한 X재 1단위당 최소한의 생산비용을 의미한다.

AC는 TC를 X재 생산량으로 나눠준 값이다. 즉 X재 1단위당 생산비용이 AC이다. 또 AC는 평균가변비용(AVC; average variable cost)과 평균고정비용(AFC;

average fixed cost)의 수직적 합으로 정의된다. 이를 수식으로 정리하면 아래와 같다.

$$AC = \frac{TC}{X} = \frac{TVC}{X} + \frac{TFC}{X} = AVC + AFC$$

② 한계비용(MC; marginal cost)의 정의

단기에서 MC는 X재 생산량을 1단위 변화시킬 때 나타나는 TC, TVC의 변동분으로 정의된다. 즉 MC를 수식적으로 표현하면 다음과 같다. 참고로 TFC의 증가분인 △TFC는 0이다. 따라서 △TC = △TVC가 된다.

$$\text{한계비용(MC)} = \frac{\triangle TC}{\triangle X} = \frac{\triangle TFC}{\triangle X} + \frac{\triangle TVC}{\triangle X} = \frac{\triangle TVC}{\triangle X}$$

MC는 X재 생산량을 1단위 변화시킬 때 기술적으로 가능한 TC나 TVC의 변동분으로 정의된다.

(4) AC, AVC, AFC, MC곡선의 도출

① AC, AVC, AFC, MC곡선의 도출 근거에 대한 요약

AC, AVC, AFC곡선의 도출 근거는 매우 간단하다. 평균(average)과 관련된 AC, AVC, AFC곡선은 각각 원점에서 TC, TVC, TFC곡선의 해당 점까지 그은 선분의 기울기로 측정된다. 그 크기를 종축(Y축)에, 그리고 각 생산량 수준을 횡축(X축)에 나타낸 것이 AC, AVC, AFC곡선이다.

MC곡선의 도출 근거 역시 간단하다. 한계(marginal)와 관련된 MC곡선은 TC, TVC곡선의 해당 점에서 그은 접선의 기울기로 측정된다. 그 크기를 종축(Y축)에, 그리고 각 생산량 수준을 횡축(X축)에 나타낸 것이 MC곡선이다.

② AC, AVC, AFC, MC곡선의 도출 과정에 대한 설명

AC곡선은 TC곡선 상의 각 점과 원점을 연결하는 선분의 기울기로 정의된다.

〔그림 8-4〕의 (a) 그래프를 보자. 원점에서 c, d, f점까지 그은 선분의 기울기를 보면 그 크기가 점점 감소하는 것을 알 수 있다. f점이 최저 수준이고, 그 이후부터는 다시 기울기가 증가하는 양상을 보인다. 이것을 나타낸 것이 (b) 그래프의 AC곡선이다. 참고로 (a) 그래프의 원점에서 c, d, f, g점까지 그은 선분의 기울기 크기는 (b) 그래프에서 각각 cX_c, dX_d, fX_f, gX_g 의 높이로 정의된다.

AVC곡선은 TVC곡선 상의 각 점과 원점을 연결하는 선분의 기울기로 정의된다. 〔그림 8-4〕의 (a) 그래프를 보자. 원점에서 c′, d′, e′점까지 그은 선분의 기울기를 보면 그 크기가 점점 감소하는 것을 확인할 수 있다. e′점이 최저 수준이고, 그 이후부터는 다시 기울기가 증가한다. 이것을 나타낸 것이 (b) 그래프의 AVC곡선이다. 참고로 (a) 그래프의 원점에서 c′, d′, e′, g′점까지 그은 선분의 기울기 크기는 (b) 그래프에서 각각 $c'X_c$, $d'X_d$, $e'X_e$, $g'X_g$의 높이로 정의된다. AC곡선과 AVC곡선의 차이는 크게 두 가지다. 하나는 AC곡선이 AVC곡선의 위쪽에 존재하

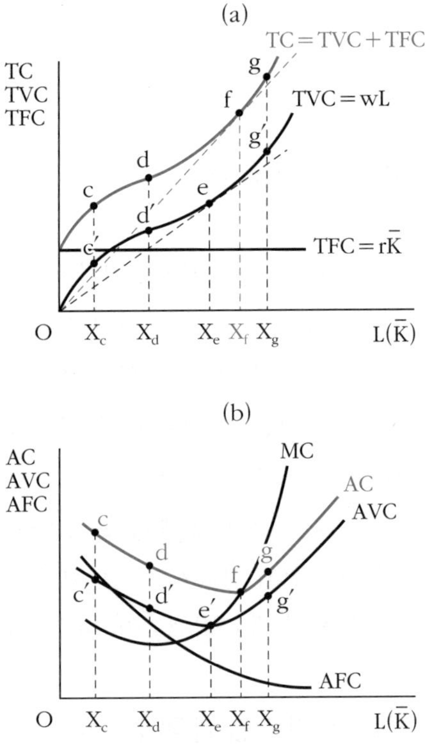

〔그림 8-4〕 TC, TVC곡선과 AC, AVC, AFC, MC곡선의 도출

며, AVC곡선의 최저점은 AC곡선의 최저점보다 왼쪽에 위치한다는 점이다.

AFC곡선은 〔그림 8-4〕 (a) 그래프의 X_c, X_d, X_e, X_f, X_g에서 수직으로 그은 선이 TFC곡선과 만나는 점을 찾아보자. (〔그림 8-4〕에서는 그 점을 표시하지 않았다.) (a) 그래프의 원점에서 해당 점까지 그은 선분의 기울기는 횡축의 X_c에서부터 X_g에 이르기까지 계속해서 하락하는 양상을 보여주고 있다. 따라서 (b) 그래프에서 우하향하는 AFC곡선이 도출된 것이다.

MC곡선은 〔그림 8-4〕 (a) 그래프의 X_c, X_d, X_e, X_f, X_g에 대응하는 TC곡선이나 TVC곡선 상의 점에서 그은 접선의 기울기 크기로 정의된다. (a) 그래프의 c, c′, d, d′점에서 그린 접선의 기울기는 원점에서 해당 점까지 그은 선분의 기울기보다 작다. 따라서 이들 구간에서 MC곡선은 AC, AVC곡선보다 낮을 수밖에 없다. 또한 가지 흥미 있는 것은 MC곡선이 AC, AVC곡선의 최저점을 반드시 통과한다는 점이다. 그 이유는 (a) 그래프의 e, f점에서는 원점에서 그은 선분의 기울기와 접선의 기울기가 동일하기 때문이다. 또 e, f점을 지난 다음에는 접선의 기울기가 원점에서 해당 점까지 그은 선분의 기울기보다 크기 때문에 MC곡선이 AC, AVC곡선의 위쪽에 놓인다는 점도 이해해주기 바란다. 이는 그리 어려운 내용이 아니기 때문에 추가 설명은 생략한다.

(5) 단기생산함수와 단기비용곡선에 대한 종합

① 단기생산함수와 단기비용함수의 관계

단기비용함수는 단기생산함수에 존재하는 한계생산력체감의 법칙을 반영한다.

TVC곡선은 단기생산함수로부터 도출된다. 이것을 가능하게 해주는 것이 바로 쌍대정리이다. TVC곡선은 TP곡선과 표리의 관계에 있다. 또 AVC곡선은 AP_L곡선과 표리의 관계가 있다. 즉 AVC와 AP_L은 반비례한다. 이 논리는 MC곡선의 경우에도 그대로 성립한다. MC곡선은 MP_L곡선과 표리의 관계에 있으며, 이는 MC와 MP_L은 반비례한다는 것을 시사해준다.

TP와 TVC, AP_L과 AVC, MP_L과 MC곡선 간의 표리관계를 정리하면 〔그림 8-5〕의 (a), (b) 그래프에서 보는 것처럼 2가지로 요약된다. 첫째로, 〔그림 8-5〕

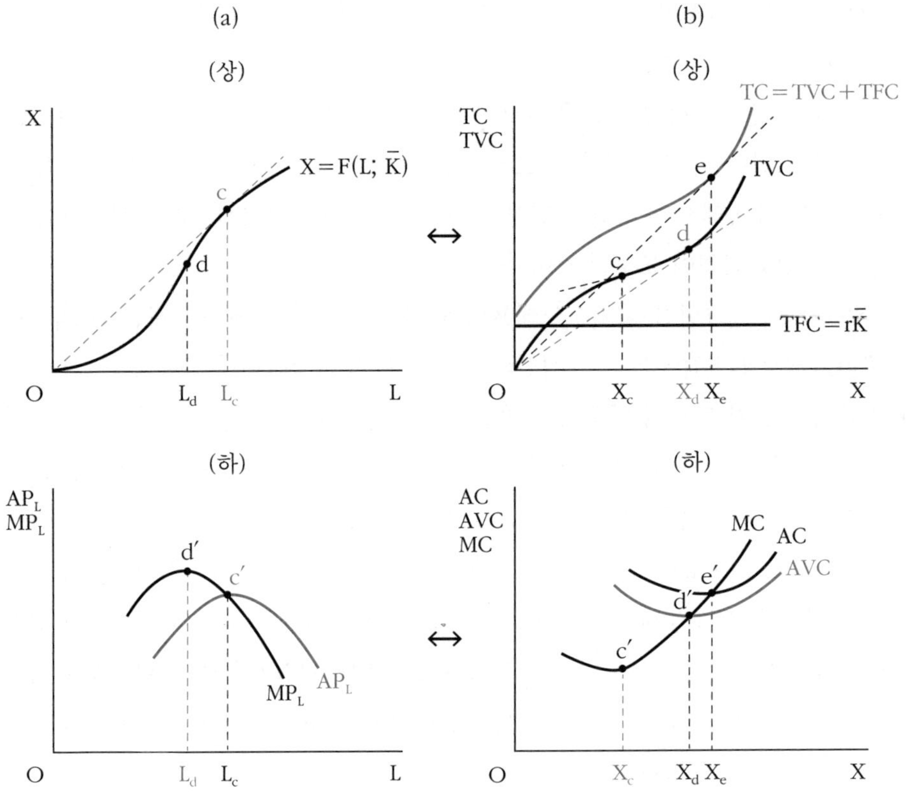

〔그림 8-5〕 단기생산함수와 단기비용곡선에 대한 종합

의 (a) 그래프 (상)과 같이 단기생산함수가 주어지면 쌍대정리에 의해 (b) 그래프 (상)의 TVC곡선이 도출된다는 점이다. 단기생산함수와 TVC곡선에 평균(원점에서 해당 곡선상의 점까지 그은 선분의 기울기)과 한계(해당 곡선상의 점에서 그은 접선의 기울기) 개념을 적용해서 AP_L, MP_L, AVC, MC곡선을 도출하면 〔그림 8-5〕의 (a), (b) 그래프 (하)에 위치한 곡선들이 도출된다.

둘째로 〔그림 8-5〕의 (a), (b) 그래프 (하)에 위치한 곡선들을 살펴보자. (a) 그래프 (하)는 AP_L곡선과 MP_L곡선을 나타낸다. 그런데 AP_L이 상승하면 MP_L은 AP_L의 위쪽에 위치하고 AP_L이 감소하면 MP_L은 AP_L의 아래쪽에 위치한다. 그 이유는 AVC와 AP_L, MC와 MP_L이 서로 반비례하기 때문이다.[52] (a) 그래프 (하)

52 AVC = TVC/X이다. 또 TVC는 wL로 정의된다. 따라서 $AVC = wL/X = w/(X/L) = w/AP_L$의

에서 MP_L이 AP_L보다 크면, (b) 그래프 (하)에서는 MC가 AVC보다 작다. 반대로 (a) 그래프 (하)에서 MP_L이 AP_L보다 작으면 (b) 그래프 (하)에서는 MC가 AVC보다 크다는 것을 확인할 수 있다. 또 AP_L곡선의 극대점에서 AP_L과 MP_L이 같고, AVC곡선의 최저점에서 AVC와 MC가 같다는 것도 알 수 있다.

② 단기비용곡선에 대한 종합

단기비용곡선은 전적으로 단기생산함수가 어떻게 주어지는가에 따라 자동적으로 결정된다. 우리는 단기생산함수가 〔그림 8-2〕의 (a) 그래프 (상)과 같다고 가정하고 여러 종류의 단기비용곡선을 도출했다. TC, TVC, TFC, AC, AVC, AFC, MC곡선 등이 그것이다. 이를 종합하면 다음과 같다.

〔그림 8-5〕의 (b) 그래프 (상)은 TC, TVC, TFC곡선을 보여준다. TC곡선은 TVC곡선과 TFC곡선의 수직적 합으로 정의된다. 또 (b) 그래프 (하)는 AC곡선, AVC곡선, MC곡선으로 구성되어 있다. 여기서 유념해야 할 것이 2개 있다. 하나는 MC곡선의 최저점은 원점에 가장 가까이 있고, 그 다음이 AVC곡선의 최저점이고 AC곡선의 최저점은 맨 오른쪽에 위치한다는 점이다. 다른 하나는 MC곡선이 AVC곡선과 AC곡선의 최저점을 통과한다는 사실이다.

〔그림 8-5〕의 (b) 그래프 (하)에서 AC의 최저점에 해당되는 X_e는 단기에 최소비용으로 생산할 수 있는 생산량 수준이다. 경제학에서는 X_e를 최적 생산량(optimum rate output) 또는 효율적 생산량(efficient scale), 최소비용 생산량(minimum cost output)이라고 정의한다.

관계가 성립한다. 또 $MC = \triangle TVC/\triangle X = w\triangle L/\triangle X = w/(\triangle X/\triangle L) = w/MP_L$의 관계가 성립함에 유의하기 바란다.

3
장기비용함수와 장기비용곡선

(1) 장기비용함수와 장기비용곡선의 특징

① 고정요소가 존재하지 않는다!

장기에는 L, K를 비롯한 모든 생산요소가 가변요소이기 때문에 고정비용이 존재할 수 없다. 오로지 가변비용만 있을 뿐이다. 따라서 장기총비용(LTC; long-run total cost)곡선은 반드시 원점에서 출발해야 한다.

단기에 고정비용에 속했던 암묵적 비용도 장기에서는 모두 다 가변비용의 속성을 지닌다는 점에 유의해야 한다.

② 장기비용은 단기비용과 밀접하게 연관되어 있다!

장기에는 L뿐만 아니라 K의 규모까지 자유자재로 변경할 수 있다. 따라서 각각의 생산시설(K_0, K_1, K_2, … 등)에는 그에 따른 단기비용이 존재한다. 가령, 장기의 목표생산량이 주어지면 기업은 여러 생산시설 가운데 최적의 생산시설(예 K_2 수준)을 선택하고 그에 알맞은 L을 투입해서 단기비용의 극소화를 추구한다. 즉 장기비용곡선은 각각의 생산시설에 대응하는 여러 단기비용곡선 가운데 목표생산량을 최소비용으로 생산할 수 있는 점들을 연결한 곡선을 말한다.

제2절에서 살펴보았듯이 단기비용곡선은 단기생산함수가 갖는 한계생산력체

감의 법칙에 따라 도출된다. 하지만 장기비용곡선은 규모에 대한 보수(일정, 증가, 감소)에 따라 결정된다. 자세한 사항은 후술하는 내용을 참조하기 바란다.

(2) 비용최소화를 위한 생산요소의 최적 조합

① 기업의 이윤극대화를 위한 기본 원칙

기업은 본질적으로 이윤극대화를 추구한다. 그런데 이윤극대화를 달성하기 위해서는 주어진 목표생산량을 최소비용으로 생산하거나 주어진 비용으로 생산량을 극대화시켜야 한다. 이처럼 비용최소화의 문제와 생산량극대화의 문제는 동전의 앞뒤 관계와 같은 것으로서 경제학에서는 이것을 쌍대관계라고 부른다.

이를 위해 기업은 생산의 기술적 조건인 등량곡선과 생산의 객관적 비용제약조건인 등비선(isocost line)이 접하는 점에서 생산요소의 최적 조합을 추구한다. 본항에서는 이 문제에 대해 집중적으로 살펴보고자 한다.

우리는 제7장에서 등량곡선에 대해 학습했다. 등량곡선은 원점에 대해 볼록하며 우하향한다. 또 서로 교차하지 않으며 원점에서 멀리 떨어진 것일수록 생산량이 많으며, 등량곡선의 기울기인 한계기술대체율($MRTS_{LK}$)은 $MRTS_{LK} = MP_L/MP_K$로 정의된다.

등비선은 총비용(TC)으로 기업이 구매할 수 있는 L, K의 조합을 연결한 직선이다. 가령 X재 생산량을 X_o만큼 생산하는 데 소요되는 총비용을 $TC_o = wL + rK$라고 가정하자. w는 매기당 노동 1단위의 임금, r은 매기당 자본 1단위의 이자율이라고 하면 wL은 매기당 총노동비용, rK는 매기당 총자본비용이다. 여기서 $TC_o = wL + rK$를 K로 재정리한 후, L과 K축에 표시하면 〔그림 8-6〕과 같다. 이때 K는 $K = TC_o/r - (w/r)L$로 정의된다.

〔그림 8-6〕의 (a) 그래프는 등비선(cd)을 보여준다. 등비선은 총비용이 TC_o, 매기당 노동 1단위의 임금이 w, 자본 1단위의 이자율이 r로 주어졌을 경우, 기업이 L과 K를 구입할 수 있는 범위가 △Ocd임을 나타낸다. 또 등비선의 기울기는 $-\triangle K/\triangle K = w/r$이며, L과 K의 최대 구입량은 각각 TC_o/w, TC_o/r이다. (b) 그래프는 w, r이 일정한 상황에서 총비용만 TC_o보다 커지면, 등비선은 기존의 cd에서 c′d′으로

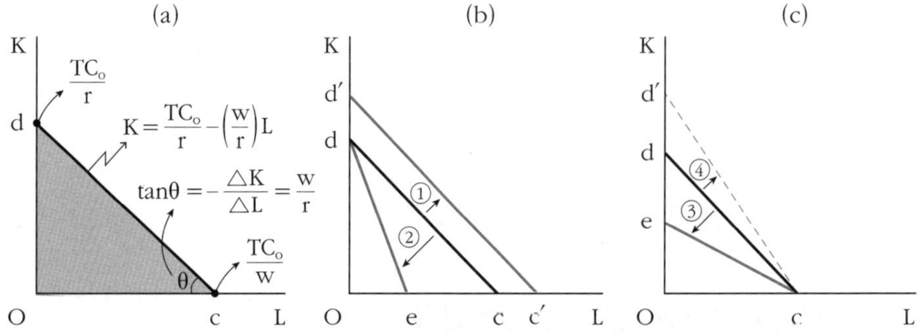

〔그림 8-6〕 등비선의 정의 및 등비선의 이동

평행이동(①)한다. 또 총비용과 r이 일정한 상황에서 w만 상승하면, 등비선은 de로 이동(②)한다. (c) 그래프는 총비용과 w가 일정한 상황에서 이자율만 증가하거나 하락하는 경우를 보여준다. r이 증가하면 등비선은 ce로 변하고(③), r이 하락하면 등비선은 cd′로 이동(④)한다.

② 비용최소화와 생산요소의 최적 조합

기업은 목표생산량을 최소비용으로 생산하기 위한 L, K의 최적 요소 조합을 찾기 위해 고심한다. 〔그림 8-7〕에는 3개의 총비용이 등장한다. TC_o, TC_1, TC_2가 그것이다. 또 목표생산량이 등량곡선 X_o로 주어졌다고 가정하자.

그런데 TC_2의 총비용으로는 목표생산량 X_o를 생산할 수 없다. X_o의 생산이

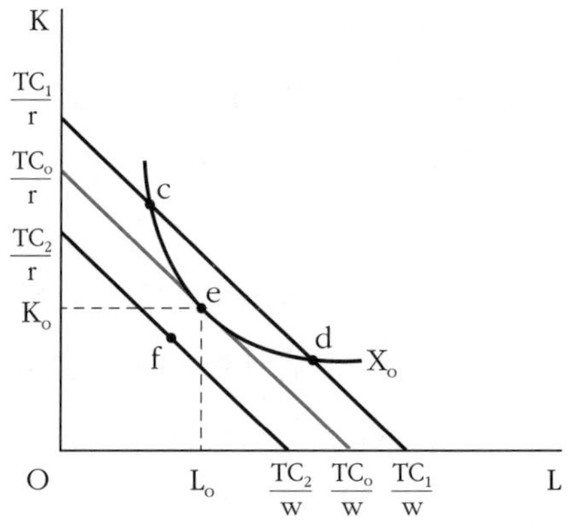

〔그림 8-7〕 비용 최소화의 조건과 최적 요소 조합

가능한 것은 오직 TC_0와 TC_1뿐이다. 하지만 비용최소화를 위해서는 c점이나 d점이 아닌 e점에서 생산해야 한다. 왜냐하면 c, d점은 e점에 비해 $TC_1 - TC_0$만큼의 비용이 더 많이 소요되기 때문이다. 따라서 c, d점은 비효율적인 생산점이다. 결국 등량곡선상의 모든 점들은 X_0라는 동일한 생산량 수준을 나타내지만, 비용최소화를 충족시키는 점은 e점이다. 또 e점에서는 등량곡선과 등비선의 기울기가 같아야 한다.

〔그림 8-7〕에서 비용 최소화를 보장해주는 최적 요소 조합은 e점이다. 또 e점에서는 다음과 같은 조건이 성립한다.

$$MRTS_{LK} = -\frac{\triangle K}{\triangle L} = \frac{MP_L}{MP_K} = \frac{w}{r}$$

위의 균형 조건식 $(MP_L/MP_K) = w/r$의 양변에 (MP_K/w)를 곱해주면 다음과 같은 비용최소화의 조건식 또는 가중된 한계생산력균등의 법칙이 도출된다.

$$\frac{MP_L}{w} = \frac{MP_K}{r}$$

c, d점에서와 같이 (MP_L/w)와 (MP_K/r)이 일치하지 않으면 최적 생산요소 조합이 아니다. 따라서 이런 경우에는 생산요소의 최적 조합을 위한 일련의 조정과정이 일어난다. 일례로 c점에서는 $MRTS_{LK} > w/r$이다. 즉 이는 $(MP_L/MP_K) > w/r$, 또는 $(MP_L/w) > (MP_K/r)$와 같다. 이때 비용최소화를 추구하는 기업은 L의 고용을 늘리고 K의 고용을 줄이면서 e점으로 생산요소의 조합을 변경한다. d점에서는 $MRTS_{LK} < w/r$이다. 이는 $(MP_L/MP_K) < w/r$, 또는 $(MP_L/w) < (MP_K/r)$의 관계가 성립함을 의미한다. 이때 비용최소화를 추구하는 기업은 L의 고용을 줄이고 K의 고용을 늘리면서 e점으로 생산요소의 조합을 변경하려는 시도가 일어난다. 물론 e점에서는 비용최소화의 조건이 충족되고 있기 때문에 생산요소의 최적 조합을 위한 조정이 더 이상 일어나지 않는다.

③ 생산량극대화의 조건과 생산요소의 최적 조합

이윤극대화를 추구하는 기업은 주어진 비용으로 최대 생산량을 보장하는 생산요소의 최적 조합을 추구한다. 이는 비용최소화의 조건과 표리(表裏)의 관계에 있다.

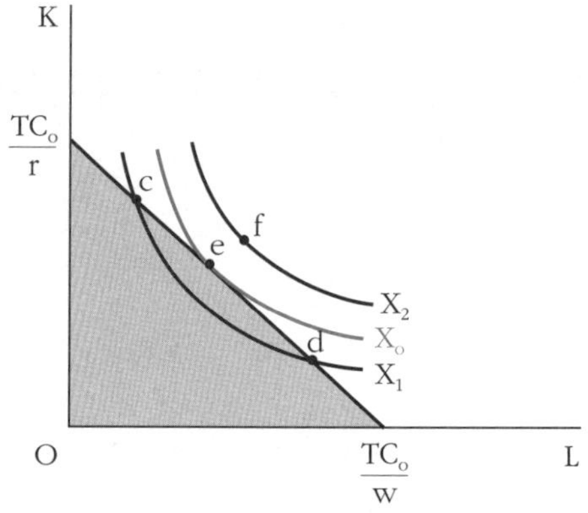

〔그림 8-8〕 최대 생산량의 조건과 최적 요소 조합

총비용이 TC_o로 주어졌을 때, 등비용선상의 c, d, e점은 동일한 비용조건으로 기업이 선택 가능한 생산요소의 조합점이다. 그런데 c점과 d점을 지나는 등량곡선 X_1은 e점을 지나는 등량곡선 X_o보다 원점에 가깝다. 결론적으로 등비선상의 모든 점들은 동일한 비용 수준을 나타내지만 최대 생산량을 보장하는 것은 등비용선과 등량곡선 X_o가 접하는 e점뿐이다.

최대 생산량을 가능하게 해주는 생산요소의 최적 조합은 e점에서 결정된다. 이를 충족시키기 위한 조건은 다음과 같다.

$$MRTS_{LK} = -\frac{\triangle K}{\triangle L} = \frac{MP_L}{MP_K} = \frac{w}{r}$$

위의 균형 조건식 $(MP_L/MP_K) = w/r$의 양변에 (MP_K/w)를 곱해주면 다음과 같은 생산량극대화의 조건식 또는 가중된 한계생산력균등의 법칙이 도출된다.

$$\frac{MP_L}{w} = \frac{MP_K}{r}$$

(MP_L/w)와 (MP_K/r)이 일치하지 않는 c점과 d점은 생산량극대화를 보장하는 생산요소의 최적 조합이 아니다. 따라서 이런 경우에는 생산요소의 최적 조합을 위한 일련의 조정과정이 일어난다. c점에서는 $MRTS_{LK} > w/r$이다. 이는 $(MP_L/MP_K) > w/r$, 또는 $(MP_L/w) > (MP_K/r)$과 같다. 이때 생산량극대화를 추구하는 기업은 L의 고용을 늘리고 K의 고용을 줄이면서 e점으로 생산요소의 조합을 변경한다. d점에서는 $MRTS_{LK} < w/r$이 된다. 이는 $(MP_L/MP_K) < w/r$, 또는 $(MP_L/w) < (MP_K/r)$의 관계가 성립한다. 이 경우에도 생산량극대화를 추구하는 기업은 L의 고용을 줄이고, K의 고용을 늘림으로써 e점으로 생산요소의 조합을 변경한다. 하지만 일단 e점에 도달하면, 생산량극대화의 조건이 충족되기 때문에 생산요소의 최적 조합을 위한 더 이상의 조정은 일어나지 않는다.

보론 8-1. 라그랑지 미정 승수법을 활용한 생산자균형조건의 도출

우리는 앞에서 비용최소화와 생산량극대화를 위한 생산요소의 최적 조합, 일명 생산자균형조건을 도출했다. 생산자균형조건은 〔그림 8-7〕과 〔그림 8-8〕의 e점에서 보는 것처럼 한계기술대체율($MRTS_{LK}$)과 등비선의 기울기(w/r)가 같아야 한다. 이러한 조건은 제5장의 〔보론 5-2〕에서 학습한 라그랑지 미정 승수법을 활용하면 손쉽게 도출할 수 있다. 여기서는 비용최소화를 위한 생산요소의 최적 조합에 대해 분석하고자 한다. 이는 다음과 같은 극소화 문제에 대한 해(解)로 정의된다.

$$\min TC = wL + rK \quad \cdots\cdots\cdots\cdots \text{㉠}$$
$$\text{s.t. } X_o = F(L, K)$$

여기서 min은 minimization의 줄임말로서 TC를 극소화시킨다는 것이고,

s.t.는 제약조건을 의미하는 subject to의 약자로서 주어진 생산량 $X_o = F(L, K)$를 말한다. 즉 ㉠식은 주어진 X_o를 생산하는 데 생산비용이 가장 적게 소요되는 생산요소의 최적 조합을 찾는 문제로 규정된다. 제약조건하에서의 극값(극대값, 극소값)을 찾는 문제를 제약조건이 없는 상태에서 극값을 찾는 문제로 변환시켜주는 것이 라그랑지 미정 승수법이다. 위의 ㉠식을 라그랑지함수로 바꾸면 아래의 ㉡식과 같다.

$$Z = (wL + rK) + \lambda[X_o - F(L, K)] \quad \cdots\cdots \quad ㉡$$

비용 최소화를 위한 생산요소의 최적 조합의 문제를 해결하려면 다음과 같은 3개의 연립방정식을 풀어야 한다.

$$Z_L = \frac{\partial Z}{\partial L} = 0 \quad \Rightarrow \quad w - \lambda \frac{\partial F}{\partial L} = 0 \quad \cdots\cdots \quad ㉢$$

$$Z_K = \frac{\partial Z}{\partial K} = 0 \quad \Rightarrow \quad r - \lambda \frac{\partial F}{\partial K} = 0 \quad \cdots\cdots \quad ㉣$$

$$Z_\lambda = \frac{\partial Z}{\partial \lambda} = 0 \quad \Rightarrow \quad X_o - F(L, K) = 0 \quad \cdots\cdots \quad ㉤$$

위의 ㉢식과 ㉣식에서 $\partial F/\partial L$은 MP_L, $\partial F/\partial K$는 MP_K를 의미한다. 이제 ㉢식을 ㉣식으로 나눠주면 아래의 ㉥식이 도출된다.

$$\frac{w}{r} = \frac{MP_L}{MP_K} \quad \cdots\cdots \quad ㉥$$

㉥식의 좌변은 w/r으로서 등비선의 기울기를 의미한다. 또 우변인 MP_L/MP_K는 한계기술대체율($MRTS_{LK}$)로서 등량곡선의 기울기를 뜻한다. 따라서 등비선과 등량곡선의 기울기가 같다는 것은 [그림 8-7]과 [그림 8-8]의 e점에서 생산요소의 최적 조합이 이루어진다는 얘기다.

보론 8-2. 코너-해(corner solution)

비용최소화나 생산량극대화를 추구하는 기업의 최적 선택(생산요소의 최적 조합)이 X축(L)이나 Y축(K)에서 이루어져서 L, K 가운데 어느 한 생산요소만 선택되는 특수한 경우가 발생할 수 있다. 경제학에서는 이런 경우를 코너-해(corner solution)라고 한다. 이때는 $MRTS_{LK} = MP_L/MP_K = w/r$의 균형 조건이 성립하지 않으며, 생산요소의 최적 조합을 도모하기 위한 일련의 조정과정도 일어나지 않는다.

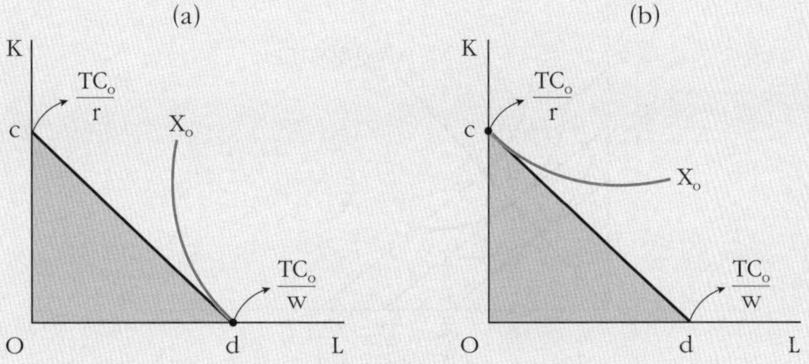

〔그림 8-9〕 코너-해(corner solution)

〔그림 8-9〕의 (a) 그래프는 기업이 X재를 X_0만큼 생산하는 데 L만을 투입하는 경우를 보여준다. 이때는 $MRTS_{LK} = MP_L / MP_K = w/r$의 조건이 충족되지 않는다. (a) 그래프에서는 등량곡선의 기울기인 $MRTS_{LK}$가 등비선의 기울기인 w/r보다 큰 상황이다. 따라서 기업은 d점에 해당되는 L만을 투입해서 X재를 X_0만큼 생산한다.

(b) 그래프는 기업이 K만을 투입하는 경우다. 이때도 $MRTS_{LK} = MP_L / MP_K = w/r$의 조건이 충족되지 않는다. (b) 그래프에서는 등량곡선의 기울기인 $MRTS_{LK}$가 등비선의 기울기인 w/r보다 작은 상황이다. 따라서 기업은 c점에 해당되는 K만을 투입해서 X재를 X_0만큼 생산한다.

④ 총비용의 변화, 생산요소의 최적 조합과 확장경로

w, r이 일정한 상황에서 TC만 TC_o, TC_1, TC_2로 증가하면 비용최소화 조건을 충족시키는 생산요소의 최적 조합, 일명 조건부 요소수요(L, K)도 이동한다. 이와 같은 생산요소의 최적 조합점인 c, d, e점을 연결한 것을 확장경로(EP; expansion path)라고 한다. 확장경로는 무차별곡선이론에서 학습한 소득소비곡선(ICC)과 유사하며 반드시 원점을 지난다. 그 이유는 확장경로는 고정요소가 하나도 존재하지 않는 장기(長期) 개념에 속하기 때문이다.

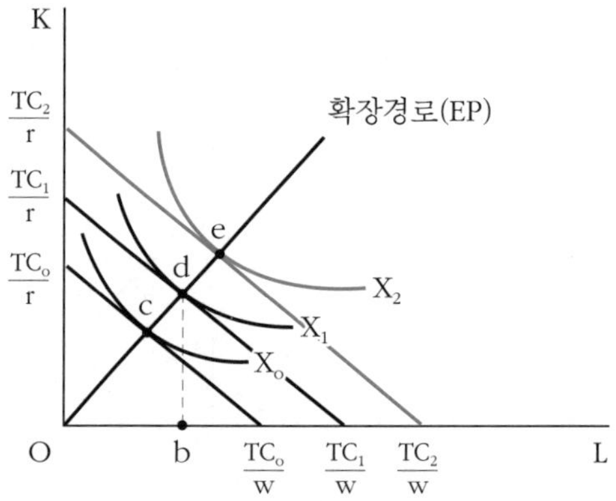

〔그림 8-10〕 일반적인 확장경로의 형태

〔그림 8-10〕에서 생산요소가격이 w, r로 일정할 때, X재를 X_1만큼 생산하는 데 있어서 생산요소의 최적 결합은 d점에서 이루어진다. 이때의 조건부 요소수요를 보면 L은 Ob, K는 bd이다. 경제학에서는 1인당 자본(per capita capital), 즉 근로자 1사람에게 장비(裝備)되는 자본을 요소집약도(factor intensity)라고 한다. d점에서의 요소집약도는 bd/Ob이다. w, r이 일정한 상태에서 X재 생산량이 증가할 때, K가 하급 투입이면 요소집약도는 반드시 감소한다. 하지만 K가 정상 투입인 경우에도 요소집약도가 감소할 수 있음에 유의해야 한다.

일반적으로 확장경로는 우상향한다. 하지만 특수한 형태의 확장경로도 상정해볼 수 있다. 〔그림 8-11〕의 (a)는 레온티에프 생산함수의 확장경로, (b)는 일반적인 콥-더글라스 생산함수($X = AL^{\alpha}K^{\beta}$)의 확장경로를 보여준다. 이들 두 생산함수의 공통점은 확장경로가 우상향하는 직선이라는 것이다. 자세한 것은 〔보론

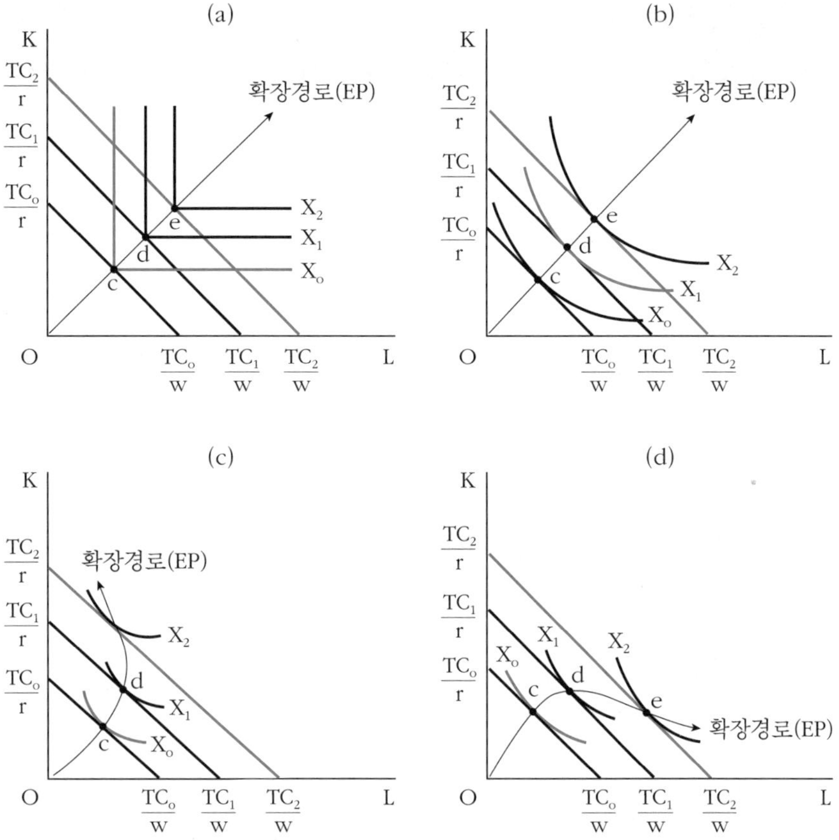

〔그림 8-11〕 확장경로의 여러 가지 형태

8-3〕을 참조하기 바란다.

또 (c)는 기업이 노동절약적 생산기술을 채택하는 경우의 확장경로로서 후방 굴절된 형태를 보인다. (d)는 (c)와 정반대로 기업이 자본절약적 생산기술을 채택한 경우의 확장경로이다. 이때는 전방 굴절된 확장경로의 형태로 나타난다.[53]

---

53 경제학에서는 X재의 생산량이 $X_o \to X_1 \to X_2$로 증가함에 따라 조건부 요소수요(비용 최소화를 충족시켜주는 생산요소의 최적 결합)의 값, 즉 (L, K)가 모두 증가하는 경우를 정상 투입(normal input)이라고 정의한다. 〔그림 8-11〕에서 (a), (b)가 여기에 해당된다. 하지만 (c)의 L이나 (d)의 K처럼 X재 생산량이 증가할수록 특정 생산요소의 투입량이 감소하는 경우, 해당 생산요소를 하급 투입(下級 投入; inferior input)이라고 부른다. 그런데 특정 생산요소가 정상투입인가, 하급투입인가의 문제는 생산요소 자체의 물리적 특성보다는 등량곡선의 구조에 영향을 미치는 생산기술의 특성에 의해서 결정되는 경우가 대부분이다.

보론 8-3. 확장경로; 일반적인 콥-더글라스 생산함수와 동조적 생산함수

일반적인 콥-더글라스 생산함수($X = AL^{\alpha}K^{\beta}$)의 확장경로는 우상향하는 직선이라고 언급했다. 그 근거가 무엇인지 알아보자. 〔그림 8-10〕에서 살펴본 것처럼 w, r이 일정하다고 가정했을 경우, 확장경로의 궤적은 다음과 같은 ㉠식으로 정의된다.

$$\frac{w}{r} = \frac{MP_L}{MP_K} = \frac{\alpha AL^{\alpha-1}K^{\beta}}{\beta AL^{\alpha}K^{\beta-1}} = \frac{\alpha K}{\beta L} \quad \cdots\cdots \text{㉠}$$

참고로 $X = AL^{\alpha}K^{\beta}$에서 MP_L은 $MP_L = \partial X/\partial L = \alpha AL^{\alpha-1}K^{\beta}$, MP_K는 $MP_K = \partial X/\partial K = \beta AL^{\alpha}K^{\beta-1}$이다. 이제 확장경로의 기울기인 $K^*/L^* = K/L$로 ㉠식을 재정리하면 아래와 같은 ㉡식이 최종적으로 도출된다.

$$\frac{K^*}{L^*} = \frac{K}{L} = \frac{w\beta}{r\alpha} = \text{일정한 상수} \quad \cdots\cdots \text{㉡}$$

확장경로의 기울기인 K^*/L^*가 일정한 상수로 정의되는 이유는 w, r이 일정한데다 α와 β도 상수이기 때문이다. 따라서 콥-더글라스 생산함수와 같은 동차생산함수일 경우, 확장경로의 궤적은 우상향하는 직선으로 정의된다.

다음으로 동조적 생산함수(homothetic production function)와 동차생산함수의 관계에 대해 살펴보자. 동조적 생산함수는 다음과 같은 합성함수로 정의된다.

$$H = h[X(L, K)] \quad \cdots\cdots \text{㉢}$$

단, $h'(X) \neq 0$이고, $X(L, K)$는 k차 동차생산함수이다.

참고로 동조적 생산함수는 동차생산함수로부터 도출되지만, 일반적으로 $H = h(L, K)$는 변수 L, K에 대해 동차함수가 아니다.[54] 하지만 동조적 생산함

54 이에 대해 더 자세한 정보를 얻고자 하는 독자 여러분은 앞에서 소개한 A. C. Chiang & K. Wainwright (정기준·이성순 역), 404-406쪽을 참조하기 바란다.

수인 H = h(L, K)의 확장경로는 X = X(L, K)와 마찬가지로 우상향하는 직선이다. 그 근거는 (L, K)의 2차원 평면에 존재하는 임의의 주어진 점에서 등량곡선 H의 기울기와 등량곡선 X의 기울기가 똑같기 때문이다. ㉢식을 전미분한 후 등량곡선의 기울기(= −△K/△L)를 구하면 아래의 ㉣식이 된다.

$$dH = h'(X)(\partial X/\partial L)\triangle L + h'(X)(\partial X/\partial K)\triangle K = 0$$

$$\text{등량곡선 H의 기울기} = -\frac{\triangle K}{\triangle L} = \frac{h'(X)(\partial X/\partial L)}{h'(X)(\partial X/\partial K)} = \frac{MP_L}{MP_K}$$

$$= \text{등량곡선 X의 기울기} \cdots\cdots \text{㉣}$$

그런데 k차 동차생산함수인 X = X(L, K)의 확장경로가 직선이 되려면 임의의 주어진 K/L에 대해 일정해야 한다. 그런데 w, r이 주어졌기 때문에 등비선의 기울기가 일정하고, MP_L /MP_K로 정의되는 H와 X의 등량곡선 기울기도 일정하기 때문에 요소집약도로 정의되는 확장경로의 기울기 또한 일정할 수밖에 없다. 따라서 동조적 생산함수의 확장경로 역시 우상향하는 직선이다. 참고로 동조성의 개념은 동차성의 개념에 비해 일반적이다. 즉 '모든 동차생산함수는 자동적으로 동조적 생산함수가 되지만, 동조적 생산함수라고 해서 반드시 동차생산함수가 되는 것은 아니다'라는 얘기다.

(3) 규모에 대한 보수와 장기비용곡선 간의 관계

장기총비용(LTC)곡선을 도출하는 방법은 2가지다. 하나는 확장경로를 이용한 LTC곡선의 도출이고, 다른 하나는 단기총비용(STC)곡선을 이용한 LTC곡선의 도출이다. 본 항에서는 그것에 대해 살펴보고자 한다.

① 확장경로를 이용한 LTC곡선의 도출

장기에는 L, K가 모두 가변요소다. 또 규모는 (L, K)로 정의된다. 규모에 대한 보수 증가는 규모를 2배만큼 증가시켰을 때, 즉 (2L, 2K)가 되었을 때, 생산량이 2배 이상(예 4배)으로 늘어나는 경우를 말한다. 이때 LTC곡선은 〔그림 8-12〕의 (b) 그래프에서 보는 것처럼 원점을 통과하면서 X축에 대해 오목한 형태를 띤다.

규모에 대한 보수 불변은 규모를 2배만큼 증가시켰을 때, 생산량도 2배만큼 늘어나는 경우를 말한다. 이때 LTC곡선은 〔그림 8-13〕의 (b) 그래프에서 보는 것처럼 원점을 지나는 직선으로, 그 기울기가 일정하다.

규모에 대한 보수 감소는 규모를 2배만큼 증가시켰을 때, 생산량이 2배 이하(예 1.5배)로 늘어나는 경우를 말한다. 이때 LTC곡선은 〔그림 8-14〕의 (b) 그래프에서 보는 것처럼 원점을 통과하면서 X축에 대해 볼록한 형태를 띤다.

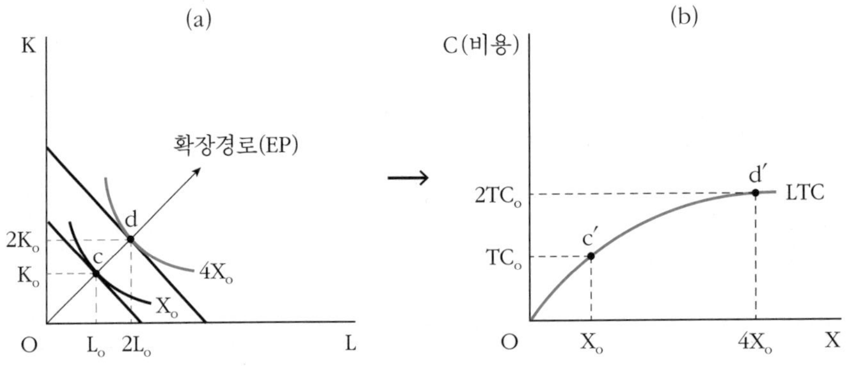

〔그림 8-12〕 규모에 대한 보수증가와 LTC곡선

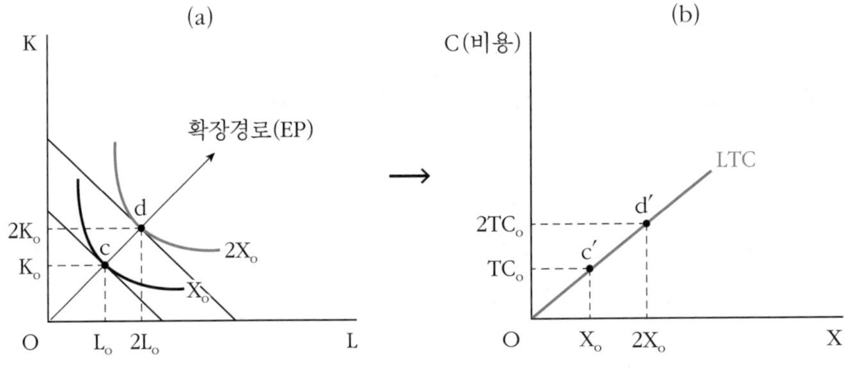

〔그림 8-13〕 규모에 대한 보수 불변과 LTC곡선

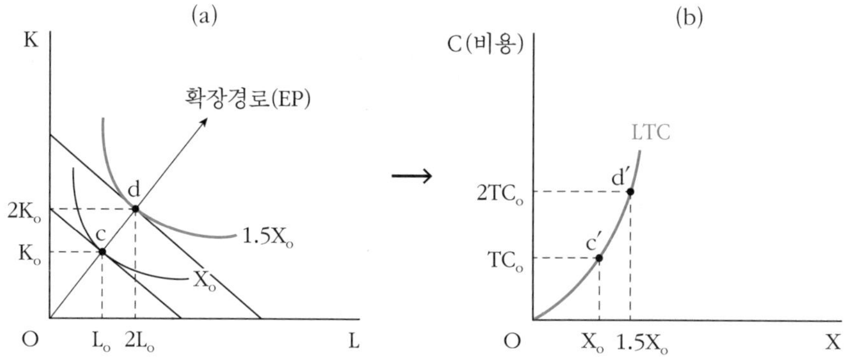

〔그림 8-14〕 규모에 대한 보수감소와 LTC곡선

② STC곡선을 활용한 LTC곡선의 도출; 규모에 대한 보수 증가 시

LTC곡선, 장기평균비용(LAC)곡선, 장기한계비용(LMC)곡선은 STC곡선으로부터 도출된다. 〔그림 8-15〕를 통해 LTC곡선과 LAC곡선상의 모든 점들은 각각의 생산량 수준(예 X_o, X_1)에서 STC곡선과 SAC곡선의 접점(接點)임을 알 수 있다. 또 그 접점(e, g, e′, g′점)의 성격은 해당 생산량 수준에서 비용이 가장 낮은 점이라는 사실이다.

〔그림 8-15〕의 (a) 그래프는 STC곡선들로부터 LTC곡선이 도출되는 과정을 보여준다. 사실 LTC곡선은 수많은 STC곡선들로부터 도출되지만 여기서는 분석의 편의를 위해 2개의 STC곡선만 존재한다고 가정한다. 또한 장기에는 K도 가변요소라는 점을 직시할 필요가 있다. 〔그림 8-15〕는 K를 아주 작은 크기로 증가시

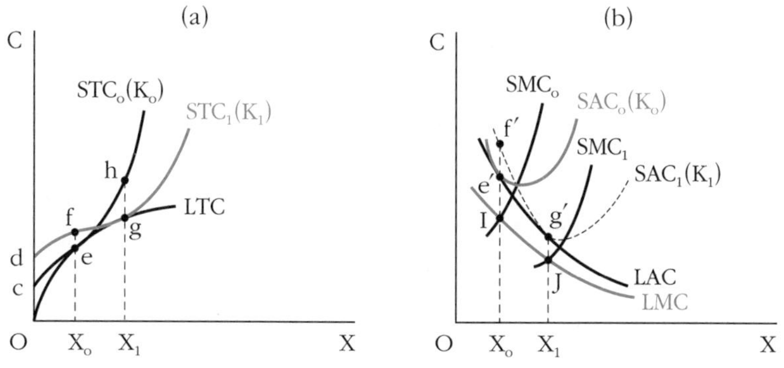

〔그림 8-15〕 규모에 대한 보수 증가와 장·단기비용곡선의 형태

키면서 L의 투입을 조정해 나가는 과정을 나타낸다.[55]

(a) 그래프를 보면 K의 크기가 다른 2개의 STC곡선이 존재한다. $STC_0(K_0)$와 $STC_1(K_1)$이 그것이다. 이때 자본의 규모는 K_1이 K_0보다 더 크다. 그 이유는 K_0의 경우 총고정비용(TFC)은 Oc이지만, K_1은 TFC가 Od이기 때문이다. 결론적으로 LTC곡선은 STC곡선들 가운데 각 목표생산량을 최소비용으로 생산하는 점들을 연결한 곡선이다. 가령 목표생산량이 X_0일 경우, 비용최소화 조건을 충족시키는 점은 e점이고, 그때 K의 최적 크기는 K_0이다. 만약 K가 K_1이라면 그때의 생산비용은 fX_0가 되어 e점보다 fe만큼의 생산비용이 더 많이 소요된다. 이것은 목표생산량이 X_1인 경우에도 똑같다. 목표생산량이 X_1일 경우, 비용최소화의 조건을 충족시키는 점은 g점이고, 그때 K의 최적 크기는 K_1이다. 만약 K가 K_0이었다면 그때의 생산비용은 hX_1이 되어 g점보다 hg만큼 생산비용이 더 많이 소요된다. 이런 과정을 수없이 반복하면 〔그림 8-15〕의 (a) 그래프와 같은 LTC곡선이 도출된다. 참고로 LTC곡선은 $STC_0(K_0)$와 $STC_1(K_1)$곡선을 아래에서 감싸는데, 경제학에서는 이런 LTC곡선을 포락선(envelopment curve)이라고 한다.

한편, 〔그림 8-15〕의 (b) 그래프를 이해하기 위해서는 앞서 배운 평균과 한계의 개념을 (a) 그래프의 STC와 LTC곡선에 적용해야 한다. 생산량이든, 생산비용이든 평균은 원점에서 관련 곡선의 해당 점까지 그은 선분의 기울기, 한계는 관련 곡선의 해당 점에서 그은 접선의 기울기로 정의된다. (b) 그래프의 SAC곡선과 SMC곡선은 STC곡선에다 평균과 한계의 개념을 적용시켜 도출한 것이고, LAC와 LMC곡선은 (a) 그래프의 LTC곡선에다 평균과 한계의 개념을 적용시켜 도출한 결과이다. (b) 그래프에서 목표생산량이 X_0일 경우, 우하향하는 LAC곡선은 e′

55 LTC곡선은 오른쪽 그림에서 보듯이 아주 촘촘하게 그려진 $STC_0(K_0)$, $STC_1(K_1)$, $STC_2(K_2)$, $STC_3(K_3)$, $STC_4(K_4)$, $STC_5(K_5)$, …, $STC_{n-1}(K_{n-1})$, $STC_n(K_n)$곡선의 최저점을 연결한 곡선으로 정의된다. 위의 〔그림 8-15〕에서는 이들 가운데 2개의 $STC_0(K_0)$, $STC_1(K_1)$곡선을 이용해서 LTC곡선을 도출한 것임을 이해해주기 바란다.

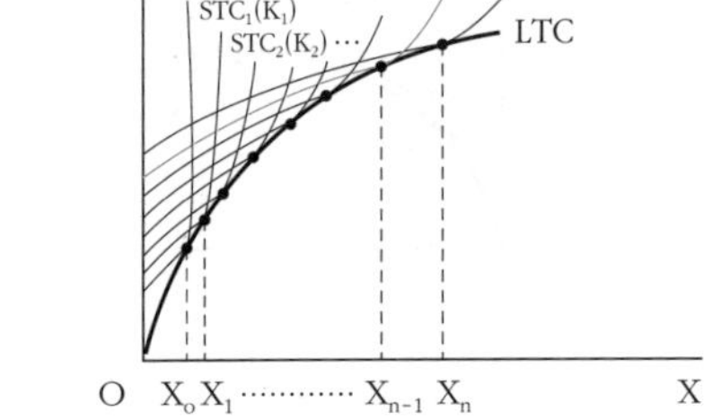

점에서 $SAC_0(K_0)$곡선과 접한다. 이는 (a) 그래프의 e점에서 STC와 LTC곡선이 접하고 있고, 따라서 (a) 그래프의 원점에서 e점까지 그은 선분의 기울기가 동일하기 때문이다. 그런데 여기서 독자 여러분이 눈여겨봐야 할 것은 (b) 그래프의 e′점이 $SAC_0(K_0)$곡선의 최소점이 아니라는 사실이다. 이것은 기업이 K_0보다 K의 크기를 조금 더 늘리면 e′점보다 더 낮은 비용으로 생산할 수 있다는 얘기다. 만약 목표생산량이 X_0일 때, 자본 K가 K_1이라면 그때의 $SAC_1(K_1)$은 $f'X_0$가 되기 때문에 비용최소화$(=e'X_0)$ 조건이 충족되지 못한다. 목표생산량이 X_1일 경우, 우하향하는 LAC곡선은 $SAC_1(K_1)$곡선과 g′점에서 접한다. 여기서도 g′점은 $SAC_1(K_1)$곡선의 최저점이 아니다. SAC곡선의 최저점과 LAC곡선이 접하는 곳은 오로지 LAC곡선의 최저점에서다. (b) 그래프를 통해 알 수 있듯이 LAC곡선은 SAC곡선들 가운데 각 목표생산량을 최소비용으로 생산하는 점들을 연결한 곡선이다. 또 그것은 LTC와 마찬가지로 SAC곡선들을 아래로부터 감싸는 모습을 보여준다. 따라서 LAC곡선도 SAC곡선들의 포락선이다.

다음으로 LMC곡선에 대해 살펴보자. LMC곡선이 LTC, LAC곡선과 다른 게 하나 있다. 그것은 LTC, LAC곡선이 각각 STC, SAC곡선으로부터 도출된 데 반해, LMC곡선은 단기한계비용(SMC)곡선과 직접적인 관련이 없다는 점이다. 즉 'LMC곡선은 SMC곡선의 포락선이 아니다'라는 얘기다. (a) 그래프에서 목표생산량이 X_0일 때는 LTC와 $STC_0(K_0)$곡선이 접하기 때문에 e점에서 두 곡선은 접선의 기울기가 똑같다. 따라서 X_0에서 $LMC=SMC_0$이고, SMC_0는 $SAC_0(K_0)$곡선의 최저점을 통과한다. 또 목표생산량이 X_1일 때에도 LTC와 $STC_1(K_1)$곡선이 접하기 때문에 g점에서도 두 곡선은 접선의 기울기가 똑같다. 따라서 X_1에서도 $LMC=SMC_1$이고, SMC_1은 $SAC_1(K_1)$곡선의 최저점을 통과한다.

③ STC곡선을 활용한 LTC곡선의 도출; 규모에 대한 보수 불변 시

규모에 대한 보수 불변의 경우에도 앞서 언급한 비용최소화를 위한 최적 시설의 선택 원리가 그대로 작동된다. 규모에 대한 보수 불변인 경우, LTC곡선은 〔그림 8-16〕의 (a) 그래프에서 보듯이 원점을 통과한 후 우상향하는 직선이다. LTC곡선이 직선이면 원점에서 그은 선분의 기울기와 접선의 기울기가 똑같다. 따라서 LAC와 LMC곡선은 (b) 그래프에서 보는 것처럼 수평선으로 정의되며

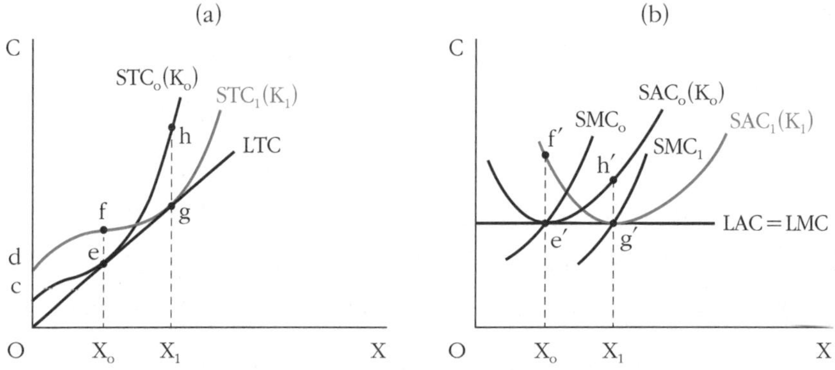

〔그림 8-16〕 규모에 대한 보수 불변과 장·단기비용곡선의 형태

LAC = LMC이다. 목표생산량이 X_o일 경우, LAC곡선은 $SAC_o(K_o)$곡선과 e′점에서 접한다. 만약 기업이 X_o를 생산하는데 K_o보다 더 큰 K_1을 선택한다면 그때의 생산비용은 f′X_o가 되기 때문에 비용최소화에 실패한다. 따라서 목표생산량 X_o를 생산하는 경우, K의 최적 크기는 K_o이다. 목표생산량이 X_1일 경우, 기업이 비용최소화 조건을 충족시키는 점은 $SAC_1(K_1)$곡선과 LAC곡선이 접하는 g′점이다. 이때도 기업이 목표생산량 X_1을 생산하기 위해 K_1보다 더 작은 K_o을 선택한다면 생산비용이 h′X_1이 되기 때문에 비용최소화에 실패한다.

이제 LMC와 SMC의 관계에 대해 살펴보자. 앞서 언급한 것처럼 LMC는 SMC의 포락선이 아니다. (a) 그래프의 목표생산량 수준인 X_o와 X_1에서 STC곡선에 대한 접선의 기울기가 SMC곡선이고, 그것은 반드시 SAC곡선의 최저점을 지난다. 이는 $SAC_o(K_o)$와 $SAC_1(K_1)$곡선에 공통으로 적용된다. 또 목표생산량 X_o와 X_1에서 STC곡선과 LTC곡선이 접하고 있다. 따라서 X_o와 X_1에서는 SMC_o = LMC, SMC_1 = LMC의 관계가 성립한다. 그것을 일목요연하게 정리한 것이 (b) 그래프이다.

④ STC곡선을 활용한 LTC곡선의 도출; 규모에 대한 보수 감소 시

규모에 대한 보수 감소인 경우는 〔그림 8-17〕의 (a) 그래프에서 보는 것처럼 LTC곡선은 우상향한다. 이때도 LTC곡선은 STC곡선들 가운데 각 목표생산량을 최소비용으로 생산하는 점들을 연결한 곡선으로 정의된다.

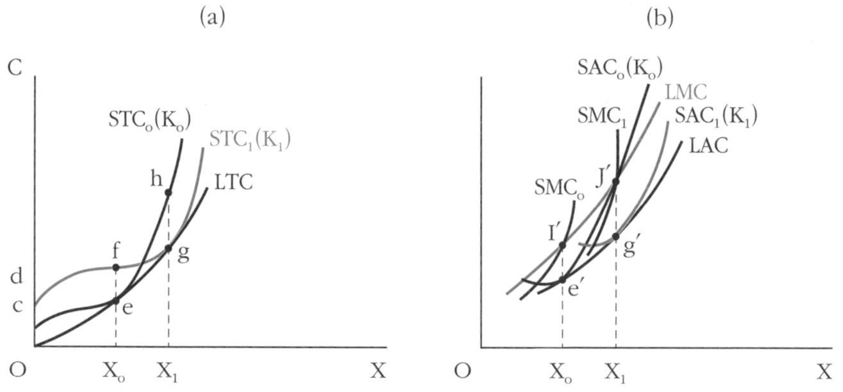

〔그림 8-17〕 규모에 대한 보수 감소와 장·단기비용곡선의 형태

가령 목표생산량이 X_o일 경우, 최소비용으로 생산할 수 있는 K의 크기는 K_o이며 그때의 STC곡선은 $STC_o(K_o)$이다. 목표생산량이 X_1인 경우, 최소비용으로 생산할 수 있는 K의 크기는 K_1이며 그때의 STC곡선은 $STC_1(K_1)$이다. 이때 LTC곡선이 STC곡선들의 포락선인 것도 앞서 언급한 것과 똑같다.

(b) 그래프에서 취급되는 $SAC_o(K_o)$, $SAC_1(K_1)$, LAC곡선은 각각 (a) 그래프에 등장하는 $STC_o(K_o)$와 $STC_1(K_1)$, LTC곡선상의 점들과 원점을 이은 선분의 기울기로 정의된다. 또 (b) 그래프의 SMC_o, SMC_1, LMC곡선도 (a) 그래프의 $STC_o(K_o)$, $STC_1(K_1)$, LTC곡선상의 점에서 그은 접선의 기울기로 정의된다. SMC_o, SMC_1곡선은 각각 $SAC_o(K_o)$, $SAC_1(K_1)$곡선의 최저점을 통과하는 것도 앞서 언급한 것과 똑같다. (b) 그래프의 e′점과 g′에서 각각 $SAC_o(K_o)$, $SAC_1(K_1)$곡선이 LAC곡선과 접하는 이유도 (a) 그래프의 e점과 g점에서 $STC_o(K_o)$, $STC_1(K_1)$곡선이 LTC곡선과 접하기 때문이다. 즉 해당 접점과 원점에서 그은 선분의 기울기가 똑같기 때문이다. 그밖에도 목표생산량 X_o, X_1에서 $SMC_o = LMC$, $SMC_1 = LMC$인 이유도 (a) 그래프에서 $STC_o(K_o)$, $STC_1(K_1)$곡선이 LTC곡선과 접하기 때문이다.

(4) 최적 생산량, 최적 시설 규모, 최소효율규모

① 최적 생산량과 최적 시설 규모에 대한 개념

지금까지 우리는 규모에 대한 보수 증가, 규모에 대한 보수 불변, 규모에 대한 보수 감소를 상정하고 그들 각각에 대해 단기비용곡선과 장기비용곡선의 관계를 입체적으로 조명했다.

이를 종합해서 일반적인 장기비용곡선을 살펴보고자 한다. 즉 생산시설 규모를 확대해 나갈 때, 처음에는 규모에 대한 보수 증가 현상이 나타난다. 그러다가 시간이 흐르면서 규모에 대한 보수 불변을 거쳐 규모에 대한 보수 감소로 이어진다. 이런 경우 단기비용곡선과 장기비용곡선을 정리하면 〔그림 8-18〕과 같다.

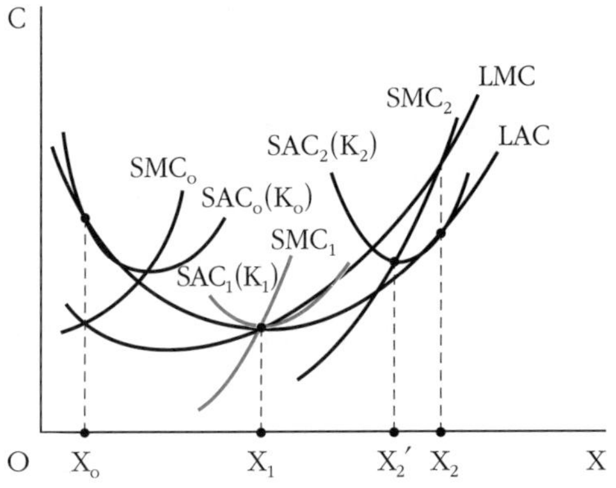

〔그림 8-18〕 장기비용곡선, 최적 생산량과 최적 시설 규모

〔그림 8-18〕에서 SAC곡선과 LAC곡선은 모두 U자 형태를 띠고 있지만 그 이유는 다르다. SAC곡선이 U자형인 것은 고정요소 K와 결합하는 가변요소 L의 평균생산물(AP_L) 변화를 반영한 결과다. 그러나 LAC곡선이 U자형인 이유는 규모에 대한 보수 변화를 반영한 결과다. 〔그림 8-18〕은 원점에서 X_1 이하의 생산량 수준에서는 규모에 대한 보수 증가, X_1에서는 규모에 대한 보수 불변, X_1 이상의 생산량 수준에서는 규모에 대한 보수 감소를 보여준다.

SAC곡선의 최저점에 대응하는 생산량을 최적 생산량이라고 정의한다. 또 최적 시설 규모(optimum scale of plant)란 LAC곡선의 최저점과 접하는 $SAC_1(K_1)$의 시설 규모를 말한다. 즉 LAC곡선의 최저점과 대응하는 X_1은 최적 시설 규모에서 생산되는 최적 생산량으로서 가장 효율적인 생산량이다. 이때는 〔그림 8-18〕에서 확인할 수 있듯이 $SAC_1(K_1) = SMC_1 = LMC = LAC$의 조건이 충족된다.

② 현실 세계에서 LAC곡선의 형태와 최소효율규모

지금까지 학습한 U자형의 LAC곡선은 현대경제학이 상정하는 전통적인 장기 비용곡선이다. 하지만 현실경제에서 LAC곡선에 대한 각 산업의 실증분석 결과는 〔그림 8-19〕와 같은 L자형으로 밝혀지고 있다. 그 이유는 경제적 효율성을 최우선적으로 추구하는 기업들이 단일 공장의 규모를 규모에 대한 보수 감소가 일어날 때까지 확장하지 않기 때문이다. 즉 한 공장의 규모를 세계적 수준의 초대형 공장으로 확장하기보다는 제2, 제3의 대형 공장을 건설함으로써 규모에 대한 보수 증가를 도모한다는 것이다. 충분히 일리 있는 주장이다. 〔그림 8-19〕는 규모를 달리하는 3개의 생산시설에 대한 SAC곡선과 LAC곡선의 관계를 보여준다.

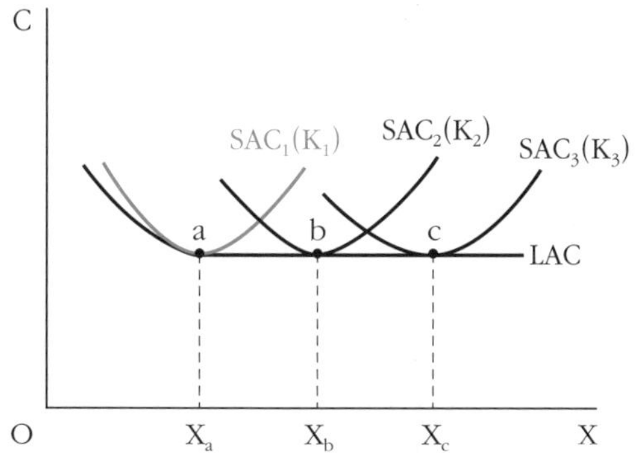

〔그림 8-19〕 현실 세계의 SAC, LAC곡선과 최소효율규모

〔그림 8-19〕는 우리들에게 몇 가지를 시사해준다. 첫째는 생산의 경제적 효율을 추구하는 기업들은 규모에 대한 보수 감소가 일어날 때까지 시설확장을 하지 않는다는 점이다. 둘째는 $SAC_1(K_1)$은 소규모 시설, $SAC_2(K_2)$는 중형 시설, $SAC_3(K_3)$는 대형시설을 의미한다는 사실이다. 셋째는 이들 3개의 시설 규모는 모두 LAC의 최저점과 접하기 때문에 최적 시설 규모라고 말할 수 있다.

〔그림 8-19〕에서 규모에 대한 보수 증가가 종료되고 규모에 대한 보수 불변이

시작되는 단계인 X_a는 최소의 평균비용으로 생산이 가능한 여러 최적 시설, 즉 K_1, K_2, K_3 중에서 K의 규모가 가장 작은 시설이다. 이때의 생산량 수준인 X_a를 최소효율규모(MES; Minimum Efficient Scale)라고 정의한다.

보론 8-4. 생산함수와 비용함수 간의 쌍대정리

쌍대정리는 그래프를 활용해서 살펴볼 수도 있고 라그랑지 미정 승수법을 이용한 수리적 접근방법을 통해서도 증명할 수 있다. 앞의 〔그림 8-2〕와 〔그림 8-3〕에서는 그래프를 이용해서 쌍대정리를 입증했다. 쌍대정리는 생산함수와 비용함수 가운데 어느 하나만 알면, 다른 하나를 손쉽게 유추할 수 있음을 의미한다. 왜냐하면 이들 두 함수는 마치 동전의 앞·뒷면과 같은 관계를 유지하기 때문이다. 일례로 500원짜리 동전을 생각해보자. 한국인이라면 누구나 500원짜리 동전의 앞 뒷면에 뭐가 나오는지 다 알고 있을 것이다. 앞면에는 십장생 가운데 하나인 학(鶴)이, 뒷면에는 500이라는 글자가 등장한다. 바로 이것이 시사해주는 게 쌍대정리다. 누가 독자 여러분에게 500원짜리 동전의 뒷면을 보여주며, 앞면에 등장하는 생물이 무엇이냐? 또 반대로 500원짜리 동전의 앞면을 보여주며, 뒷면에 등장하는 것이 무엇이냐?고 묻는다면, 여러분은 그 질문에 "학(鶴)이다", "500이란 글자다"라고 자신 있게 대답할 것이다. 생산함수와 비용함수도 그와 똑같다.

〔사진 8-1〕 500원짜리 동전의 앞뒤 모습

여기서는 생산함수가 주어졌다고 가정하고, 그것으로부터 비용함수를 도출해보자. 지금까지 학습한 수학만으로도 충분히 풀 수 있기 때문에 독자 여러분은 적극적인 자세로 도전해보기 바란다. X재의 생산함수가 $X = AL^{1/2}$

$K^{1/2}$로 주어졌다고 하자. 또 w는 노동 1단위당 임금, r은 자본 1단위당 이자율이라고 하자. 그러면 우리는 이들 정보에 기초해서 LTC함수를 도출할 수 있다. 그것이 가능한 것은 생산함수와 비용함수 간에 쌍대정리가 성립하기 때문이다. 지금부터 2단계로 나눠서 LTC함수를 도출해보자.

▶ 1단계; 조건부 장기 생산요소 수요함수를 구하라!

LTC함수는 $C = wL + rK$로 정의된다. 또 w, r은 임금과 이자율이며 사전적으로 주어졌다고 가정한다. LTC함수를 도출하려면 L, K에 대한 구체적 정보가 필요하다. 따라서 우리는 비용최소화 조건을 충족시키는 L과 K의 조합인 (L^*, K^*)를 도출해야 한다. 경제학에서는 (L^*, K^*)를 조건부 장기 생산요소 수요함수라고 한다. 이는 다음과 같은 비용최소화 문제에 대한 해(解)로 정의된다.

$$\min LTC = wL + rK \quad \cdots\cdots \text{㉠}$$
$$\text{s.t. } X = F(L, K) = AL^{1/2}K^{1/2}$$

㉠식의 비용최소화 문제에 대한 라그랑지 함수식은 다음과 같이 요약된다.

$$Z = wL + rK + \lambda(X - AL^{1/2}K^{1/2}) \quad \cdots\cdots \text{㉡}$$

㉡식으로부터 비용최소화의 1차 조건을 구하면 다음의 ㉢, ㉣, ㉤식이 도출된다.

$$\frac{\partial Z}{\partial L} = w - \left(\frac{1}{2}\right)\lambda AL^{-\frac{1}{2}}K^{\frac{1}{2}} = 0 \quad \cdots\cdots \text{㉢}$$
$$\frac{\partial Z}{\partial K} = r - \left(\frac{1}{2}\right)\lambda AL^{\frac{1}{2}}K^{-\frac{1}{2}} = 0 \quad \cdots\cdots \text{㉣}$$
$$\frac{\partial Z}{\partial X} = X - AL^{\frac{1}{2}}K^{\frac{1}{2}} = 0 \quad \cdots\cdots \text{㉤}$$

㉢식을 ㉣식으로 나눠주면 아래의 ㉥식이 도출된다.

$$\frac{w}{r}=\frac{K}{L} \cdots\cdots ㉥$$

㉥을 K로 재정리하면 $K=\frac{w}{r}L$이 된다. 이것을 ㉤식에 대입하면 다음의 ㉦식이 도출된다.

$$X=AL^{\frac{1}{2}}K^{\frac{1}{2}}=AL^{\frac{1}{2}}\left(\frac{w}{r}L\right)^{\frac{1}{2}}=AL^{\frac{1}{2}}\left(\frac{w}{r}\right)^{\frac{1}{2}}L^{\frac{1}{2}}=A\left(\frac{w}{r}\right)^{\frac{1}{2}}L \cdots\cdots ㉦$$

㉦식을 L로 재정리하면 아래의 ㉧식이 도출된다.

$$L^*=\left(\frac{1}{A}\right)\left(\frac{w}{r}\right)^{-\frac{1}{2}}X \cdots\cdots ㉧$$

㉧식을 $K=\frac{w}{r}L$로 대입하면 다음의 ㉨식이 도출된다.

$$K^*=\left(\frac{1}{A}\right)\left(\frac{w}{r}\right)^{\frac{1}{2}}X \cdots\cdots ㉨$$

▶ 2단계; 조건부 장기 생산요소 수요함수를 LTC함수에 도입하라!

㉧, ㉨식을 ㉠식의 목적함수인 LTC = wL + rK에 대입시켜 정리하면 최종적으로 장기총비용함수인 ㉩식이 도출된다.

$$LTC=w\left[\frac{1}{A}\left(\frac{w}{r}\right)^{-\frac{1}{2}}X\right]+r\left[\frac{1}{A}\left(\frac{w}{r}\right)^{\frac{1}{2}}X\right]=\frac{1}{A}(2)w^{\frac{1}{2}}r^{\frac{1}{2}}X \cdots\cdots ㉩$$

이로써 생산함수와 비용함수간의 쌍대관계가 입증된 셈이다. 한편 비용함수가 주어졌을 경우, 그로부터 생산함수가 도출되는 과정에 대해서는 독자 여러분의 자율학습에 맡기고자 한다.

요약 및 복습

- 생산함수와 비용함수를 학습하는 주된 이유는 우상향하는 기업의 공급곡선을 도출하고, 그것의 본질을 정확하게 이해하기 위함이다.

- 회계적 이윤은 기업의 총수입에서 회계적 비용(명시적 비용)을 빼준 값이다. 하지만 경제학자가 관심을 갖는 비용은 경제적 비용이다. 경제적 비용(기회비용)은 회계적 비용에다 암묵적 비용을 합해준 것이다. 그리고 경제적 이윤은 기업의 총수입에서 경제적 비용(=회계적 비용+암묵적 비용)을 빼준 값이다. 또한 암묵적 비용의 구성요소로는 암묵적 임금, 암묵적 이자, 암묵적 지대, 정상이윤 등이 있다.

- 생산함수와 비용함수 가운데 어느 것 하나만 알면 다른 것은 자동적으로 알 수 있다. 이는 생산함수와 비용함수가 동전의 앞뒤 관계와 같다는 얘기다. 경제학에서는 이와 같은 특성을 쌍대관계라고 부른다. 자세한 증명과 내용설명은 본문을 참조하기 바란다.

- TC는 TFC와 TVC의 합이다. 여기에서 AC, AVC, AFC, MC곡선이 도출된다. AC곡선과 AVC곡선은 각각 원점에서 TC곡선과 TVC곡선에 그은 선분의 기울기로 정의되며, MC곡선은 TC곡선과 TVC곡선의 해당 점에서 그은 접선의 기울기로 정의된다. 즉 $AC = TC/X$, $AVC = TVC/X$, $MC = \triangle TC/\triangle X = \triangle TVC/\triangle X$와 같다. 이때 AC곡선의 최저점은 AVC곡선의 최저점보다 오른쪽에 놓이게 된다. 또 MC곡선은 AC곡선과 AVC곡선의 최저점을 통과한다.

- 장기비용함수와 장기비용곡선은 3가지 특성을 갖는다. 하나는 장기에는 고정요소가 하나도 존재하지 않는다는 점이다. L, K가 모두 가변요소라는 얘기다. 따라서 LTC곡선은 원점에서 출발한다. 다른 하나는 장기비용곡선은 단기비용곡선과 밀접하게 연관되어 있다. LTC곡선, LAC곡선은 모두 각각의 생산시설 규모에 대응하는 STC곡선과 SAC곡선 가운데 목표생산량을 최소비용으로 생산할 수 있는 점들을 연결한 곡선으로 정의된다. 마지막으로 단기비용곡선은 단기생산함수에 내재된 한계생산력체감의 법칙에 따른 것이다. 하지만 장기비용곡선은 규모에 대한 보수(예 보수 증가, 보수 불변, 보수 감소)에 따라 결정된 것임에 유의해야 한다.

☑ 비용최소화를 위한 생산요소의 최적 조합은 최대 생산량을 위한 생산요소의 최적 조합조건과 동일하다. 이는 동일한 비용으로 최대 생산량을 생산하는 것과 동일한 생산량을 생산하기 위한 비용최소화가 결국은 이윤극대화를 추구하기 위한 논리이기 때문이다. 이들 조건이 충족되기 위해서는 등량곡선의 기울기와 등비선의 기울기가 같아야 한다. 따라서 다음과 같은 조건식이 충족된다.

등량곡선의 기울기 = 한계기술대체율($MRTS_{LK}$) = $MP_L / MP_K = w/r$
= 등비선의 기울기

☑ 비용최소화나 최대 생산량을 위한 생산요소의 최적 조합이 극단적인 형태로 이루어지는 것을 '코너-해(corner solution)'라고 한다. 이런 경우에는 앞서 언급한 '등량곡선의 기울기 = 한계기술대체율($MRTS_{LK}$) = $MP_L / MP_K = w/r$ = 등비선의 기울기'의 조건이 더 이상 성립되지 않는다. 코너-해가 존재할 때는 기업이 L이나 K만을 투입해서 X재를 생산하게 된다. 즉 코너-해의 경우 $MRTS_{LK} = MP_L / MP_K > w/r$이면 기업은 X재 생산을 위해 L만을 투입하고, $MRTS_{LK} = MP_L / MP_K < w/r$이면 기업은 X재 생산을 위해 K만을 투입한다.

☑ 생산요소가격이 w와 r로 일정불변인 상황에서 총비용이 TC_o, TC_1, TC_2 등으로 증가하면 비용최소화 조건을 충족시키는 생산요소의 최적 조합점도 이동한다. 이런 생산요소의 최적 조합점을 연결한 것이 생산의 확장경로(EP; expansion path)이다. 확장경로는 장기적 개념이기 때문에 반드시 원점으로부터 출발해야 한다. 확장경로의 형태는 크게 직선형 확장경로, 전방굴절형 확장경로, 후방굴절형 확장경로로 구분된다. 확장경로가 미시경제학에서 중요하게 다뤄지는 이유는 LTC곡선이 그것으로부터 도출되기 때문이다.

☑ LTC곡선은 2가지 경로를 통해 도출된다. 하나는 확장경로를 통한 LTC곡선의 도출이다. 규모에 대한 보수 증가, 보수 불변, 보수감소와 확장경로를 응용하면 LTC곡선이 손쉽게 도출된다. 다른 하나는 STC곡선을 활용한 LTC곡선의 도출이다. 이때 LTC곡선은 STC곡선의 포락선으로 정의된다. 자세한 사항은 본문 내용을 참조하면서 전체적인 맥락 파악에 주력해주기 바란다. 이 내용에 대한 올바른 이해는 생산물시장과 생산요소시장으로 이어지기 때문에 매우 중요하다. 물론 경제학의 초심자들에겐 난해할 수 있지만 이 세상에 불가능한 일은 없기에 강한 도전정신으로 끈기 있게 접근하면 무난히 극복할 수 있을 것이다.

☑ 최적 생산량, 최적 시설 규모, 최소효율규모는 언제든지 시험문제로 출제될 수 있는 내용이다. 따라서 이들 개념에 대해서는 치밀한 학습이 필요하다. 우선 최적 생산량은 단기 개념이다. 즉 SAC곡선의 최저점에 대응하는 생산량을 의미한다. 최적 시설 규모는 장기개념이다. 이는 LAC의 최저점에 대응하는 생산량을 말한다. 참고로 LAC의 최저점에서는 SAC곡선의 최저점도 되기 때문에 그것은 최적 시설 규모인 동시에 최적 생산량이 되는 가장 효율적인 생산량이다. 또 그때는 SAC = SMC = LMC = LAC의 조건이 충족된다. 마지막으로 최소효율규모(MES; Minimum Efficient Scale)는 최소의 평균비용으로 생산이 가능한 여러 최적 시설(예 K_1, K_2, K_3, …) 중에서 자본의 규모가 가장 작은 시설을 활용해서 생산하는 X재 생산량을 말한다.

연습문제

1 다음은 생산과 비용함수에 대한 일반적인 설명을 나열한 것이다. 이들 가운데 틀린 것을 모두 고르고, 잘못 기술된 부분을 올바르게 수정하시오.

㉠ 동조적 생산함수의 확장경로는 전방 굴절된 형태로 나타난다.
㉡ 장기총비용(LTC) 곡선과 확장경로 사이에는 아무런 관련이 없다.
㉢ MP_L과 MC, 그리고 AP_L와 AC 간에는 반비례적 관계가 존재한다.
㉣ 장기한계비용(LMC)는 단기한계비용(MC)들의 포락선으로 정의된다.
㉤ 코너 해의 경우에는 $MRTS_{LK} = w/r$의 조건이 더 이상 충족되지 않는다.
㉥ 동차 생산함수와 동조적 생산함수 간에는 동차 생산함수 ⊆ 동조적 생산함수의 관계가 성립한다.
㉦ 규모에 대한 보수 불변이 지속되는 상황에서는 최소효율규모가 1개 이상 존재할 수 있다.
㉧ 정상이윤은 회계적 비용에 속하며, 생산자가 계속해서 생산활동을 하도록 해주는 유인책이다.
㉨ 레온티에프 생산함수와 콥-더글라스 생산함수의 공통점은 확장경로가 우상향하는 직선이라는 점이다.
㉩ 소비자선택이론에서는 장·단기를 명확하게 구분하지 않지만, 비용과 깊은 관련이 있는 생산자 선택의 이론에서는 장·단기를 명확하게 구분한다.

힌트! 정답은 ㉠, ㉡, ㉣, ㉦, ㉧임. 틀린 부분은 본문 내용을 참조하며 완벽하게 정리하기 바람!

2 단기 총비용을 TC, 단기 총가변비용을 TVC = wL(w; 단위당 임금, L; 고용량)이라고 상정한다. 아래의 질문에 답하시오.

1) 단기 평균가변비용(AVC)과 노동의 평균생산물(AP_L) 간에 존재하는 반비례적 관계를 증명하시오.

2) 단기 한계비용(MC)과 노동의 한계생산물(MP_L) 간에 존재하는 반비례적 관계를 증명하시오.

힌트! MC = △TVC/△X, AVC = TVC/X의 관계를 활용하면 쉽게 해결할 수 있음.

3 다음 사항을 읽고, ( ) 안에 들어갈 적절한 숫자를 적으시오.

- X재 생산량이 0일 때, 총비용은 200만 원이고, 생산량이 100개로 늘면 총비용이 1,200만 원으로 증가한다. 그러면 이때의 평균가변비용(AVC)은 (①)만 원으로 정의된다.
- △△기업이 단기에 X재 1만 개를 생산할 때, 평균비용이 7만 원, 평균가변비용은 5만 원, 한계비용은 4만 원이었다. 이때 △△기업의 단기 총고정비용은 (②) 억 원이다.

힌트! 이런 유형의 문제는 TC = TVC + TFC, AC = AVC + AFC, MC = △TC/△X = △TVC/△X의 관계식을 숙지하고, 하나하나 숫자를 대입하면 자연스럽게 모든 문제를 해결할 수 있음.

4 다음은 생산요소 가격의 변화, 즉 임금(w)의 하락에 따른 가격효과를 설명한 것이다. ( ) 안에 알맞은 단어를 제시하시오. 참고로 가격효과는 대체효과와 생산효과로 구분된다. 단, ①, ②, ③, ④는 증가와 감소, ⑤는 크다와 작다 중에서 하나를 선택할 것!

- 임금(w)이 하락하면 (w/r)가 하락한다. 이때 노동의 고용량은 (①)하고, 자본의 고 용량은 (②)하는 효과를 대체효과라고 정의한다.
- 임금(w)이 하락하면 요소의 고용수준과 산출량은 (③)한다. 이때 노동의 고용량은 증가하고 자본의 고용량은(도) (④)하는 효과를 생산 효과라고 정의한다.
- 임금(w)의 하락에 따른 대체효과와 생산 효과가 상충(相衝)되면, 일반적으로 생산 효과가 대체효과보다 (⑤)다고 가정한다. 그 결과 임금(w)의 하락은 노동과 자본의 고용량을 모두 증가시킨다.

힌트! 소비자 선택이론에서는 가격효과가 대체효과와 소득효과로 구분됨. 하지만 생산 및 비용이론에서 가격효과는 대체효과와 생산 효과로 구분됨에 유의할 것!

5 다음은 확장경로에 대한 설명을 나열한 것이다. (　　) 안에 들어갈 용어를 제시하시오.

- $X = AL^{\alpha}K^{1-\alpha}$인 1차 동차 생산함수의 경우, 확장경로는 우상향하는 직선이다. 그렇지만 (①)이 열등 투입 요소인 경우의 확장경로는 후방 굴절형 곡선으로 정의된다.
- 레온티에프 생산함수의 경우, 확장경로는 우상향하는 직선이다. 하지만 (②)이 열등 투입 요소인 경우의 확장경로는 전방 굴절형 곡선으로 정의된다.

힌트! 이 문제는 노동과 자본 중에서 하나를 고르는 문제임에 유의할 것!

6 어느 생산함수의 확장경로가 다음과 같이 주어졌다고 가정한다. 아래의 질문에 답하시오.

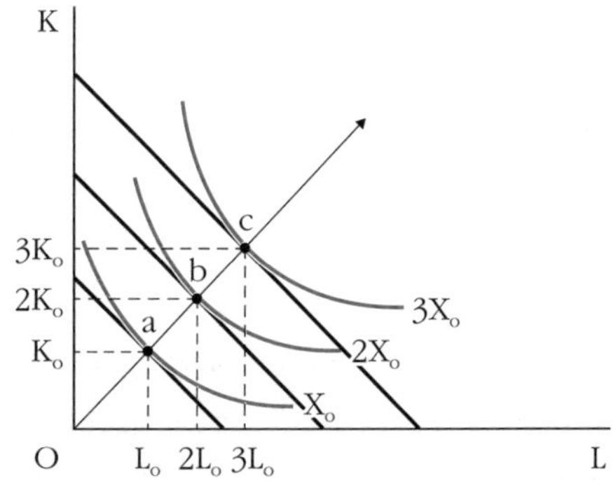

1) 위와 같은 확장경로로 유추할 수 있는 규모에 대한 보수 형태를 밝히시오.

2) 위와 같은 확장경로로 유추할 수 있는 장기 총비용(LTC)의 형태를 밝히고, 그에 대한 근거를 제시하시오.

힌트! 이에 대해서는 본문 내용을 참조해서 정리할 것!

7 △△기업의 장기생산함수와 장기비용함수가 각각 800 = 10L + 20K, 20K = 800 - 40L로 주어졌다고 가정한다. 아래의 질문에 답하시오.

1) 이런 경우, 생산자균형점의 조건인 $MRTS_{LK} = MP_L/MP_K = w/r$의 충족 여부를 밝히시오.

2) 이런 경우, △△기업이 선택해야 할 생산요소의 구체적인 고용량을 제시하시오.

힌트! 코너 해에 대한 문제임. 자세한 내용과 문제해결 방법은 본문 내용을 참조하기 바람!

8 단기 총가변비용(TVC)이 다음과 같이 주어졌다고 가정하자. 아래의 질문에 답하시오. 단, 단기에 자본(K)은 K_o로 일정하고, 이자율(r)도 일정하다.

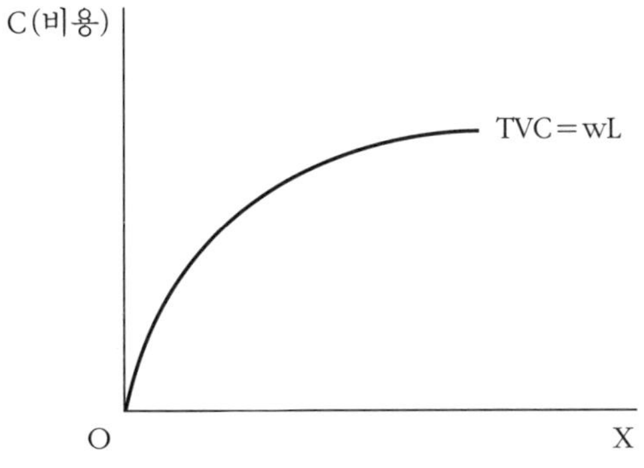

1) 위 그림을 활용해서 단기 총생산물(TP)곡선을 도출하시오.

2) 위 그림을 활용해서 노동의 평균생산물(AP_L)과 한계생산물(MP_L)곡선을 도출하시오.

힌트! 쌍대정리를 활용해서 TP곡선을 도출한 후, 한계와 평균의 개념을 적용해서 AP_L, MP_L곡선을 도출하기 바람!

제9장 완전경쟁시장과 자원배분

1
생산물시장의 종류와 완전경쟁시장의 특징

(1) 생산물시장의 종류에 대한 기초 지식

① 소비자이론과 생산자이론을 학습했던 이유는 무엇일까?

우리는 지금까지 오랜 시간에 걸쳐 소비자이론과 생산자이론을 학습했다. 알다시피 경제학은 매우 치밀하고 과학적인 학문이다. 이제부터 배우고자 하는 시장이론을 제대로 이해하기 위해서는 시장수요곡선과 시장공급곡선에 대한 사전지식이 절대적으로 필요하다.

시장수요곡선은 개별 소비자 수요곡선으로부터 도출된다. 그것을 체계적으로 이해하기 위해 소비자이론을 학습한 것이다. 또 시장공급곡선은 생산자이론을 통해 이해될 수 있다. 하지만 우리는 생산자이론을 배우면서 시장공급곡선에 대해서는 한마디도 언급하지 않았다. 그것은 생산자이론에서 배운 생산함수와 비용함수만 갖고서는 기업의 공급곡선을 도출할 수 없기 때문이다. 개별기업의 공급곡선은 생산함수와 비용함수는 물론 생산물시장의 형태까지 전제되어야만 도출할 수 있다. 따라서 본 항에서는 생산물시장의 종류와 형태에 대해 좀 더 살펴보고자 한다.

② 생산물시장의 종류와 형태

경제학에서는 생산물(예 X재)이 거래되는 시장을 생산물시장이라고 한다. 그런

〔표 9-1〕 생산물시장의 종류와 형태

핵심 분류기준 \ 시장의 종류	완전 경쟁시장	불완전 경쟁시장		
		독점	과점	독점적 경쟁
1. 시장에 참여하는 기업의 수	매우 많다	1개다	소수다	꽤 많다
2. 상품의 동질성 여부	동질적이다	동질적이다	동질적, 이질적이다	이질적이다
3. 시장에 참여하는 기업의 가격통제의 정도	전혀 없다	매우 크다	꽤 큰 편이다	적은 편이다
4. 시장에 참여하는 기업의 최적 시설 규모	매우 작다	매우 크다	꽤 큰 편이다	작은 편이다
5. 진입장벽의 여부	전혀 없다	100% 진입금지	매우 크다	거의 없다
6. 상품의 주요 판매전략	치열한 가격 경쟁	광고활동	치열한 비가격 경쟁	가격 비가격 경쟁
7. 우리 주변에서 찾아볼 수 있는 사례	찾아보기 힘들다	철도, 상하수도, 전력	자동차, 가전산업, 이동통신	미용실, 카페, 식당

출처: 홍승기, 『7급 경제학』, 박영사, 2009, 277쪽 참조.

데 생산물시장은 〔표 9-1〕에서 보는 것처럼 완전경쟁시장과 불완전경쟁시장으로 대별(大別)된다. 또 불완전경쟁시장은 다시 독점시장, 과점시장, 독점적 경쟁시장으로 세분된다.

생산물시장이 완전경쟁시장인가, 불완전경쟁시장인가를 구분하는 핵심요인 가운데 하나는 생산물을 공급하는 기업이 가격수취자(price-taker)로서 행동하는가의 여부다. 가격수취자란 시장에서 결정된 가격을 그대로 받아들이는 경제주체를 말한다. 완전경쟁시장에서는 기업과 소비자가 모두 가격수취자로서 행동한다. 반면, 불완전경쟁시장(독점, 과점, 독점적경쟁)에서는 기업이 시장가격을 결정할 수 있는 시장지배력을 갖는다. 즉 불완전경쟁시장하의 기업들은 가격설정자(price-maker)로서 행동한다는 얘기다. 〔표 9-1〕의 세부 사항들에 대해서는 각각의 시장을 설명할 때, 자세히 언급하기로 한다.

(2) 완전경쟁시장의 특징

① 절대 다수의 소비자와 기업

완전경쟁시장에서는 시장에 참여하는 경제주체들의 숫자가 무척 많다. 상품을 공급하는 기업들도 많고 상품을 수요하는 소비자도 많다. 이는 개별 소비자의 수요량이 시장 전체의 수요량에서 차지하는 비중이 아주 작기 때문에 소비자는 시장가격의 결정에 아무런 영향을 미치지 못한다. 기업도 마찬가지다. 개별기업의 상품 공급량이 시장 전체의 공급량에서 차지하는 비중이 매우 작기 때문에 그들 역시 시장가격의 결정에 아무런 영향을 미치지 못한다. 따라서 완전경쟁시장에서 개별 소비자와 개별기업은 가격수취자와 수량조정자의 역할만 담당할 뿐이다. 또 〔표 9-1〕에서 언급한 것처럼 기업의 최적 시설 규모가 아주 작고, 가격통제력을 갖지 못하는 것도 시장에 참여하는 소비자와 기업의 숫자가 매우 많기 때문이다.

② 진입과 퇴거의 자유 보장

완전경쟁시장에서는 기업의 자유로운 진입(entry)과 퇴거(exit)가 완벽하게 보장된다. 소비자나 기업은 어느 누구의 간섭이나 통제도 받지 않고 한계편익이나 이윤을 좇아 시장에 진입할 수 있고, 한계편익이 마이너스가 되거나 큰 손실이 발생할 경우에는 언제든지 시장에서 자유롭게 퇴거(退去)할 수 있다. 하지만 진입과 퇴거의 자유가 보장된다는 조건 때문에 완전경쟁시장에서 기업들이 가격수취자가 되는 것은 아니다. 그 이유는 독점적 경쟁 시장에서도 진입과 퇴거의 자유가 보장되기 때문이다. 독점적 경쟁기업의 장기균형에서 초과이윤이 0인 이유도 진입과 퇴거의 자유가 보장되기 때문이다. 그러나 완전경쟁시장에서 진입과 퇴거의 자유가 보장된다는 조건은 시장과 완전경쟁기업의 장기균형에서 매우 중요한 역할을 한다. 이에 대해서는 뒤에서 자세히 언급할 것이다. 참고로 기업의 진입과 퇴거에 대한 장벽이 존재해서 시장에서 활동하는 기업의 숫자가 한정된다면, 그들 기업은 시장가격의 결정에 상당한 영향력을 행사할 수 있다.

③ 상품의 동질성

시장에서 판매(거래)되는 상품이 동질적이어야 한다. 여기서 동질적이라 함은 상품의 품질은 물론 외관, 내용, 기술적 특성, 애프터서비스(AS)와 관련된 제반 조건까지 똑같아야 한다는 것을 의미한다. 미 프린스턴대학의 폴 크루그먼(P. Krugman) 교수는 이런 상품을 '표준화된 상품(standardized product)'이라고 정의한 바 있다.

④ 완전한 정보

시장에 참여하는 소비자와 기업이 시장의 모든 현황에 대해 완전한 정보를 갖고 있어야 한다는 점이다. 또한 이러한 정보를 취득하는데 아무런 비용을 추가적으로 지불하지 않는다는 것도 포함됨에 유의해야 한다. 만약 시장에 참여하는 소비자와 기업에게 완전한 정보가 제공된다면 같은 상품을 타인보다 비싸게 구매하는 소비자도 없을 것이고, 상품을 타인보다 싸게 판매하는 기업도 존재하지 않게 된다.

이와 같은 4가지 특성이 충족되는 완전경쟁시장에서는 일물일가(一物一價)의 법칙, 즉 하나의 상품에는 오로지 하나의 가격만 형성된다. 여기서 가격수취자인 다수의 소비자와 기업, 진입과 퇴거의 자유 보장, 상품의 동질성이 충족되는 경우는 순수경쟁(pure competition), 완전한 정보까지 충족되는 시장은 완전경쟁시장이라고 정의한다. 또 독점, 과점, 독점적 경쟁과 같은 불완전경쟁시장에서는 동일한 상품에 2개 이상의 가격이 형성될 수 있다. 이 대목에서 궁금해지는 게 하나 있다. 현실경제에서 완전경쟁시장이 존재하는가에 대한 본질적인 질문이다. 일부 경제학책에서는 농산물 시장이나 주식시장을 완전경쟁시장의 대표적 사례로 소개한다. 하지만 그것은 잘못된 얘기다. 가령, 쌀을 예로 들어 보자. 소비자들에게 경기도 이천지역에서 생산되는 임금님표 쌀과 어느 농촌 마을에서 생산된 쌀을 놓고 품평회를 개최한다고 하자. 이때 도시에 거주하는 소비자들이 그 두 종류의 쌀을 동질적인 쌀로 평가할까? 또 주식시장에서는 완전한 정보가 보장되지 않는다. 만약 주식시장의 참여자들에게 완전한 정보가 보장된다면 주식투자로 돈을 잃는 사람이 없을 것이다. 게다가 주식시장에서는 수많은 작전 세력들이 활개를 치면서 주식시장의 질서를 교란시키는 게 엄연한 현실이다. 따라서 진정한 의미에서의 완전경쟁시장은 존재하지 않는다고 보는 게 옳다. 여기서 또 다른 질문이 제기될 수 있다. 그렇다면 왜 당신은 존재하지도 않는 완전경쟁시장을 가르치는가? 그에 대한 대답 또한 간단하다. 그것은 물리학의 모든 실험이 현실과는 동떨어진 진공상태에서 실시하는 것과 똑같은 이치다. 즉 독점, 과점, 독점적 경쟁시장이 자원배분의 효율성 측면에서 얼마만큼 나쁜 것인가를 평가하려면, 우선 자원배분의 효율성을 충족시키는 완전경쟁시장부터 학습해야 한다. 그래야만 독점, 과점, 독점적 경쟁시장이 완전경쟁시장에 비해 얼마만큼 나쁜 시장인지를 정확하게 알 수 있다. 그런 이유에서 많은 경제학자들이 나름대로 소명의식을 갖고 학생들에게 완전경쟁시장 이론을 열심히 가르치는 것이다.

2
완전경쟁시장의 단기균형과 단기공급곡선의 도출

(1) 단기와 단기균형에 대한 개요

① 단기

단기(短期)는 고정요소(예 K)가 1개 이상 존재하고, 기업의 자유로운 진입과 퇴거가 불가능할 정도로 짧은 기간을 말한다. 또 K가 고정요소일 경우, 기업은 단기에 자본의 규모를 늘리거나 축소할 수 없다는 것도 알아야 한다.

② 단기균형

완전경쟁시장에서 개별기업의 단기균형은 이윤극대화조건을 충족하는 의사결정을 함으로써 달성된다. 또 개별기업의 단기균형으로부터 개별기업의 단기공급곡선이 도출되고 그것의 횡적 합이 완전경쟁시장의 단기공급곡선이다. 물론 그 전제조건은 생산요소가격이 일정불변해야 한다는 점이다. 더욱이 이 내용은 각종 경제시험에서 출제될 가능성이 있기 때문에 독자 여러분의 각별한 주의가 요구된다.

(2) 완전경쟁시장에서 개별기업의 단기균형

① 이윤, 총수입(TR), 평균수입(AR), 한계수입(MR)에 대한 정의

완전경쟁시장에서 개별기업이 추구하는 것은 이윤극대화이다. 또 이윤을 π라고 하면, π는 다음과 같이 정의된다. 총수입은 TR(total revenue)이며, 총비용은 앞에서 언급한 것처럼 TC(total cost)이다. 참고로 총수입은 TR = P・X로 정의된다.

이윤(π) = 총수입(TR) − 총비용(TC) ·· ㉠

이윤을 극대화한다는 것은 TR의 극대화나 TC의 극소화를 추구하는 게 아니라 TR과 TC의 차이를 극대화시키는 것을 말한다. 또 이윤(π)은 정상이윤을 초과하는 경제적 이윤임에 유의해야 한다.

기업의 단기균형은 이윤극대화조건이 충족될 때, 달성된다. 왜냐하면 기업들은 이윤극대화 조건이 충족되는 생산량 수준에 도달하면, 다른 수준의 생산량을 생산하려는 경제적 유인이 존재하지 않기 때문이다. 따라서 그 수준을 고수하려고 하는데 우리는 그것을 균형이라고 한다. 기업의 단기균형은 TR과 TC, MR과 MC를 통해서도 설명할 수 있다. 여기서는 이들 개념에 대해 좀 더 살펴보고자 한다.

TR, 평균수입(AR; average revenue), 한계수입(MR; marginal revenue)[56]은 다음과 같이 정의된다. 여기서 P는 X재 가격이며 상수이다. 지금까지 X재 가격은 P_X로 표시했다. 그 이유는 대체 관계나 보완관계를 갖는 Y재와 그것의 가격인 P_Y를 함께 고려해야 하는 경우가 존재했기 때문이다. 하지만 지금부터는 P_X 대신 P로 통일해서 사용하고자 한다. 그 이유는 MR이나 MC도 모두 MR_X, MC_X로 표시해야 하는데 그러면 그래프의 종축(Y축)이 복잡해지기 때문이다. 그래프의 간편화를 위한 것인 만큼 독자 여러분의 따뜻한 이해를 구한다. 한편, X재 가격 P가 상수인 이유는 완전경쟁시장에서 개별기업은 가격수취자이기 때문이다. 따라서 ㉡식으로부터 ㉢, ㉣식을 도출할 수 있다.

---

56 MR은 한계수입으로서 상품 1단위를 추가로 판매할 때 얻을 수 있는 총수입의 증가분으로 정의된다.

TR = X재의 총수입 = X재 가격(P) × 상품 공급량(X) = P · X ………… ㉡

AR = X재 1단위당 평균수입 = TR/X = (P · X)/X = P ………………… ㉢

MR = X재의 한계수입 = △TR/△X = P ……………………………… ㉣

우리는 ㉡, ㉢, ㉣식으로부터 P = AR = MR(단, P는 상수)의 관계를 도출할 수 있다. 그러면 이들의 관계를 그래프로 나타내고, 그 의미에 대해 살펴보자.

완전경쟁시장에서 개별기업의 TR과 AR, MR을 그래프로 정리하면 〔그림 9-1〕과 같다. 여기서 P = 300원이라고 가정하자.

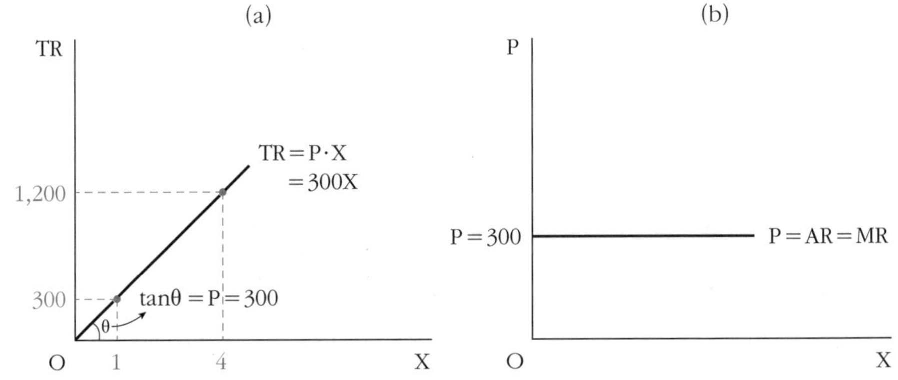

〔그림 9-1〕 개별기업의 TR, AR, MR곡선의 형태

〔그림 9-1〕의 (a) 그래프는 완전경쟁시장에서 개별기업의 TR곡선을 나타낸다. TR곡선의 기울기는 P이며, P = 300원이다. TR곡선이 원점에서 출발하는 직선이기 때문에 원점에서 그은 선분의 기울기와 접선의 기울기는 똑같다. 따라서 P = 300원 = AR = MR의 조건이 충족된다. 이것을 (b) 그래프에 나타내면 P = 300에서 그은 수평선으로 정의된다. 문제는 이러한 수평선을 어떻게 해석할 것인가이다. (b) 그래프의 수평선은 완전경쟁시장에서 개별기업이 직면하는 수요곡선이다.[57] 이것은 완전경쟁시장에서 개별기업은 주어진 시장가격(P)에서 얼마

57 2000년도 이전에는 이것을 묻는 문제들이 각종 경제시험에서 많이 출제되었다. 지금도 여러 경제시험에서 이것을 묻는 문제들이 이따금씩 출제되는 것 같다. 따라서 독자 여러분들은 이 의미

든지 자신이 생산한 X재를 공급할 수 있다는 것을 의미한다. 그렇다고 해서 완전경쟁시장에서 개별 소비자의 수요곡선이 수평선이라는 뜻은 아니다. 개별 소비자의 수요곡선은 여전히 우하향하는 곡선으로 정의되고, 시장수요곡선은 이들 수요곡선의 횡적 합으로 정의된다. 물론 그 전제조건은 소비자 선호의 독립성이 보장되어야 한다는 점이다.

② 이윤극대화생산량의 결정 과정

이제 완전경쟁시장에서 개별기업의 이윤극대화생산량이 어떻게 결정되는지 살펴보자. 〔그림 9-2〕의 (a) 그래프가 보여주듯이 이윤극대화생산량(일명, 최유리조업도)은 TR과 TC의 차이가 가장 큰 X_2에서 결정된다. X_o에서는 TR과 TC의 차이가 크지만, TC가 TR보다 크기 때문에 손실극대화가 이루어진다.

한편 (b) 그래프의 c′점에서는 P = AR = MR = MC[58] 조건이 충족되는데 이것이 바로 완전경쟁시장에서 개별기업의 이윤극대화 조건이자 단기균형조건이다.

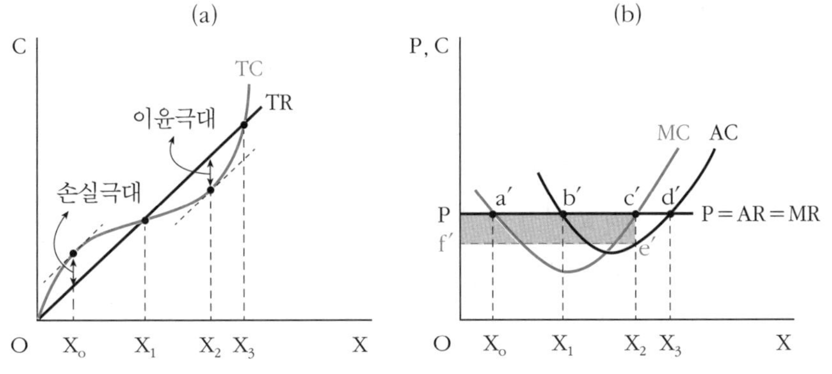

〔그림 9-2〕 완전경쟁시장에서 개별기업의 이윤극대화생산량 결정

를 잘 정리해두기 바란다.

58 이윤(π)은 $\pi = TR - TC = TR(X) - TC(X)$로 정의된다. 이윤극대화 1차 조건은 $d\pi/dX = 0$이다. $\pi = TR - TC = TR(X) - TC(X)$를 X에 대해 1차 미분한 후 0으로 놓으면 다음의 식이 도출된다. $d\pi/dX = dTR/dX - dTC/dX = MR - MC = 0$이다. 따라서 MR = MC 조건이 도출된다. 이것은 이윤극대화를 위한 필요조건일 따름이다. 〔그림 9-1〕의 (b) 그래프에서 a′점과 c′점에서는 MR = MC 조건이 충족되고 있다. 하지만 a′점은 손실극대화점이고 c′점만이 이윤극대화점이다. 따라서 우리는 이윤극대화를 위한 충분조건을 구해야 한다. 이를 위해서는 식 $d\pi/$

이때 개별기업은 X_2만큼의 X재를 공급하고 □Pc′e′f′만큼의 단기이윤을 얻는다. 여기서 □Pc′e′f′는 X_2에서 X재 1단위당 이윤인 P－AC(＝c′e′)[59]에다 X재의 공급량(＝OX_2)을 곱한 값이다. 이쯤에서 독자 여러분께 한 가지 양해 말씀을 드린다. 향후 논의 전개 과정에서 별도의 설명이 없는 한, AC와 MC는 단기평균비용과 단기한계비용을 뜻한다. 장기평균비용(LAC)이나 장기한계비용(LMC)과의 구분이 필요할 경우에는 단기(short-run)를 의미하는 S를 덧붙여 단기평균비용(SAC), 단기한계비용(SMC)으로 기술하고자 한다. 이에 대한 혼란이 없기를 바란다.

(3) 완전경쟁시장에서 개별기업의 단기공급곡선 도출

① 개별기업의 MC곡선과 단기공급곡선

완전경쟁시장에서 개별기업은 시장에서 결정된 가격 P를 주어진 것으로 받아들이고, 자신의 MC곡선과 P＝AR＝MR＝MC 조건이 충족되는 점에서 생산량을 결정한다. 그것이 개별기업의 이윤극대화생산량이다.

이는 임의의 시장가격(P_0, P_1, P_2, P_3)에서도 성립한다. 그런 의미에서 개별기업의 우상향하는 MC곡선이 X재 가격과 생산량 사이에 1:1 대응 관계를 나타내는 단기공급곡선이다. 하지만 여기서도 독자 여러분이 유의해야 할 것이 하나 있다. 그것은 'MC곡선이라고 해서 그것이 무조건 개별기업의 단기 공급곡선이 되는 것은 아니다'라는 점이다. 여기서는 그 문제에 대해 좀 더 살펴보자.

---

dX＝MR(X)－MC(X)를 다시 한번 미분해주어야 한다. 즉 $d^2\pi/dX^2 = dMR/dX - dMC/dX < 0$이어야 한다. 이것은 MR곡선의 기울기가 MC곡선의 기울기보다 작아야 한다는 것을 뜻한다. c′점에서는 MC곡선의 기울기는 양(+)이고, MR기울기는 0이기 때문에 이윤극대화의 2차 조건인 $d^2\pi/dX^2 < 0$을 충족한다. 하지만 a′점에서는 이 조건이 충족되지 않기 때문에 손실극대화점이 되는 것이다.

59 경제학을 처음으로 접하는 사람은 X재 1단위당 이윤을 P－AC가 아니라 P－MC로 착각하는 경우가 많다. 얼핏 보면 맞는 말 같지만 P－MC는 X재 1단위당 이윤이 아니다. 간단한 수식을 통해 그 이유를 증명해보기로 한다. 이윤(π)은 π＝TR－TC로 정의됨은 앞서 밝힌 바 있다. 여기서 X재 1단위당 이윤(＝π/X)으로 정리하면 다음과 같다. $\pi/X = TR/X - TC/X = (P \cdot X)/X - TC/X = P - AC$의 관계가 도출된다. 따라서 앞으로는 X재의 1단위당 이윤을 P－MC로 착각하는 일이 없었으면 한다. 매우 중요한 내용이기에 필자가 다시 한번 강조하는 것이다.

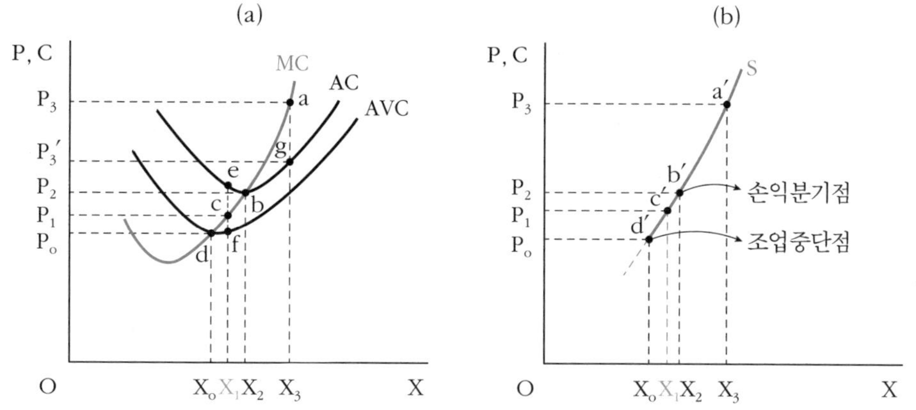

〔그림 9-3〕 완전경쟁시장에서 개별기업의 단기공급곡선 도출

〔그림 9-3〕의 (a) 그래프에서 시장가격이 P_3이면 개별기업의 단기균형은 P_3=AR=MR=MC 조건이 충족되는 a점에서 이루어지고 이윤극대화생산량은 X_3이다. 그때 X재 1단위당 이윤은 ag로서 0보다 크다. 따라서 초과이윤(=□P_3agP_3')이 발생한다. 초과이윤은 시장가격이 P_3~P_2 구간에 놓여 있는 한 계속해서 발생한다. 또 가격이 P_2로 주어지면, 개별기업의 단기균형은 P_2=AR=MR=MC의 조건이 충족되는 b점에서 결정되고 이윤극대화생산량은 X_2이다. 이때는 P_2=AC이기 때문에 X재 1단위당 이윤은 0이고, 해당 기업은 정상이윤만 얻는다. 경제학에서는 AC곡선의 최저점인 b점을 손익분기점(break-even point), 그때의 가격 P_2를 손익분기가격(break-even price)이라고 한다.

이제 시장가격이 P_2에서 P_1으로 하락했다고 가정해보자. 시장가격이 P_1으로 결정되면, P_1은 AC보다 작기 때문에 개별기업은 손해(=ec×OX_1)를 볼 수밖에 없다. 혹자는 손해를 보는 상황이라면 그쯤에서 생산을 중단하는 쪽이 더 낫지 않겠느냐라고 생각할지 모른다. 하지만 그것은 최선의 솔루션이 아니다. 개별기업이 X재 생산을 중단하면 단기 TFC(=ef×OX_1)을 부담해야 하기 때문이다. 따라서 개별기업은 가격 P가 단기 AVC곡선의 최저점인 d점보다 높은 한, 생산을 계속하는 것이 더 유리하다. 그 이유는 그렇게 해야만이 단기 TFC의 일부나마 회수할 수 있기 때문이다. 가령, 가격 P_1에서 생산을 중단했다면 개별기업은 X재 1단위당 ef만큼의 고정비용을 부담해야 한다. 그러나 P_1에서 X_1만큼 생산한다면 개별기업은 X재 1단위당 고정비용을 cf만큼 충당할 수 있기 때문이다. 물론 가격 P가 단기

AVC의 최저점보다 낮다면 그때는 X재 생산을 중단하는 게 상책이다. 그때는 고정비용은 고사하고 가변비용마저 회수할 수 없기 때문이다. 그런 의미에서 경제학에서는 단기 AVC곡선의 최저점인 d점을 조업중단점(shutdown point), 그에 대응하는 가격 P_o를 조업중단가격(shutdown price)이라고 한다. 여기서 독자들이 유의할 점이 하나 있다. 그것은 조업 중단(shutdown)과 퇴거(exit)에 대한 개념 차이다. 조업중단은 시장 상황이 악화되어 일시적으로 생산 활동을 중단하는 단기적 의사결정을 말한다. 반면 퇴거는 아예 시장에서 짐을 싸서 떠나는 장기적 의사결정이라는 점이다. 단기에서 조업을 중단하는 기업은 고정비용(매몰비용의 특성을 지님)을 부담해야 한다. 하지만 장기에서는 고정비용 자체가 존재할 수 없다. 따라서 장기적 관점에서 퇴출하는 기업은 고정비용과 가변비용 어느 것도 부담하지 않는다.

② 단기공급곡선의 도출 과정

〔그림 9-3〕의 (b) 그래프는 (a) 그래프로부터 단기공급곡선이 어떻게 도출되는지 잘 보여준다. 즉 (a) 그래프에서 언급한 시장가격별 이윤극대화생산량을 그대로 옮겨서 정리한 것이 (b) 그래프이다. 시장가격이 P_3, P_2, P_1, P_o로 변할 때, 그에 부응하는 이윤극대화생산량이 각각 X_3, X_2, X_1, X_o임을 나타낸다. (b) 그래프의 a′, b′, c′, d′점이 그것을 의미한다. 또 (a) 그래프에선 개별기업이 단기에 손해를 보더라도 시장가격 P가 단기 AVC곡선의 최저점을 상회($P \geq \min AVC$)하는 한, 생산을 계속하는 것이 중단하는 것보다 유리하다는 사실을 입증했다. 따라서 개별기업의 단기공급곡선은 $P = AR = MR = MC$의 조건을 충족하면서 단기 AVC곡선의 최저점을 상회하는 MC곡선으로 정의된다. 즉 이때 개별기업의 단기공급곡선은 다음과 같이 정의된다. 단기공급곡선(S) = {0; P 〈 AVC의 최소점, MC; P ≥ AVC의 최소점}이 개별기업의 단기공급곡선에 대한 궤적임에 유의하기 바란다. 또 덧붙여 독자 여러분이 잊지 말아야 할 것은 개별기업의 단기공급곡선은 한계생산력체감의 법칙이 존재하는 구간에서 도출된다는 점이다. 그래야만 우상향하는 MC곡선이 개별기업의 단기공급곡선으로 정의되기 때문이다.

(4) 완전경쟁산업의 단기공급곡선

① 완전경쟁산업에 대한 정의

완전경쟁산업이란 완전경쟁시장에서 생산 활동을 하는 개별기업들의 집합체를 말한다.[60] 완전경쟁산업에서 생산된 X재는 완전경쟁시장에 공급되는데 경제학에서는 이것을 시장공급량이라고 한다. 산업공급량과 시장공급량의 차이를 정확하게 표현하면 '시장공급량⊇산업공급량'이다. 또 X재에 대한 개별 소비자 수요의 횡적 합을 시장수요라고 정의한다.

② 생산요소가격의 변화와 완전경쟁산업의 단기공급곡선

X재 생산에 투입되는 생산요소 가격(예 임금, 이자율, 임대료 등)이 일정한 경우, 완전경쟁산업의 단기공급곡선은 개별기업 j의 단기공급곡선($MC_j \geq \min AVC_j$)을 횡적으로 합계한 $\sum_{j=1}^{n} MC_j$(단, $MC_j \geq \min AVC_j$)로 정의된다. 이때 완전경쟁산업의 단기공급곡선은 개별기업의 단기공급곡선보다 완만하게 그려진다. 개별기업(j)이 2개만 존재한다고 가정하고, 개별기업 1과 완전경쟁산업의 단기공급곡선을 그래프로 나타내면 〔그림 9-4〕와 같다. X재의 시장가격이 10,000원일 때 이윤극대화 조건을 충족하는 개별기업 1과 개별기업 2의 생산량이 각각 10,000개이고, 시장가격이 15,000원으로 인상하면 두 기업의 생산량이 각각 20,000개로 증가한다고 하자.

---

60 완전경쟁산업과 완전경쟁시장 간의 관계는 오른쪽 그림과 같다. 그림에서 큰 원이 완전경쟁시장이고, 작은 원이 바로 완전경쟁산업이다. 일례로 완전경쟁시장 안에는 가방, 신발, 가전(家電), 옷, 핸드폰, 문구류, 기타 산업들이 존재한다고 가정하자. 실제로 가전이나 핸드폰 산업은 과점시장이 가능성이 크지만 여기서는 그들 산업도 규모가 작고 가격수취자인 개별기업들로 구성되어 있다고 가정한다. 만약 큰 원의 완전경쟁시장에 작은 원의 완전경쟁산업이 하나만 있다면, 완전경쟁산업의 공급량은 완전경쟁시장의 공급량과 같게 된다. 그렇지 않다면 완전경쟁시장의 공급량은 특정한 완전경쟁산업의 공급량보다 클 수밖에 없다. 이런 의미로 완전경쟁시장과 완전경쟁산업의 이해하면 본문 내용이 쉽게 이해될 것이다.

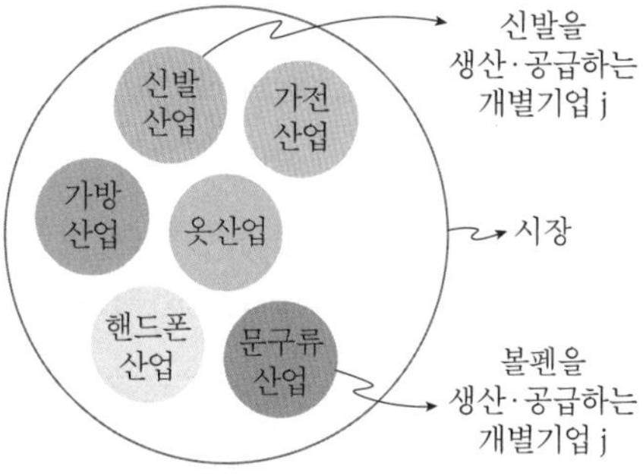

〈시장구조: 완전경쟁시장〉

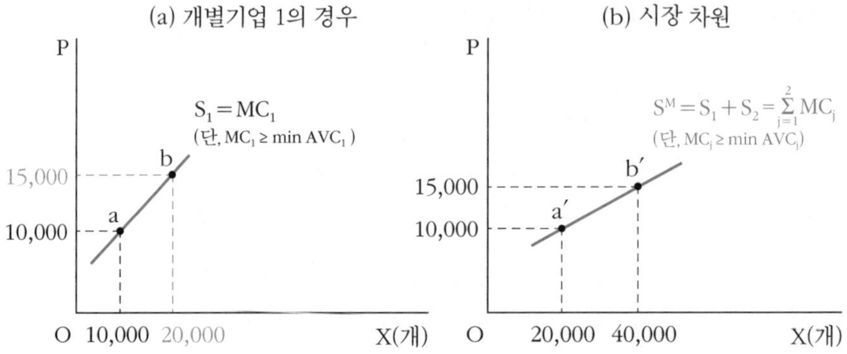

〔그림 9-4〕 개별기업과 완전경쟁산업의 단기공급곡선

〔그림 9-4〕의 (a) 그래프는 개별기업 1의 단기공급곡선(S_1)이고, (b) 그래프는 개별기업 1과 개별기업 2로 구성된 완전경쟁산업의 단기공급곡선(S^M)이다. 〔그림 9-4〕의 (b) 그래프에서 보듯이 완전경쟁산업의 단기공급곡선은 개별기업 1의 단기공급곡선보다 완만하게 나타난다.

하지만 X재 생산에 투입되는 생산요소가격이 상승하면 완전경쟁산업의 단기공급곡선은 생산요소가격이 일정한 경우보다 그 기울기가 가파르게 변한다. 즉 〔그림 9-5〕의 (b) 그래프에서 a′b′으로 정의되는 단기공급곡선은 a′c′로 가파르게 변한다. 그 이유를 논리적으로 설명하면 다음과 같다. 완전경쟁시장에서 X재 수요가 증가하면 X재 가격이 상승한다. 즉 X재 가격의 상승 → X재 공급량의 증가 → 생산요소에 대한 수요 증가 → 생산요소가격 상승 → 개별기업 1의 MC 증가($MC_1 \rightarrow MC_1'$) → 개별기업 1의 생산량 감소(20,000개 → 15,000개) → 완전경쟁산업에서의 생산량 감소(40,000개 → 30,000개)로 이어진다. 그 결과 a′b′에서 a′c′로 변한다.

한편, X재 생산에 투입되는 생산요소가격이 하락하면 완전경쟁산업의 단기공급곡선은 생산요소가격이 일정한 경우보다 그 기울기가 완만하게 된다. 〔그림 9-6〕의 (b) 그래프에서 a′b′으로 정의되는 단기공급곡선은 a′c′로 완만하게 변한다.

완전경쟁시장에서 X재 수요가 증가하면 X재 가격이 상승한다. 즉 X재 가격의 상승 → X재 공급량의 증가 → 생산요소의 수요 증가 → 생산요소의 대량 구매 등으로 생산요소가격의 하락(현실 세계에서 드문 일임) → 개별기업 1의 MC 감소($MC_1 \rightarrow MC_1'$) → 개별기업 1의 생산량 증가(20,000개 → 25,000개) → 완전경

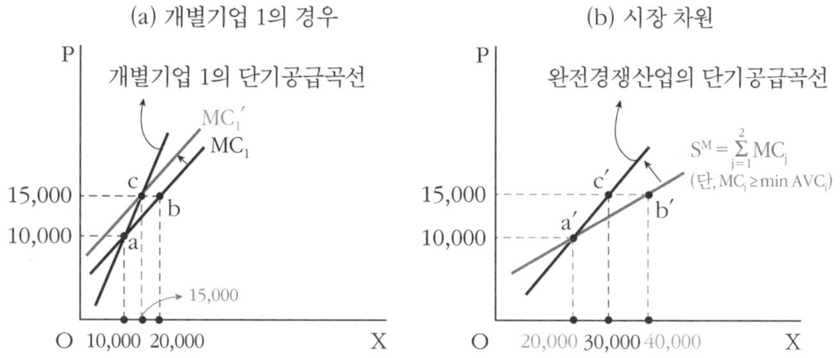

〔그림 9-5〕 생산요소가격의 상승 시, 개별기업과 완전경쟁산업의 단기공급곡선

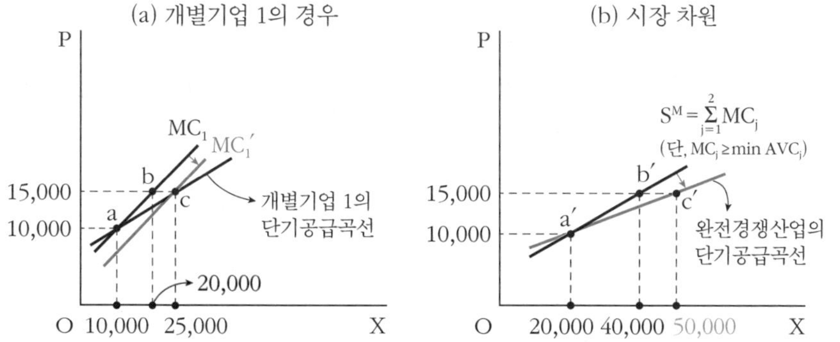

〔그림 9-6〕 생산요소가격의 하락 시, 개별기업과 완전경쟁산업의 단기공급곡선

쟁산업에서의 생산량 증가(40,000개 → 50,000개)로 이어진다. 그 결과 완전경쟁산업의 단기공급곡선은 a′b′에서 a′c′로 변한다.

(5) 완전경쟁시장에서 개별기업과 산업의 단기균형

① 완전경쟁시장에서의 단기균형

완전경쟁시장에서 X재 산업의 단기균형은 X재의 시장수요곡선과 시장공급곡선이 만나는 점에서 이루어진다. 이때 시장수요곡선은 우하향하는 개별 소비자들의 수요를 횡적으로 합한 것이고, 시장공급곡선은 개별기업들의 공급곡선을 횡적으로 합한 것이다. 물론 이를 위해서는 소비자 선호의 독립성과 생산요소가격의

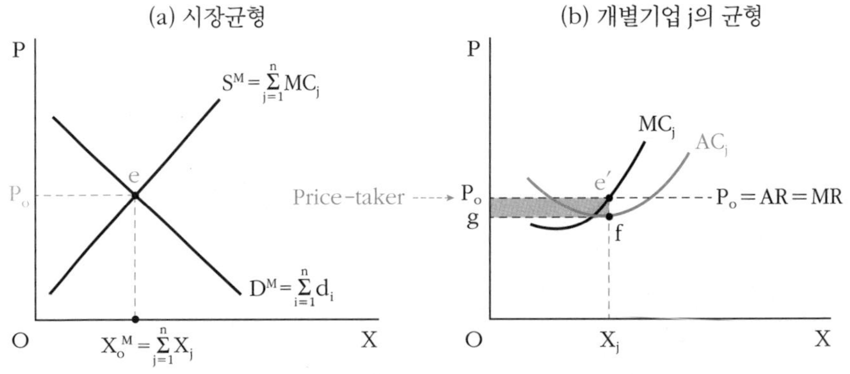

〔그림 9-7〕 완전경쟁시장에서 개별기업 j와 산업의 단기균형

일정불변이 전제되어야 한다.

한편 〔그림 9-7〕의 (a) 그래프에서 보는 것처럼 완전경쟁시장의 단기균형은 시장수요곡선 $D^M=\sum_{i=1}^{n}d_i$와 시장공급곡선 $S^M=\sum_{j=1}^{n}MC_j$가 교차하는 e점에서 이루어진다. 그때의 균형가격과 균형거래량은 P_o, X_o^M으로 결정된다. 여기서 위첨자 M은 시장(market)을 의미한다.

② 개별기업 j의 단기균형과 완전경쟁산업의 단기균형 간의 관계

한편, 완전경쟁시장에서 개별기업 j는 시장가격 P_o를 주어진 것으로 받아들인다. 왜냐하면 완전경쟁시장에서 개별기업 j는 가격수취자(price-taker)이기 때문이다. 이때 개별기업 j가 직면하는 수요곡선의 형태는 수평선이다. 따라서 시장가격 P_o는 $P_o=AR=MR$의 조건을 충족시킨다. 또 개별기업 j의 비용함수가 (b) 그래프와 같이 주어졌다면, 개별기업 j의 이윤극대화생산량은 $P_o=AR=MR=MC_j$의 조건이 충족되는 e′점에서 X_j로 결정된다. 그때 개별기업 j가 얻을 수 있는 초과이윤은 □P_oe′fg이다. 또 완전경쟁시장에서의 균형거래량 X_o^M과 X_j 간에는 $X_o^M=\sum_{j=1}^{n}X_j$의 관계가 성립한다.

3
완전경쟁시장의 장기균형과 장기공급곡선의 도출

(1) 장기와 장기균형에 대한 정의

① 장기에 대한 개념

앞서 언급한 것처럼 장기는 생산과정에 투입되는 생산요소 가운데 고정요소가 1개도 존재하지 않을 정도로 긴 기간을 말한다. 장기에서는 기업이 자본 설비를 마음대로 확대하거나 축소할 수 있다.

완전경쟁시장에서 개별기업 j는 자신들의 영업실적이 어떻게 결정되는가(초과이윤, 손실 발생)에 따라 시장 진입과 퇴거 여부를 자유롭게 결정한다.

② 장기균형에 대한 개념

개별기업 j의 장기균형은 새로운 기업의 추가 진입이나 기존 기업들의 퇴거, 기존 기업들의 시설 확대나 축소 등의 조정이 모두 다 이루어진 이후에 달성되는 균형이다.

개별기업 j는 초과이윤이나 손실을 입지 않고 오로지 정상이윤만 얻고 있으며, X재 시장의 균형거래량은 개별기업들의 공급량을 횡적으로 합해준 것과 일치한다.

(2) 개별기업 j와 완전경쟁시장에서의 장기균형

① 장기균형으로의 조정과정

〔그림 9-8〕의 (a) 그래프를 보자. 시장수요곡선 D^M과 시장공급곡선 S_o^M이 만나는 최초의 균형점 e_o점에서 균형가격이 P_o로 주어지면 가격수취자(price-taker)인 개별기업 j는 $P_o = AR = MR = SMC_o$가 충족되는 e_o'점에서 균형을 이루고 X재를 X_o^j만큼 공급한다. 이때 개별기업 j는 P_o가 SAC_o보다 크기 때문에 $\square P_o e_o' bc$만큼의 초과이윤을 얻는다. 또 이때 시장의 균형거래량 X_o^M은 개별기업 j를 비롯한 다른 기업들의 공급량을 횡적으로 합한 것과 일치한다. 즉 $X_o^M = \sum_{j=1}^{n} X_o^j$의 관계가 성립한다.

한편, 개별기업 j가 초과이윤을 얻자 이를 지켜보던 신규 기업들이 X재 산업으로 진입하고 기존 기업들은 자본 설비를 확대해서 자신들의 공급량을 늘린다. 그러면 시장공급량도 덩달아 증가한다. 그것을 나타낸 것이 (a) 그래프에서 시장공급곡선의 우측 이동(①; $S_o^M \rightarrow S_1^M$)이다. 경제학에서는 시장수요곡선이나 시장공급곡선의 이동이 더 이상 일어나지 않을 때, 장기균형이 달성된다고 말한다. 결국 장기균형은 시장균형가격이 LAC의 최저점에 대응하는 P_1 수준에서 결정된다. 이때 개별기업 j의 공급량은 X_1^j이고, 시장에서의 균형거래량과 개별기업들의 공급량 간에는 $X_1^M = \sum_{j=1}^{n} X_1^j$의 관계가 성립한다.

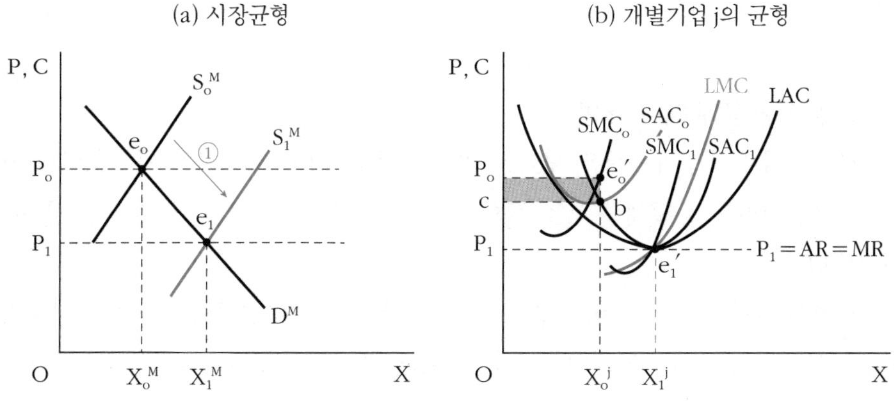

〔그림 9-8〕 개별기업 j와 시장에서의 장기균형

② 장기균형의 조건

〔그림 9-8〕에서 보는 것처럼 완전경쟁시장에서 장기균형점은 e_1점이고, 개별기업 j의 장기균형점은 e_1'점이다.

개별기업 j는 LAC곡선의 최저(最低)수준인 e_1'점에서 X_1^j만큼의 X재를 시장에 공급한다. 이때 개별기업 j가 얻는 이윤은 정상이윤(암묵적 이윤)뿐이다. 따라서 초과이윤은 0이다.

개별기업 j의 장기균형조건은 $P_1 = AR = MR = LAC = SAC_1 = LMC = SMC_1$이다.

(3) X재 산업에서 장기공급곡선의 도출

완전경쟁시장의 X재 산업에서 장기공급곡선은 시장에서 X재 수요의 변화에 따른 생산요소가격의 변화 여부에 따라 3가지 형태로 도출된다. 앞의 각주 60에서 언급한 것처럼 X재 산업(industry)은 X재를 생산하는 개별기업들의 집합체이다. 가령 신발 가격의 상승으로 신발 생산량이 증가하면, 신발 생산에 투입되는 생산요소(예 고무, 노동 등)의 수요도 증가한다. 그런데도 X재 산업에서 생산요소가격이 일정불변이면 비용불변산업(constant-cost industry), 생산요소가격이 상승하면 비용증가산업(increasing-cost industry), 또 생산요소가격이 하락하면 비용감소산업(decreasing- cost industry)이라고 정의한다. 이하에서는 그들 각각에 대해 살펴보자.

① 비용불변산업의 장기공급곡선

〔그림 9-9〕의 (a) 그래프에서 최초 균형은 시장수요곡선 D_o와 시장공급곡선 S_o가 교차하는 e_o점에서 이루어졌다고 하자. 이때 인구수의 증가, 선호의 긍정적인 변화, 소득증가, 대체재의 가격 상승 등으로 시장수요곡선이 D_o에서 D_1으로 증가하면(①) 시장가격이 P_o에서 P_2로 상승(②)한다. 시장가격이 P_2로 상승하면 (b) 그래프에서 보는 것처럼 개별기업 j의 단기균형은 e_2'점에서 이루어지고, □$P_2e_2'bc$만큼의 초과이윤을 얻는다.

시장가격이 P_o에서 P_2로 상승(②)하면 개별기업 j의 X재 생산량은 X_o^j에서

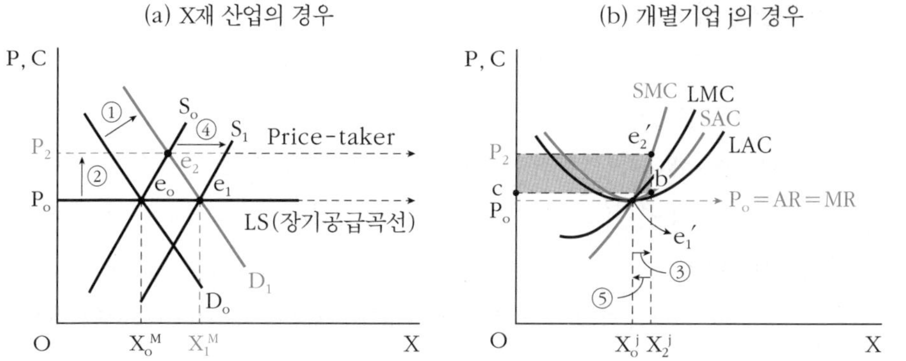

〔그림 9-9〕 비용불변산업의 장기공급곡선

X_2^j로 증가(③)한다. 또 개별기업 j가 초과이윤을 얻는 것을 지켜본 다른 신규 기업들이 X재 산업으로 진입해서 X재를 생산한다. 그 결과 X재의 시장공급곡선이 S_o에서 S_1으로 이동(④)한다. 그런데 개별기업 j와 다른 기업들이 X재 생산량을 증가시키는데도 생산요소가격이 일정하면 개별기업 j의 비용 조건에는 아무런 변화가 없게 된다. 따라서 (b) 그래프의 여러 비용 곡선들은 (a) 그래프에서의 시장수요곡선이나 시장공급곡선의 이동과 전혀 무관하다.

이처럼 비용불변산업에서 X재 산업의 장기균형은 (a) 그래프에서 보는 것처럼 시장수요곡선 D_1과 시장공급곡선 S_1이 교차하는 e_1점에서 이루어지고, 그때의 시장균형가격은 P_0이다. 이때 개별기업 j의 장기균형은 $P_0 = AR = MR = SMC = SAC = LMC = LAC$의 조건이 충족되는 e_1'점에서 이루어진다. 그때 개별기업 j는 정상이윤만 얻게 된다.

이를 종합하면 비용불변산업의 장기공급곡선(LS곡선)[61]은 (a) 그래프에서 최초의 균형점인 e_o와 나중의 균형점인 e_1을 연결한 수평선으로 정의된다. 이 대목에서 독자 여러분이 의아하게 생각할 만한 사항이 하나 있다. 시장가격이 P_o에서 P_2로 상승하면 개별기업 j는 일시적으로 X재 생산량을 X_o^j에서 X_2^j로 증가시켰지만 시장가격이 하락($P_2 \rightarrow P_o$)하면서 원래 수준인 X_o^j로 회귀(⑤)한다. 그런데도 X재 산업의 시장공급량이 X_o^M에서 X_1^M으로 늘어난 이유는 무엇일까? 라는 점이다. 그

61 산업의 장기공급곡선은 LS곡선이라고도 불린다. 참고로 LS는 long-run supply에서 첫 자를 따서 만든 용어이다.

에 대한 해답은 개별기업 j가 초과이윤을 얻는 것을 지켜보고, X재 산업으로 신규 진입한 기업들의 추가 생산량으로 이해하면 좋을 것 같다.

② 비용증가산업의 장기공급곡선

〔그림 9-10〕의 (a) 그래프에서 최초 균형은 시장수요곡선 D_o와 시장공급곡선 S_o가 교차하는 e_o점에서 이루어졌다. 이때 인구수의 증가, 선호의 긍정적인 변화, 소득증가, 대체재의 가격 상승 등으로 시장수요곡선이 D_o에서 D_1으로 증가(①)하면 시장가격이 P_o에서 P_2로 상승(②)한다. 시장가격이 P_2로 상승하면 (b) 그래프에서 개별기업 j의 단기균형은 $P_2 = AR = MR = SMC_o$의 조건이 충족되는 e_2'점에서 이루어진다. 비록 (b) 그래프에는 초과이윤의 크기를 명시하지 않았지만 e_2'점에서 개별기업 j는 초과이윤과 함께 X재 공급량을 X_o^j에서 X_2^j로 늘린다(③). 다른 신규 기업들도 개별기업 j가 초과이윤을 얻는 것을 보고 X재 산업으로 진입해서 X재 생산에 동참한다. 그 결과 X재의 시장공급량이 증가(④)한다. 그러면 시장가격이 P_2에서 P_1으로 하락(⑤)한다.

한편, 시장가격의 상승($P_o \rightarrow P_2$)에 따른 초과이윤의 발생으로 다른 신규 기업이 X재 산업으로 진입하고 기존 기업들이 X재 생산량을 증가시키는 과정에서 생산요소에 대한 수요도 덩달아 증가한다. 또 일반적으로 생산요소에 대한 수요 증가는 생산요소가격의 상승으로 이어진다. 그런데 생산요소가격이 상승하면 (b) 그래프에서 보는 것처럼 개별기업 j의 비용곡선(SAC, LAC, SMC, LMC 등)은 상향(上

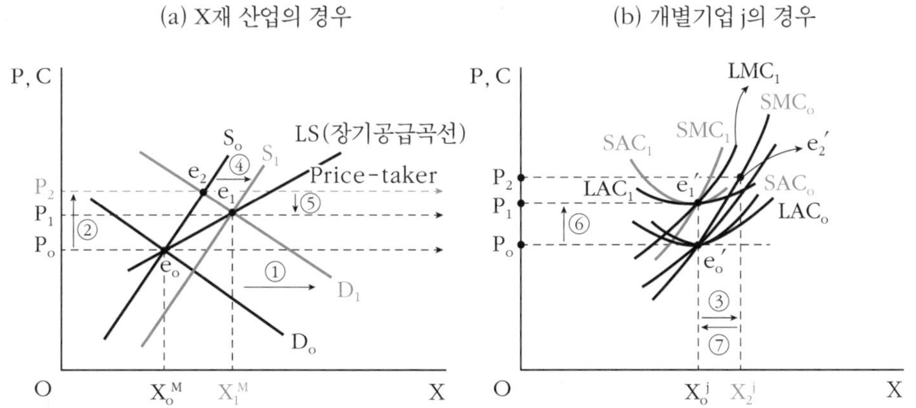

〔그림 9-10〕 비용증가산업의 장기공급곡선

向) 이동(⑥)한다. 그것은 X_o^j 수준에서 수직 방향으로 상승할 수도 있고, X_o^j 이하(or 이상)에서 상승할 수도 있다. 다만, 여기에서는 X_o^j에서 수직 방향으로 상승하는 경우를 상정해서 비용증가산업의 장기공급곡선을 도출하고자 한다.

생산요소가격이 상승하는 비용증가산업에서 X재 산업의 장기균형은 (a) 그래프의 e_1점에서 달성된다. e_1점에서는 시장수요곡선 D_1과 시장공급곡선 S_1이 교차하고 그때의 시장균형가격은 최초의 시장균형가격인 P_o보다 큰 P_1이다. 이때 가격수취자인 개별기업 j는 P_1을 그대로 받아들인 다음, $P_1=AR=MR=SMC_1=SAC_1=LMC_1=LAC_1$의 조건이 충족되는 e_1'점에서 장기균형을 이루게 된다. 이때 개별기업 j의 X재 생산량은 최초의 균형생산량과 동일한 수준인 X_o^j이고(⑦), 개별기업 j는 정상이윤만 얻는다.

비용증가산업의 장기공급곡선(LS곡선)은 (a) 그래프에서 최초 균형점인 e_o와 나중의 균형점인 e_1을 연결한 것으로 정의된다. 즉 비용증가산업의 장기공급곡선은 우상향한다. 여기서도 장기균형에서 개별기업 j의 X재 생산량은 일정불변이다. 그런데도 X재 산업의 시장공급량은 X_o^M에서 X_1^M으로 증가했다. 이는 전적으로 개별기업 j의 초과이윤을 보고 X재 산업으로 진입한 신규 기업들이 X재를 추가로 생산한 데 따른 것이다.

③ 비용감소산업의 장기공급곡선

〔그림 9-11〕의 (a) 그래프에서 최초 균형은 시장수요곡선 D_o와 시장공급곡선 S_o가 교차하는 e_o점에서 이루어졌다. 이때 인구수의 증가, 선호의 긍정적인 변화, 소득증가, 대체재의 가격 상승 등으로 시장수요곡선이 D_o에서 D_1으로 증가(①)하면 시장가격은 P_o에서 P_2로 상승(②)한다. 시장가격이 P_2로 상승하면 (b) 그래프에서 개별기업 j의 단기균형은 $P_2=AR=MR=SMC_o$의 조건이 충족되는 e_2'점에서 이루어진다. (b) 그래프는 e_2'점에서의 초과이윤과 이윤극대화 생산량은 명시하지 않았지만 e_2'점에서 초과이윤을 얻는 개별기업 j는 X재 공급량을 늘린다. 이때 다른 신규 기업들도 개별기업 j가 초과이윤을 얻는 것을 보고, X재 산업으로 진입해서 X재 생산에 동참한다. 그 결과 X재의 시장공급량이 증가(③)한다.

시장가격의 상승($P_o \rightarrow P_2$)에 따른 초과이윤의 발생으로 다른 신규 기업이 X재 산업으로 진입하고 기존 기업들이 X재 생산량을 늘리는 과정에서 생산요소에 대

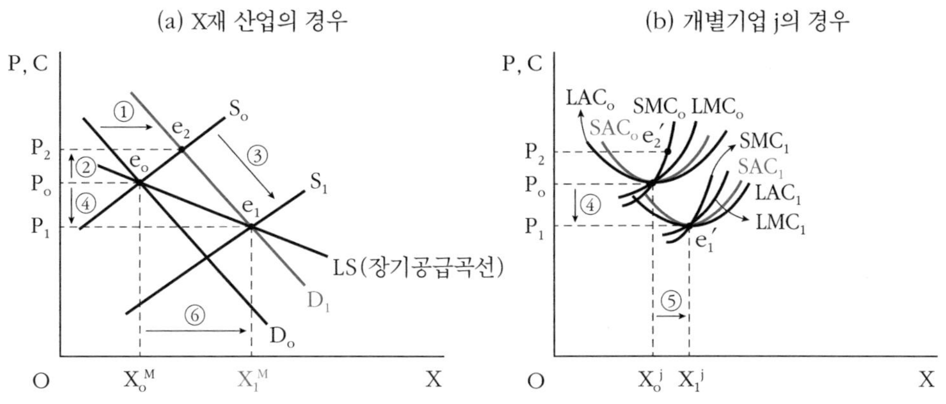

〔그림 9-11〕 비용감소산업의 장기공급곡선

한 수요도 덩달아 증가한다. 이때 일반적인 사례는 아니지만 생산요소의 대량 구매, 생산요소공급자들의 기술혁신(예 마이크로칩의 부품가격 할인)과 노동생산성의 향상 등 외부경제가 발생하면 생산요소가격이 하락할 수 있다. 그런데 생산요소가격이 하락하면 (b) 그래프에서 보는 것처럼 개별기업 j의 비용곡선(SAC, LAC, SMC, LMC 등)은 하향 이동(④)한다. 그때 X_o^j 수준에서 수직으로 하락할 수도 있고, X_o^j 이하(or 이상)에서 하락할 수도 있다. 다만, 여기서는 X_o^j보다 큰 X_1^j 수준에서 하락하는 경우를 상정해서 비용감소산업의 장기공급곡선을 도출하고자 한다.

생산요소가격이 하락하는 비용감소산업에서 X재 산업의 장기균형은 (a) 그래프의 e_1점에서 달성된다. e_1점에서는 시장수요곡선 D_1과 시장공급곡선 S_1이 교차하고 그때의 시장균형가격은 최초의 시장균형가격인 P_o보다도 작은 P_1이다. 이때 가격수취자인 개별기업 j는 P_1을 그대로 받아들인 다음 $P_1 = AR = MR = SMC_1 = SAC_1 = LMC_1 = LAC_1$의 조건이 충족되는 e_1'점에서 장기균형을 이루게 된다. 이때 개별기업 j의 X재 공급량은 최초 균형생산량인 X_o^j보다 큰 X_1^j이고, 개별기업 j는 정상이윤만 얻는다.

비용감소산업의 장기공급곡선은 (a) 그래프에서 최초 균형점인 e_o와 나중의 균형점인 e_1을 연결한 것으로 정의된다. 즉 비용감소산업의 장기공급곡선은 우하향한다. 장기균형 상태에서 개별기업 j의 X재 공급량은 X_o^j에서 X_1^j로 증가(⑤)했다. 또 개별기업 j가 초과이윤을 얻는 것을 본 다른 신규 기업들이 X재 산업으로 신규 진입한 결과, X재의 공급량이 늘어났다. (a) 그래프에서 X재 산업의 시장공급량이 X_o^M에서 X_1^M으로 증가(⑥)한 것은 개별기업 j의 공급량 증가와 X재 산업으로 진입한 다른 신규 기업들의 X재 공급량 증가가 더해진 결과로 해석된다.

(4) 완전경쟁시장에 대한 종합 평가

① 완전경쟁시장에 대한 긍정적인 평가

완전경쟁시장은 효율적인 자원배분을 보장한다. 이것이 가능한 이유는 완전경쟁시장에서는 장·단기를 불문하고 시장가격 P와 MC가 일치하는 한계비용가격설정원리(P = MC)가 작동되기 때문이다.[62]

완전경쟁시장에서 단기균형은 〔그림 9-12〕의 e점에서 이루어진다. 이때 시장수요곡선은 $D^M = \sum_{i=1}^{n} d_i$(i는 소비자로서 i = 1, 2, 3, …, n) = P(X) = AR(X)이고, 시장공급곡선은 $S^M = \sum_{j=1}^{n} S_j$(j는 개별기업 j이며 j = 1, 2, 3, …, n까지 존재한다고 가정) = $\sum_{j=1}^{n} MC_j$(단, $MC_j \geq \min AVC_j$)와 같다. 따라서 P = MC 조건이 성립한다는 것은 시장균형이 e점에서 이루어지고, 균형가격과 균형거래량이 P_o, X_o^M으로 결정됨으로써 자원배분의 효

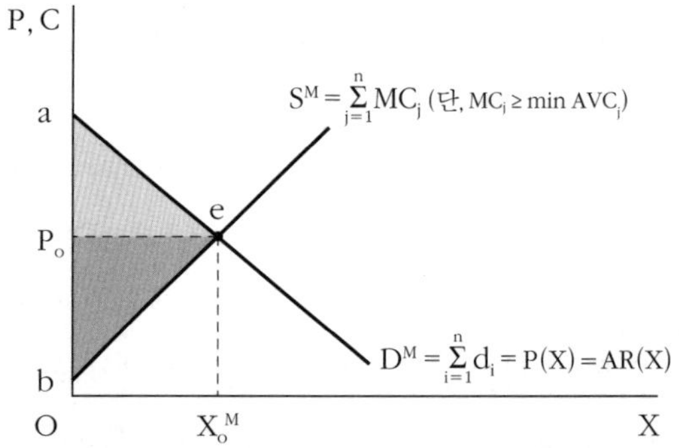

〔그림 9-12〕 한계비용가격설정과 자원배분의 효율성

62 독자 여러분들은 완전경쟁시장에서 개별기업 j의 단기 균형 조건이 P = AR = MR = MC임을 상기해보기 바란다. 이때 개별기업 j는 가격수취자로서 완전경쟁시장에서 결정된 시장균형가격 P를 그대로 수용한다는 것을 잊지 않았으면 한다. 개별기업 j의 장기 균형 조건은 P = AR = MR = SAC = SMC = LAC = LMC임을 상기하라. 이때도 개별기업 j는 시장에서 결정된 장기 균형 가격 P를 주어진 것으로 받아들인다. 이를 통해 우리는 장·단기를 불문하고 P = MC 조건이 충족됨을 확인할 수 있다.

율성이 충족된다. 그 근거는 e점에서 균형을 이룰 때 소비자잉여($\triangle aeP_0$)와 생산자잉여($\triangle P_0eb$)의 합인 사회적 잉여(=순사회편익)가 $\triangle aeb$로 가장 크기 때문이다.

완전경쟁시장에서 개별기업 j의 장기균형은 P=AR=MR=SMC=LMC=SAC=LAC의 조건이 충족되는 점에서 이루어진다. 여기에서도 P=MC 조건이 성립됨을 알 수 있다. 그런데 P=AR=MR=SMC=LMC=SAC=LAC는 우리에게 몇 가지 사항을 시사해준다. 첫째는 개별기업 j를 비롯한 완전경쟁시장의 모든 참가 기업들은 SAC와 LAC의 최저점에서 X재를 생산한다는 것을 시사해준다. 이는 기업들이 최소비용으로 X재를 생산해서 가장 낮은 가격으로 판매하고 정상이윤만을 얻고 있음을 말해준다. 소비자들은 X재를 가장 싸게 구입할 수 있어서 좋고, X재의 생산과정에 투입된 생산요소의 제공자들에게도 기회비용에 해당되는 만큼을 보상해주기 때문에 손해를 보지 않는다. 더욱이 완전경쟁시장에서는 경쟁이 치열하기 때문에 기업들은 최적 시설 규모하에서 최소의 비용으로 생산해야만이 시장에서 살아남을 수 있다. 이것은 독점시장을 비롯한 불완전경쟁시장에서는 꿈도 꿀 수 없는 완전경쟁시장만의 장점이다.

P=MC 조건이 충족되는 완전경쟁시장에서는 불완전경쟁시장에 비해 경제력 집중 현상이 나타나기 힘들다. 이는 완전경쟁시장이 경제적 자유와 분권화에도 기여할 수 있음을 시사해준다.

② 완전경쟁시장의 한계

완전경쟁시장은 현실적으로 존재하기 힘든 시장이다. 더욱이 동질적 상품과 완전경쟁을 가정함으로써 현실경제에서 보편적인 현상으로 대두되는 차별적 상품의 존재와 경쟁의 불완전성을 의도적으로 배제하는 문제를 내재하고 있다.

또한 완전경쟁시장은 자원배분의 효율성을 보장하지만 소득분배의 공정성까지 해결해주는 것은 아니다. 어찌 보면 완전경쟁시장은 빈익빈 부익부 현상을 부채질함으로써 소득분배의 불공정 문제를 심화시킬 개연성도 있다. 또 시장구조가 완전경쟁시장이더라도 외부효과가 발생하거나 공공재가 존재하는 경우에는 시장실패 현상이 필연적으로 나타난다. 그런 경우에는 자원배분의 효율성이 침해받게 된다. 이는 완전경쟁시장이라고 해서 언제나 자원배분의 효율성이 완벽하게 보장되는 것은 아니라는 얘기다.

요약 및 복습

- 완전경쟁시장은 현실에서 그 사례를 찾아보기 힘든 시장구조이다. 그럼에도 불구하고 우리가 완전경쟁시장을 학습하는 이유는 독점, 과점, 독점적 경쟁시장이 최적의 시장구조인 완전경쟁시장에 비해 얼마만큼 자원배분의 비효율성을 야기하고 경제적 폐해를 주는지를 파악하기 위함이다.

- 완전경쟁시장이 되기 위해서는 적어도 다음의 4가지 조건을 모두 구비해야 한다. ① 시장에 참여하는 소비자와 기업이 사고 파는 양이 시장 전체의 그것에 비해 매우 미미하기 때문에 그들이 시장가격에 영향을 미칠 가능성이 거의 전무해야 한다. 즉 소비자와 기업이 시장에서 결정된 가격을 그대로 받아들이는 가격수취자로 행동해야 한다. ② 진입과 퇴거의 자유가 철저하게 보장되어야 한다. ③ 상품이 동질적이어야 한다. ④ 시장에 참여하는 소비자와 기업은 시장의 모든 상황에 대해 완전한 정보를 갖고 있어야 한다. 이와 같은 조건이 모두 충족될 경우, 시장에서는 일물일가(一物一價)의 법칙이 성립한다. 하지만 이들 4가지 조건 가운데 1개라도 충족되지 못한다면 그런 시장은 완전경쟁시장이 될 수 없다.

- 기업이 생산한 상품(예 X재)을 완전경쟁시장에서 모두 판매했을 경우, 총수입(TR)은 TR = P · X로 정의된다. 여기서 P는 상수임에 유의해야 한다. 평균수입(AR)은 X재 1단위당 수입으로 AR = TR/X = P이고, 한계수입(MR)은 총수입의 증가분(△TR)을 X재 공급량의 증가분(△X)으로 나눠준 값이다. 즉 MR = △TR/△X = P이다. 따라서 P = AR = MR의 관계가 성립한다. 이는 완전경쟁시장에서 개별기업이 직면하는 수요곡선이 수평선이라는 얘기다.

- 완전경쟁시장에서 개별기업의 이윤극대화 생산량은 MR = MC 조건이 충족될 때 이루어진다. 만약 MR 〉 MC이면 기업은 생산량을 늘림으로써 이윤 증대를 도모하고, MR 〈 MC이면 생산량을 줄임으로써 이윤을 증대시킨다. 이처럼 생산량의 조정과정이 종료되는 시점은 MR = MC 조건이 충족될 때이다. 그런데 완전경쟁시장에서 개별기업은 P = AR = MR의 조건이 성립하기 때문에 개별기업의 이윤극대화 생산량의 결정조건은 P = AR = MR = MC가 된다. 어떤 경우에는 P = MC라

고 줄여서 말하기도 한다.

- 생산함수와 비용함수 간에는 쌍대관계가 존재한다. 생산함수에서 한계생산력체감의 법칙이 존재하면 한계비용(MC)은 체증하고, MC가 감소하면 MP는 증가한다. 그것이 쌍대관계의 본질이다. 한편, 완전경쟁시장에서 개별기업 j의 단기공급곡선은 MC_j로 정의된다. 그런데 거기에도 제한요소가 존재한다. 즉 개별기업의 단기 공급곡선은 P=AR=MR=MC 조건을 충족시키면서 단기 AVC곡선의 최저점을 상회하는 MC곡선으로 정의됨에 주의해야 한다. 특히 공급곡선은 시장가격을 주어진 것으로 받아들이는 가격수취자의 경우에만 정의된다. 따라서 개별기업이 가격설정자인 독점, 과점, 독점적 경쟁기업에서는 MC곡선만 존재할 뿐, 그것을 공급곡선이라고 말하지 않는다. 기타 자세한 사항은 본문 내용을 참조하기 바란다.

- 완전경쟁시장의 단기공급곡선은 생산요소가격이 일정한 경우와 생산요소가격이 상승할 경우, 또 생산요소가격이 하락할 경우로 구분해서 생각해야 한다. 대부분의 『경제원론』 책에서는 생산요소가격이 일정한 경우만 다룬다. 그러나 시험문제는 그 이외의 것에 대해서도 언제든지 출제될 수 있다. 따라서 나머지 두 경우에 대해서도 치밀하게 학습해주기 바란다.

  ① 생산요소가격이 일정한 경우, 완전경쟁산업의 단기공급곡선은 개별기업의 단기공급곡선을 수평적으로 합해준 것으로 정의된다. 이때 완전경쟁산업의 단기공급곡선은 개별기업의 단기 공급곡선보다 완만하다는 특징을 보여준다.
  ② 생산요소가격이 상승할 경우, 완전경쟁산업의 단기공급곡선은 생산요소가격이 일정한 경우보다 그 기울기가 가파르게 된다.
  ③ 생산요소가격이 하락할 경우(현실적으로 일어나기 힘들지만), 완전경쟁산업의 단기공급곡선은 생산요소가격이 일정한 경우보다 그 기울기가 완만하게 된다. 자세한 사항은 본문 내용을 참조하기 바란다.

- 완전경쟁시장에서 개별기업 j의 단기균형은 $P=AR=MR=MC_j$의 조건이 충족되는 점에서 이루어진다. 이때 개별기업은 P와 AC의 관계에 따라 초과이윤이 발생할 수도 있고, 초과이윤=0, 손실이 발생할 수도 있다. 하지만 완전경쟁시장에서 개별기업의 장기균형은 P=AR=MR=SMC=LMC=SAC=LAC의 조건이 충족될 때, 이루어진다. 그런데 개별기업의 장기균형점에서 초과이윤은 반드시 0이다. 그 이유는 진입과 퇴거의 자유가 보장되기 때문이다.

- 완전경쟁시장에는 수없이 많은 산업이 존재한다고 가정한다. X재를 생산하는 X재 산업, Y재를 생산하는 Y재 산업 등등. 이들 산업에서의 장기공급곡선이 어떻게 도출되는지를 이해하기 위해서는 기존 기업의 시설 확장 여부와 다른 기업들의 시장 진입 여부 등을 종합적으로 고려해야 한다. 즉 X재 산업의 구성 주체인 개별기업 j가 단기에 초과이윤을 얻게 되면 j기업은 시설확장을 하고, 주변에서 그 모습을 관망하던 다른 신규 기업들도 X재 산업으로 진입해서 X재를 생산하게 된다. 그런데 문제는 X재를 추가적으로 더 생산하기 위해서는 생산요소들이 필요하게 된다. 즉 생산요소에 대한 수요 증가가 일어날 때, 기업들의 비용조건이 어떻게 변할 것인가에 따라 X재 산업에서 장기공급곡선의 형태가 달라질 수 있다. 그것은 크게 3가지 형태로 구분된다. 여기서는 결과만 간략하게 설명한다.

  ① X재 생산량이 증가하면 그것을 생산하는데 필요한 생산요소의 수요도 덩달아 증가한다. 그런데도 생산요소가격이 변하지 않으면 그런 산업은 비용불변산업이다. 이런 경우 X재 산업의 장기공급곡선(LS)은 수평선의 형태를 띤다.
  ② X재 생산량이 증가하면 그것을 생산하는 데 필요한 생산요소의 수요도 덩달아 증가한다. 이때 생산요소가격이 상승하면 그런 산업은 비용증가산업이다. 비용증가산업의 장기공급곡선은 우상향한다.
  ③ X재 생산량이 증가하면 그것을 생산하는데 필요한 생산요소의 수요도 덩달아 증가한다. 이때 생산요소가격이 하락하면 그런 산업은 비용감소산업이다. 비용감소산업의 장기공급곡선은 우하향한다.

- 완전경쟁시장에서는 한계비용가격설정원리(P = MC)가 작동되기 때문에 효율적인 자원배분이 이루어진다. 이는 사회적 잉여가 극대화되는 것을 통해 재확인할 수 있다. 또 완전경쟁시장에서는 우수한 품질의 상품을 가장 저렴하면서도 가장 많이 소비할 수 있다는 장점이 있다. 더욱이 완전경쟁시장의 구성원인 개별기업들은 장기적으로 초과이윤을 얻을 수 없기 때문에 경제력집중이 일어나기 어렵다. 그 때문에 경제적 자유와 분권화도 가능하다.

- 하지만 완전경쟁시장은 현실적으로 존재하기 힘든 시장구조이다. 더욱이 완전경쟁시장은 공정한 소득분배를 보장하지 않는다. 어쩌면 부익부 빈익빈을 부채질할 개연성마저 큰 것이 사실이다. 또 시장구조가 완전경쟁이더라도 외부효과가 발생하거나 공공재가 존재할 경우에는 필연적으로 시장실패가 발생한다는 한계점도 잊지 말아야 한다.

연습문제

1 다음은 완전경쟁시장과 자원배분에 대한 일반적인 설명을 나열한 것이다. 이들 가운데 틀린 것을 모두 고르고, 잘못 기술된 부분을 올바르게 수정하시오.

㉠ 진입과 퇴거의 자유 보장은 완전경쟁시장만의 고유한 특성이다.
㉡ 완전경쟁시장에서 개별기업 j의 X재 1단위당 이윤은 P－MC로 정의된다.
㉢ 완전경쟁시장은 불완전경쟁 시장에 비해 경제력 집중 현상이 나타나기 어렵다.
㉣ 완전경쟁시장에서 개별기업 j의 단기공급곡선은 $MC_j \geq mim\ AVC_j$로 정의된다.
㉤ 완전경쟁시장에서 진입과 퇴거는 단기적 개념이고, 조업 중단은 장기적 개념에 속한다.
㉥ 완전경쟁시장에서 단기 AC곡선의 최저점은 손익분기점, AVC의 최저점은 조업 중단점이라고 한다.
㉦ 완전경쟁시장의 X재 산업에서 장기공급곡선의 형태는 생산요소 가격의 변화에 큰 영향을 받는다.
㉧ 완전경쟁시장에서도 공공재가 존재하거나 외부효과가 발생할 경우에는 시장실패가 나타날 수 있다.
㉨ 생산요소 가격이 일정한 경우, 완전경쟁산업의 단기공급곡선은 개별기업 j의 단기공급곡선보다 가파르다.
㉩ 생산요소 가격이 상승할 경우, 완전경쟁산업의 단기공급곡선은 생산요소 가격이 일정한 경우보다 그 기울기가 가파르게 변한다.

힌트! 정답은 ㉠, ㉡, ㉤, ㉨임. 틀린 부분은 본문 내용을 참조하며, 완벽하게 정리하기 바람!

2 완전경쟁시장에서 X재를 생산하는 개별기업 j의 X재 1단위당 이윤(π/X)은 P-MC가 아니라 P-AC로 정의된다. 아래의 질문에 답하시오.

1) 개별기업 j의 X재 1단위당 이윤이 P－AC로 정의되는 이유를 설명하시오.

2) 개별기업 j의 '손익분기점에서는 개별기업 j의 평균비용(AC_j)과 한계비용(MC_j)이 일치한다'는 주장의 진위(眞僞) 여부를 밝히시오.

힌트! 총비용, 평균비용, 한계비용의 관계, P=AR=MR의 관계를 활용하면서 문제를 풀기 바람!

3 완전경쟁시장에서 개별기업 j는 X재를 10,000개 생산한다고 한다. 이때 개별기업 j의 총비용(TC)은 3억 원, 총고정비용(TFC)은 1억 원, X재 가격은 22,000원이라고 가정한다. 아래의 질문에 답하시오.

1) X재 시장에서 개별기업 j의 단기적 이윤획득 여부, 만약 개별기업 j가 단기에 조업을 중단할 경우, 그가 부담해야 할 매몰 비용의 크기를 제시하시오.

2) 이 상황에서 개별기업 j가 단기에 조업을 중단하는 것이 바람직한지의 여부를 밝히고, 그에 대한 근거를 제시하시오.

힌트! 이 문제는 조업중단점에 대한 문제임. TVC, AVC, P와의 관계를 두루두루 살피면서 문제 해결을 시도하면 쉽게 풀 수 있는 문제임!

4 다음 사항을 읽고, 아래의 질문에 답하시오.

- X재의 시장가격은 14,000원이라고 가정한다.
- 개별기업 j의 총가변비용(TVC) 곡선은 원점을 통과하며, 그 기울기는 10,000원이라고 한다.
- 완전경쟁시장에서 X재를 생산하는 개별기업 j가 조업을 중단하면, 2,000만 원의 손실이 발생한다.

1) 개별기업 j의 손익분기점에서 우리가 추론할 수 있는 X재의 생산량을 구하시오.

2) 그에 대한 근거를 경제이론에 부합하도록 자세하게 제시하시오.

힌트! TC = TVC(= AVC · X) + TFC(= AFC · X)의 관계를 활용해서 문제를 풀기 바람!

5 **완전경쟁시장에서의 장기 균형은 시장 차원과 개별기업 j의 차원으로 구분해서 살펴봐야 한다. 여기서는 개별기업 j의 차원에 국한시켜 살펴보고자 한다. 아래의 질문에 답하시오.**

1) 개별기업 j의 장기 균형 조건과 장기균형점에서 개별기업 j가 얻을 수 있는 초과 이윤의 크기를 제시하시오.

2) '완전경쟁시장에서 개별기업들의 장기공급곡선을 횡적으로 합계한 것이 완전경쟁산업의 장기공급곡선이다'라는 주장에 대한 진위(眞僞) 여부를 밝히시오.

힌트! 개별기업의 장기 균형 조건은 P=AR=MR=SMC=LMC=SAC=LAC임. 완전경쟁산업의 장기공급곡선은 신규 기업들의 진입, 기존 기업들의 퇴거, 생산요소 가격의 변화를 모두 고려해야 함!

6 **100개의 미니 기업들로 구성된 완전경쟁시장에서 생산·판매되는 아동용 인형의 시장수요함수와 그것을 생산·공급하는 개별기업들의 비용함수가 다음과 같다고 가정한다. 단, 개별기업들의 비용함수는 동일하고, 생산요소 가격도 일정불변이라고 가정한다.**

- 시장수요함수; $D^M = Q = 5{,}000 - 100P$ (Q; 아동용 인형의 시장수요량)
- 개별기업의 총비용(TC)함수; $TC = 5q^2 + 200$ (q; 각 개별기업의 아동용 인형 생산량)

1) 아동용 인형에 대한 시장공급곡선(S^M)의 궤적을 구하고, 그 근거를 제시하시오.

2) 완전경쟁시장에서 아동용 인형의 균형가격과 균형거래량을 제시하시오.

힌트! 개별기업의 공급곡선을 횡적으로 합(合)한 것이 시장공급곡선임에 착안할 것.

7 **완전경쟁시장에서 X재를 생산·공급하는 개별기업 j의 총비용(TC)함수가 $TC = X^3 - 4X^2 + 6X + 20$으로 주어졌다고 한다. 이때, 개별기업 j의 조업중단가격을 구하고, 그 근거를 제시하시오.**

힌트! 조업중단점은 AVC의 최소점에서 이루어진다는 점에 착안해서 문제를 풀어보기 바람!

8 **완전경쟁시장에서 A기업의 총비용함수가 $TC = 400 + 8q + 4q^2$(단, q; A기업의 생산량, q의 단위; 개)로 주어졌다고 가정한다.**

1) A기업의 TFC, TVC, AC, AVC, MC를 구하시오. (q; A기업의 생산량)

2) P = 328원일 경우, A기업의 초과이윤을 구하고, 그 근거를 제시하시오.

힌트! 초과이윤(π)은 $\pi = (P - AC) \cdot q$(균형거래량)으로 정의됨에 착안할 것!

9 **X재 생산에 투입되는 생산요소 가격이 상승할 경우, 완전경쟁산업의 단기공급곡선은 생산요소 가격이 일정한 경우보다 그 기울기가 가파르게 변하는지 아니면 완만하게 변하는지를 밝히시오.**

힌트! 이에 대한 자세한 설명은 본문 내용을 참조해서 완전하게 숙지해 놓기 바람! 언제든지 시험문제로 출제될 가능성이 있기 때문임.

제10장
독점시장에서의 가격과 생산

1
독점의 특징과 발생 원인

(1) 독점의 주요 특징

① 단일기업만 존재하는 시장조직

독점(monopoly) 또는 독점시장(monopoly market)은 단일기업에 의해 상품이 생산·공급되는 시장조직을 말한다. 이러한 단일기업을 독점기업, 그리고 독점기업이 생산·공급하는 상품을 독점상품이라고 말한다.

따라서 독점기업의 공급량은 시장공급량과 일치한다. 즉 독점기업=독점산업=독점시장이다. 따라서 독점기업이 직면하는 수요곡선은 우하향한다. 참고로 완전경쟁시장에서 가격수취자인 개별기업이 직면하는 수요곡선의 형태는 수평선이었다.

② 시장지배력을 지닌 가격설정자

완전경쟁시장에서 개별기업은 가격수취자(price-taker)로 행동한다. 따라서 완전경쟁시장에서 개별기업은 시장지배력을 행사하지 못한다.

하지만 독점기업은 공급량을 조절함으로써 시장가격을 자신의 입맛대로 결정할 수 있다. 가령, 독점기업이 공급량을 줄이면 독점상품의 시장가격은 상승한다. 이는 독점기업이 직면하는 수요곡선이 우하향하기 때문이다. 그 때문에 독점기업은 시장지배력을 갖는 가격설정자(price-maker)로 행동한다.

③ 경쟁의 부재 또는 실종

시장의 범위를 좁게 잡을 경우, 독점기업은 대체재를 생산하는 잠재적 경쟁기업들로부터 도전을 받지 않는다. 동질적 상품을 생산하는 완전경쟁시장에서는 수많은 기업들이 완전한 대체재를 생산하며 치열하게 경쟁하지만, 독점시장에서는 경쟁 자체가 존재하지 않거나 실종되었기 때문에 잠재적 경쟁자들이 존재하지 않는다. 또한 독점기업은 다른 기업들과 가격경쟁은 물론 비가격경쟁도 벌이지 않는다.

④ 현실경제에서 독점기업의 사례

하지만 시장의 범위를 넓게 잡으면 독점기업의 숫자가 대폭 줄어든다. 그 이유는 시장의 범위를 넓힐수록 대체재를 공급하는 기업들이 많아지기 때문이다. 가령 철도운송서비스로 시장의 범위를 좁히면 코레일은 독점기업이다. 하지만 일반 운송서비스로 그 범위를 넓히면 항공, 해운, 육로 등의 대체재가 존재하기 때문에 코레일의 독점력은 크게 줄어든다. 어떤 경우는 독점기업이 아닐 수도 있다. 따라서 이 책에서는 독점기업의 특징을 부각시키기 위해 시장의 범위를 좁게 설정하고자 한다.

시장의 범위를 좁게 설정할 경우, 독점기업의 대표적인 사례로는 한국전력공사, 한국수자원공사, 코레일, 우체국, KT&G 등을 들 수 있다. 외국 기업의 사례로는 윈도우(window) 운영체계를 독점 공급하는 마이크로소프트사 등이 있다.

(2) 독점의 발생 원인

독점기업의 존재는 다른 잠재적 경쟁기업들이 독점시장으로 진입하는 것을 막아주는 진입장벽(barriers to entry)을 전제로 한다. 독점기업의 생성 및 유지를 뒷받침해주는 진입장벽의 배경으로 언급되는 것을 정리하면 다음과 같다.

① 규모의 경제; 자연독점의 배경

규모의 경제는 생산 규모를 늘릴수록 장기평균비용(LAC)이 감소하는 현상을 말한다. 그런 경우는 한 기업이 독점 생산하는 것이 다른 여러 기업들이 경쟁적으로 생산하는 것보다 비용면에서 훨씬 더 유리하다. 그래서 생겨난 것이 자연독점이다. 즉 한 기업이 X재를 X_o만큼 생산할 때 소요되는 생산비용을 $C(X_o)$라고 하고 A사와 B사가 X재를 X_1, X_2로 나누어 생산할 때의 비용을 각각 $C_A(X_1)$, $C_B(X_2)$라고 하자. 자연독점은 $C_A(X_1) + C_B(X_2) > C(X_o)$의 조건이 성립할 때 발생한다. 이와 같은 자연독점의 대표적 사례로는 전기를 독점적으로 생산·공급하는 한국전력(주), 상수도 공급을 책임지는 한국수자원공사 등을 들 수 있다. 〔그림 10-1〕을 통해 규모의 경제와 자연독점의 관계를 좀 더 자세히 살펴보자.

〔그림 10-1〕에서 D^M은 시장수요곡선, 또 LAC_1, LAC_2, LAC_3는 서로 다른 생산기술을 가진 1, 2, 3기업의 장기평균비용곡선을 나타낸다. 우리는 최소효율규모(MES)에 대해 학습한 바 있다. 최소효율규모는 'LAC의 최저가 되는 생산수준 가운데 가장 작은 생산수준'을 의미한다. 위의 그래프에서 최소효율규모의 생산량은 X_1이다. 하지만 X_1은 시장수요량인 X_3에 비해 상대적으로 작은 편이다. 따라서 1기업은 경쟁기업에 가깝다. 한편 LAC_2의 생산시설에서 비용이 최소인 생산량은 X_2로서 1기업의 그것보다 꽤 크다. 따라서 2기업은 과점기업일 가능성이 크다. 한편, LAC_3의 생산시설을 갖고 있는 3기업의 비용 최소 생산량은 X_3이다. 그런데 X_3는 시장수요량과 똑같다. 이때 LAC_1, LAC_2의 생산시설을 가진 1, 2기업은 LAC_3의 생산시설을 갖춘 3기업의 경쟁상대가 되지 못한다. 비록 그래프에는

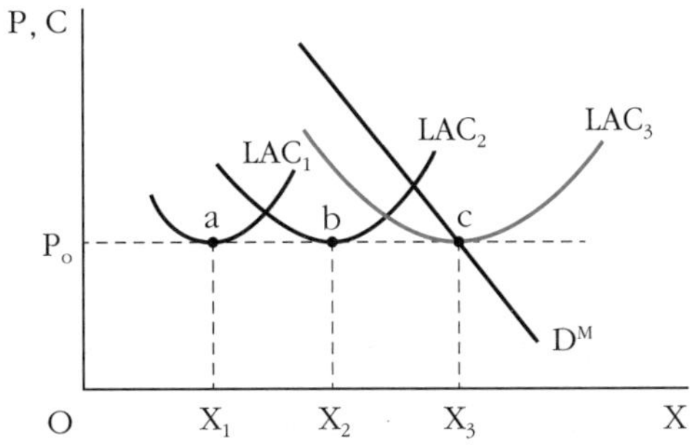

〔그림 10-1〕 규모의 경제와 자연독점

나타내지 않았지만 1, 2기업이 X재를 X_3만큼 생산하는 데 소요되는 LAC가 3기업의 그것보다 매우 크기 때문이다. 따라서 3기업은 1, 2기업을 시장에서 손쉽게 몰아내고 자연독점기업으로 변신하게 된다. 참고로 규모의 경제와 관련해서 유의할 것이 하나 있다. 그것은 독점기업의 규모가 항상 그리고 반드시 큰 것은 아니라는 점이다. 만약 어느 한 산업의 시장수요가 매우 작다면, 작은 생산규모를 소유한 기업에 의해서도 자연독점이 가능하다는 사실이다.

② 원재료의 독점적 소유

생산과정에 투입하는 원재료를 독점하면 다른 기업들은 그 상품을 생산할 수 없다. 따라서 원재료를 독점한 기업은 저절로 독점기업이 될 수밖에 없다. 원재료의 독점적 소유에 따른 독점기업의 대표적 사례는 미국의 스탠더드 석유회사와 남아프리카공화국의 드-비어즈(DeBeers)사를 들 수 있다. 스탠더드 석유회사는 19C 말에 미국의 유전과 운송망을 독점함으로써 다른 경쟁회사들을 시장에서 몰아내는 데 성공했다. 또 드-비어즈사는 세계 다이아몬드 생산량의 80% 이상을 석권함으로써 독점기업이 되었다. 참고로 드-비어즈사는 영국의 정치가이자 사업가였던 세실 로즈(Cecil Rhodes; 1853~1902)가 설립한 회사로 알려져 있다. 하지만 요즘에는 이런 현상이 나타나기 어렵다. 현실 경제는 경제 규모가 대단히 크기 때문에 어느 개인이나 기업이 생산자원을 독점하기가 어려운 데다 대부분의 생산요소들이 거대한 국제시장에서 거래되고 있기 때문에 생산요소의 독점이 말처럼 쉽지 않기 때문이다.

③ 정부 당국에 의한 독점력의 행사

정부 당국이 재정수입을 목적으로 기업을 독점적으로 경영하는 경우가 여기에 해당된다. 대표적인 사례로는 KT&G, 한국전력공사 등을 들 수 있다. 특히 KT&G는 현재 정부의 출자기관으로서 담배와 홍삼을 독점 생산하고 있다.

④ 정부 당국에 의한 법적인 권한 부여

정부 당국이 부여해준 특허권, 인·허가권, 판권 등도 독점적 지위를 누리는 데 적극적으로 활용된다. 특허법에 따라 정부 당국이 부여해준 특허의 전용실시권은 해당기업으로 하여금 그 특허를 이용한 상품의 독점 공급을 가능하게 한다. 인·허가권이나 판권도 마찬가지다. 인·허가권을 따거나 판권을 획득한 기업만이 상품을 독점적으로 생산·공급할 수 있다.

⑤ 기타

경쟁기업에 대한 흡수·합병, 신기술의 개발에 따른 시장 제패(制覇), 불공정거래행위 등으로 경쟁기업들을 관련 상품의 시장에서 퇴출시킨 경우에도 시장지배력을 발휘하며 독점력을 행사할 수 있다.

2
독점기업의 단기균형

(1) 단기균형분석을 위한 사전지식

① 독점기업의 수요곡선과 총수입(TR)곡선

앞서 언급한 것처럼 독점기업은 관련 산업에서 홀로 생산 활동을 하기 때문에 독점기업 = 독점산업 = 독점시장의 관계가 성립한다. 따라서 독점기업이 직면하는 수요곡선의 형태는 수평선이 아니라 우하향한다. 그것이 독점기업과 완전경쟁기업의 본질적인 차이다. 만약 독점기업이 시장수요곡선에 대한 모든 정보를 알고 있다고 하자. 그러면 이윤극대화를 추구하는 독점기업은 더 이상 가격수취자로 행동하지 않는다. 왜냐하면 독점기업은 시장수요곡선에 대한 정보를 최대한 활용해서 자신들이 시장에 공급하는 상품에 대한 수요가격(= 최대가격)을 소비자들로부터 받아낼 수 있기 때문이다. 즉 독점기업은 독점가격과 이윤극대화생산량을 수요곡선 상에서 선택한다는 얘기다. 반면, 완전경쟁시장에서는 개별기업의 공급량이 수요곡선과 무관하게 결정된다. 또 공급곡선은 주어진 가격에서 기업이 공급하고자 하는 수량을 나타낸다. 하지만 독점기업은 가격을 주어진 것으로 보지 않고 가격을 자기 마음대로 설정한다. 따라서 독점시장에서는 MC곡선만 존재할 뿐, 공급곡선은 존재하지 않는다.

〔그림 10-2〕 (a) 그래프의 (상), (하)는 완전경쟁시장에서 개별기업이 직면하

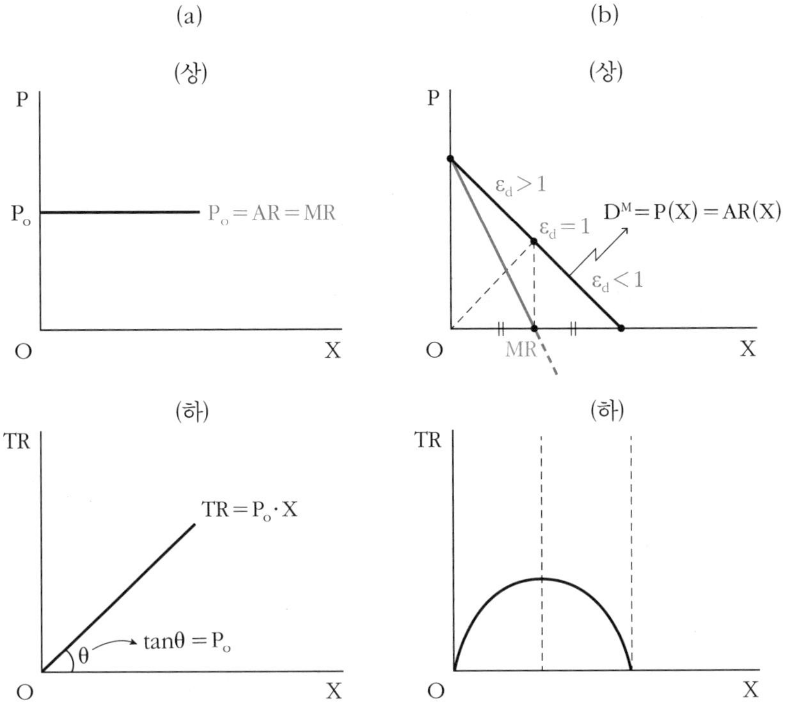

〔그림 10-2〕 개별기업이 직면하는 수요곡선과 TR곡선의 관계

는 수요곡선과 개별기업의 TR곡선을 나타낸다. 완전경쟁시장에서 개별기업은 가격수취자로서 시장에서 결정된 가격 P_o(단, P_o는 상수)를 그대로 받아들인다. 따라서 개별기업이 직면하는 수요곡선의 형태는 수평선이다. 이때 시장균형가격(P)은 상수 P_o로서 일정하다. 따라서 P_o=AR=MR의 관계가 성립한다. 또 TR곡선은 (a) 그래프의 (하)에 그려진 것처럼 원점에서 우상향하는 직선으로 정의된다. 이때 TR은 TR=P_o · X이며, TR곡선의 기울기는 상수 P_o로 일정하다.

〔그림 10-2〕 (b) 그래프의 (상), (하)는 독점기업이 직면하는 시장수요곡선과 독점기업의 TR곡선을 나타낸다. 독점기업은 독점산업이기 때문에 우하향하는 시장수요곡선이 바로 독점기업이 직면하는 수요곡선이다. 그런데 시장수요곡선이 우하향하면 시장가격(P)은 상수 P가 아니라 P(X)로 정의된다. P(X)는 X재의 공급량에 따라 시장가격(P)이 달라짐을 시사해준다. 따라서 시장수요곡선 D^M은 독점기업 j가 직면하는 수요곡선인 동시에 P(X) = AR(X) 〉 MR(X)의 관계가 성립한다. 이에 대한 증명은 〔보론 10-1〕을 참조하기 바란다. 이하에서는 MR(X)를 그

냥 MR로 표기하고자 한다. 또한 독점기업의 TR곡선은 (b) 그래프의 (하)에 그려진 것처럼 커다란 반원을 거꾸로 엎어놓은 것과 같은 형태를 띤다. 이때 독점기업의 TR은 TR = P(X) · X이다.

보론 10-1. 아모로소-로빈슨(Amoroso-Robinson)의 공식과 TR곡선

독점시장에서 독점기업이 직면하는 수요곡선은 우하향한다. 그러면 P(X) = AR(X) 〉 MR의 관계가 성립한다. 이제 그 이유에 대해 살펴보자. P(X) = AR(X) 〉 MR은 과점이나 독점적 경쟁시장에도 그대로 적용되기 때문에 여기서 확실하게 이해하고 넘어가기 바란다. 참고로 AR은 평균수입(average revenue), MR은 한계수입(marginal revenue)을 의미한다.

독점기업의 TR은 TR = P(X) · X이다. 따라서 AR(X) = TR/X = P(X)의 관계가 성립한다. 이때 MR곡선의 기울기는 〔그림 10-3〕에서 보는 것처럼 P(X)와 AR(X)곡선의 2배로 정의된다. 이에 대한 증명은 간단하다. 우선 선분 $P^{M}b$를 1/2로 나눈 점을 c라고 하자. 또 a점과 c점을 지나면서 X축과 만나는 점을 X^{M}이라고 하자. 독점기업이 X재를 OX^{M}만큼 공급해서 판매했을 경우 TR은 $\square OP^{M}bX^{M}$이다. 우리는 소비자이론을 공부할 때, 한계효용의 총합이 총효용임을 학습한 바 있다. 그 원리가 여기서도 그대로 적용된다. 즉 MR의 총합이 TR이다. 〔그림 10-3〕에서 MR의 총합인 TR은 $\triangle OaX^{M}$이다. 만약

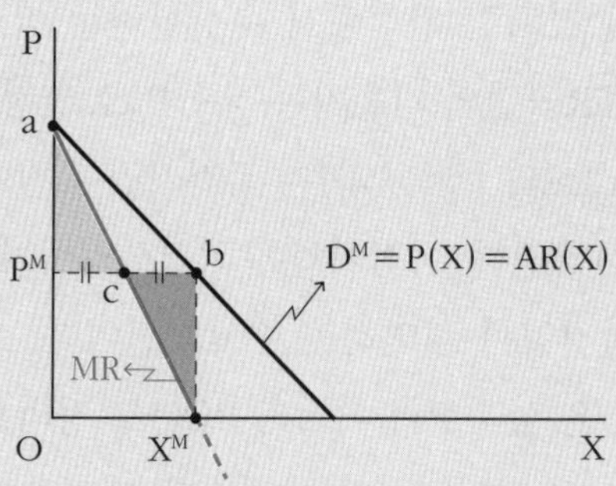

〔그림 10-3〕 독점기업과 P(X) = AR(X) > MR의 관계

□OP^MbX^M과 △OaX^M이 같다는 것만 증명하면, MR곡선의 기울기가 P(X)나 AR(X)곡선의 2배라는 것을 입증(立證)한 셈이다. □$OP^M bX^M$와 △OaX^M이 같다는 것을 증명하기 위해서는 △acP^M과 △cbX^M이 같다는 것만 보여주면 된다. △acP^M과 △cbX^M은 두 변의 길이와 3개의 각이 같다. 이는 직각 이등변삼각형의 합동조건을 충족한다. 따라서 △acP^M=△cbX^M이다. 또 P(X)=AR(X) 〉 MR은 아모로소-로빈슨의 공식을 통해서도 입증할 수 있다. 그 과정을 요약하면 다음과 같다.

$$TR(X)=P(X)\cdot X$$

$$MR(X)=\frac{dTR(X)}{dX}=P(X)+X\cdot\frac{dP(X)}{dX}$$

$$=P(X)\left[1+\frac{X}{P(X)}\cdot\frac{dP(X)}{dX}\right]$$

$$=P(X)\left[1-\frac{1}{\varepsilon_d}\right]$$

단, $\varepsilon_d=-\frac{dX}{dP}\cdot\frac{P(X)}{X}$

독점기업이 생산활동을 하는 구간은 〔그림 10-2〕의 (b) 그래프 (상)에서 수요의 가격탄력도(ε_d)가 1보다 큰 영역이다. 즉 독점기업은 MR이 0보다 큰 영역에서만 생산활동을 한다는 얘기다. MR이 마이너스(-)라는 것은 X재의 추가 공급으로 TR이 감소하는 것을 의미한다. 이윤극대화를 추구하는 독점기업이라면 당연히 그런 선택을 하지 않는다. 위에서 언급한 MR=P(X)〔1-(1/ε_d)〕에다 ε_d 〉 1의 조건을 적용하면 P(X)=AR(X) 〉 MR의 관계가 도출된다.

② 독점기업의 비용곡선에 대한 개관

완전경쟁시장에서 개별기업이 직면하는 수요곡선과 TR곡선의 형태가 독점기업의 그것과 어떻게 다른지 살펴보았다. 이제 독점기업의 단기균형을 이해하기 위해서는 독점기업의 비용곡선에 대한 정확한 지식과 정보를 갖고 있어야 한다.

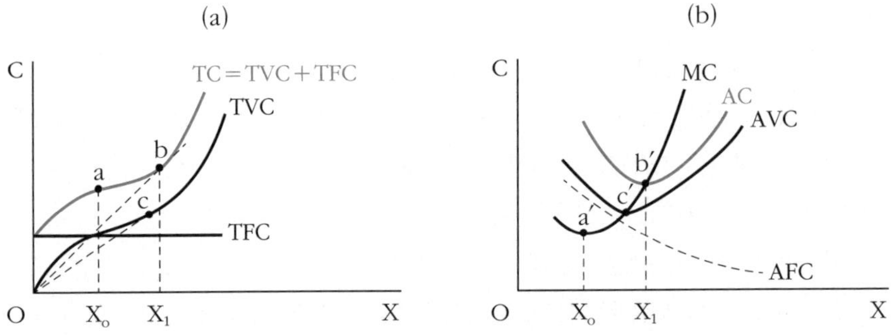

〔그림 10-4〕 독점기업의 여러 비용곡선들에 대한 개요

대부분의 경제학책에서는 독점기업의 비용곡선은 완전경쟁시장에서 개별기업의 비용곡선과 동일하다고 가정한다. 즉 단기에는 고정요소가 존재하며 한계생산력체감의 법칙이 성립한다고 간주한다. 따라서 〔그림 10-4〕의 (a), (b) 그래프에서 보는 것처럼 TC곡선은 TVC곡선과 TFC곡선의 수직적 합이며, AC곡선과 AVC곡선은 U자 형태를 띤다. 또 MC곡선은 AC, AVC곡선의 최저점을 통과하며 우상향하고, AFC곡선은 우하향한다.

(2) 독점기업의 단기균형 분석

① 독점기업의 단기균형은 어떻게 결정될까?

독점기업 역시 이윤극대화를 추구한다. 이윤(π)은 $\pi = TR - TC$로 정의되기 때문에 완전경쟁시장에서 개별기업의 이윤극대화 과정에서 언급한 것처럼 TR과 TC의 차이가 가장 큰 점을 선택하면 된다. 독점기업의 이윤극대화를 위한 또 다른 조건은 앞서 살펴본 $P(X) = AR(X) > MR$의 관계를 이용하는 것이다. 참고로 π, TR, TC는 모두 X재의 함수이다. 따라서 이윤(π)식은 $\pi(X) = TR(X) - TC(X)$이다. 이 식을 X로 미분한 후 $d\pi/dX = 0$으로 정리하면 MR = MC가 도출된다. 따라서 독점기업의 이윤극대화조건은 $P(X) = AR(X) > MR = MC$이다. 〔그림 10-5〕를 통해 그 의미를 좀 더 자세히 살펴보자.

〔그림 10-5〕를 보자. 독점기업의 이윤극대화는 MR = MC 조건이 충족되는 e점에서 달성된다. 이때 X재에 대한 독점기업의 독점가격과 시장공급량은 P^M,

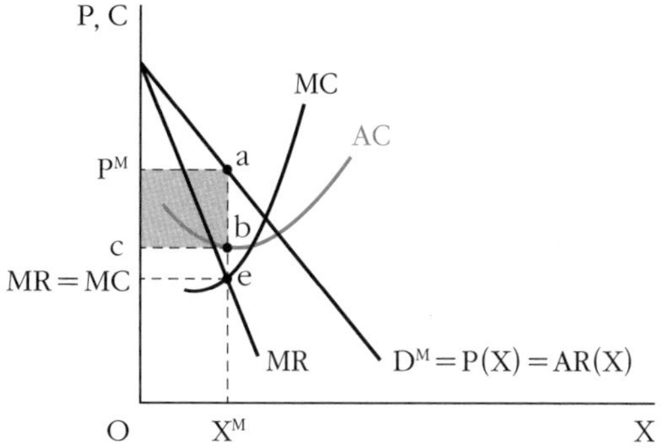

〔그림 10-5〕 독점기업의 단기균형

X^M으로 결정되며 P^M 〉 MR = MC 조건이 성립한다. 이제 독점기업의 초과이윤에 대해 살펴보자. 독점기업이 X재를 X^M만큼 공급할 때, X재 1단위당 이윤은 ab(= P^M − c)로 정의된다. 따라서 독점기업의 초과이윤은 □P^Mabc이다. 그런데 독점기업의 단기초과이윤이 항상 0보다 큰 것은 아니다. 경우에 따라서는 초과이윤이 0일 수도 있고 심지어 손실을 볼 수도 있다. 이는 미래에 큰 이윤이 기대될 경우, 독점기업은 단기적 손실을 감수하면서 생산 활동을 할 수 있다는 얘기다. 물론 이런 상황에서도 독점가격 P^M은 AVC의 최저점보다 커야 한다. 하지만 독점기업의 장기초과이윤은 반드시 0보다 커야 한다는 점에 주의를 요한다.

② 독점기업의 단기균형에 내재된 주요 특징

독점기업의 경우에는 공급곡선이 존재하지 않는다. 단지 MC곡선만 존재할 따름이다. X재의 공급곡선이 존재하려면, X재 시장에서 주어진 시장가격과 공급량 사이에 1:1 대응 관계가 전제되어야 한다. 그런데 가격설정자인 독점기업에게 주어진 시장가격에서 얼마만큼 생산·공급할 것인지를 묻는 것은 그야말로 무의미한 일이다. 이윤극대화를 추구하는 독점기업은 가격과 공급량을 우하향하는 수요곡선 상에서 선택할 것이기 때문이다. 반면 완전경쟁 기업의 개별공급량은 시장수요곡선과 무관하게 결정된다. 또 독점시장에서는 시장수요가 달라지면 독점기업은 동일한 공급량 X^M에 대해 서로 다른 가격을 설정할 수 있다. 〔그림 10-6〕에서 보는 것처럼 독점기업인 한국전력(주)는 전력 수요를 산업용 전력수요 $P_1(X) = AR_1(X)$과 가정용 전력수요 $P_2(X) = AR_2(X)$로 세분(細分)한다고 가정하자. 그에

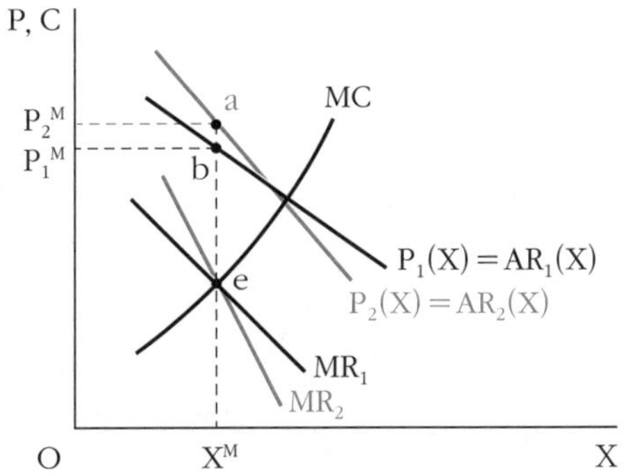

〔그림 10-6〕 독점기업에서 공급곡선이 존재할 수 없는 이유

따라 MR곡선도 각각 MR_1과 MR_2가 존재한다. 그런데 e점에서는 이윤극대화조건인 $MR_1 = MR_2 = MC$가 성립하고 한국전력(주)는 이윤극대화생산량인 X^M을 시장에 공급하지만 전기료는 단일가격으로 결정하지 않고 산업용 전기료 P_1^M과 가정용 전기료 P_2^M를 부과한다. 따라서 독점시장에서는 일물일가(一物一價)의 법칙이 성립하지 않는다. 그런 의미에서 독점기업의 MC곡선은 단지 한계비용의 변화만을 나타낼 뿐, 공급곡선은 아니라고 말할 수 있다. 또 독점기업의 단기 이윤극대화조건을 충족시키는 균형점에서 독점가격 P^M이나 AR(X)은 MR이나 MC보다 반드시 커야 한다. 즉 $P(X) = AR(X) > MR = MC$의 조건이 성립해야 한다.

앞에서 단기의 경우, 독점기업은 시장수요의 크기에 따라 초과이윤을 누릴 수도 있고, 정상이윤(초과이윤=0)만 얻을 수도 있고, 손실을 입을 수도 있다고 언급했다. 다음의 〔그림 10-7〕이 그것을 보여준다. 즉 (a) 그래프에서는 초과이윤(= □

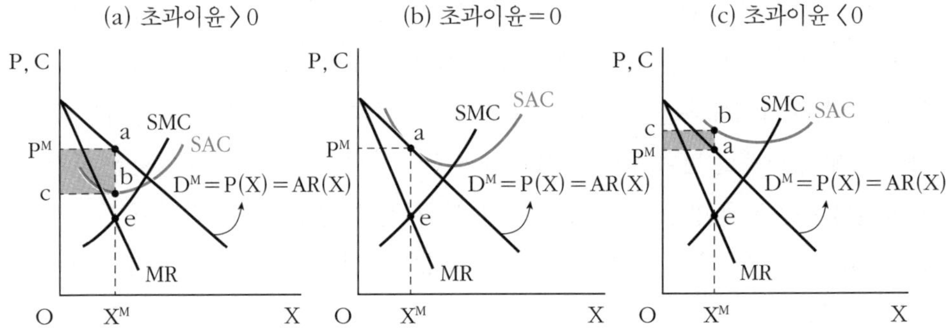

〔그림 10-7〕 독점기업이 얻는 단기이윤의 크기 비교

P^Mabc)이 0보다 크고, (b) 그래프에서는 초과이윤이 0이며, (c) 그래프에서는 손실(=□cbaP^M)이 발생한다. 또 SMC, SAC는 단기한계비용과 단기평균비용이며, S는 단기(short-run)를 의미한다.

보론 10-2. 독점기업의 총비용(TC)이 0인 경우, 단기균형은 어떻게 될까?[63]

만약 어떤 독점기업이 질 좋은 약수를 개발해서 소비자들에게 판매하는 경우를 상정하자. 이 과정에서 독점기업의 TC가 0이라는 극단적 가정을 해보자. TC가 0이면 AC와 MC도 당연히 0이다. 따라서 TC=AC=MC=0의 관계가 성립된다. 이때 독점기업의 단기균형은 어떻게 결정되는지 살펴보자.

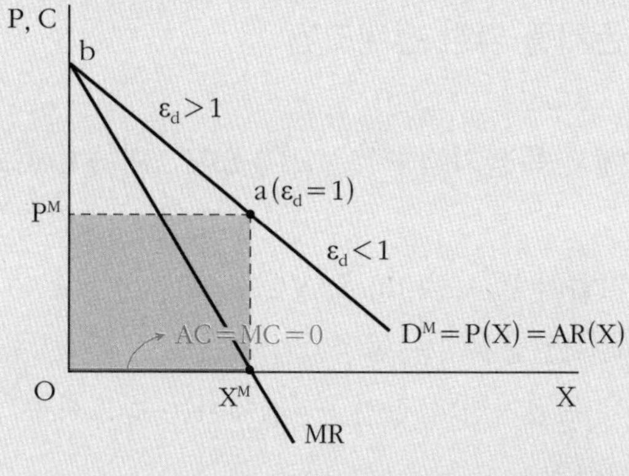

〔그림 10-8〕 TC가 0인 경우, 독점기업의 단기균형

TC가 0일 때 독점기업의 이윤극대화생산량은 P(X)=AR(X) 〉 MR=MC=0의 조건이 충족되는 X^M이다. 이때 독점가격은 P^M으로 결정되며 초과이윤은 □P^MaX_MO이다. 또 이때 독점기업이 공급하는 X재에 대한 수요의 가격탄력도(ε_d)는 1이다. 독점기업의 생산비용이 0보다 클 경우에는 독점기업이 공급하는 X재에 대한 수요의 가격탄력도(ε_d)는 반드시 1보다 커야 한다.

63 홍승기 저, 『7급 경제학(미시경제학; 2판)』, 박영사, 2009, 308쪽 부분 참조.

3
독점기업의 장기균형

(1) 장기균형의 존재를 위한 전제조건

① 장기균형점에서 독점가격 P^M은 P^M > SAC, P^M > LAC의 조건을 충족해야 한다

단기에는 독점기업이 $P^M \geq \min SAVC$(단기평균가변비용)의 조건만 충족하면 생산활동을 한다. 하지만 장기에는 독점기업이 반드시 초과이윤을 얻어야만 생산활동을 한다. 따라서 독점기업의 장기균형점에서는 반드시 $P^M > LAC(=SAC)$ 조건이 충족되어야 한다.

이는 독점기업이 생산·공급하는 X재에 대한 시장수요가 충분히 커서 MR=SMC=LMC 조건이 충족되는 생산량 수준에서 손실을 입지 않아야 한다는 얘기다. 만약 시장수요가 작은 관계로 독점가격 P^M이 SAC, LAC보다 작다면 독점기업은 장기적으로 손해를 볼 수밖에 없다. 그러면 독점기업은 X재 생산·공급을 포기한다.

② 장기에도 강력한 진입장벽이 형성되어 있어야 한다

독점기업이 장기균형점에서 초과이윤을 얻기 위해서는 강력한 진입장벽이 전제되어야 한다. 만약 진입장벽이 형성되어 있지 않다면 독점기업의 장기초과이윤은 0이 될 것이다. 왜냐하면 다른 신규기업들의 잇따른 시장 진입으로 치열한 경쟁이 전개되기 때문에 독점가격 P^M은 P^M=SAC=LAC의 조건을 충족시키는 선까지 하락할 것이기 때문이다.

(2) 독점기업의 장기균형점 분석

① 독점기업의 장기균형조건은 P(X)=AR(X)〉MR=SMC=LMC이다!

독점기업이 생산·공급하는 X재의 시장수요는 P(X)=AR(X)이고, MR곡선은 〔그림 10-9〕에서 보는 것처럼 주어진다. 이때 MR곡선은 단기한계수입(SMR)곡선인 동시에 장기한계수입(LMR)곡선이다. 또 장기에는 자본설비를 비롯한 시설 규모의 변경이 가능하다. 따라서 독점기업은 LAC곡선상의 한 점을 선택할 수 있다. LAC곡선은 SAC곡선들의 포락선으로서 여러 해당 시설 가운데서 가장 비용이 적게 드는 점만을 연결한 곡선이다.

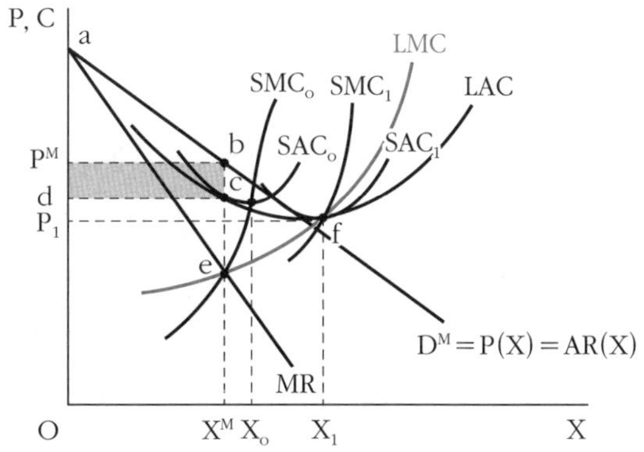

〔그림 10-9〕 독점기업의 장기균형점 도출

〔그림 10-9〕에서 독점기업의 장기균형은 P(X)=AR(X) 〉 MR=SMC_o=LMC의 조건이 충족하는 e점에서 이루어진다. 그때 독점기업의 이윤극대화생산량은 X^M, 독점가격은 P^M으로 결정되며, 독점기업의 초과이윤은 □P^Mbcd이다.

② 독점기업은 초과설비(excess capacity)를 보유한다!

〔그림 10-9〕가 완전경쟁시장의 개별기업이라면 장기균형은 f점에서 이루어지고 그때의 시장균형가격, 균형거래량, 초과이윤은 P_1, X_1, 0으로 결정된다. 하지만 독점기업의 장기균형은 e점에서 이루어지고, 그때 독점가격은 P^M, 이윤극대화 생산량은 X^M, 장기초과이윤은 □P^Mbcd이다. 이를 통해 우리는 독점시장이 완전경쟁시장보다 시장가격은 높고(P^M〉P_1), 생산량은 적으며(X^M〈X_1) 독점기업에게 유리한 방향으로 소득분배가 불공정하게 이루어진다는 것을 알 수 있다. 소비자들은 적은 양의 X재를 비싼 가격으로 소비해야 하고 독점기업의 배만 불려주는 분배구조 때문에 독점시장이 완전경쟁시장보다 나쁘다고 말하는 것이다. 이뿐만이 아니다. 초과설비의 문제도 독점기업에 내재된 심각한 문제다.

〔그림 10-9〕에서 독점기업은 P(X)=AR(X) 〉 MR=SMC_0=LMC의 조건이 충족되는 생산수준에서 이윤극대화를 추구한다. 이때 독점기업이 선택한 생산시설 규모는 SAC_0이다. 그런데 SAC_0의 생산시설에서 단기평균비용의 최소점은 SMC_0가 SAC_0를 통과하는 점이고, 그때의 X재 생산량 수준은 X_0이다. 하지만 이윤극대화를 추구하는 독점기업은 X^M에서 생산한다. 왜냐하면 X_0에서는 이윤극대화조건이 충족되지 않기 때문이다. 따라서 독점기업에서는 필연적으로 X^MX_0만큼의 초과설비(excess capacity)가 존재한다.

여담이지만 만약 〔그림 10-9〕가 완전경쟁시장의 개별기업이었다면 SAC_0보다 LAC의 최소점과 접하는 SAC_1으로 정의되는 생산시설에서 SAC의 극소화가 가능했을 것이다. 개별기업에게 이것을 강요한 것은 정부 당국을 비롯한 외부세계의 강압적인 규제가 아니다. 오로지 자유로운 시장 진입과 퇴거를 허용함으로써 기업들 간에 치열한 경쟁환경을 보장한 탓이다. 하지만 독점시장과 독점기업은 경쟁기업들의 진입을 허용하지 않기 때문에 그들은 LAC의 극소화를 달성하기 위한 노력을 기울일 필요가 없다. 오로지 땅 짚고 헤엄을 치면서 자신의 이윤극대화만 추구하면 된다. 그래서 독점 또는 독점기업이 나쁜 것이다.

4
독점기업의 가격 차별

(1) 가격 차별의 정의와 성립조건

① 가격 차별의 정의

가격 차별(price discrimination)이란, 독점기업이 같은 상품을 상이(相異)한 가격으로 판매하는 것을 말한다.

영국의 경제학자 아서 세실 피구(A. C. Pigou)는 가격 차별을 제1급 가격 차별, 제2급 가격 차별, 제3급 가격 차별로 분류했다.

제1급 가격 차별은 독점기업이 모든 소비자들의 선호체계를 정확하게 알고 있는 경우, 그들이 기꺼이 지불하고자 하는 수요가격(최대가격)을 받아내는 것을 말한다. 만약 독점기업이 제1급 가격 차별에 성공한다면, 독점시장에서도 자원배분의 효율성이 달성된다. 물론 소득분배는 독점기업에게 일방적으로 유리하게 전개된다. 제2급 가격 차별은 상품 구입량에 따라 상이한 가격을 부과하는 것을 말한다. 다음의 5절에서 학습할 이부가격제(two-part tariff)가 제2급 가격 차별과 유사하다고 생각된다. 제3급 가격 차별은 현실경제에서 종종 발견되는 것으로서 수요의 가격탄력도(ε_d)에 따라 상이한 가격을 책정하는 것을 말한다.

② 가격 차별의 성립조건

첫째, 가격 차별이 성립하기 위해서는 관련 기업이 시장지배력을 행사할 수 있어야 한다. 즉 독점력을 갖지 못한 기업은 가격 차별을 시도하기 어렵다. 그렇다고 해서 가격 차별이 독점기업의 전유물이 아님에 유의해야 한다. 그 이유는 독점이 아닌 다른 시장에서도 가격 차별의 사례를 찾을 수 있기 때문이다. 피서지의 바가지요금, 청소년과 성인 간의 영화관람료 등이 그에 대한 대표적인 사례다.

둘째, 관련 기업은 고객과 시장을 쉽게 분리할 수 있어야 한다. 이는 고객을 대인과 소인(예 극장, 국립공원 입장료 등), 가정용과 산업용(예 전기), 국내 시장과 해외 시장(예 자동차, 가전산업 등), 시간에 대한 기회비용의 차이(예 항공기 요금, 할인권 등), 부모 능력의 차이(예 장학금) 등으로 분리하는 것이 가능해야만 가격차별화를 시도할 수 있다는 얘기다.

셋째, 상이한 시장과 고객 사이에 일체의 재정거래(arbitrage transaction, 일명 차익거래)가 일어나지 않아야 한다. 재정거래는 싸게 구입해서 비싸게 되파는 행위를 말한다. 만약 재정거래가 일어나면, 시장 간에 가격 차이가 사라지기 때문에 가격 차별은 의미를 잃게 된다.

넷째, 상이한 시장과 고객 사이에 수요의 가격탄력도(ε_d)가 서로 달라야 한다. 특히 앞서 언급한 3가지 조건이 충족되더라도 상이한 시장과 고객 사이에 수요의 가격탄력도(ε_d)가 같다면 후술할 제3급 가격 차별은 이루어지기 어렵다.

(2) 가격 차별의 제(諸)유형과 파급효과 분석

① 제1급 가격 차별과 파급효과 분석

제1급 가격 차별은 완전가격차별이라고도 한다. 이는 독점기업이 생산·공급하는 X재의 각 단위별로 상이한 가격을 책정하는 것을 말한다. 이때 독점기업이 소비자들로부터 받아내는 가격은 X재의 단위별로 소비자가 기꺼이 지불하고자 하는 수요가격이다. 따라서 이때는 소비자잉여가 모두 독점기업의 총수입으로 귀속된다.

〔그림 10-10〕을 보자. 만약 완전경쟁시장이라면 시장균형은 P=MC 조건이

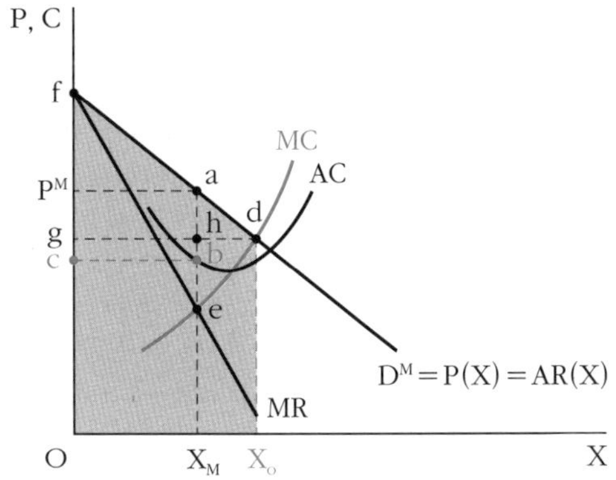

〔그림 10-10〕 제1급 가격 차별의 효과

충족되는 d점에서 균형이 이루어지고 소비자는 △fdg에 해당하는 소비자잉여를 얻는다. 그러나 독점시장에서는 MR=MC 조건이 충족되는 e점에서 균형이 이루어지고, 이때의 소비자잉여는 △faP^M이다. 시장구조의 변화(완전경쟁시장 → 독점시장)로 인해 소비자잉여는 사다리꼴 P^Madg만큼 감소한다. 그러나 □P^Mahg는 독점기업의 수입으로 흡수된다.

한편, 제1급 가격 차별이 실행되면, 그나마 소비자가 누리던 소비자잉여 △faP^M 마저 독점기업의 수입으로 귀속되고 소비자잉여는 0이 된다. 독점기업은 P=MC 조건이 충족되는 d점에서 X재를 X_o만큼 생산한다. 이는 완전경쟁시장과 동일한 시장공급량으로서 d점에서는 자원배분의 효율성(생산적 효율성)이 달성되기 때문에 자중손실(경제적 순손실)은 발생하지 않는다. 하지만 소비자잉여가 모두 독점기업의 수입으로 귀속됨으로써 소득 분배는 가장 불공정한 상태(배분적 효율성은 달성되지 못함)가 된다.

② 제2급 가격 차별과 파급효과 분석

제2급 가격 차별은 독점기업이 X재의 구입량에 따라 상이한 가격을 책정하는 것을 말한다. 제2급 가격 차별이 제1급 가격 차별과 다른 것은 후자(後者)가 각 수량별로 상이한 가격을 책정한다면 전자(前者)는 상품을 그룹핑해서 상이한 가격을 받는다는 점이다. 현실경제에서 찾아볼 수 있는 제2급 가격 차별의 사례는 대형 할인마트에서 판매하는 맥주나 라면 등을 들 수 있다. 소비자가 동네 편의점에서 맥주나 라면을 낱개로 구입할 때보다 대형 할인마트에서 묶음으로 구입하면 개당 구입 단가가 낮아지는데, 그것이 바로 제2급 가격 차별의 전형이다.

〔그림 10-11〕을 통해 제2급 가격 차별을 설명해보고자 한다. 독점기업이 가격 차별을 시도하지 않는다면 MR=MC 조건이 충족되는 e점에서 독점가격과 독점공급량은 P^M, X^M으로 결정된다. 이제 독점기업이 제2급 가격 차별을 실시한다고 가정하자. 그러면 〔그림 10-11〕에서 보는 바와 같이 소비자가 OX_o만큼의 X재를 구입할 경우, 독점기업은 P_o로 판매한다. 하지만 소비자가 X재를 X_oX_1만큼을 추가로 더 구입할 경우에는 P_o보다 낮은 P_1 수준으로 저렴하게 판매한다. 그것이 바로 제2급 가격 차별이다.[64] 이때 소비자들은 제1급 가격 차별과 비교해서 좀 더 많은 소비자잉여를 누릴 수 있다. 독점기업이 OX_1만큼의 X재를 제2급 가격차별 전략으로 판매할 때, 소비자들은 △daP_o, △abc에 해당하는 소비자잉여를 얻는다. 따라서 소비자의 입장에서는 제2급 가격 차별이 제1급 가격 차별보다 더 유리하다고 볼 수 있다.

이뿐만이 아니다. 휴대폰 요금, 산업용 및 가정용 전기요금도 사용량에 따라 상이한 가격을 책정하는데 이것도 제2급 가격 차별에 해당된다. 한편 독점기업이

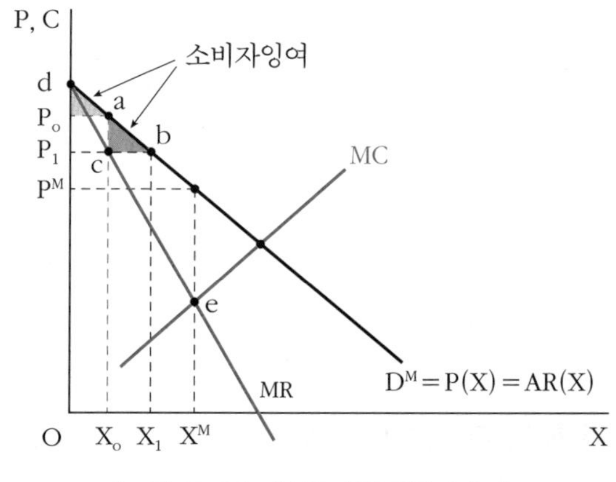

〔그림 10-11〕 제2급 가격 차별의 효과

64 X재를 개봉관과 재개봉관이 관객들에게 제공하는 영화의 상영 회수(回數)라고 가정해보자. 동일한 영화필름을 갖고 개봉관에서 OX_o만큼 영화를 상영할 때의 극장표 값이 P_o라고 하자. 재개봉관이 이 영화필름을 이용해서 X_oX_1만큼 영화를 다시 상영할 때는 극장표 값을 P_1으로 P_oP_1만큼 깎아주는 것도 제2급 가격 차별의 사례로 간주할 수 있다.

제2급 가격 차별전략을 채택하는 주된 이유는 소비자의 선호체계에 대한 정보가 불완전하기 때문이다. 따라서 독점기업은 상품 구입량에 따라 상이한 가격이 책정됨을 고지(告知)한 후, 소비자 스스로 자신의 최적 가격과 소비량을 선택하도록 유도하며 이윤극대화를 추구한다.

③ 제3급 가격 차별과 파급효과 분석

제3급 가격 차별은 시장 분할에 따른 가격 차별이다. 〔그림 10-12〕에서 보는 바와 같이 X재 시장을 제1시장(D_1)과 제2시장(D_2)으로 분리한 후, 가격 차별을 시도한다. 제2시장의 수요곡선인 $P_2(X)=AR_2(X)$와 MR_2는 1상한에 나타내는 시장수요곡선을 우측에서 좌측 방향으로 180도 회전시킨 것이다. 또 독점기업은 동일한 비용으로 X재를 생산했기 때문에 MC는 제1시장이나 제2시장에서 모두 같다. 따라서 제1시장에서 우상향하는 MC곡선과 제2시장에서 좌상향하는 MC곡선은 동일한 MC곡선이다. 이에 대해 오해 없기 바란다.

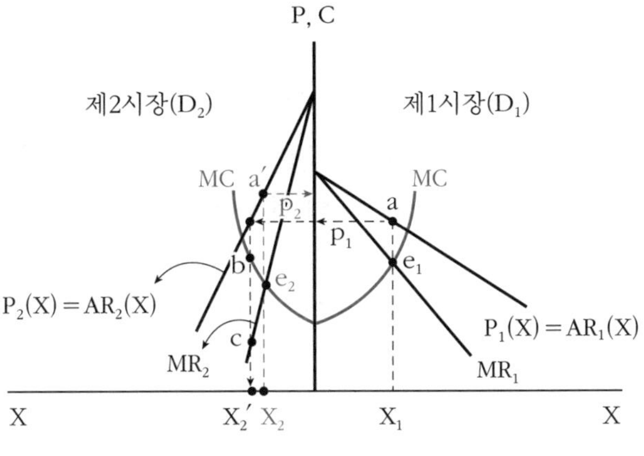

〔그림 10-12〕 제3급 가격 차별의 효과

제1시장의 시장수요곡선(D_1) 기울기는 제2시장의 그것보다 완만하다. 따라서 시장수요의 가격탄력도는 제1시장이 제2시장보다 크다. 제1, 2시장에서 독점기업의 이윤극대화 조건은 각각 $MR_1=MC=MR_2$ 조건이 충족되는 e_1, e_2점에서 이루어진다. 이때 독점기업은 제1, 2시장에서 X재를 각각 X_1과 X_2만큼 공급하고 독점가격 각각 P_1과 P_2로 책정한다. 여기서 중요한 것은 수요의 가격탄력도(ε_d)가 큰 시장일수록 독점가격을 낮게 책정한다는 사실이다. 즉 수요의 가격탄력도(ε_d)가 큰 제1시장에서의 독점가격 P_1이 수요의 가격탄력도(ε_d)가 작은 제2시장에서의 독점가격 P_2보다 작다는 얘기다.

우리는 〔그림 10-12〕를 통해 독점기업의 제3급 가격 차별전략이 단일가격책정전략보다 훨씬 더 유리하다는 것을 입증할 수 있다. 독점기업이 제2시장에서 P_1을 단일가격으로 책정하는 전략을 구사해서 X재를 X_2'만큼 공급한다고 가정하자. 그런데 X_2'에서는 MC가 MR보다 bc만큼 크기 때문에 독점기업은 X재 공급을 X_2'에서 X_2로 줄여야만 이윤극대화가 가능하다. 따라서 단일가격책정전략은 제3급 가격 차별전략에 비해 불리한 전략일 수밖에 없다.

보론 10-3. 제3급 가격 차별과 아모로소-로빈슨 공식 간의 관계

제3급 가격차별전략은 아모로소-로빈슨 공식을 통해서도 설명할 수 있다. 우리는 〔보론 10-1〕에서 아모로소-로빈슨 공식을 학습했다. 여기서 그것을 다시 한번 활용해보자. 제3급 가격차별전략을 통한 독점기업의 이윤극대화는 〔그림 10-12〕에서 보는 것처럼 $MR_1 = MR_2 = MC$의 조건이 충족될 때 이루어진다. 그것을 아모로소-로빈슨 공식에 적용하면 다음과 같다. 이해가 잘 되지 않는 독자 여러분은 〔보론 10-1〕을 꼼꼼하게 복습해주기 바란다.

아모로소-로빈슨 공식을 이용해서 MR_1과 MR_2를 정리하면 다음이 된다.

$$MR_1 = P_1\left(1-\frac{1}{\varepsilon_d^{\,1}}\right),\ MR_2 = P_2\left(1-\frac{1}{\varepsilon_d^{\,2}}\right)$$

$MR_1 = MR_2 = MC$의 조건에다 이를 적용하면 다음이 된다.

$$P_1\left(1-\frac{1}{\varepsilon_d^{\,1}}\right) = P_2\left(1-\frac{1}{\varepsilon_d^{\,2}}\right)$$

이때 $\varepsilon_d^{\,1} > \varepsilon_d^{\,2}$라면 $P_1 < P_2$의 관계가 성립한다.

5
이부가격제에 대한 분석

(1) 이부가격제(two-part tariff)의 개념과 경제적 효과

① 이부가격제의 개념

독점기업이 제2급 가격차별전략의 일환으로 채택하는 것이 이부가격제(二部價格制)이다. 이부가격제는 독점기업이 두 종류의 가격(예 가입비와 사용료)을 부과하는 것을 말한다. 이부가격제는 미국 로체스터 대학의 월터 오아이(W. Y. Oi) 교수가 계간(季刊) 경제 저널인 『The Quarterly Journal of Economics』(1971)에 'A Disneyland Dilemma: Two-Part Tariffs for a Mickey Mouse Monopoly'라는 논문을 발표하면서 학계의 주목을 받았다. 오아이 교수가 제시한 논문의 주요 내용은 미(美) 디즈니랜드의 입장료와 놀이기구의 탑승 요금 설정에 관한 것이었다.

현실경제에서도 이부가격제의 사례는 손쉽게 찾아볼 수 있다. 명문 골프장이 골퍼들에게 회원권을 먼저 판매한 후, 라운딩을 할 때마다 별도의 그린피(이하 사용료)를 받는 경우가 대표적인 예다. 또 이동통신사가 고객들에게 매달 일정 요금을 기본요금으로 책정해서 일정 시간을 무료로 통화하게 한 후, 그 이상을 초과하는 서비스에 대해 사용료를 부과하는 것도 이부가격제로 볼 수 있다. 또 에버랜드(주)가 고객들에게 입장료를 받고 출입시킨 후, 놀이기구를 탈 때마다 사용료를 내

도록 하는 것도 이부가격제의 전형이다.[65]

② 이부가격 설정의 경제적 효과

상품(예 X재)의 생산·공급에 대한 결정 방식은 완전경쟁시장과 매우 유사하다.

독점기업이 이부가격제를 채택할 경우, 순수독점기업보다 X재 생산량은 많고, 시장가격(사용료)은 낮게 설정한다.

하지만 독점기업은 이부가격의 설정으로 소비자잉여 전체를 자신의 수입으로 귀속시키기 때문에 독점기업보다 해악(害惡)이 크며, 소득분배를 매우 불공정하게 만든다는 문제가 있다.

(2) 이부가격 책정기업의 시장균형 분석

① 이부가격 책정기업의 균형가격과 균형거래량 도출

이부가격제는 독점기업이 더 많은 이윤을 창출하기 위해서 실행하는 수량의 존적 구간가격책정에 의한 제2급 가격차별전략의 범주에 속한다. 여기서는 독점기업이 이부가격의 책정을 통해 입장료(entry fee)와 사용료(usage fee)를 어떻게 책정하는지 살펴보자. 분석의 편의를 위해 독점기업이 소비자 갑(甲)만을 상대하며, 갑의 선호체계를 잘 안다고 가정하자. 이는 독점기업이 갑의 수요가격을 정확하게 알고 있다는 얘기다. 또 독점기업의 MC는 일정하다고 가정한다. MC가 일정하면 MC=AC의 관계가 성립한다.[66]

갑의 수요곡선인 $d_{甲}$이 〔그림 10-13〕과 같이 주어졌을 경우, 독점기업은 이윤 극대화를 위한 입장료와 사용료를 쉽게 책정할 수 있다. 독점기업이 완전경쟁시장

---

65 이뿐만이 아니다. 화장실의 비데, 복사기, 프린터 등과 같이 특정 상품을 소비자들에게 비교적 저렴하게 판매한 후, 그 상품에 특화된 소모성 부품을 비싼 가격에 파는 것도 이부가격제의 한 부류라고 판단된다.

66 MC가 일정하다는 의미는 총비용(TC)곡선이 원점을 통과하며 우상향하는 직선이라는 의미다. 그래야만 TC곡선 상의 한 점에서 그은 접선의 기울기인 MC가 일정하기 때문이다. TC곡선이 원점에서 우상향하는 직선일 경우, 원점에서 TC곡선상의 한점까지 그은 선분의 기울기인 AC도 일정하게 된다. 따라서 MC=AC의 관계가 도출된다.

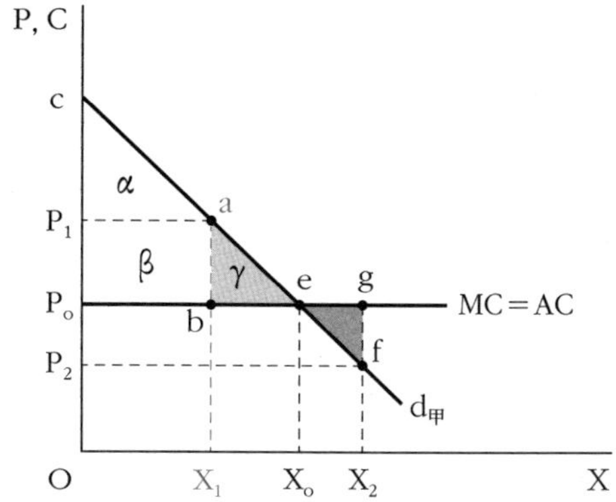

〔그림 10-13〕 이부가격 책정기업의 시장균형 분석

의 개별기업처럼 P＝MC 조건이 충족되는 e점에서 X재를 X_o만큼 생산한 후, P_o에 판매한다면 갑은 △ceP_o에 해당하는 소비자잉여를 얻는다. 그런데 △ceP_o로 정의되는 소비자잉여는 독점기업이 갑에게 부과할 수 있는 입장료의 상한가(上限價)다. 왜냐하면 독점기업이 입장료를 그것보다 더 높게 책정하면 갑은 입장 자체를 포기할 것이기 때문이다. 또 사용료를 MC(＝P_o)와 일치시키면 독점기업은 이윤극대화를 실현할 수 있게 된다. 이때 독점기업이 얻을 수 있는 이윤의 크기는 $\alpha+\beta+\gamma$이다.

이제 독점기업이 사용료를 P_o가 아닌 P_1이나 P_2로 책정할 경우, 그때 독점기업이 얻을 수 있는 이윤의 크기가 어떻게 달라지는지 살펴보자. 독점기업이 P_1을 사용료로 책정하면, 갑은 X재를 최대 X_1만큼만 소비할 것이다. 〔그림 10-13〕의 a점이 그것을 말해준다. 이때 갑은 △caP_1(＝α)의 소비자잉여를 얻는다. 그런데 독점기업이 시장지배력을 활용해서 그것을 입장료로 부과한다고 가정하자. 또 사용료 P_1은 MC＝AC보다 크기 때문에 갑에게 X재를 X_1만큼 판매할 때 독점기업은 □P_1abP_o(＝β)의 이윤을 추가로 얻을 수 있다. 따라서 독점기업이 P_1을 사용료로 책정할 경우, 독점기업의 이윤은 $\alpha+\beta$이다. 결국 사용료를 P_o에 설정할 때보다 이윤이 γ만큼 감소한다. 또 독점기업이 X_2만큼의 X재를 생산한 후, P_2를 사용료로 책정할 경우, 이윤의 크기를 계산해보자. 이때 갑의 소비자잉여는 △cfP_2이고, 독점기업은 그것을 입장료로 거둬들일 수 있다. 하지만 P_2는 MC＝AC보다 낮기 때문에 X_2만큼을 공급할 때, 독점기업의 손실액은 □P_ogfP_2이다. 결국 독점기업은

$\triangle egf$만큼 손실을 보게 된다. 따라서 독점기업은 완전경쟁시장의 개별기업처럼 P=MC 조건이 충족되는 e점에서 소비자잉여 $\triangle ceP_o$를 입장료로 책정하고 X_o만큼의 X재에 대해서는 P_o를 사용료로 책정하는 것이 독점기업의 이윤극대화를 보장하는 최적의 이부가격 책정전략임을 알 수 있다.

보론 10-4. 갑(甲)과 같은 소비자가 N명 있는 경우의 이부가격 책정원리

소비자 갑(甲)과 선호체계가 동일한 소비자가 N명 존재한다고 가정할 때, 이부가격은 어떻게 책정될까? 이런 경우에도 앞서 학습한 이부가격 책정원리가 그대로 적용된다. 여기서는 이 문제에 대해 생각해보자. 〔그림 10-14〕를 보면 소비자 갑의 수요곡선 $d_{甲}$과 N명의 소비자 수요에 대한 횡적 합인 시장수요곡선 D^M, 그것으로부터 도출한 MR^M, 또 일정한 크기를 갖는 MC곡선과 AC곡선이 등장한다.

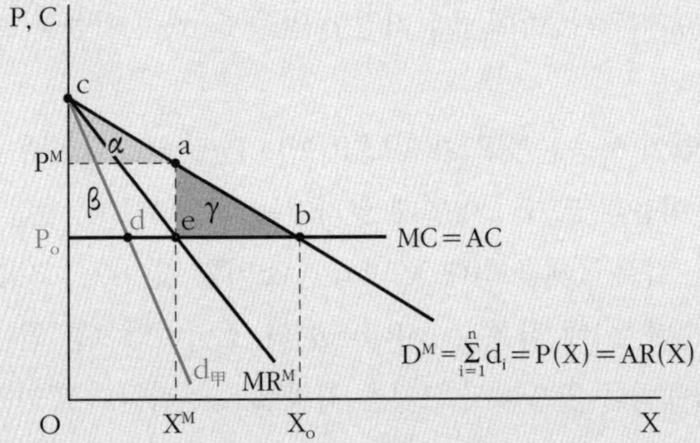

〔그림 10-14〕 소비자가 N명 있는 경우의 이부가격 책정원리

만약 〔그림 10-14〕에서 순수독점기업은 MR^M=MC 조건이 충족되는 e점에서 이윤극대화생산량이 P^M, X^M으로 결정된다. 또 이때 독점기업의 초과이윤은 $\square P^M aeP_o(=\beta)$이다. 한편, 독점기업이 이윤극대화를 위해 이부가격제를 채택할 경우, 독점이윤은 얼마일까? 독점기업은 완전경쟁기업처럼 P=MC

조건이 충족되는 b점에서 X_0만큼의 X재를 생산한다. 이부가격제를 채택한 독점기업은 소비자잉여인 $\triangle cbP_0(=\alpha+\beta+\gamma)$를 입장료를 받고, P_0를 사용료로 책정한다. 이때 독점기업의 이윤과 순수독점기업의 이윤을 비교하면 이부가격제를 채택했을 경우가 $\alpha+\gamma$만큼 더 많음을 알 수 있다. 물론 이때 이부가격제를 채택한 독점기업이 갑을 비롯한 개별 소비자 N명에게 부과할 수 있는 입장료의 상한가는 $\triangle cbP_0$이다. 〔그림 10-14〕를 통해 확인할 수 있듯이 독점기업은 제1급 가격차별처럼 소비자잉여를 자신의 독점이윤으로 빼앗아간다. 따라서 소득분배는 소비자들에게 매우 불리한 불공정 분배가 야기된다. 반면 이부가격제를 채택한 독점기업은 완전경쟁기업처럼 P=MC 조건이 충족되는 b점에서 X재를 X_0만큼 생산하기 때문에 자원배분의 효율성은 충족된다.

② 이부가격 책정기업의 현실적 한계와 차선적 대응

앞에서는 소비자들의 선호체계가 소비자 갑(甲)의 선호체계와 똑같다고 가정했다. 하지만 현실경제에서 그럴 가능성은 매우 낮다. 왜냐하면 요즘 세상은 소품종 대량생산 체제가 아니라 각 개인의 취향과 선호의 다양성이 존중받는 다품종 소량생산의 시대이기 때문이다. 만약 개별 소비자들의 선호체계가 다르다면 〔그림 10-14〕와 같은 분석은 심각한 오류를 범할 수 있다.

현실경제에서는 소비자들의 선호체계가 다를 뿐만 아니라 독점기업이 그들의 선호체계에 대해서도 정확히 알 수 없다. 이는 독점기업이 소비자들이 기꺼이 지불하고자 하는 수요가격(=최대가격)을 제대로 알지 못한다는 얘기다. 그런 의미에서 독점기업이 소비자잉여를 모두 자신의 몫으로 빼앗아간다는 것이 그리 쉽지 않다. 하지만 이런 경우에도 독점기업은 국내 이동통신사들이 소비자들에게 다양한 종류의 요금제를 제시하는 것과 같은 방식으로 이부가격제를 실시함으로써 독점이윤의 극대화를 추구할 수 있다.

보론 10-5. 여러 개의 공장을 보유한 독점기업의 이윤극대화 전략

독점기업이 독점상품 X재를 생산하기 위해 1개의 공장만 운영할 수도 있다. 하지만 현실에서는 여러 개의 공장을 운영하는 경우가 훨씬 더 많다. 여기서는 그 이유가 무엇인지 살펴보자. 분석의 편의를 위해 독점기업이 2개의 공장(제1공장, 제2공장)만 운영하고, 그들 공장의 한계비용이 MC_1, MC_2라고 하자. 또 독점기업이 직면하는 시장수요곡선을 D^M, 그에 따른 한계수입곡선을 MR이라고 상정한다. 이제 이윤극대화를 추구하는 독점기업은 먼저 기업 전체의 생산량 규모를 결정한 후, 공장별로 생산량을 할당할 것이다.

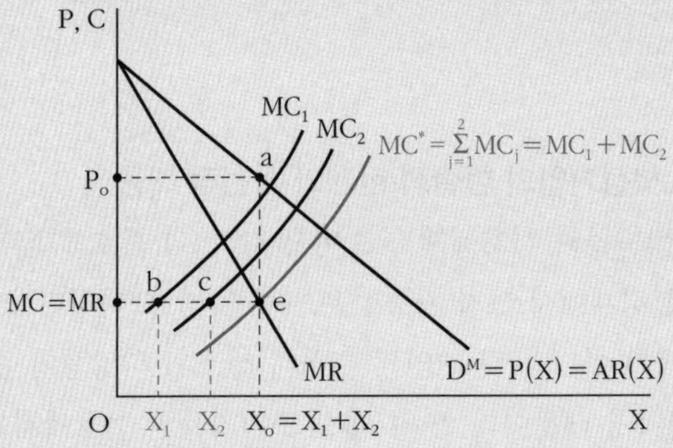

〔그림 10-15〕 2개 공장을 보유한 독점기업의 이윤극대화 조건

우선 2개의 공장을 운영하면서 독점상품 X재를 생산하는 독점기업의 이윤극대화 조건은 $MR = MC^*(\sum_{j=1}^{2} MC_j;\ = MC_1 + MC_2)$가 충족하는 e점에서 이루어진다. 이때 독점기업은 기업 전체 차원에서 X재를 X_o만큼 생산하고, X재 가격은 P_o로 책정함으로써 이윤극대화를 도모한다.

한편, X재를 X_o만큼 생산한 독점기업이 공장별로 생산량을 어떻게 할당할 것인지는 전적으로 각 공장들의 MC 조건에 달려있다. 이윤극대화를 추구하는 독점기업은 〔그림 10-15〕에서 보듯이 $MR = MC_1 = MC_2$의 조건이 충족되도록 생산량을 할당한다. 즉 제1공장에게는 X재 생산을 X_1만큼, 제2공장에게는 X_2만큼 할당한다. 이때 제1공장의 생산량 X_1과 제2공장의 생산량 X_2를 합한 것이 독점기업 전체의 생산량 X_o와 동일해야 한다. 이런 논리는 독점기업이 공장을 2개 이상 보유한 경우에도 똑같게 적용된다.

만약 제1공장과 제2공장 사이에 MC가 일치하지 않을 경우, 공장별로 생산조정이 어떻게 일어나는지 고찰해보자.

- 만약 $MC_1 > MC_2$라면 독점기업은 제1공장에서 생산량을 1단위 감소시키고 제2공장에서 생산량을 1단위 증가시킬 것이다. 그러면 기업 전체의 생산량은 불변이고 생산비용은 절감된다. 그로 인해 독점기업의 초과이윤은 증가한다.
- 이제 거꾸로 $MC_1 < MC_2$라면 독점기업은 제2공장에서 생산량을 1단위 감소시키고 제1공장에서 생산량을 1단위 증가시킬 것이다. 그러면 기업 전체의 생산량은 불변이지만 생산비용은 절감된다. 그러면 독점기업의 초과이윤은 증가한다.
- 이와 같은 일련의 조정과정은 $MR = MC_1 = MC_2$가 성립되어 이윤극대화조건이 충족될 때까지 계속된다.

6
완전경쟁시장과 독점시장의 상호 비교

(1) MC곡선의 이동이 시장균형에 미치는 효과

① MC곡선의 이동에 따른 시장균형점의 변화

원재료나 중간재 가격의 하락, 자원절약적 기술진보 등으로 AC가 감소하고 그에 따라 MC도 감소하는 경우를 상정하자. 완전경쟁시장에서 개별기업 j의 공급곡선은 AVC_j의 최저점 이상을 지나는 MC_j곡선이다. 또 생산요소가격이 일정한 경우, 완전경쟁시장에서 X재에 대한 시장공급곡선은 개별기업들의 공급곡선을 횡적으로 합(合)한 $S^M = \sum_{j=1}^{n} MC_j$로 정의된다. 그러나 독점시장에서는 독점기업의 공급곡선이 존재하지 않는다. 왜냐하면 독점기업은 가격수취자가 아니라 가격설정자로 행동하기 때문이다. 따라서 독점기업의 MC곡선은 그냥 MC곡선일 뿐, 공급곡선이 아님에 유의해야 한다.

〔그림 10-16〕의 (a) 그래프는 완전경쟁시장에서의 균형을 나타낸다. 최초의 시장균형은 X재에 대한 시장수요곡선인 $D^M = P(X) = AR(X)$와 시장공급곡선인 $S_o^M = \sum_{j=1}^{n} MC_j^o$가 만나는 e_o점에서 이루어진다. 이때 개별기업 j를 비롯한 다른 기업들의 MC 곡선이 하락한다면 시장공급곡선이 S_o^M에서 $S_1^M = \sum_{j=1}^{n} MC_j^1$으로 이동(①)함으로써 새로운 시장균형은 e_1점에서 결정된다. 그 결과 균형가격은 P_o에서 P_1으로 하락(②)하고 균형거래량은 X_o에서 X_1으로 증가(③)한다. 참고로 (a) 그

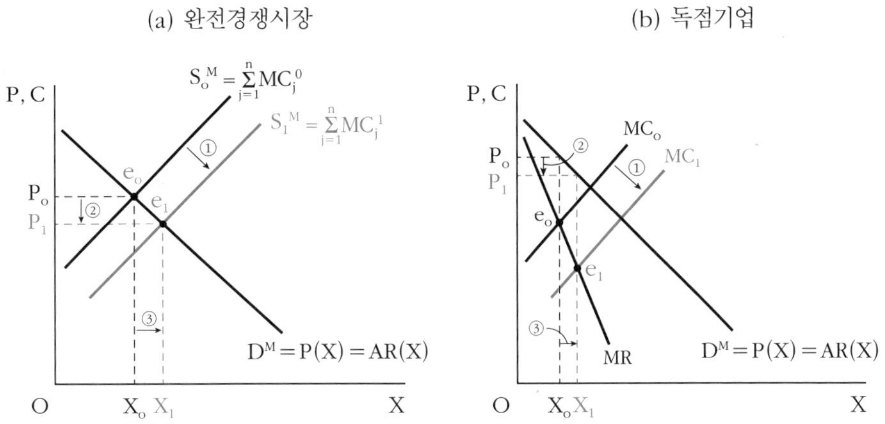

〔그림 10-16〕 MC곡선의 이동과 시장균형점의 변화

래프에서 가격의 하락 폭은 P_oP_1, 균형거래량의 증가 폭은 X_oX_1이다.

〔그림 10-16〕의 (b) 그래프는 독점시장에서의 균형을 나타낸다. 독점시장에서 최초의 균형은 $MR = MC_o$ 조건이 충족되는 e_o점에서 이루어진다. 이때 독점기업의 MC곡선이 MC_o에서 MC_1으로 하향 이동(①)하면 새로운 균형점은 $MR = MC_1$의 조건이 충족되는 e_1점에서 결정된다. 그 결과 균형가격은 P_o에서 P_1으로 하락(②)하고 균형 거래량은 X_o에서 X_1으로 증가(③)한다. 이때 (b) 그래프에서 가격 하락 폭은 P_oP_1, 균형거래량의 증가 폭은 X_oX_1이다.

② 완전경쟁시장과 독점시장의 상호 비교

〔그림 10-16〕의 (a) 그래프에서 시장공급곡선의 이동 폭($S_o^M \rightarrow S_1^M$)과 (b) 그래프에서 MC곡선의 이동 폭($MC_o \rightarrow MC_1$)은 동일하다. 기준이 동일해야 비교분석이 의미를 갖기 때문이다. 여기서 완전경쟁시장에서의 가격 하락 폭과 균형거래량의 증가 폭은 독점기업의 그것보다 더 크다는 것을 확인할 수 있다.

이런 현상이 발생하는 주된 이유는 독점기업의 균형가격과 균형거래량 결정이 시장수요곡선보다 기울기가 2배나 더 가파른 MR곡선에 의존하기 때문이다.

(2) 완전경쟁시장과 독점시장에서의 사회적 후생 손실 비교

① 완전경쟁시장과 독점시장에서의 균형 분석

X재를 생활도자기라고 가정하자. 또 수많은 도자기 전문가들이 소규모의 공방(工房)에서 생활도자기를 생산하는 완전경쟁기업으로 행동한다면, 이들의 집합체는 생활도자기의 완전경쟁산업이다. 그렇다면 완전경쟁시장과 완전경쟁산업은 어떻게 다른가?[67] 이미 제9장에서 밝혔듯이 필자는 '완전경쟁시장 ⊒ 완전경쟁산업'이라고 본다. 즉 완전경쟁시장에는 생활도자기 이외에도 다른 여러 상품(예 신발, 완구, 문구류 등)들의 산업이 존재할 수 있다. 따라서 완전경쟁시장은 완전경쟁산업보다 광의의 개념이다. 하지만 시장을 생활도자기 하나로 한정시키면, 생활도자기의 완전경쟁시장과 완전경쟁산업은 같게 된다. 따라서 여기서는 완전경쟁시장 = 완전경쟁산업으로 간주하고 논의를 전개하고자 한다.

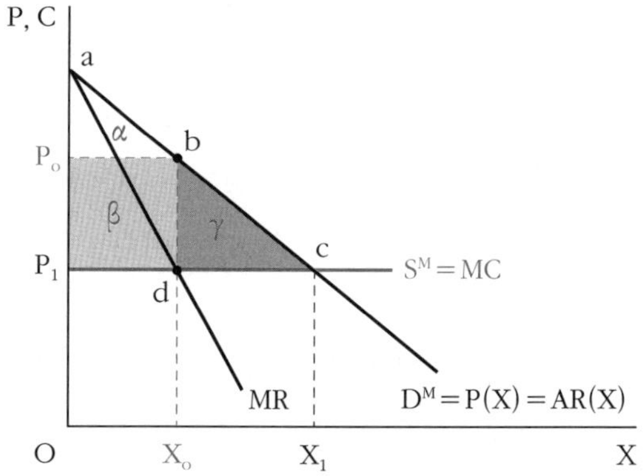

〔그림 10-17〕 완전경쟁시장과 독점시장에서의 사회적 후생 손실

67 독자 여러분이 완전경쟁시장을 공부하면서 난감했던 사항이 하나 있을 것이다. 아마도 그것은 완전경쟁시장과 완전경쟁산업이 같은 개념인가, 아니면 다른 개념인가라는 문제이다. 필자가 지금까지 국내에서 시판되는 경제학책을 읽으면서 이 부분에 대해 명쾌하게 설명해주는 교수를 만난 적이 없다. 그러면서도 그들은 완전경쟁시장과 완전경쟁산업을 혼용해서 기술하고 있다. 따라서 필자도 이들 개념 차이에 대해 의아해하면서 심각하게 고민한 적이 여러 번이다. 적어도 경제학을 가르치는 사람으로서 필자가 생각하는 것을 본문에다 기술해 놓았다. 물론 필자의 주장에 이의가 있는 분들은 언제든지 지적해주시길 바란다. 건설적 비판에 대해서는 기꺼이 수용할 생각이다.

〔그림 10-17〕에서 생활도자기가 완전경쟁시장에서 생산·공급된다면 시장균형은 시장수요곡선 D^M과 시장공급곡선인 S^M(=MC)이 만나는 c점에서 이루어지며, 이때 균형가격과 균형거래량(이윤극대화생산량)은 P_1, X_1이다. 하지만 생활도자기를 생산·공급하는 기업이 독점기업일 경우, 시장균형은 MR=MC 조건이 충족되는 d점에서 결정되고 독점가격과 균형거래량은 P_o, X_o로 결정된다. 완전경쟁시장에서의 균형과 비교해볼 때, 독점시장에서의 균형가격은 높고 균형거래량은 작다. 그로 인해 소비자들은 후생 손실을 경험할 수밖에 없다.

② 사회적 후생 손실의 크기는 어떻게 측정하는가?

〔그림 10-17〕에서 생활도자기가 완전경쟁시장에서 생산·공급된다면 시장균형은 c점에서 이루어지고, 그때의 소비자잉여는 $\triangle acP_1(=\alpha+\beta+\gamma)$이다. 또 생산자잉여는 시장공급곡선이 수평선이기 때문에 0이다. 따라서 이때의 사회적 잉여는 $\alpha+\beta+\gamma$이다.

이제 생활도자기가 독점시장에서 생산·공급되는 경우를 살펴보자. 독점시장에서의 균형점은 d점이며 그때 독점가격과 균형거래량은 P_o, X_o로 정의된다. 이때의 소비자잉여는 $\triangle abP_o(=\alpha)$, 독점이윤(여기서는 독점이윤을 생산자잉여라고 가정한다)은 $\square P_obdP_1(=\beta)$이고 사회적 잉여는 $\alpha+\beta$이다.

앞의 ①, ②의 설명을 통해 알 수 있듯이 생활도자기가 독점시장에서 생산·공급되면 사회적 잉여는 $\triangle bcd(=\gamma)$만큼 사라진다. 경제학에서는 $\triangle bcd(=\gamma)$만큼의 사회적 후생손실을 자중손실(deadweight loss), 하버거의 삼각형(Harberger's triangle)이라고 부른다. 이 내용을 알기 쉽게 정리하면 〔표 10-1〕과 같다.

〔표 10-1〕 각 시장별 사회적 후생의 크기와 변동분

항목 \ 분류	완전경쟁시장	독점시장	잉여의 변동분
소비자 잉여	$\alpha+\beta+\gamma$	α	$-(\beta+\gamma)$
생산자 잉여	O	β	β
사회적 잉여	$\alpha+\beta+\gamma$	$\alpha+\beta$	$-\gamma$

③ 그렇다면 독점은 항상 나쁜 것인가?

앞의 제6절 (2)항에서는 시장구조가 완전경쟁시장에서 독점시장으로 변할 때, 제반(諸般) 비용곡선이 변하지 않는다는 가정하에 비교분석을 했다. 그 결과 독점시장에서는 사회적 후생 손실이 발생한다는 것을 확인할 수 있었다. 하지만 예외적인 경우가 존재할 수 있다. 그것은 독점시장에서 규모의 경제가 발생해서 LAC곡선과 LMC곡선이 큰 폭으로 하락하는 경우다. 이때는 독점가격이 완전경쟁시장에서의 균형가격보다 낮고 균형거래량도 더 클 수 있음에 유의해야 한다. 〔그림 10-18〕을 활용해서 그것을 입증해보고자 한다.

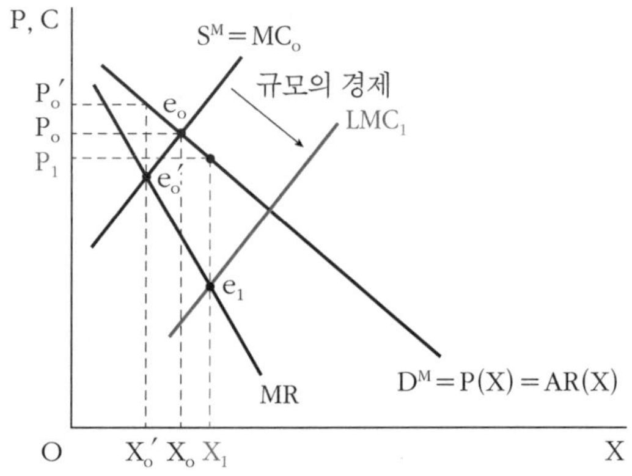

〔그림 10-18〕 독점과 규모의 경제

〔그림 10-18〕이 생활도자기가 완전경쟁시장에서 생산·공급된다면 시장균형은 시장수요곡선 D^M과 시장공급곡선 $S^M(=MC_o)$이 만나는 e_o점에서 이루어진다. 그때의 균형가격과 균형거래량은 P_o, X_o이다. 한편 〔그림 10-18〕이 독점시장이라면 최초의 균형은 $MR = MC_o$ 조건이 충족되는 e_o'에서 이루어지고, 그때 독점가격과 균형거래량은 P_o'와 X_o'로 결정된다. 여기까지의 비교는 앞서 언급한 내용과 같다.

그런데 독점시장에서 규모의 경제가 발생해서 생활도자기의 LAC곡선과 LMC곡선이 큰 폭으로 하락했다고 가정하자. 그것을 반영한 것이 MC_o(독점시장에서는 공급곡선이 존재하지 않음. MC곡선만 존재할 따름임)곡선에서 LMC_1곡선으로의 하향 이동이다. 여기에는 '단기에서 장기로의 이동'이라는 시간 개념도 내재되어 있음에 유의해야 한다. 이런 경우 이윤극대화를 추구하는 독점시장의 장기균형은 e_1점에서 결정된다. 그때의 독점가격과 균형거래량은 P_1, X_1이다. 이를 통해 독점가격 P_1은 완전경쟁시장에서의 균형가격 P_0보다 낮고, 균형거래량 X_1은 완전경쟁시장에서의 균형거래량 X_0보다 많다는 것을 알 수 있다.

물론 이런 현상이 일어날 가능성은 그리 높지 않다. 그동안 이 부분에 대한 여러 가지 실증연구가 있었지만 그들의 공통점은 〔그림 10-18〕에서와 같은 규모의 경제가 일어나지 않았다는 점이다. 그렇다고 해서 이런 현상이 절대로 불가능한 일은 아니다. 향후 어느 독점기업이 생산비용을 크게 절감시키는 뛰어난 신기술 개발에 성공할 경우에는 〔그림 10-18〕과 같은 현상이 언제든지 일어날 수도 있다.

(3) X-효율성과 X-비효율성의 문제

① X-효율성과 X-비효율성의 정의

라이벤스타인(H. Leibenstein)이 제시한 X-효율성(X-efficiency)은 배분적 효율성(allocative efficiency)과 상이(相異)한 개념이다. 효율성은 일반적으로 배분적 효율성을 의미한다. 그러면 X-효율성은 무엇인가? 그것은 관찰하기 힘든 측면에서의 효율성, 또는 배분적 효율성의 영역을 벗어나는 초(超)효율성이라는 뜻이다. 여기서 X는 'extra'의 준말이다. 완전경쟁시장에서의 배분적 효율성은 크게 둘로 구분된다. 하나는 단기의 배분적 효율성으로서 P=MC의 조건이 충족될 때 성립된다. 다른 하나는 장기의 배분적 효율성으로 LAC곡선의 최저점에서 P=AR=MR=SAC=SMC=LAC= LMC의 조건이 충족될 때 달성된다. 한편, 같은 근로자라고 하더라도 그가 어떤 자세로 자신의 업무를 처리하는가에 따라 그의 노동생산성이 달라질 수 있다. 근로자들이 창의적인 자세와 일에 대한 열정으로 자기 혁신을 강력하게 추진할 경우, 업무효율성과 노동생산성이 크게 개선될 것이다. 그런 현상을 설명해주는 경제 개념이 바로 X-효율성이다.

X-비효율성(X-inefficiency)은 X-효율성과 상반되는 개념이다. 대내적으로 경쟁 압력이 전무(全無)하거나 독점기업의 CEO나 노동자들이 생존과 번영을 위한 자기혁신을 게을리해서 노동생산성이나 업무 효율성이 저하되는 현상을 말한다.

이와 같은 X-비효율성을 치유하기 위한 방안으로는 위기의식 제고, 내부 경쟁체제 도입, 강력한 인센티브제 실시 등이 거론된다.

② 독점기업의 X-비효율성과 LAC곡선, LMC곡선

완전경쟁시장에서 개별기업은 치열한 경쟁환경에 노출되기 때문에 기업 내부에서 끊임없는 경영혁신활동이 치열하게 전개된다. 따라서 완전경쟁시장에서는 X-비효율성의 발생 확률이 그리 높지 않다. 즉 완전경쟁시장에서 개별기업은 〔그림 10-19〕에서 보듯이 시장에서 결정된 균형가격 P_o를 받아들이면서 LAC곡선의 최저점인 e_o에서 X_o만큼의 X재를 생산한다.

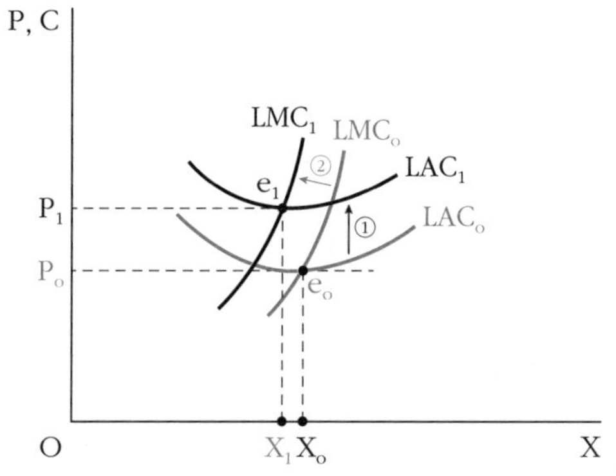

〔그림 10-19〕 독점기업의 X-비효율성

하지만 독점기업은 완전경쟁기업과는 달리 경쟁 압력의 부재와 그에 따른 비효율적인 조직관리, 비용 절감이나 경영혁신 등에 관한 동기 부족으로 비효율이 발생한다. 이는 노동생산성(=X/L)의 하락으로 직결된다. 노동생산성은 AP_L이며, AC와 반비례한다.[68] 따라서 시간이 흐름에 따라 노동생산성이 하락하면 독점기업의 LAC곡선과 LMC곡선은 완전경쟁기업의 그것보다 높은 수준인 LAC_1, LMC_1

---

68 독자 여러분은 이미 8장의 〔그림 8-5〕를 통해 이와 같은 현상을 충분하게 이해했을 것이다. 여기서는 수리적 증명을 통해 그 내용을 한 차원 깊이 있게 접근해보고자 한다. AC는 TC/X로 정의된다. $TC = TVC + TFC = wL + r\bar{K}$이다. 따라서 AC는 최종적으로 $AC = TC/X = (wL + r\bar{K})/X = w(L/X) + r(\bar{K}/X) = [w(1/AP_L) + r(\bar{K}/X)]$로 정의된다. 이를 통해 AC와 AP_L은 상호 반비례적 성격을 지님을 알 수 있다.

으로 상승한다. 또 독점기업은 〔그림 10-19〕에서 LAC 곡선의 최저점인 e_1에서 생산하지 않는다. 왜냐하면 P=SAC=LAC=SMC=LMC의 조건이 충족되는 점에서는 이윤극대화가 실현되지 않기 때문이다. 비록 〔그림 10-19〕에는 나타내지 않았지만 독점기업은 P(X)=AR(X) 〉 MR=SMC=LMC가 충족되는 점에서 독점가격과 이윤극대화생산량(균형거래량)을 결정한다. 그때 독점기업의 생산량은 〔그림 10-19〕의 X_1에도 못 미치는 수준이 될 것이다.

(4) 자원배분, 소득분배, 기술혁신에 대한 비교분석

① 자원배분 측면에서의 비교분석

완전경쟁시장에서 개별기업의 자원배분은 다음과 같은 특성을 갖는다. 첫째로 개별기업은 한계비용가격설정, 즉 P=MC를 추구함으로써 자원배분의 효율성이 달성된다. 둘째로 P=AR=MR=SAC=LAC=SMC=LMC의 조건이 충족되는 SAC곡선과 LAC곡선의 최저점에서 생산한다. 셋째로 LAC곡선의 최저점은 규모에 대한 보수 불변의 구간에 속하고, 이때 개별기업은 생산시설을 풀(100%)로 가동시킴으로써 초과설비의 문제가 발생하지 않는다.

독점기업의 자원배분은 완전경쟁시장에서의 개별기업과는 사뭇 다르다. 첫째로 독점기업은 한계비용가격설정 원리를 따르지 않는다. 독점기업은 P(X)=AR(X) 〉 MR=SMC=LMC의 조건이 충족되는 점에서 X재를 생산한다. 둘째로 독점기업은 SAC곡선과 LAC곡선의 최저점에서 생산하지 않고 LAC곡선이 우하향하는 영역에서 생산한다. 셋째로 그렇다 보니 독점기업은 자신이 보유한 생산시설을 100% 가동시키지 못함으로써 초과설비의 문제가 필연적으로 발생한다.

② 소득분배 측면에서의 비교분석

완전경쟁시장에서 개별기업의 장기초과이윤은 0이다. 즉 장기적으로 정상이윤만 얻을 뿐이다. 따라서 독점기업에 비해 경제력 집중이 힘들고 소득분배의 형평성이 개선된다. 완전경쟁시장에서는 완벽한 시장기능으로 말미암아 생산요소의 공급자인 소비자들은 기회비용에 해당되는 만큼의 임금, 이자, 지대 등을 소득으로 얻게 된다.

독점기업은 장기에도 시장지배력을 활용해서 큰 규모의 초과이윤을 획득한다. 따라서 부(富)와 소득분배의 불공평이 심화되고 경제력 집중이 나타날 가능성이 매우 크다. 또 독점기업은 생산요소에 대한 수요독점적 지위를 활용해서 수요독점적 착취를 시도할 가능성이 높다. 그럴 경우, 생산요소의 공급자들은 기회비용에도 미치지 못하는 임금, 이자, 지대 등을 지급받게 된다.

③ 기술혁신 측면에서의 비교분석

완전경쟁시장에서 개별기업은 치열한 경쟁환경 때문에 기술혁신의 필요성을 절감하게 된다. 하지만 완전경쟁시장에서 개별기업은 장기적으로 정상이윤만을 얻기 때문에 기술혁신에 소요되는 천문학적 숫자의 연구개발비용을 마련하기가 쉽지 않다. 따라서 현실적으로 완전경쟁기업들이 기술혁신을 도모하는 데도 상당한 제한이 따른다고 볼 수 있다.

독점기업은 경쟁 압력이 크지 않기 때문에 기술혁신을 해야 할 인센티브가 그리 크지 않다. 하지만 시장의 범위나 대상을 대체재나 해외 시장까지 감안한다면 기술혁신을 등한시할 수 없는 측면도 존재한다. 더욱이 독점기업은 장기적으로 큰 규모의 초과이윤을 누리기 때문에 대규모의 연구개발비용을 조달하는 점에서도 완전경쟁기업보다는 월등히 유리하다.

결론적으로 기술혁신에 대한 인센티브 측면에서 바라볼 때, 완전경쟁시장에서의 개별기업이나 독점기업 가운데 어느 쪽이 훨씬 더 유리하다고 단언하기는 힘들다.

7
정부의 독점규제에 대한 분석

(1) 독점규제의 경제적 의의

① 독점규제의 필요성과 한계

독점기업의 단기균형은 P(X)=AR(X) 〉 MR=MC, 장기균형은 P(X)=AR(X) 〉 MR=SMC=LMC이기 때문에 사회적 후생 손실이 필연적으로 발생한다. 여기서 사회적 후생 손실이 자원배분의 비효율성을 대변해주는 바로메타이다.

따라서 우리나라를 비롯한 각국 정부는 독점 자체를 법으로 금지하거나 독점기업의 시장지배력을 약화시킬 목적에서 여러 가지 방법으로 독점을 규제하고 공정거래의 정착을 위해 노력한다. 일반적으로 독점금지정책은 반(反)독점법이나 독점 금지법에 의해 실행되었는데 그 효시는 1890년도에 제정된 미국의 셔먼법(Sherman Act)이다. 이 법은 당시 미국의 산업계에서 횡행하던 트러스트(trust, 담합)를 규제하기 위해 제정되었다. 한국은 1963년도에 공정거래법이 제정되었으며, 1981년도에 공정거래위원회가 설립됨으로써 불공정거래행위에 대한 정부 규제와 함께 경제력 집중 방지를 위한 활동을 지속적으로 해오고 있다. 하지만 자원 배분의 관점에서 독점의 비효율성을 완전히 해결하는 단계에까지는 이르지 못하고 있다.

② 독점규제의 방식

정부가 독점의 폐해를 해결하기 위해 채택 가능한 규제 수단으로는 크게 4가지를 들 수 있다.

첫째, 가격을 통한 규제로서 최고가격제, 한계비용가격설정(marginal cost pricing), 평균비용가격설정(average cost pricing), 이중가격설정(two-tier pricing) 등이 있다. 둘째, 조세를 통한 독점규제로서 종량세와 정액세(또는 이윤세) 등이 활용된다. 셋째, 수익률이나 배타적 계약을 통한 독점규제도 그 한 예다. 넷째, 독점기업의 국유화[69] 조치를 들 수 있다.

(2) 가격을 통한 독점 규제

① 최고가격(maximum price)의 설정

최고가격제에 대해서는 이미 제3장 제2절의 (1)항에서 학습했다. 정부가 독점상품에 대해 최고가격제를 실시하면, 〔그림 10-20〕에서 보는 것처럼 가격은 하락하고 생산량은 증가한다.

정부의 독점규제가 없는 경우, 독점기업의 최초 균형점은 $P(X)=AR(X) > MR=MC$ 조건이 충족되는 e점이다. 그때 독점기업의 이윤극대화를 보장하는 독점가격과 균형생산량은 P^M, X^M이다. 그런데 e점에서 자원배분이 이루어질 경우에는 △abe만큼의 자중손실로 인한 사회적 후생 손실이 발생한다. 이때 발생하는 사회적 후생 손실은 조세 부과로 야기되는 사회적 후생 손실과 매우 유사하다. 그런 측면에서 독점기업을 민간 징세원(tax collector)이라고 평가하는 경제학자도 있다. 한편,정부는 자원배분의 효율성을 제고시킬 목적에서 최고가격제를 실시한다.

---

69 국유화 조치는 독점기업의 소유주가 민간에서 정부로 전환되는 것을 의미한다. 이론적으로만 생각하면 독점기업의 소유주인 정부가 사회적 관점에서 자원배분의 효율성을 충족시켜주는 가격과 생산량을 결정할 수 있을 것으로 보인다. 하지만 현실은 전혀 그렇지 않다. 그동안 많은 사회적 논란거리가 되어온 공기업의 비효율적 경영이 그것을 대변해준다. 따라서 독점기업의 국유화 조치는 그렇게 바람직한 정책 수단이라고 볼 수 없기에 여기서 더 이상의 논의는 생략하기로 한다.

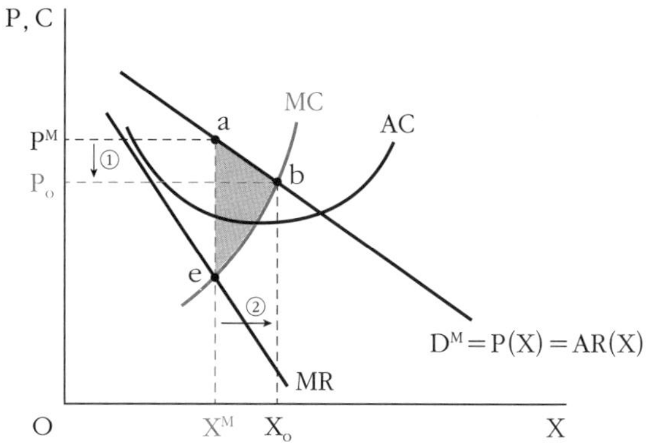

〔그림 10-20〕 최고가격제와 독점규제

참고로 최고가격제는 정부의 단기적 규제 수단이다. 〔그림 10-20〕의 AC곡선과 MC곡선이 그것을 말해준다. 여기서 AC곡선과 MC곡선은 단기평균비용곡선과 단기한계비용곡선을 의미하기 때문이다.

정부가 최고가격제를 통해 독점가격 P^M을 P_o로 낮추면(①) 독점시장의 균형은 P_o=MC 조건이 충족되는 b점에서 이루어진다. 이때 생산량 수준은 X^M에서 X_o로 증가(②)하고 자중손실 △abe도 사라진다. 따라서 자원배분의 효율성이 충족된다. 하지만 정부의 최고가격제가 소기의 성과를 거두려면 독점기업의 수요곡선에 대한 정확한 정보가 전제되어야 한다. 그렇지 않으면 P_o의 가격을 찾는 것이 현실적으로 불가능하기 때문이다. 이뿐만이 아니다. 독점기업은 정부의 최고가격제에 대해 상품의 질을 떨어뜨림으로써 간접적으로 정부 규제를 회피해나갈 수도 있다.

② 한계비용가격설정(marginal cost pricing)

〔그림 10-21〕에서 정부 규제가 없다면 독점시장의 균형은 P(X)=AR(X) 〉 MR=MC의 조건이 충족되는 e점에서 이루어지며, 그때의 독점가격과 균형생산량은 P^M, X^M이다. 또 소비자잉여는 △jaP^M, 생산자잉여는 사다리꼴 형태의 P^Maei(독점이윤 포함), 자중손실은 △abe이다. 이러한 자중손실 때문에 독점시장에서는 자원배분의 비효율성 문제가 발생하고 정부 규제가 이루어지는 것이다.

한계비용가격설정은 정부가 독점기업으로 하여금 P_1=MC 조건이 충족되는

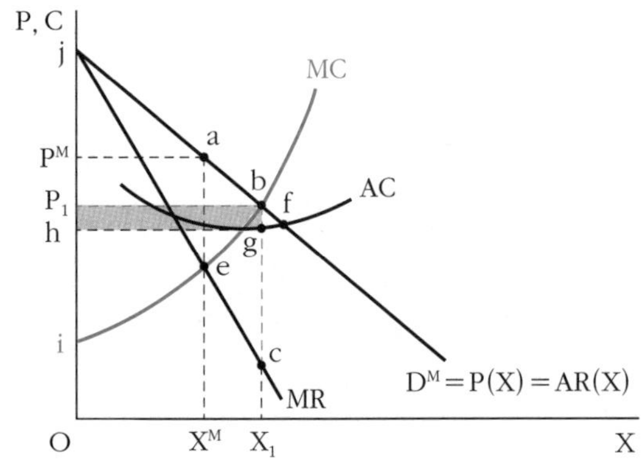

〔그림 10-21〕 한계비용가격설정의 원리

b점에서 생산·공급이 이루어질 수 있도록 규제하는 것을 말한다. 즉 정부가 독점가격 P^M이 너무 높다고 판단하고, 그보다 낮은 수준인 P_1으로 가격설정을 강제하는 것을 말한다. 그러면 독점기업이 직면하는 시장수요곡선은 P_1bfD^M, MR곡선은 P_1bgcMR로 정의된다. 정부가 한계비용가격설정 정책을 실행해서 독점시장의 균형을 b점으로 한정시키면 완전경쟁시장과 동일한 결과를 얻게 된다. 즉 자중손실인 △abe가 소멸되고 소비자들은 독점시장의 균형 때보다는 더 많은 X재를 좀 더 저렴하게 소비할 수 있게 된다. 이는 앞서 살펴본 최고가격제를 통한 독점규제와 동일하다.

만약 〔그림 10-21〕의 b점에서 독점기업의 초과이윤이 0이라면 자원배분의 효율성 측면에서 완전경쟁시장과 동일한 효과를 거둘 수 있다. 하지만 〔그림 10-21〕을 보면 b점에서 독점기업이 □P_1bgh만큼의 초과이윤을 얻고 있다. 정부의 규제목표가 단순한 자원배분의 효율성을 넘어 분배의 불공정성 문제까지 치유하는 것이라면 한계비용가격설정은 2% 부족한 규제 수단이다. 이때 정부가 독점기업의 초과이윤을 줄이기 위해 P_1보다 낮은 수준으로 가격 규제를 시도하면, 시장수요가 MC보다 크기 때문에 X재에 대한 초과수요가 필연적으로 발생한다.

③ 자연독점에 대한 가격 규제; 평균비용가격설정과 이중가격설정

자연독점(natural monopoly)은 규모의 경제로 인해 발생하는 독점이다. 자연독점의 경우, LAC곡선은 〔그림 10-22〕에서 보는 것처럼 매우 큰 생산량 수준에 이

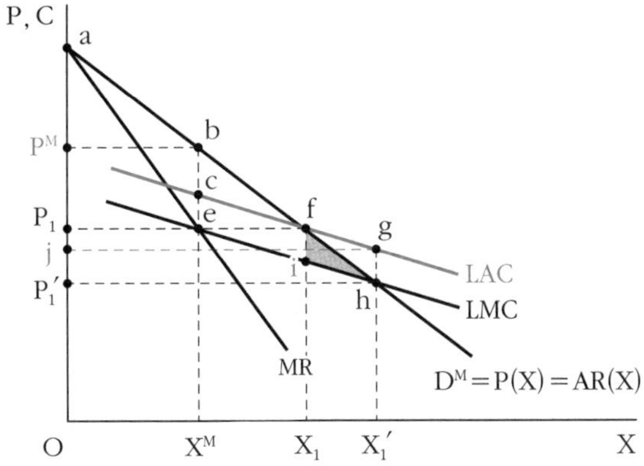

〔그림 10-22〕 평균비용가격설정의 원리

르기까지 계속해서 하락한다. 이때 LMC곡선은 LAC곡선의 아래에 놓이게 된다.

〔그림 10-22〕에서 정부가 자연독점기업에 대해 별다른 규제 조치를 하지 않으면, 이윤극대화를 추구하는 자연독점기업의 독점가격과 균형생산량은 MR곡선과 LMC곡선이 교차하는 e점에서 P^M, X^M으로 결정된다. 이때 자중손실은 삼각형 형태의 bhe이다. 이런 문제를 해결하기 위해 정부가 한계비용가격설정($P = MC$) 이란 규제를 실행하면 독점가격은 P^M에서 P_1'로 하락하고 생산량은 X^M에서 X_1'로 증가한다. 또 앞서 언급한 자중손실(=bhe)도 완전히 사라진다. 하지만 X_1'에서 $P(X)=AR(X)=LMC \langle LAC$의 관계가 성립하기 때문에 자연독점기업은 □$jghP_1'$만큼의 손실을 입는다. 그것은 X재 1단위당의 손실액(=gh)에다 X재 수량(=OX_1')을 곱한 값이다. 만약 정부가 그 손실을 보전해주지 않고 한계비용가격설정의 규제를 강제하면, 자연독점기업은 생산을 포기한다. 따라서 정부는 규제정책을 추진하기 전에 규제에 따른 사회적 편익(=bhe)과 손실보전비용(=□$jghP_1'$)의 크기를 비교해서 후자가 전자보다 크다면 다른 규제 수단을 모색할 필요가 있다.

그 가운데 하나가 평균비용가격설정(average cost pricing)이다. 이는 자연독점기업으로 하여금 $P(X)=AR(X)=LAC$의 조건이 충족되는 f점에서 독점가격과 생산량이 P_1, X_1으로 결정하도록 강제한다. f점에서 자연독점기업은 정상이윤만 얻는다. 왜냐하면 $P(X)=AR(X)=LAC$이기 때문에 X재 1단위당 초과이윤은 0이 되기 때문이다. 하지만 자중손실은 삼각형 형태의 fhi만큼 발생한다. 물론 그 크기는 $MR=LMC$ 때보다 작다. 참고로 한계비용가격 설정이나 평균비용가격 설정에 공통적으로 내재된 또 하나의 문제점은 이들 가격 규제정책은 독점기업으로 하여금 비용 절감을 위해 노력할 경제적 유인을 없앤다는 사실이다. 완전경쟁기업들은 비용 절감을 위해 피나는 노력을 한다. 이윤을 조금이라도 늘리기 위함이다. 하지만 정부로부터 가격 규제를 받는 독점기업들은 그런 노력을 기울이지 않는다. 왜냐하면 독점기업들이 비용 절감을 위해 노력하면 정부가 곧바로 가격 인하를 지시하기 때문에 비용 절감의 실질적인 혜택이 그들에게 돌아가지 않기 때문이다. 한편 자중손실도 완전히 제거하면서 자연독점기업의 초과이윤을 0으로 만들 수 있는 규제 수단은 없을까? 그와 같은 정부의 정책적 고민 속에서 창안한 규제 수단이 바로 이중가격설정(two-tier pricing)이다.

이중가격설정은 소비자들을 2개의 집단으로 구분한다. 또 한 집단의 소비자들에게는 한계비용가격설정에 따른 가격을 책정하고, 다른 집단의 소비자들에게는 자연독점기업의 손실을 보전해줄 만큼의 높은 가격을 책정하는 규제 방식을 말한다. 〔그림 10-23〕을 통해 그 내용을 살펴보자.

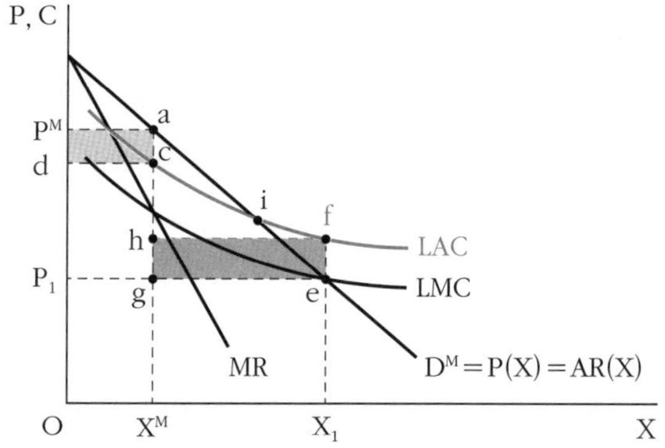

〔그림 10-23〕 이중가격설정의 원리

이중가격설정은 가격차별의 한 형태로 볼 수 있다. 정부가 자연독점기업에게 한계비용가격설정 방식, 즉 $P(X) = AR(X) = LMC$의 조건이 충족되는 e점에서 X_1을 생산하게 한다. 그런 다음 한 집단의 소비자들에게는 P^M에서 OX^M만큼을 공급하고, 다른 집단의 소비자들에게는 P_1에서 X^MX_1만큼을 판매하도록 허용하는 가격규제방식이다. 전자에서는 □P^Macd의 초과이윤이 발생하지만, 후자의 경우는 □hfeg만큼의 손실이 발생한다.

만약 전자(前者)의 초과이윤과 후자(後者)의 손실이 일치한다면 자연독점기업은 손실을 입지 않으면서도 자원배분의 효율성이 충족된다. 하지만 자연독점에 대한 규제 수단으로 가격 차별을 허용하는 것이 과연 바람직한 것인지, 또 어느 집단의 소비자에게 상대적으로 높은 가격을 받도록 하는 것이 규범적 차원에서 정의로운 것인지에 대해서는 여전히 논란의 여지가 있다.

(3) 조세를 통한 독점규제

① 종량세를 통한 규제

독점기업을 규제하는 정부의 또 다른 정책 수단으로 조세를 들 수 있다. 이때 정부가 주로 사용하는 것은 종량세(=물품세, 소비세 등), 정액세나 이윤세(=법인세)이다. 여기서는 종량세($T = t \cdot X$)를 통한 정부의 규제부터 살펴보자. 우선 정부가 종량세를 부과할 경우 독점기업의 이윤(π)은 다음과 같이 정의된다.

$$\pi = P(X) \cdot X - TC - t \cdot X \quad \cdots\cdots ㉠$$

X재 1단위당 이윤(π/X)은 다음의 ㉡식으로 정의된다.

$$\pi/X = P(X) - TC/X - t = P(X) - AC - t \quad \cdots\cdots ㉡$$

또 ㉠식에서 독점기업의 이윤극대화 1차 조건을 구하면 다음의 ㉢식이 된다.

$$d\pi/dX = [P(X) + X \cdot dP/dX] - dTC/dX - t = MR - MC - t = 0$$
$$MR = MC + t \quad \cdots\cdots ㉢$$

정부가 독점규제를 목적으로 X재 1단위당 t원의 종량세를 부과하면 위의 ㉡, ㉢식에서 보는 것처럼 AC_0, MC_0곡선이 $AC_1(=AC_0+t)$, $MC_1(=MC_0+t)$곡선으로 이동한다(①). 따라서 독점기업의 독점가격과 이윤극대화생산량은 P^M에서

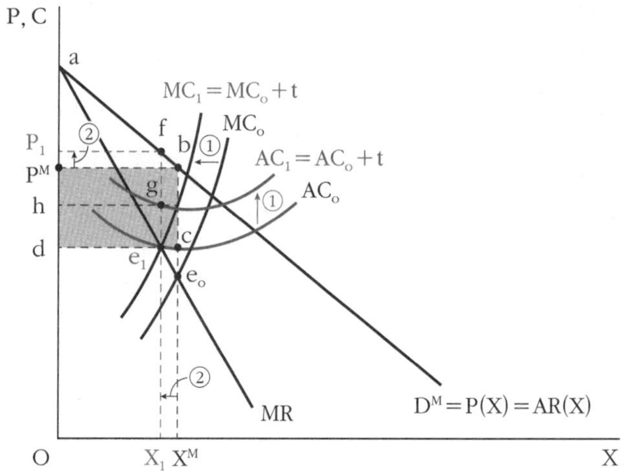

〔그림 10-24〕 종량세를 통한 독점기업의 규제

P_1, X^M에서 X_1으로 변한다(②). 정부가 종량세를 통해 독점기업을 규제한 결과, X재 가격은 상승하고 생산량은 감소한다. 또 정부의 규제 결과, 독점기업의 초과이윤도 최초의 □P^Mbcd에서 □P_1fgh로 감소한다.

한편, 종량세를 통한 정부의 독점 규제는 여전히 P(X) 〉MC가 됨으로써 자원배분의 비효율성은 제거되지 않으며, 종량세 일부가 소비자 부담으로 전가되는 문제가 발생한다. 하지만 X재가 사치재일 경우는 정부의 종량세 규제로 소비가 억제되고, 종량세 부과로 거둬들인 정부의 세수(稅收)를 어려운 계층을 위한 복지 지출에 충당할 경우, 소득재분배 효과를 거둘 수 있는 장점이 있다.

② 정액세를 통한 독점기업의 규제

정액세(T_o로 일정)를 부과할 경우, 독점기업의 이윤은 다음과 같이 정의된다.

$$\pi = P(X) \cdot X - TC - T_o \quad \cdots\cdots ㉣$$

X재 1단위당 이윤(π/X)을 구하면 아래의 ㉤식으로 정의된다.

$$\pi/X = P(X) - TC/X - T_o/X(=\theta) \quad \cdots\cdots ㉤$$

또 ㉣식에서 독점기업의 이윤극대화 1차 조건을 구하면 다음의 ㉥식이 된다.

$$d\pi/dX = [P(X) + X \cdot dP/dX] - dTC/dX = MR - MC = 0$$

$$MR = MC \quad \cdots\cdots\cdots\cdots\cdots\cdots\cdots\cdots\cdots\cdots\cdots\cdots \quad ㉥$$

정부가 독점기업에게 정액세를 부과하면 고정비용만 증가한다. 따라서 독점기업의 AC만 증가하고 MC는 불변이다. 이는 위의 ㉤, ㉥식을 통해 재확인할 수 있다. 〔그림 10-25〕를 통해 정액세의 부과에 따른 정부의 규제 효과를 검토해 보자. 정부가 정액세를 부과하면 MC곡선은 일정불변이고 AC곡선만 AC_o에서 $AC_1(=AC_o+\theta)$으로 이동한다(①). MC곡선이 불변이기 때문에 독점기업의 균형도 e_o점에서 불변이다. 따라서 이윤극대화를 추구하는 독점기업의 독점가격과 균형생산량은 P^M, X^M으로 일정하다. 다만 독점기업의 초과이윤만 □P^Mabc에서 □P^Madf로 감소한다.

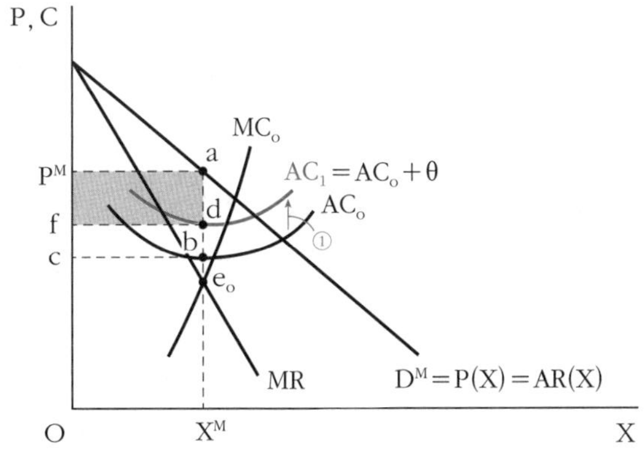

〔그림 10-25〕 정액세를 통한 독점기업의 규제

비록 정부가 독점기업에 대한 규제 수단으로 정액세를 선택한다 해도 P=MC 조건이 충족되지 않기 때문에 자원배분의 비효율성은 불가피하다. 다만 정액세 부과는 독점가격을 변화시키지 않기 때문에 소비자들에게 조세를 전가시키지 않는다. 더욱이 정액세는 세금 가운데 가장 효율적인 세금이다. 정액세는 납세자의 경제적 유인을 왜곡하지 않기 때문에 경제적 순손실이 발생하지 않으며 한계세율(소득 1원의 증가에 따른 세금증가액)이 0이라는 특성을 내재한다. 게다가 납세자들이 세금액을 쉽게 알 수 있기 때문에 납세에 따른 행정비용도 거의 들지 않는다. 또 정부가 정액세의 부과에 따른 세수(稅收)를 어려운 계층을 돕기 위한 복지 지출에 충당할 경우, 소득재분배 효과를 거둘 수도 있다. 이것은 종량세의 경우와 똑같다.

(4) 수익률 규제와 배타적 계약을 통한 독점규제

① 수익률 규제의 정의와 방식

정부가 독점기업에 대한 가격 규제를 제대로 하려면 독점기업이 직면한 시장 수요곡선의 형태, 수요의 가격탄력도, 비용곡선과 관련된 정확한 정보를 확보해야 한다. 그런데 이들 정보를 얻기 위해서는 많은 경제적 비용이 소요된다. 또 그렇게 얻은 정보가 100% 완전하지도 않다는 사실이다. 이런 경우에 정부는 독점기업에 대한 수익률 규제(rate-of-return regulation)정책을 추진할 수 있다.

수익률 규제는 독점기업의 자본 수익률에 상한선을 설정함으로써 실질적으로 가격 규제와 유사한 효과를 얻을 수 있다. 즉 독점기업이 정상이윤만을 얻도록 하기 위해서는 수익률의 상한선을 자본의 경쟁수익률이나 생산요소의 완전경쟁시장에서 결정된 이자율(r)과 일치하도록 설정해야 한다.[70] 그런데 정부의 수익률 규제가 소기의 목적을 달성하기 위해서는 이자율에 대한 정확한 정보가 필요한데, 그것이 말처럼 쉽지 않다. 만약 정부가 책정한 수익률의 상한선이 독점기업이 지불하는 이자율을 상회하면 초과이윤이 발생하고, 그 반대인 경우는 손실이 발생한다. 장기적인 관점에서 독점기업의 손실이 계속되면 그들은 관련 시장에서 생산 자체를 중단하거나 포기할 수밖에 없다. 일례로 철도, 전력, 상하수도 등의 분야에서 생산이 중단되면 소비자들에게 막대한 피해를 줄 가능성이 크기 때문에 정부는 일반적으로 수익률의 상한을 이자율보다 높게 책정해주는 경향이 있다. 그 결과 독점기업은 자본의 투입 규모를 늘림으로써 노동장비율(요소집약도; =K/L)은 비용 최소화를 충족시킬 때보다 높아진다. 경제학에서는 이런 효과를 애버취-존슨효과

70 성백남·정갑영, 『미시경제학』, 박영사, 2011, 428쪽에서 인용.

(Averch-Johnson effect)라고 부른다.

② 배타적 계약의 체결을 통한 규제

앞서 언급한 바와 같이 독점기업에 대한 정부 규제는 말처럼 쉽지 않고 자원배분의 비효율을 완벽하게 제거하기도 힘들다. 이럴 때 정부가 차선책으로 꺼내 드는 카드가 바로 독점기업에 대한 배타적 계약(exclusive contracts)이다.

그것은 정부가 민간기업을 상대로 하는 경쟁입찰방식을 적용해서 독점상품을 최소가격으로 공급하겠다는 기업과 배타적 공급권에 대한 계약을 맺는 것을 의미한다. 이때 정부는 배타적 계약을 체결한 기업이 계약사항을 잘 준수하는지 여부만 체크하면 그만이다. 하지만 독점기업의 상품공급이 복잡한 성격을 띨 경우에는 그 세세한 내용까지 배타적 계약에 반영시켜야 하는 어려움이 존재한다.

보론 10-6. 독점도(degree of monopoly)가 뭐예요?

독점기업이 존재할 때, 그 기업의 독점력을 측정하는 데는 여러 지표가 사용된다. 즉 생산집중도, 독점도 등이 그것이다. 그 가운데 가장 널리 이용되는 지표는 러너(A. P. Lerner)가 제시한 독점도로서 그것은 가격 P와 MC 또는 P와 MR 간의 갭을 가격 P로 나눠준 값으로 정의된다.

$$독점도 = \frac{P-MC}{P} = \frac{P-MR}{P} \cdots\cdots ㉠$$

완전경쟁시장에서는 P=MC 조건이 충족되기 때문에 독점도는 0이 된다. 또 MC가 0이면 독점도는 1이 된다. 따라서 독점도는 0과 1 사이의 값을 가지며, 그 크기가 1에 가까울수록 독점에 따른 사회적 후생 손실이 커진다. 독점도는 수요의 가격탄력도(ε_d)와도 깊은 연관이 있다. 완전경쟁시장이든, 독점시장이든 시장균형에서는 MR=MC 조건이 충족된다. 따라서 ㉠식은 ㉡식으로 나타낼 수 있다.

$$독점도 = \frac{P-MC}{P} = \frac{P-MR}{P} = \frac{P-P\left[1-\left(\frac{1}{\varepsilon_d}\right)\right]}{P} = \frac{1}{\varepsilon_d} \quad \cdots\cdots\cdots\cdots\cdots \quad ㉡$$

우리는 ㉡식을 통해 독점도가 수요의 가격탄력도(ε_d)의 역수임을 알 수 있다. 참고로 ㉡식은 힉스(J. R. Hicks)가 제시한 독점도이다. 우리는 ㉡식을 통해 수요의 가격탄력도(ε_d)가 작을수록 독점도가 커진다는 사실을 확인할 수 있다.

요약 및 복습

- 독점은 어느 한 상품의 생산·공급이 단일 기업에 의해 이루어지는 시장 형태를 말한다. 따라서 독점시장에서는 독점기업=독점산업=독점시장이며, 독점기업이 직면하는 수요곡선은 우하향하는 시장수요곡선이다. 완전경쟁시장에서 개별기업이 직면하는 수요곡선이 수평선인 것과 대조를 이룬다.

- 독점기업은 공급량을 조절함으로써 시장가격을 임의의 수준으로 결정할 수 있다. 따라서 독점기업은 가격수취자가 아니라 가격설정자로 행동한다.

- 독점의 발생 원인으로 제시되는 대표적인 것을 열거하면 다음과 같다. ① 규모의 경제, ② 원재료의 독점적 소유, ③ 정부 당국에 의한 독점력의 행사(예 공기업), ④ 정부 당국에 의한 법적 권한 부여(예 특허권, 인·허가권, 판권 등), ⑤ 기타(예 경쟁기업에 대한 인수·합병, 신기술 개발에 따른 시장 제패 등) 등이 그것이다.

- 독점기업의 단기균형조건은 $P(X)=AR(X) > MR=MC$이다. 독점기업은 단기균형에서 초과이윤을 얻을 수도 있고, 정상이윤만 얻거나 손해를 볼 수도 있다. 하지만 독점기업의 장기균형에서 초과이윤은 반드시 0보다 커야 하며, $P(X)=AR(X) > MR=SMC=LMC$의 조건까지 충족되어야 한다.

- 독점기업은 시장에서 결정된 가격을 주어진 것으로 받아들이는 가격수취자가 아니다. 그들은 공급량을 조절하면서 시장가격을 스스로 결정하며 이윤극대화를 추구한다. 따라서 독점기업의 MC곡선은 단순한 MC곡선에 불과할 뿐, 공급곡선이 아니다. 단기 AVC곡선의 최저점 이상을 통과하는 MC곡선이 공급곡선으로 인정받으려면 해당 기업이 가격수취자이어야 한다.

- 가격 차별은 독점기업이 동일한 상품에 대해 생산비용이 같음에도 불구하고 서로 다른 고객에게 상이한 가격을 책정하는 것을 말한다. 가격 차별이 실행되려면 다음의 4가지 조건이 충족되어야 한다. ① 가격설정자로서 시장지배력을 행사할 수 있을 것, ② 고객과 시장을 쉽게 분리할 수 있을 것, ③ 상이한 시장 사이에 재정거

래(싸게 사서 비싸게 되파는 행위)가 없을 것, ④ 상이한 시장과 고객 사이에 수요의 가격탄력도가 다를 것 등이다.

- 가격 차별은 크게 3종류로 구분된다. 제1급 가격 차별, 제2급 가격 차별, 제3급 가격 차별이 그것이다. 제1급 가격 차별은 독점기업에게 가장 유리한 가격 차별로서 소비자잉여를 모두 독점기업의 총수입으로 귀속시키는 가격 차별이다. 제2급 가격 차별은 상품을 낱개로 구입하는 소비자보다는 묶음 형태로 많이 구입하는 소비자들에게 가격할인 혜택을 제공하는 가격 차별이다. 제3급 가격 차별은 시장 분할에 따른 가격 차별로서 수요의 가격탄력도가 클수록 낮은 가격을 책정하고, 수요의 가격탄력도가 낮을수록 높은 가격을 책정하는 가격 차별을 말한다.

- 이부가격제(two-part tariff)는 독점기업이 이윤극대화를 추구할 목적으로 가입비와 사용료 등의 명목으로 2가지 가격을 동시에 부과하는 것을 말한다. 일례로 에버랜드(주)가 고객들에게 입장료를 받고 출입을 허가한 후, 놀이기구를 탈 때마다 별도의 사용료를 받는 것을 들 수 있다. 이부가격 설정의 경제적 효과는 크게 3가지로 요약할 수 있다.

  ① 상품(예 X재) 생산 및 공급량의 결정 방식은 완전경쟁시장과 매우 유사하다. 즉 이부가격제하에서는 자원배분의 효율성이 충족된다.
  ② 이부가격제하의 가격은 독점기업이 설정한 독점가격보다는 낮고, 이윤극대화 생산량은 독점기업의 그것보다 많다.
  ③ 하지만 독점기업은 이부가격의 설정으로 소비자잉여를 자신의 총수입으로 빼앗아가기 때문에 독점기업보다 해악(害惡)이 더 크며, 소득분배의 불공정을 심화시킬 가능성도 크다.

- 독점기업은 여러 개의 공장을 보유하면서 이윤극대화를 추구한다. 이때 독점기업은 2가지 절차에 의해 이윤극대화를 도모한다. 독점기업이 제1기업과 제2기업을 운영하면서 이윤극대화전략을 추진한다고 가정하자. 이때 독점기업은 $MR = \sum_{j=1}^{2} MC_j$의 조건이 충족되는 점에서 X재를 생산한다. 그런 다음, $MR = MC_1 = MC_2$의 조건이 충족되도록 X재 생산을 각 공장별로 할당한다.

☑ 완전경쟁시장과 독점시장을 비교 분석하면 몇 가지 측면에서 다음과 같은 결론을 내릴 수 있다.

① MC곡선이 동일한 규모로 우측 방향으로 하향 이동할 경우, 완전경쟁시장에서의 가격 하락 폭과 균형생산량의 증가 폭이 독점기업의 그것보다 크게 나타난다. 하지만 독점기업이 규모의 경제를 통해 LAC와 LMC가 큰 폭으로 하향 이동할 경우에는 예외적인 현상이 일어날 수 있다. 즉 이런 경우에는 완전경쟁시장보다 균형가격은 낮고 균형생산량은 많아질 수 있다. 하지만 이런 현상이 발생할 가능성은 그리 크지 않다.

② 완전경쟁시장이 독점시장으로 변하면 사회적 후생 손실이 발생한다. 이때 발생하는 사회적 후생 손실을 자중손실(deadweight loss) 또는 하버거의 삼각형(Harberger's triangle)이라고 부른다. 자중손실이 발생한다는 것은 그마만큼 자원배분이 비효율적이라는 얘기다. 독점시장에서 발생하는 초과설비 문제도 이와 깊은 관련이 있다.

③ X-효율성은 라이벤스타인(H. Leibenstein)에 의해 제시된 것으로서 배분적 효율성의 영역을 벗어나는 초과적 효율성을 의미한다. 배분적 효율성은 완전경쟁시장에서의 단기균형이나 장기균형에서 달성되는 효율성을 의미하는 데 반해 X-효율성은 근로자들의 업무 태도 등에 의해 노동 성과가 달라질 수 있음을 말한다. 그런 의미에서 근로자들이 근무 태만이나 생존과 번영을 위한 자기혁신을 게을리함으로써 노동생산성이나 업무효율이 하락하는 것을 X-비효율성이라고 정의한다. X-비효율성은 경쟁환경에 노출된 완전경쟁시장보다는 경쟁 자체가 존재하지 않는 독점시장에서 더 크게 발생한다.

④ 소득분배 측면에서는 독점시장이 완전경쟁시장보다 매우 불공정하다. 완전경쟁시장에서 개별기업의 장기초과이윤은 항상 0이다. 반면 독점시장에서 독점기업의 장기초과이윤은 항상 0보다 크게 나타나기 때문이다.

⑤ 기술혁신 측면에서 완전경쟁시장과 독점시장을 비교하면 결론을 내리기가 쉽지 않다. 하지만 완전경쟁시장의 개별기업보다는 독점기업이 기술혁신을 추진하는 데 있어서 금전적으로 유리한 것은 분명하다.

☑ 정부가 독점의 폐해를 해결하기 위해 채택할 수 있는 규제수단으로는 4가지를 들 수 있다. 첫째는 가격을 통한 규제로서 최고가격제, 한계비용가격설정(marginal cost pricing), 평균비용가격설정(average cost pricing), 이중가격설정(two-tier pricing)

등이 있다. 둘째는 조세를 통한 독점규제로서 종량세와 정액세(or 이윤세) 등이 활용된다. 셋째는 수익률이나 배타적 계약을 통한 독점규제를 들 수 있다. 넷째는 독점기업의 국유화 조치를 고려해볼 수 있다. 이들 각각에 대해서는 본문 내용을 참조하기 바란다.

☑ 독점도(degree of monopoly)는 독점의 정도를 측정하는 지표이다. 이것은 러너(A. P. Lerner)와 힉스(J. R. Hicks)에 의해 제시되었다. 전자는 (P−MC)/P 또는 (P−MR)/P로, 후자는 $1/\varepsilon_d$로 정의된다. 자세한 사항은 본문 내용을 참조하기 바란다.

연습문제

1 다음은 독점시장에서의 가격과 생산에 대한 일반적인 설명을 나열한 것이다. 이들 가운데 틀린 것을 모두 고르고, 잘못 기술된 부분을 올바르게 수정하시오.

㉠ X-효율성은 배분적 효율성과 밀접한 관련이 있다.
㉡ 초과설비의 발생은 독점기업만의 고유한 특성이다.
㉢ 독·과점 기업의 존재는 높은 진입장벽을 전제로 한다.
㉣ 시장의 범위를 넓게 잡으면 독점기업의 숫자가 대폭 줄어든다.
㉤ 제1, 2 공장을 보유한 독점기업의 이윤극대화전략은 $MR = MC_1 = MC_2$이다.
㉥ 이부 가격제를 최초로 제시한 경제학자는 아서 세실 피구(A. C. Pigou)이다.
㉦ 제3급 가격 차별에서 수요의 가격탄력도가 큰 시장일수록 독점가격을 높게 설정한다.
㉧ 독점기업이 이부 가격제를 채택할 경우에도 자중손실이 발생하며, 소득 분배는 최악의 상황으로 변모한다.
㉨ 총비용(TC)이 0인 경우, 독점기업이 생산·공급하는 X재에 대한 수요의 가격탄력도는 반드시 1보다 크다.
㉩ 수요의 가격탄력도(ε_d)와 독점도 간에 반비례 관계가 성립하는 것을 밝힌 경제학자는 러너(A. P. Lerner)이다.
㉪ 독점기업이 제2급 가격 차별 전략을 채택하는 주된 이유는 소비자의 선호체계에 대한 정보가 불완전하기 때문이다.
㉫ 독점의 규제 수단으로서 정액세의 부과는 독점가격의 변화를 초래하고 소비자들에게 조세의 일부를 전가시키는 문제가 있다.

힌트! 정답은 ㉠, ㉡, ㉥, ㉦, ㉧, ㉨, ㉩, ㉫임. 틀린 부분은 본문 내용을 참조하며, 정리하기 바람!

2 **완전경쟁시장에서 개별기업이 직면하는 수요곡선의 형태와 독점시장에서 독점기업이 직면하는 수요곡선의 형태는 근본적으로 다르다. 아래의 질문에 답하시오.**

1) 완전경쟁 기업이 직면하는 수요곡선의 형태와 그것이 의미하는 바를 설명하시오.

2) 독점기업의 공급곡선이 존재하지 않는 이유와 그것이 의미하는 바를 설명하시오.

힌트! 이 문제는 쉬운 문제이기에 힌트를 생략함. 자세한 사항은 본문 내용을 참조하기 바람!

3 **다음 사항을 읽고 아래의 질문에 답하시오.**

> ○○지역에서 유일하게 놀이동산을 운영하는 A기업이 채택한 이부 가격제는 놀이동산에 입장할 수 있는 권리에 대한 가격과 입장 후 추가적인 시설사용에 따른 이용료를 지불하는 이원적(二元的) 가격체계로 구성되어 있다. 물론 A기업이 이런 이부 가격제를 채택한 것은 ㉠ 그것이 단일요금체계보다 독점기업의 이윤극대화에 도움이 된다고 판단했기 때문이다.

1) ㉠과 같이 주장할 수 있는 근거(또는 경제적 원리)를 소비자잉여의 변화와 연관지어 설명하시오.

힌트! 이부 가격제는 소비자잉여를 독점기업이 모두 흡수해버리는 가격제도임!

4 **다음 내용을 읽고 아래의 질문에 답하시오. 단, 증가, 불변, 감소 중에서 1개를 선택하시오.**

> - 완전경쟁시장의 장기 균형에서 개별기업은 규모에 대한 보수 (①)의 상태에서 생산량을 결정한다.
> - 독점시장에서 독점기업의 장기 균형은 규모에 대한 보수 (②)의 상태에서 생산량을 결정한다.

1) ①에 들어갈 적절한 단어를 쓰시오.

2) ②에 들어갈 적절한 단어를 쓰시오.

힌트! 완전경쟁시장의 장기 균형에서 개별기업은 규모에 대한 보수 불변의 상태에서, 독점기업은 규모에 대한 보수 증가의 상태에서 생산량을 결정함.

5 한계비용(MC)이 100만 원인 X재를 독점 생산해서 개당 50만 원에 판매하는 ○○기업이 단기균형에 도달했다고 가정한다. 아래의 질문에 답하시오.

1) 이런 유형의 문제를 풀기 위해 우리가 활용해야 할 경제 개념을 제시하시오.

2) 그 개념에 입각해서 X재에 대한 수요의 가격탄력도를 구하고, 그 근거를 제시하시오.

힌트! 아모로소-로빈슨의 공식과 독점기업의 단기 균형 조건인 MR = MC를 활용할 것!

6 △△경제학회의 토론장에서 어느 발제자가 다음과 같은 주장을 했다고 가정하자. "독점시장에서 X재를 독점적으로 생산·공급하는 A기업은 시장지배력을 갖고 있기 때문에 X재 가격과 이윤극대화생산량을 자신이 원하는 수준으로 결정할 수 있다."

1) 이 주장이 옳은 주장인가, 아니면 틀린 주장인가를 밝히시오.

2) 1)과 같이 주장하는 경제적 이유를 논리정연하게 제시하시오.

힌트! 틀린 주장임. 독점기업은 $P = AR > MR = MC$의 조건이 충족되는 이윤극대화생산량이 결정되면, X재 가격은 그 수준에서 시장수요곡선 P(X)에 의해 저절로 결정됨.

7 제1, 2공장의 운영을 통해 X재를 독점 생산하고 있는 △△기업의 총비용(TC)함수가 다음과 같이 주어졌다고 하자. 또 단기 균형에서 △△기업의 이윤극대화생산량은 40(개)이라고 가정한다. 아래의 질문에 답하시오. 단, q_1, q_2는 각각 제1, 2공장의 생산량을 의미한다.

- 제1공장의 총비용(TC)함수; $TC_1 = 120q_1 + q_1^2$
- 제2공장의 총비용(TC)함수; $TC2 = 20q_2 + 2q_2^2$

1) 여러 개의 공장을 보유한 독점기업의 이윤극대화 조건을 제시하시오.

2) 다(多)공장을 보유한 △△기업의 이윤극대화를 보장해주는 제1, 2공장의 생산량을 구하고, 그 근거를 제시하시오.

힌트! 다(多)공장 독점기업의 이윤극대화조건인 $MR = MC_1 = MC_2$임과 $40 = q_1 + q_2$를 활용할 것!

8 다음 사항을 읽고, 아래의 질문에 답하시오.

수돗물(X재, 단위; 톤) 공급을 독점 생산하는 한국수자원공사가 직면하는 시장수요곡선이 $P(X) = 600 - 3X$라고 가정하자. 또 한국수자원공사가 설정한 현행 수돗물의 독점가격은 1톤당 400원이라고 한다. 그런데 정부로부터 끊임없는 경영 합리화 요구에 봉착한 한국수자원공사는 내부적으로 총수입극대화전략의 방침을 세우고 기존 수돗물 공급정책에 대한 전면 재검토에 들어갔다고 한다.

1) 향후 한국수자원공사가 채택할 것으로 예상되는 수돗물 가격정책의 변화 여부(현행 가격 유지, 가격 인상, 가격 인하)에 대해 기술하시오.

2) 1)과 같이 주장하는 경제 이론적 근거를 간단명료하게 제시하시오.

힌트! 독점기업의 총수입(TR)이 극대화되려면 한계수입(MR)이 0이 되어야 한다는 점에 착안할 것!

9 다음은 어느 독점기업이 X재에 대한 판매지역을 섬(A)과 육지(B)로 구분한 후, 가격 차별화를 실시한다고 가정한다. 그리고 두 지역에 대한 시장수요곡선과 총비용(TC)함수가 다음과 같다고 한다. 아래의 질문에 답하시오. (단, P의 단위; 원, X의 단위; 개)

- A 지역의 시장수요곡선; $X_A = 100 - P_A$
- B 지역의 시장수요곡선; $X_B = 100 - 2P_B$
- 독점기업의 총비용(TC)함수; $TC = 20X + 300$

1) 독점기업이 X재를 싼 가격으로 공급하는 곳은 어느 지역인가? 그 근거를 제시하시오.

2) 독점기업이 가격차별화로 얻을 수 있는 초과이윤은 얼마인가? 그 근거를 제시하시오.

힌트! 이는 3급 가격 차별의 문제에 해당됨. 이윤극대화조건 $MC = MR_A = MR_B$를 상기할 것!

10 다음은 X재를 생산하는 독점기업 A와 관련된 정보이다. 아래의 질문에 답하시오.

- 독점기업 A가 직면하는 시장수요곡선은 $P(X) = 500 - 5X$이다.
- 독점기업 A의 총비용(TC) 함수는 $TC = 80X + 200$이다. (단, P의 단위; 원, X의 단위; 개)
- 정부가 독점을 규제할 목적에서 독점기업 A에게 총수입의 20%를 세금으로 부과한다.

1) 이윤극대화를 추구하는 독점기업 A가 책정하는 X재의 독점가격과 생산량을 구하시오.

2) 1)에 대한 경제 이론적 근거를 제시하시오.

힌트! 독점기업의 이윤극대화 조건은 $P(X) = AR(X) > MR(X) = MC$임에 착안할 것!

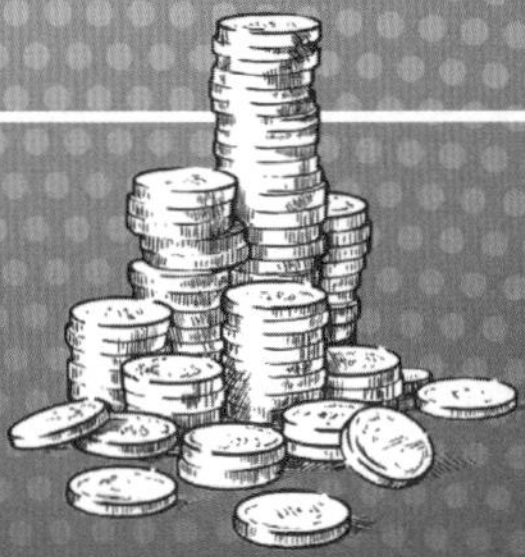

부록
연습문제
정답 및 해설

제1장 경제학을 배워야 하는 이유 → 41쪽

1 1) 매몰 비용

2) 영화 티켓을 새로 구입하는 것이 바람직함.

3) 이미 분실한 영화 티켓 가격은 매몰 비용에 해당되고, 영화관람에 따른 만족도가 영화 티켓 가격(비용)보다 크기 때문임.

2 1) 기회비용 = 19,000원.

2) 기회비용 = 명시적 비용 + 암묵적 비용으로 정의됨. 이 사례에서 명시적 비용은 5,000원(PC방에서 2시간을 즐긴 비용)이고, 암묵적 비용은 14,000원(2시간을 편의점에서 알바를 했을 경우, 받을 수 있었던 소득)임. 따라서 기회비용은 이들 비용의 합으로 정의됨에 유의해야 함.

3 대형 할인매장에서 같은 물건을 대량으로 구입하면 상품의 구입 단가(單價)가 낮아짐. 하지만 그것을 다 소비하는 데는 많은 시간이 소요될 수 있음. 어떤 경우에는 소비를 다 하지 못하고 버리는 경우도 존재함. 또 대형 할인매장에 가려면 부대비용(자동차 기름값, 지하철 요금, 택시 비용도 발생)과 긴 쇼핑 시간이 소요됨. 이는 시간이라는 자원의 낭비도 발생할 수 있음.

4 아파트의 지상 및 지하 주차장에 가면 장애인들을 위한 일정 대수의 주차공간이 존재함. 하지만 장애인 주차공간의 가동률은 그렇게 높지 않음. 효율성 측면에서는 주차공간의 낭비라는 생각도 들 수 있음. 하지만 장애인들에게 편의를 제공하는 것은 공평성의 관점에서 정당한 일임. 따라서 이런 경우는 공평성을 효율성보다 우선 시하는 것이 사회적 정의라고 판단됨.

5 생산가능곡선은 본래 제15장의 일반균형이론과 후생경제학에서 다루는 주제임. 하지만 대부분의 경제학 책에서는 기회비용을 설명하기 위해 생산가능곡선을 미리 차용하고 있음. 생산가능곡선을 통해 우리가 학습할 경제 개념으로는 크게 자원의 희소성(경제재, 대가 지불), 효율성(경제적·기술적 효율성), 기회비용, 관련 변수들 간

의 상충관계(trade-off), 경제성장 등임. 특히 이 문제는 객관식 문제로 출제될 수 있음에 유의하기 바람!

제2장 수요곡선과 공급곡선

→ 74쪽

1 직각쌍곡선은 P·X = C(상수)로 정의됨. 이 식에 log 값을 취한 후, 미분하면 다음과 같음.

$\ell nP + \ell nX = \ell nC$ → 이 식을 미분하면 $\triangle P/P + \triangle X/X = 0$이 됨. 여기서 $\triangle X/X = -\triangle P/P$가 관계가 도출됨. 이것을 수요의 가격탄력도(ε_d) 공식에 대입하면 $\varepsilon_d = 1$임을 알 수 있음.

2 1) a 〉g 〉b 〉d 〉c임.

2) a, g는 공급의 가격탄력도가 1보다 크고, b는 공급의 가격탄력도가 1이며, d, c는 공급의 가격탄력도가 1보다 작은 경우임. 또 한 가지 중요한 특성은 공급곡선 S_3에서는 a에서 g점으로 갈수록 1보다 큰 공급의 가격탄력도가 점점 1에 수렴해가는 특성을 보임. 따라서 a점에서 측정된 공급의 가격탄력도는 g점에서 측정된 그것보다 큼. 같은 논리로 공급곡선 S_1에서는 c에서 d점으로 갈수록 1보다 작은 공급의 가격탄력도가 점점 1로 수렴해가는 특성을 보임. 따라서 d점에서 측정된 공급의 가격탄력도는 c점에서 측정된 그것보다 큼.

3 1) S_1곡선의 가격탄력도와 S_2곡선의 가격탄력도는 다음과 같이 정의됨. 여기서 최초의 균형가격과 균형 공급량은 P_o, X_o임.

$$S_1\text{곡선의 가격탄력도} = \frac{\text{공급량의 변화율}}{\text{가격의 변화율}} = \frac{(X_1 - X_o)/X_o}{(P_1 - P_o)/P_o}$$

$$S_2\text{곡선의 가격탄력도} = \frac{\text{공급량의 변화율}}{\text{가격의 변화율}} = \frac{(X_2 - X_o)/X_o}{(P_1 - P_o)/P_o}$$

2) S_2곡선의 가격탄력도가 S_1곡선의 가격탄력도보다 큼. 그 이유는 두 식의 분자 크기에서 $(X_2 - X_o)$가 $(X_1 - X_o)$보다 크기 때문임.

4 1) 관람료(가격)를 할인해 줄 때, 공연료 수입(총수입)이 감소하는 경우는 수요의 가격탄력도가 비탄력적일 때임.

2) 그것에 대한 경제 이론적 근거는 본문 제2장의 〔그림 2-4〕를 참조하기 바람.

5 1) 대체재

2) 위 함수식에서 교차 탄력도(ε_{XY})를 측정해보면 알 수 있음. 교차 탄력도를 구하려면 $\triangle X/\triangle P_Y$, X, P_Y에 대한 정보가 필요함. 위 함수식에서 $\triangle X/\triangle P_Y = 6$, $X = 1{,}400$, $P_Y = 100$임을 알 수 있음. 따라서 이것을 교차 탄력도의 공식에 대입하면 ε_{XY}의 크기가 3/7로 정의됨. 즉 $\varepsilon_{XY} = (\triangle X/\triangle P_Y) \times (P_Y/X) = 6 \times (100/1{,}400) = 3/7$임. 교차 탄력도가 플러스(+)이기 때문에 X재와 Y재는 대체재라고 판단됨.

6 이 문제의 정답은 도시가스 요금을 5% 인상해야 함. 그에 대한 근거는 다음과 같음. ① 단계; 가계 소득이 10% 증가하면 전력수요량은 3% 인상됨. (근거; 전력 수요에 대한 소득탄력도가 0.3) ② 단계; 전력 요금이 5% 인상되면 가계의 전력 수요는 4% 감소함. (근거; 전력 수요에 대한 가격탄력도가 0.8) ③ 단계; 따라서 전체적인 측면에서 전력 수요는 1% 감소함. 그런데 전력과 도시가스는 대체 관계에 있는 데다 전력 수요를 현(現) 수준으로 유지하려면 전력 수요를 1% 증가시켜야 함. 그래야만 전력 수요의 변화율이 0이 되기 때문임. ④ 단계; 도시가스 요금의 변화율을 도출하려면 교차 탄력도 공식을 활용해야 함. 즉 '교차탄력도 = 0.2 = 전력수요량의 변화율/도시가스 요금의 변화율 = 1% 증가/x% 인상'의 식에서 미지수(x)를 풀면 5%가 도출됨. 따라서 도시가스 요금은 5% 인상되어야 함.

7 오른쪽 그림의 a, b, g 점에서의 점 탄력도를 구하면 각각 dA/Od, eB/Oe, fC/Of로 정의됨. 또 삼각형의 닮은꼴 정리를 활용하면 $P_1P_o : Od(P_oa) = OP_o(ad) : dA$, $P_1P_o : Oe(P_ob) = OP_o(be) : eB$, $P_1P_o : Of(P_og) = OP_o(gf) : fC$가 도출됨. 이것을 OP_o/P_1P_o로 정리하면

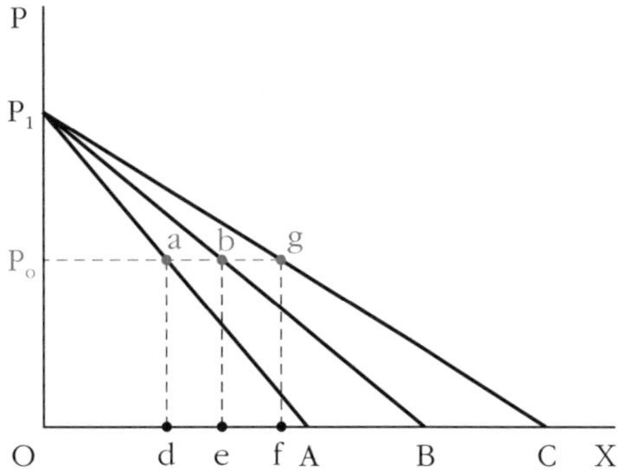

$OP_o/P_1P_o = dA/Od = eB/Oe = fC/Of$가 됨. 따라서 a, b, g 점에서의 수요의 가격탄력도는 같게 됨.

제3장 시장의 균형과 수요·공급이론의 응용

→ 112쪽

1 1) X재의 초과수요량(ED) 곡선이 균형가격 P_o를 통과하면서 우하향해야 함.

2) 초과수요가격 곡선이 균형거래량 X_o를 통과하면서 우하향해야 함. 보다 자세한 사항은 제3장 〔그림 3-7〕을 참조하기 바람!

2 1) 시장수요곡선과 시장수요곡선을 그림으로 정리하고, 균형가격(P)과 균형거래량(X)를 구하면 다음과 같음. P = 12, X = 40

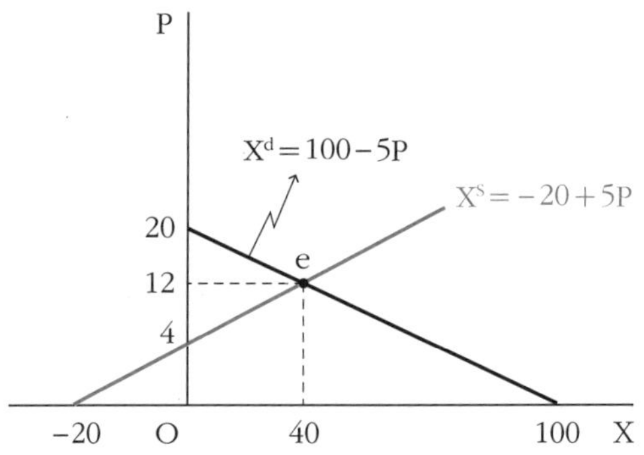

2) 소비자잉여=160, 생산자잉여=160, 사회적 잉여=320임. 그에 대한 근거를 정리하면 다음과 같음. 소비자잉여; $160 = (20-12) \times 40 \times (1/2)$, 생산자잉여; $160 = (12-4) \times 40 \times (1/2)$, 사회적 잉여; 320 = 소비자잉여(160) + 생산자잉여(160)

3 이 문제는 아래 그림에 표시해 놓았듯이 기존의 공급곡선인 $X^s = -80+8P$가 종축(P)을 중심으로 소비세 크기인 30만큼 증가했을 때, 새로운 공급곡선의 궤적을 묻는 문제로서 언제든지 출제될 가능성이 있는 문제임. 아래 그림 횡축(X)에서 미지수(x)를 구하면 −320이 도출됨. 따라서 소비세를 30만큼 부과한 후의 새로운 공급곡선(X^s)의 궤적은 $X^s = -320+8P$임.

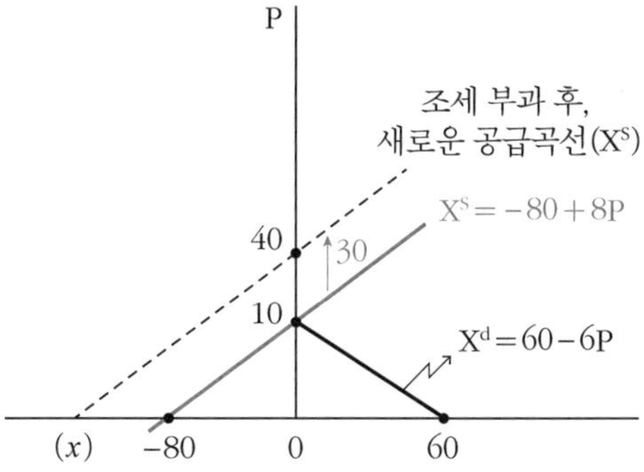

4 이 문제는 쉬운 문제처럼 보이지만 난이도가 무척 높은 문제임. 독자 여러분은 이런 문제에 대해서도 깊이 있는 통찰이 필요하다고 판단됨. 아래 그림에서 보는 바와 같이 조세의 크기(t)가 커질수록 자중손실(경제적 순손실)의 크기가 커짐. 즉 조세의 크기(t)와 자중손실 간에는 양(+)의 관계가 성립함. 또 조세의 크기(t)가 커질수록 처음에는 조세수입이 증가하지만 일정부분을 초과하면 조세수입이 감소하는 래퍼곡선이 도출됨.

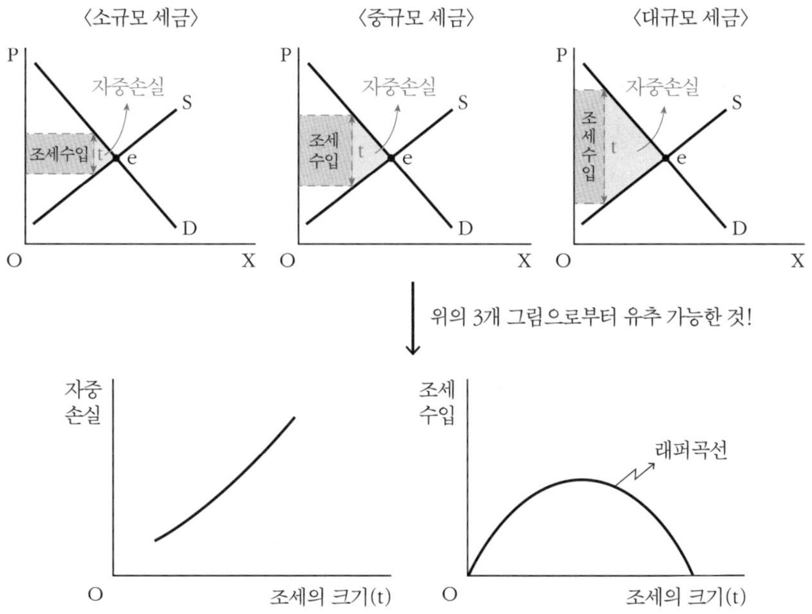

5 1) 정부가 기업에게 X재 1단위당 t원의 조세(소비세)를 부과하면, 기업의 이윤은 다음과 같이 정의됨. 즉 이윤(π) = $P \cdot X - TC - t \cdot X$와 같음. 이제 이윤극대화 1차 조건($d\pi/dX = 0$)을 구하면, $d\pi/dX = P - dTC/dX(=MC) - t = 0$ 임. 이제 정부가 소비세를 소비자에게 부과한다면, 시장의 균형 조건은 P(수요곡선) − t = MC(공급곡선)와 같게 됨에 유의해야 함.

2) 정부가 소비세를 기업에게 부과하든, 소비자에게 부과하든 결과(X재 가격; P_o에서 P_1으로 인상, X재의 균형거래량; X_o에서 X_1으로 감소)는 동일함. 자세한 것은 아래 그림을 참조하기 바람.

〈기업에게 소비세 부과 시〉

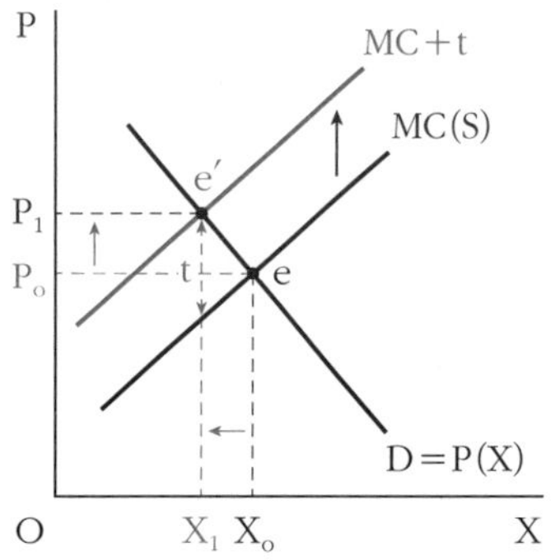

〈소비자에게 소비세 부과 시〉

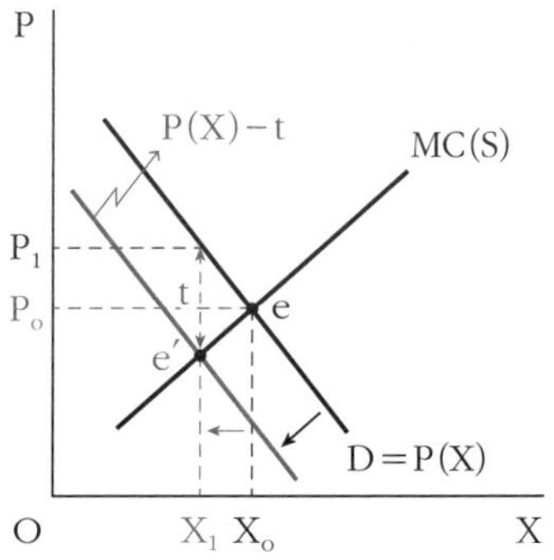

6 조세 부과 전 균형이 e점에서 이루어지면, 균형가격과 균형거래량은 P=16, X=6으로 결정됨. 조세 부과 후 균형은 e′점에서 이루어지며, 그때 균형가격과 균형거래량은 P=18, X=5로 결정됨.

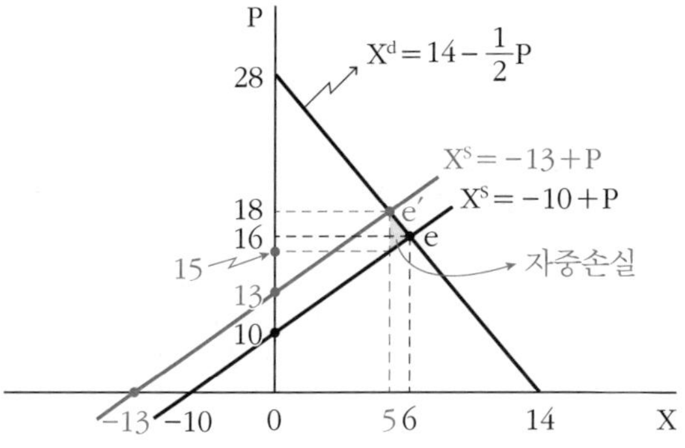

위 그림에서 자중손실은 음영 처리된 부분이며, 이는 2개의 삼각형 면적을 구한 후,

합계하면 정답이 도출됨. 즉 삼각형의 총면적은 2×1×(1/2)과 1×1×(1/2)의 합으로 정의됨. 따라서 자중손실의 크기는 3/2이 됨.

7 수요곡선과 공급곡선이 수직선이면, 조세를 부과해도 수요량이나 공급량(판매량)에 아무런 변화가 일어나지 않음. 자중손실은 이들 변수에 변화가 일어날 경우에만 발생함. 따라서 이런 경우에는 자중손실이 발생하지 않음.

8 1) 탄력적, 그 근거는 아래 그림을 참조하기 바람.

2) 탄력적, 그 근거는 아래 그림을 참조하기 바람.

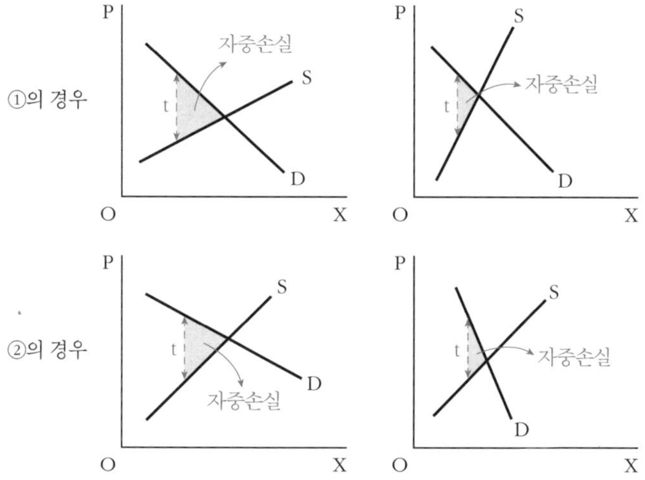

제4장 소비자이론과 수요곡선의 도출

→ 173쪽

1 1) X재와 Y재가 존재한다고 가정할 때, 절대가격은 X재 가격인 P_X, Y재 가격인 P_Y를 말함. 그리고 상대가격은 P_X/P_Y, 또는 P_Y/P_X를 의미함.

2) 조치원에서 1등품 복숭아 대 2등품 복숭아의 상대가격은 2(= 2,000원/1,000원)임. 반면 서울(가락동 농수산물시장)에서 1등품 복숭아 대 2등품 복숭아의 상대가격은 5/3(운반비 포함 후; = 2,500원/1,500원)으로서 조치원보다 상대적으로

저렴함. 따라서 서울 사람들은 2등품 복숭아 대신 1등품 복숭아를 선호하게 되고, 조치원 사람들은 그 반대로 2등품 복숭아가 상대적으로 싸기 때문에 그것을 선호하게 됨.

2 2024년에 철수의 후생 수준이 개선되었는지 여부를 판단하려면 라스파이레스 수량지수(LQI)나 파쉐수량지수(PQI)를 활용하는 게 가장 빠르고 쉬움. 여기서는 라스파이레스 수량지수를 활용함. 즉 $LQI = P_oQ_1/P_oQ_o$임. 만약 LQI가 1보다 크면 후생 수준이 개선된 것이고, 1보다 작으면 후생 수준이 악화된 것임. 이제 P_oQ_1을 구하면 $P_oQ_1 = [(2\times 90) + (60\times 60) + (100\times 30) = 6{,}780]$이고, P_oQ_o를 구하면 $P_oQ_o = [(2\times 100) + (60\times 40) + (100\times 50) = 7{,}600]$임. 따라서 LQI = 6,780/7,600이므로 1보다 작음. 따라서 2024년도에 철수의 후생 수준은 악화된 것으로 판단됨. 참고로 아래 첨자 o은 기준년도, 1은 비교연도를 의미함에 유의할 것!

3 1) 대체재임. 그 이유는 가격소비곡선(PCC)곡선이 우하향하면, X재와 Y재가 다른 방향으로 변화하기 때문임.

2) X재에 대한 수요의 가격탄력도는 1보다 큼. 즉 탄력적임. 그에 대한 근거는 다음과 같음. 가격소비곡선이 우하향하면 X재 소비량이 증가할수록 Y재 수요량은 감소함. 소득(I), Y재 가격(P_Y)이 일정하기 때문에 Y재에 대한 지출액은 감소함. 그러면 X재에 대한 지출액은 증가하게 됨. 그런데 X재 가격이 하락할 때, X재에 대한 지출액이 증가하려면 X재에 대한 수요의 가격탄력도는 1보다 커야 함.

4 이 문제는 라그랑지 미정 승수법(제5장에서 학습할 예정)을 통해서 풀 수도 있고, 효용함수 식 $U=XY$에 $400=10X+20Y$를 대입한 후, 1차 미분한 값이 0이 되도록 해서 풀 수도 있음. 여기서는 후자(後者)를 사용해서 풀고자 함. $U=XY$에다 $400=10X+20Y$를 X로 정리한 $X=40-2Y$을 대입함. $U=(40-2Y)Y=40Y-2Y^2$임. 이제 $\partial U/\partial Y=0$를 구하면 $\partial U/\partial Y=40-4Y=0$이 됨. 거기서 Y값을 구하면 $Y=10$임. 이것을 $X=40-2Y$에 대입하면, X가 $X=20$으로 결정됨. 따라서 이 문제의 정답은 $X=20$, $Y=10$임.

5 1) 두 상황에 대한 예산제약선과 소비자의 선택을 그림으로 나타내면 다음과 같음.

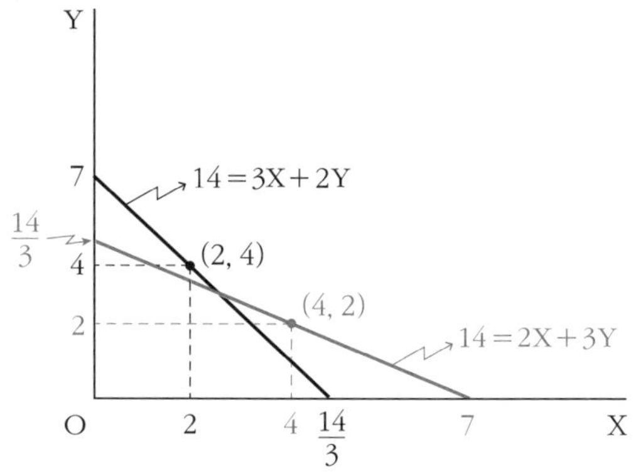

2) 철수가 선택한 상품 묶음 (4, 2)는 14=3X+2Y에서는 선택이 불가능했기에, 현시선호의 약공리를 위반했다고 볼 수 없음.

6 1) X재는 정상재, Y재는 중립재임.

2) X재는 정상재인 동시에 사치재에 속함. 힌트에 제공된 사례(10=X+Y와 $P_X=P_Y=1$, 그리고 소득을 10에서 20으로 증가시켜 봄)를 토대로 X재 소비량(수요량)의 크기를 구해보면 X재 소비량의 증가율(200%, 5→15)은 소득의 증가율(100%; 10→20)보다 크게 나타남. 반면, Y재는 중립재이기 때문에 수요의 소득탄력도는 0임. 즉 소득이 증가해도 수요량은 일정불변임.

7 1) 열등재의 수요곡선 기울기가 정상재의 그것보다 가파름. 그 이유는 정상재는 소득효과가 플러스(+)인 데 반해, 열등재는 그것이 마이너스(-)이기 때문임.

2) 기펜재의 경우는 소득(I), Y재 가격(P_Y)이 일정할 때, X재 가격(P_X)이 하락하면 가격효과가 마이너스(-)로 나타나기 때문에 수요곡선이 우상향하는 속성을 지님. 이는 가격효과(-) = 대체효과(+) + 소득효과(-) 단, 소득효과(-) 〉 대체효과(+)에서 비롯됨. 기펜재에 대한 그림은 제4장 〔그림 4-17〕을 참조하기 바람.

1 마셜 수요곡선은 '가격효과=대체효과+소득효과'를 반영해서 도출한 것이고, 힉스의 보상수요곡선은 가격효과 가운데 소득효과를 제거하고 대체효과만을 반영한 곡선임. 가격이 하락할 때, 정상재인 경우는 소득효과가 플러스(+)이기 때문에 마셜 수요곡선의 기울기가 힉스의 보상수요곡선에 비해 완만함. 하지만 열등재인 경우는 소득효과가 마이너스(-)이기에 마셜 수요곡선의 기울기가 힉스의 보상수요곡선에 비해 가파르게 됨.

2 1) 맞다.

2) 정상재인 동시에 대체효과가 0일 경우, 힉스의 보상수요곡선이 수직선인 이유를 그림으로 정리하면 다음과 같음.

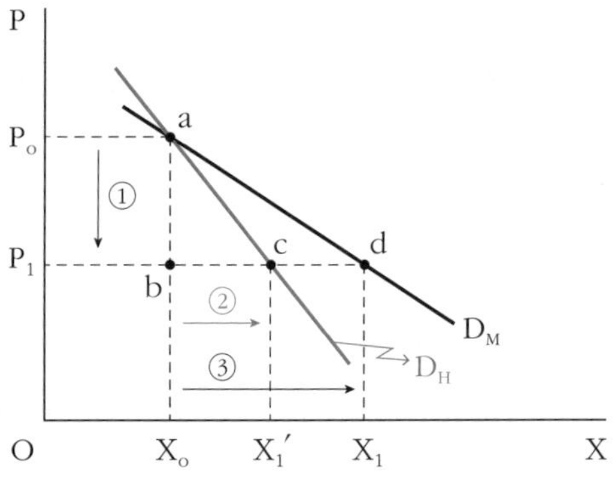

위 그림은 가격이 하락할 경우, 마셜 수요곡선(D_M)과 힉스의 보상수요곡선(D_H)을 나타낸 것임. 그런데 힉스의 보상수요곡선에서 ②의 크기로 나타낸 X_oX_1'는 전적으로 대체효과의 크기임. 그런데 대체효과가 0이라면 힉스의 보상수요곡선은 X_oX_1'의 크기가 0인 된다는 의미임. 따라서 힉스의 보상수요곡선은 위 그림에서 최초의 가격수준인 P_o에서의 a점과 P_1 수준에서의 b점을 지나게 됨. 이때, a점과 b점을 연결하면 힉스의 보상수요곡선은 수직선의 형태를 띠게 됨.

3 1) 후방굴절하는 노동공급곡선 가운데 우상향하는 e_o'~e_1' 구간에서는 임금 상승에 따른 대체효과가 소득효과보다 큰 경우임.

2) 후방굴절하는 노동공급곡선 가운데 e_1'~e_2' 구간에서는 임금 상승에 따른 대체효과가 소득효과보다 작은 경우임.

4 1) 마셜 수요곡선은 소비자잉여가 과대평가될 수 있다는 것은 힉스나 슬러츠키의 보상수요곡선과 비교해서 그렇다는 의미임. 만약 아래 그림에서 공급곡선이 P_1에서 그은 수평선이라고 가정하면 마셜 수요곡선의 경우 소비자잉여는 힉스의 보상수요곡선에 비해 삼각형 abc만큼 더 크게 나타남. 소위 말하는 과대평가라고 하는 것은 결국 이런 현상을 두고 하는 말임.

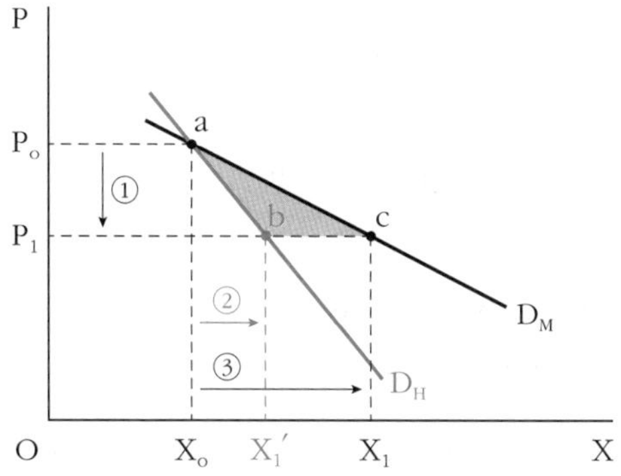

2) 동일한 수요곡선 상에 존재하는(놓여 있는) 점에서도 그것이 정상재냐, 열등재냐?에 따라 소득효과가 플러스(+)와 마이너스(-)로 나눠지기에 실질소득은 언제든지 달라질 수 있음.

5 1) 2024년은 2020년에 비해 후생 수준이 개선됨. 그 근거는 LQI로 판단할 수 있음. LQI = [(10×20) + (20×20)]/[(10×10) + (20×20)] = 600/500 으로 1보다 크기 때문임.

2) 같음. LPI = [(20×10) + (20×20)]/[(10×10) + (20×20)] = 600/500이기 때문임.

3) LPI 상승률은 20%이고, PPI 상승률은 33.3%로서 PPI의 상승률이 상대적으로 더 큼.

6 1) 가격보조, 현물보조, 현금 보조 순임.

2) 이 문제는 대부분의 경제학 책에서 제대로 다루고 있지 않지만 시험 문제로 출제될 가능성이 매우 큼. 그 이유는 이 문제가 변별력이 크기 때문임. 정답은 현금 보조=현물보조, 가격보조 순임. 자세한 것은 아래 그림을 참조하기 바람.

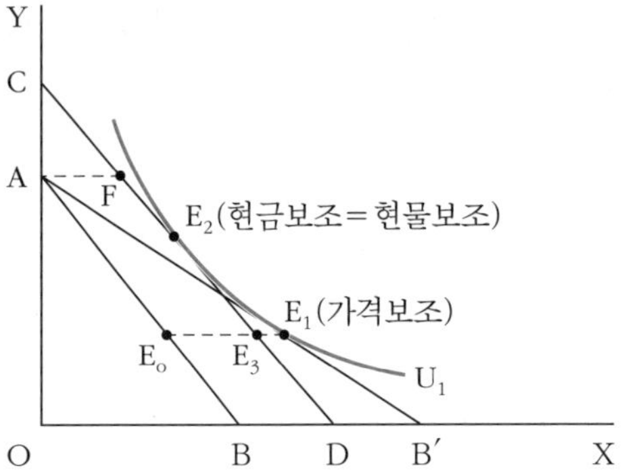

최초의 예산선이 AB로 주어져 있을 때 정부가 X재에 대한 가격보조 정책을 실행하면 예산선이 AB′로 이동하고, 무차별곡선 U_1과 접하는 E_1점에서 소비자 균형이 달성됨. 이때 X재의 가격보조 정책에 사용된 정부의 예산 규모를 X재로 나타내면 E_oE_1임. 반면, 무차별곡선 U_1과 동일한 효용을 달성하면서 현금보조, 현물보조를 실행하면 예산선은 각각 CD와 AFD가 됨. 이때 새로운 소비자균형점은 E_2점이며, 이때 사용된 정부의 예산 규모를 X재로 나타내면 E_oE_3로서 가격보조 정책보다 작은 것을 알 수 있음.

7 1) 철수의 후생 수준은 개선됨. 그 근거는 다음과 같음. Q_o, Q_1이 모두 비교연도의 예산선 a′a′선상에 있기 때문에 PQI는 1임. 철수는 비교연도에 Q_o를 선택할 수 있었으나 그가 Q_1을 최종적으로 선택했음. 이는 Q_1이 Q_o보다 더 높은 만족수준을 보장하는 상품묶음이라는 얘기임.

2) 영희의 후생 수준에 대한 개선 여부는 판단하기 곤란함. LQI 기준에 따르면 영희의 후생 수준은 개선됨, 하지만 PQI 기준에 따르면 후생 수준이 악화됨. 따라서 영희의 후생 수준에 대한 개선 여부는 판단하기 곤란함.

제6장 불확실성 하에서의 소비자 선택

→ 243쪽

1 정답은 ㉠, ㉢, ㉤, ㉥, ㉧임. 틀린 부분을 올바르게 수정하면 다음과 같음. ㉠; 음(-) → 0, ㉢; 오목 → 볼록, ㉤; 최대보험료에다 위험 프리미엄을 합한 값 → 최대보험료에서 위험 프리미엄을 빼준 값, ㉥; 기대효용 → 기대소득, ㉧; 위험기피자도 기꺼이 참여한다. → 위험기피자는 참여하지 않는다.

2 순기대소득은 10,000원임. 그에 대한 근거는 다음과 같음. 복권구입에 따른 기대소득은 30,000원=〔(1억 원×0.0003)+(0원×0.9997)〕, 복권 판매가격은 20,000원임. 따라서 복권구입의 순기대소득은 10,000원(=30,000원-20,000원)으로 정의됨.

3 1) 철수의 기대 효용; 22,500원임. 그 근거는 22,500원=〔(1만 원×3/8)+(3만 원×5/8)〕임.

2) 철수 소유 건물의 기대 가치; 6억 원임. 그 근거는 6억 원=〔1억 원×3/8)+(9억 원×5/8)〕임.

3) 철수는 위험기피자임. 그 근거는 소득효용함수($U = B^{1/2}$)가 X축에 대해 오목하기 때문임.

4) 위험 프리미엄은 93,750,000원임. 그리고 적정 보험료는 3억원(=9억 원-6억 원)임. 이해가 잘 되지 않는 경우에는 아래 그림을 참조하기 바람!

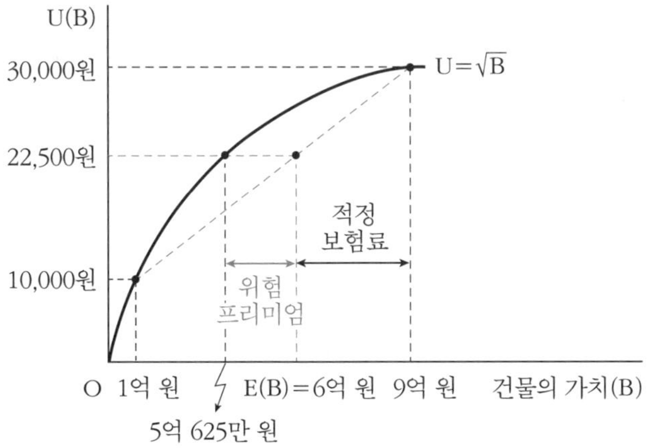

4 1) 영희의 무차별곡선은 원점에 대해 오목하게 그려짐. 자세한 사항은 본문 내용 참조 바람.

2) 확실성등가; OI_2임, 위험 프리미엄; (-)cd

3) 영희는 위험애호자임. 그 근거는 소득효용함수가 X축에 대해 볼록하기 때문임.

5 다음 그림은 A가 B보다 위험에 대한 기피 성향이 큼. 이를 토대로 정답을 정리하고자 함.

1) 확실성등가는 B가 A보다 큼. B의 확실성등가는 OI_B, A의 확실성등가는 OI_A임.
2) 위험 프리미엄은 A가 B보다 큼. A의 위험 프리미엄은 ac, B의 위험 프리미엄은 bc임.
3) 적정 보험료의 크기는 A, B 모두 똑같음. 즉 적정 보험료의 크기는 I_oI_2임.

6 소득효용함수 U(I)가 오목할수록 위험기피도는 더 크다고 할 수 있음. U(I)의 오목성의 정도는 $\frac{\partial^2 U(I)}{\partial I^2} = U(I)''$로 측정됨. 그리고 $U(I)'' < 0$이라는 특성을 띰. 문제는 위험기피자의 선호를 나타내는 소득효용함수가 비단 1개만 존재하는 것이 아님. 가령 $V(I) = \alpha U(I) + \beta$도 경제주체의 선호가 될 수 있음. V(I)에 대한 위험기피도를 위의 방식에 기초해서 구하면 음(-)의 값을 갖는 $V(I)'' = \alpha U(I)''$이 도출됨. 동일한 경제주체인데도 그 크기가 α배만큼 증가하는 문제가 발생함. 이런 문제를 해결하기 위해 음(-)의 값을 갖는 $U(I)''$를 소득효용함수의 1차 도함수 값인 $U(I)'$로 나눠주는 것임. 그러면 경제주체의 선호, 즉 U(I), V(I)와 상관없이 위험 기피의 절대 측도가 똑같게 됨.

7 1) 철수의 총자산(A)에 대한 소득효용함수는 다음과 같음. 또 이때 철수 소유 자산의 기대 가치는 1억 8,500만 원=〔(0.8×2억 2,500만 원)+(0.2×2,500만 원)〕임.

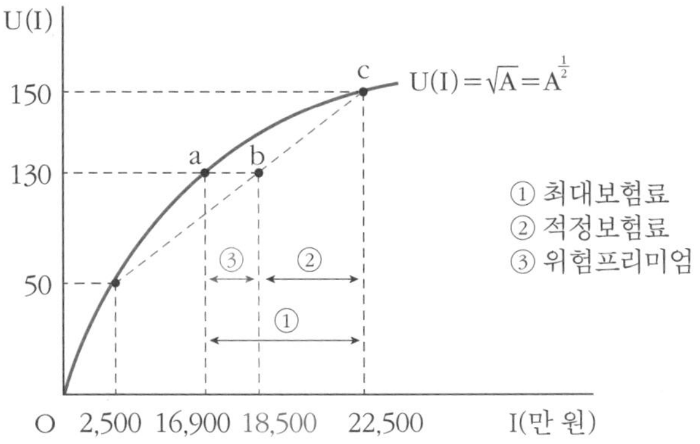

2) 최대보험료; 5,600만 원(=2억 2,500만 원-1억 6,900만 원), 위험 프리미엄; 1,600만 원(=1억 8,500만 원-1억 6,900만 원)임.

제7장 기업과 생산함수

→ 281쪽

1 틀린 항목은 ㉢, ㉣, ㉦, ㉧임. 틀린 곳을 옳게 수정하면 다음과 같음. ㉢; 효용의 기수성 → 효용의 서수성, 생산의 서수성 → 생산의 기수성, ㉣; 1로 일정 → 일정(특정 숫자로 고정되지 않음), ㉦; 원점에서 멀리 → 원점으로 가까이, ㉧; 1차 동차 생산함수 → 0차 동차 생산함수

2 단기생산함수가 X축(L)에 대해 오목하게 그려진 경우에 해당되는 문제임.

1) AP_L = TP(총생산물)/L, MP_L = △TP/△L로 정의됨.

2) AP_L은 원점에서 관련 곡선의 해당 점까지 그은 선분의 기울기, MP_L은 관련 곡선의 해당 점에서 그은 접선의 기울기로 정의됨. 위에서 제시된 생산함수의 a, b, c, d점에서 AP_L곡선과 MP_L곡선을 그리면 아래와 같음.

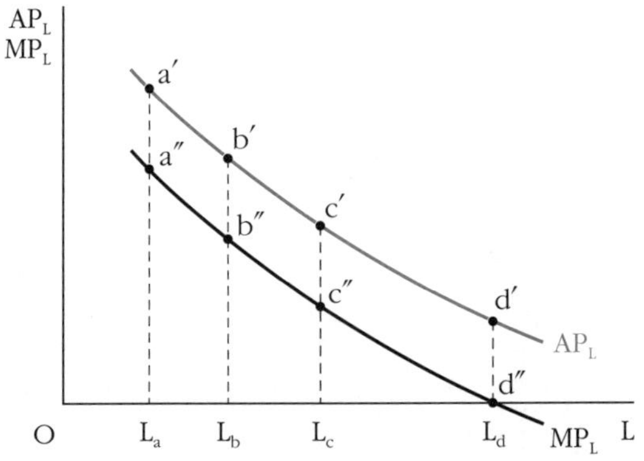

3 1) 등량곡선의 형태는 직각쌍곡선임.

2) 생산요소의 대체 탄력도(σ) 크기는 1임. 계산 방법은 본문의 〈보론 3〉을 참조하기 바람!

4 ①; 감소, ②; 증가, ③; 증가, ④; 감소

5 1) 자본 집약적 기술 진보

2) 자본 절약적 기술 진보

6 ①; (작)고, ②; (크)고, ③; 무한대(∞)

7 1) 수확체감의 법칙이 작동함. 그 근거는 노동의 한계생산물과 그것의 변화 방향을 체크해 보면 알 수 있음. 즉 노동의 한계생산물(MP_L)은 $\partial X/\partial L = 9\times0.5\ L^{-0.5}K^{0.5} = 4.5\ L^{-0.5}K^{0.5}$임. 또 MP_L의 변화 방향을 알려면 그것을 다시 한번 미분하면 확인이 가능함. $\partial MP_L/\partial L = -(0.5)\times4.5\ L^{-1.5}K^{0.5} = -2.25\ L^{-1.5}K^{0.5}$이며, 그 크기는 0보다 작음. 따라서 수확체감의 법칙(한계생산력 체감의 법칙)이 존재함.

2) 규모에 대한 보수 불변임. 그에 대한 근거는 위에서 언급한 생산함수의 형태가 $X = 9\ L^{0.5}K^{0.5}$로서 1차 동차 생산함수이기 때문임.

제8장 생산과 비용함수

→ 326쪽

1 정답은 ㉠, ㉡, ㉣, ㉦, ㉧임. 틀린 내용을 수정하면 다음과 같음. ㉠; 전방 굴절된 형태 → 우상향하는 직선, ㉡; 아무런 관련이 없다 → 깊은 관련이 있다(확장경로로부터 LTC곡선이 도출된다!), ㉣; 포락선이다 → 포락선이 아니다 ㉦; 1개 이상 → 1개만, ㉧; 회계적 비용 → 암묵적 비용

2 1) TVC = wL, AVC = wL/X임. AVC = w/(X/L) = w/AP_L로 변환할 수 있음. 따라서 AVC와 AP_L 간에는 반비례적 관계가 존재함.

2) MC = △TVC/△X = w△L/△X = w/(△X/△L) = w/MP_L로 변환할 수 있음. 따라서 MC와 MP_L 간에는 반비례적 관계가 존재함.

3 ① (10)만 원임. 그에 대한 근거는 TC = TVC + TFC에서 TFC가 200만 원임을 알 수 있음. 그리고 생산량이 100개로 증가하면 TC가 1,200만 원이기에 TVC는 1,000만 원임을 알 수 있음. 이때 AVC는 TVC/X이므로 1,000만 원/100개가 됨. 따라서 X재 1개당 AVC는 10만 원으로 정의됨.

② (2)억 원임. 그에 대한 근거는 X재 생산량 1만 개, AC = 7만 원이기에 TC = 7억 원임. AVC = 5만 원이기에 TVC = 5억 원임. 따라서 TC(7억 원) = TVC(5억 원) + TFC이기에 TFC는 2억 원임.

4 ①; 증가, ②; 감소, ③; 증가, ④; 증가, ⑤; (크)다.

5 ①; 노동, ②; 자본

6 1) 규모에 대한 보수 불변임.

2) LTC곡선은 원점에서 우상향하는 직선으로 나타남. 자세한 것은 본문 내용을 참조할 것.

7 1) 이 문제는 코너-해와 관련된 것으로서 생산자균형점의 조건인 $MRTS_{LK} = MP_L/MP_K = w/r$가 충족되지 않음.

2) 이때 △△기업은 자본(K)만 40단위 고용함. 그 이유를 그림으로 나타내면 아래와 같음.

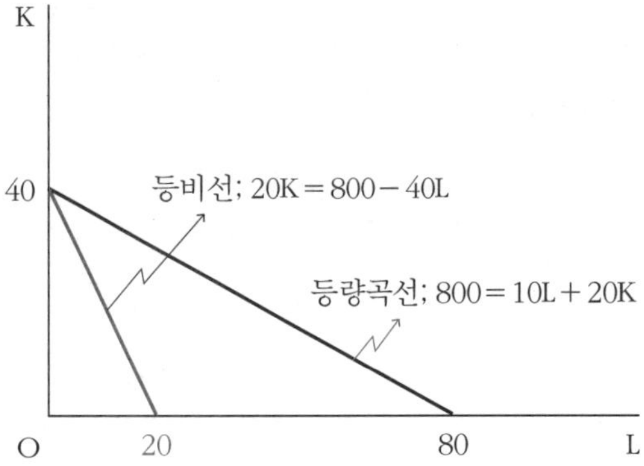

8 1) 단기 총생산물(TP)곡선은 아래의 (a) 그림과 같음.

2) AP_L과 MP_L곡선의 형태는 아래의 (b) 그림과 같음. 이는 a, b, c 점을 중심으로 원점에서 그은 선분의 기울기와 해당 점에서 그은 접선의 기울기 크기를 비교해보면 왜 이렇게 곡선이 그려지는지를 정확하게 알 수 있음.

(a)

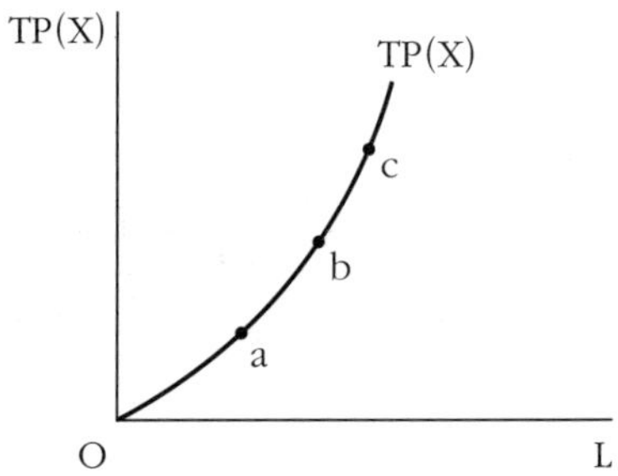

(b)

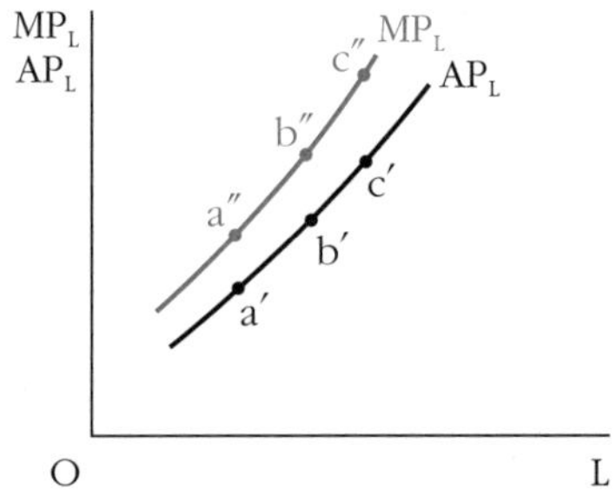

제9장 완전경쟁시장과 자원배분 → 361쪽

1 ㉠, ㉡, ㉤, ㉦임. 그들 각각에 대해 틀린 사항을 수정하면 다음과 같음. ㉠; 진입과 퇴거의 자유 보장은 완전경쟁시장만의 고유한 특성이 아님. 독점적 경쟁시장에서도 보장됨. ㉡; P−MC → P−AC, ㉤; 진입과 퇴거는 단기적 개념 → 진입과 퇴거는 장기적 개념, 조업 중단은 장기적 개념 → 조업 중단은 단기적 개념, ㉦; 가파르다 → 완만하다

2 1) 총이윤(π) = TR − TC = P · X − TC이고, X재 1단위당 이윤(π/X)은 π/X = P − (TC/X) = P − AC로 정의됨.

2) 맞는 애기임. 개별기업 j의 손익분기점(단기 초과이윤 = 0인 점)에서는 P = AR = MR(개별기업 j가 직면하는 수요곡선으로 수평선임)과 개별기업 j의 단기 평균비용(AC_j)곡선이 만나야 함. 그래야만 단기 초과이윤이 0이 됨. 그런데 이때 개별기업 j의 단기 한계비용(MC_j)은 AC_j곡선의 최저점을 통과하기 때문에 개별기업 j의 손익분기점에서는 P = AR = MR = AC_j = MC_j의 조건이 충족됨. 따라서 개별기업 j의 손익분기점에서는 AC_j와 MC_j가 일치해야 함.

3 1) 단기적으로 개별기업 j는 8,000만 원의 손해를 보고 있음. 그 근거를 제시하면 다음과 같음. 이윤(π) = P · X − TC = (22,000원 × 10,000개) − TC(3억 원) = −8,000만 원임. 또 개별기업 j가 조업 중단(단기적 개념)을 시도할 경우, 그는 총고정비용(TFC) 1억 원을 부담해야 함.

2) 이 상황에서는 개별기업 j가 조업을 중단하지 않고 계속해서 생산하는 것이 바람직함. 왜냐하면 조업 중단을 시도하면 개별기업 j는 1억 원의 매몰 비용을 부담해야 하지만 생산 활동을 하면 8,000만 원의 손해만 감수하면 됨. 즉 개별기업 j가 단기적인 생산 활동을 선택하면 2,000만 원의 비용을 절감할 수 있음.

4 1) 5,000개

2) 총비용(TC) = TVC(10,000X) + TFC(20,000,000원), 평균비용(AC) = TC/X = 10,000원 + (20,000,000원/X)임. 그런데 손익분기점에서는 P = AC의 조건

이 충족되어야 함. 따라서 P = AC = 14,000원 = 10,000원 + (20,000,000원/X)의 식을 풀어야 함. 그 결과, X = 5,000개가 최종적으로 도출됨.

5 1) 개업기업 j의 장기 균형 조건은 P = AR = MR = SMC = LMC = SAC = LAC임. 그리고 개별기업 j가 얻을 수 있는 초과이윤은 0임. 그 이유는 진입과 퇴거의 자유가 보장되기 때문임.

2) 틀린 얘기임. 단기에 생산요소 가격이 일정할 경우, 개별기업들의 단기공급곡선을 횡적으로 합계한 것이 완전경쟁산업의 시장공급곡선이지만 장기에는 그것이 더 이상 통용되지 않음. 장기의 경우에는 생산요소 가격의 변화(상승, 하락)는 물론 다른 신규기업의 진입이나 기존 기업의 퇴거까지 고려해서 종합적으로 판단해야 하기 때문임.

6 1) 시장공급곡선(S^M)에 대한 궤적은 S^M=1,000q=100P임. 그 근거는 다음과 같음. 우선 시장공급곡선을 도출하려면 개별기업의 단기공급곡선부터 먼저 도출해야 함. 개별기업의 단기공급곡선에 대한 궤적은 P=MC 조건에서 찾을 수 있음. 즉 TC에서 MC를 도출하면 10q가 도출됨. 또 P=MC 조건에 의해 P = 10q가 개별기업의 단기공급곡선임. 기업 수가 총 100개이므로 이것을 수평적으로 합계해주면 100P=1,000q가 되는데, 이것이 바로 시장공급곡선(S^M)임. 따라서 S^M=1,000q=100P의 관계가 성립함.

2) 균형가격과 균형거래량은 25원과 2,500개임. 그 근거는 다음과 같음. 시장공급곡선인 S^M은 S^M=1,000q=100P이고, 시장수요곡선인 D^M은 D^M=5,000−100P임. 이들 곡선이 만나는 점(균형점), 즉 5,000−100P=100P에서 P=25원이 도출됨. 이것을 D^M=5,000−100P에 대입하면 균형거래량이 2,500개로 도출됨.

7 개별기업 j의 조업중단가격은 P = 2에서 결정됨. 그 근거는 다음과 같음. $TC=X^3-4X^2+6X+20$로부터 TVC와 TFC를 도출할 수 있음. 즉 $TVC=X^3-4X^2+6X$이고, $AVC=X^2-4X+6$임을 알 수 있음. 조업중단점은 AVC의 최저점(극소점)에서 이루어지기 때문에 극소화 1차 조건인 $\triangle AVC/\triangle X=0$을 구하면 됨. 즉 $\triangle AVC/\triangle X=2X-4=0$으로부터 X=2가 도출됨. 조업중단점에서는 'P=AVC의 최소점'이어야 하기 때문에 X=2를 $AVC=X^2-4X+6$에 대입하면 AVC=2가 도출됨. 따라서 조업중단가격(P)은 P=AVC=2로 결정됨.

8 1) TFC = 400, TVC = $8q + 4q^2$, AC = (400/q) + 8 + 4q, AVC = 8 + 4q, MC = 8 + 8q임.

2) 초과이윤 = 6,000원. A기업의 이윤극대화 조건으로부터 균형거래량 q를 도출해야 함. 이는 P = AR = MR = MC 조건식으로부터 구할 수 있음. 즉 P = 328 = MC = 8 + 8q로부터 q = 40이 도출됨. 초과이윤은 (P − AC) × q로 정의되기에 이 식에다 관련된 숫자를 대입해서 구하면 초과이윤의 크기가 도출됨. 즉 〔(328-(400/40)-8-4(40)〕× 40 = 6,000원임.

9 정답은 '가파르게 변한다'임. 개별기업의 단기공급곡선에 대한 횡적 합이 시장공급곡선이라는 것은 생산요소 가격의 일정불변을 전제할 때만 성립함. 만약 생산요소 가격이 변하면 AC, MC곡선이 변하게 됨. 이를 반영해서 개별기업의 단기공급곡선과 시장공급곡선을 구하면 그 기울기가 (생산요소 가격이 일정할 때보다) 가파르게 변한다는 것을 확인할 수 있음. 이에 대한 자세한 사항은 본문의 〔그림 9-6〕을 참조하기 바람.

제10장 독점시장에서의 가격과 생산 → 421쪽

1 정답은 ㉠, ㉡, ㉥, ㉦, ㉧, ㉨, ㉩, ㉫임. 틀린 내용을 수정하면 다음과 같음. ㉠; X-효율성은 배분적 효율성과 무관함. ㉡; 초과설비는 독점, 과점, 독점적 경쟁에서도 발생함. ㉥; 아서 세실 피구 → 월터 오아이 ㉦; 높게 → 낮게 ㉧; 자중손실은 발생 → 자중손실은 발생하지 않음. ㉨; 반드시 1보다 크다 → 1이다. ㉩; 러너 → 힉스(J. R. Hicks). ㉫; 독점가격의 변화를 초래하고 소비자들에게 조세의 일부를 전가시키는 문제가 있다 → 독점가격의 변화를 초래하지 않고 소비자들에게 조세를 전가시키지도 않는다

2 1) 수평선임. 그것은 개별기업이 시장에서 결정된 균형가격을 그대로 받아들인다는 것을 의미함. 따라서 P(상수) = AR = MR의 조건이 성립함.

2) 우하향함. 독점기업은 시장에서 단독으로 존재하기에 우하향하는 시장수요가 곧 독점기업이 직면하는 수요곡선임. 따라서 독점기업이 직면하는 수요곡선은 일정

한 상수 P가 아니라 우하향하는 P(X)로 정의됨.

3 이부 가격제는 독점기업이 입장권을 판매함으로써 소비자잉여를 모조리 탈취해감.

4 1) 불변

2) 증가

5 1) 아모로소-로빈슨 공식; $MR(X)=P(X)\ [1-(1/\varepsilon_d)]$

2) 수요의 가격탄력도(ε_d)는 1임. 그 근거는 다음과 같음. 독점기업의 단기균형에서는 $MR(X)=P(X)\ [1-(1/\varepsilon_d)]=MC$의 조건이 성립해야 함. 이 조건에다 관련 숫자를 대입한 후 수요의 가격탄력도(ε_d)로 정리하면 미지수인 ε_d 크기를 알 수 있음. 즉 $100=50[1-(1/\varepsilon_d)]$에서 미지수인 ε_d를 풀면 $\varepsilon_d=1$이 도출됨.

6 1) 틀린 주장임.

2) 독점기업의 이윤극대화생산량(예 X_o)은 $P(X)=AR(X) > MR=MC$ 조건이 충족되는 수준에서 결정됨. 이때 X재에 대한 독점가격은 독점기업이 자기 마음대로 결정하는 것이 아니라 X_o에서 시장수요곡선 P(X)과 만나는 수준에서 저절로 결정됨. 따라서 독점가격과 독점기업의 이윤극대화생산량은 독점기업의 마음대로 결정되는 것이 아님.

7 1) $MR=MC_1=MC_2$, Q(시장공급량) $= q_1 + q_2$

2) 제1공장의 생산량 q_1과 제2공장의 생산량 q_2는 각각 $q_1=10$, $q_2=30$으로 결정됨. 그 근거는 다음과 같음. ① $MC_1=120+2q_1 = 20+4q_2= MC_2$, 그리고 ② 40(시장공급량)$=q_1+q_2$에서 $q_1=40-q_2$를 ①에 대입하면 $120+2(40-q_2)= 20+4q_2$가 됨. 여기서 $q_2=30$이 도출됨. 이것을 $q_1=40-q_2$에 대입하면 $q_1=10$이 도출됨.

8 1) X재의 1톤당 가격을 인하시킬 것으로 예상됨.

2) 한국수자원공사의 총수입극대화는 한계수입(MR)이 0일 때 달성됨. ① $TR=P \cdot X=(600-3X) \cdot X=600X-3X^2$, ①로부터 $MR=0$의 조건식을 풀면, 즉 $600-6X=0$을 구하면 $X=100$이 도출되고, 이것을 시장수요곡선에 대입하면 $P=300$원

이 도출됨. 그런데 한국수자원공사가 현재 수돗물의 1톤당 가격을 400원으로 책정한 상태이기 때문에 총수입극대화를 달성하려면 수돗물의 1톤당 가격을 400원에서 300원으로 인하시켜야 함.

9 1) 육지(B)임. 그 근거는 다음과 같음. ① TR_A(A지역의 총수입)=$(100-X_A) \cdot X_A = 100X_A - X_A^2$ ①로부터 MR_A(A지역의 한계수입)를 구하면 $MR_A = 100-2X_A$임. 이와 마찬가지 방법으로 TR_B와 MR_B를 구하면 다음과 같음. TR_B(B지역의 총수입)=$[50-(1/2)X_B] \cdot X_B = 50X_B-(1/2)X_B^2$, $MR_A = 50-X_B$임. 3급 차별차별의 균형조건 식 $MC = MR_A = MR_B$를 이용해서 P_A, X_A, P_B, X_B를 구하면 $P_A = 60$, $X_A = 40$, $P_B = 35$, $X_B = 30$이 최종적으로 도출됨. 이를 통해 우리는 육지(B)가 섬지역(A)보다 X재 가격이 상대적으로 싼 것을 확인할 수 있음.

2) 독점기업의 초과이윤=1,350원임. 그 근거는 다음과 같음. 초과이윤(π)=$[(P_A \times X_A)+(P_B \times X_B)]-[20 \times X(=X_A+X_B)+300]=[(60 \times 40)+(35 \times 30)]-[(20 \times 90)+300]$=1,350원임.

10 1) X재의 독점가격은 300원, X재 생산량은 40개임.

2) 20%의 조세를 납부한 이후의 TR(총수입)의 크기는 ① $TR = (500-5X) \times 0.8X$임. ①로부터 MR을 구하면 $400-8X$가 도출됨. 또 총비용(TC)함수는 ② $TC = 80X + 200$로부터 MC를 구하면 $MC = 80$임. 독점기업의 이윤극대화 조건은 $MR = MC$임. ③ $MR = 400-8X = 80 = MC$로부터 $X = 40$개, $P = 300$원이 도출됨.

참고문헌

곽노선 · 왕규호 역, 『버냉키, 프랭크 경제학(6판)』, 박영사, 2016.

김경한 · 김종석 역, 『맨큐의 경제학(9판)』, CENGAGE, 2021.

김대식 · 노영기 · 안국신 · 이종철, 『현대 경제학원론』(제7판), 박영사, 2018.

김덕수, 『거시경제학』, 율곡출판사, 2020.

_____, 『김덕수 교수의 통쾌한 경제학』, 한국경제신문, 2001.

_____, 『마셜이 들려주는 시장과 가격 이야기』, 자음과 모음, 2011.

_____, 『블랙벨트 리더십』, 박영사, 2017.

박은태 편저, 『경제학사전』, 경연사, 2011.

박준건, 『문화와 철학; 생태사회의 사회철학』, 한국철학사상연구회, 동녘, 1999.

서승환, 『미시경제론』, 홍문사, 1995.

성백남 · 정갑영, 『미시경제학』, 박영사, 1999.

_____, 『미시경제학』(개정판), 박영사, 2011.

이승훈, 『미시경제학』, 영지문화사, 1995.

이승훈 · 장지상 · 전병헌, 『미시경제학』, 생능출판사, 2020.

이준구, 『미시경제학』(제2판), 법문사, 1996.

_____, 『미시경제학』(제7판), 문우사, 2019.

_____, 『재정학』, 다산출판사, 1999.

이준구 · 조명환, 『재정학』, 문우사, 2021.

이준구 · 조명환, 『재정학(6판)』, 문우사, 2021.

임봉욱, 『공공경제학(5판)』, 율곡출판사, 2015.

임봉욱, 『미시경제학연습(4판)』, 율곡출판사, 2016.

홍승기, 『7급 경제학』(미시경제학; 2판), 박영사, 2009.

김덕수, "김덕수의 파워 칼럼; 누가 모럴 해저드를 도덕적 해이라고 번역했는가?" 디트뉴스 24, 2005. 9. 28.
김선구, "'모럴 해저드' 해결할 만병통치약이 있을까?", 『나라 경제』(KDI), 2017년 8월호.
박정호, "역선택", 한국경제신문, 생글생글 264호; 2010. 10. 11.
북스톤, "LG생활건강이 승자의 저주에서 피할 수 있었던 비결 7가지". https://blog.naver.com/bookstones/221581398120
서한기, "저출산·고령화·저성장 파고에 건강보험 지속가능성 '빨간불'", 연합뉴스, 2019. 7. 4.
조선왕조실록, 인조실록(인조3년), 1625년 6월 19일자.

Chiang, Alpha C., Wainwright, Kevin, 정기준·이성순 역, 『Fundamental Methods of Mathematical Economics』(4th edition), McGrawHill, 2018.
Browning, Edgar K., Zupan, Mark A., 『Microeconomics: Theory and Applications』, Wiley, 2023.
Gregory, Mankiw N., 『Principles of Microeconomics』, Cengage, 2021.
Varian, Hal R., 『Intermediate Microeconomics with Calculus』, Norton & Company, 2019.
Robert S. Pindyck, Daniel L. Rubinfeld, 『Microeconomics』, Pearson, 2018.

네이버 지식백과. https://terms.naver.com/
두산백과. https://www.doopedia.co.kr/
유용원의 군사 세계. https://bemil.chosun.com/
한국민족문화대백과사전. https://encykorea.aks.ac.kr/

찾아보기

ㄱ

ㄴ

ㅎ